본 교재의 강의는 TV와 모바일, EBS 중학사이트(mid.ebs.co.kr)에서 무료로 제공됩니다.

발행일 2021. 9. 25. **1쇄 인쇄일** 2021. 9. 18.
신고번호 제2017-000193호 **펴낸곳** 한국교육방송공사 경기도 고양시 일산동구 한류월드로 281
기획 및 개발 박문서 김나진 윤영란 이상호 이원구 이재우 최영호
표지디자인 ㈜무닉 **편집** 더 모스트 **인쇄** ㈜테라북스
인쇄 과정 중 잘못된 교재는 구입하신 곳에서 교환하여 드립니다.

수학 master
교재의 난이도 및 활용 안내

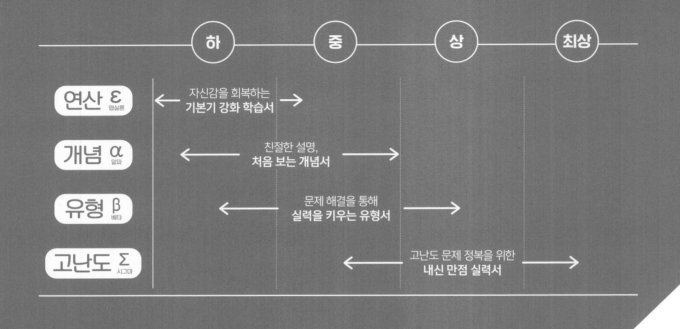

하   중   상   최상

연산 ε 엡실론   ← 자신감을 회복하는 **기본기 강화 학습서** →

개념 α 알파   ← 친절한 설명, **처음 보는 개념서** →

유형 β 베타   ← 문제 해결을 통해 **실력을 키우는 유형서** →

고난도 Σ 시그마   ← 고난도 문제 정복을 위한 **내신 만점 실력서** →

수학 마스터

중학 수학의 첫 유형 학습

유형 β 베타

중학 수학 2·2

| 교재 내용 문의 | 교재 내용 문의는 EBS 중학사이트 (mid.ebs.co.kr)의 교재 Q&A 서비스를 활용하시기 바랍니다. | 교재 정오표 공지 | 발행 이후 발견된 정오 사항을 EBS 중학사이트 정오표 코너에서 알려 드립니다. 교재학습자료 → 교재 → 교재 정오표 | 교재 정정 신청 | 공지된 정오 내용 외에 발견된 정오 사항이 있다면 EBS 중학사이트를 통해 알려 주세요. 교재학습자료 → 교재 → 교재 선택 → 교재 Q&A |

수학마스터

중학 수학의 첫 유형 학습

유형 β
베타

중학 수학 **2·2**

Structure / 이 책의 구성

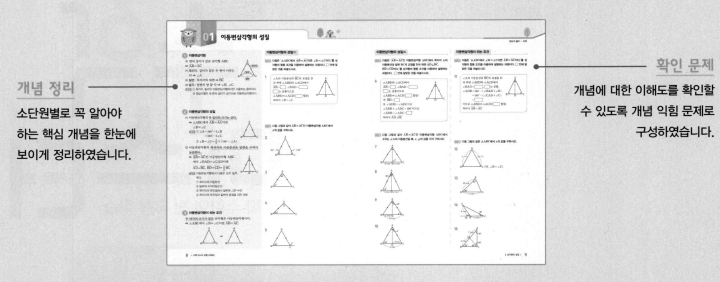

개념 정리

소단원별로 꼭 알아야
하는 핵심 개념을 한눈에
보이게 정리하였습니다.

확인 문제

개념에 대한 이해도를 확인할
수 있도록 개념 익힘 문제로
구성하였습니다.

★소단원 개념 정리와 확인 문제

소단원별 한눈에 보이는 개념 정리와 개념 확인 문제

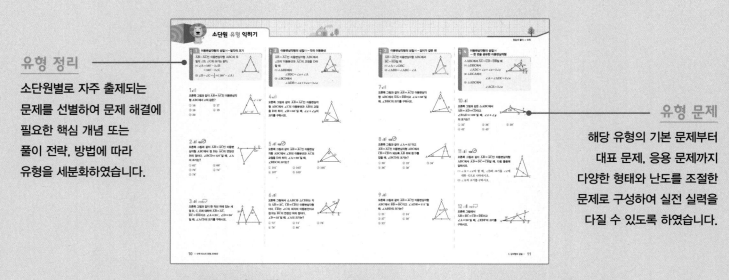

유형 정리

소단원별로 자주 출제되는
문제를 선별하여 문제 해결에
필요한 핵심 개념 또는
풀이 전략, 방법에 따라
유형을 세분화하였습니다.

유형 문제

해당 유형의 기본 문제부터
대표 문제, 응용 문제까지
다양한 형태와 난도를 조절한
문제로 구성하여 실전 실력을
다질 수 있도록 하였습니다.

★소단원 유형 익히기

소단원별 교과서와 기출 문제로 구성한 개념별, 문제 형태별 유형 문제

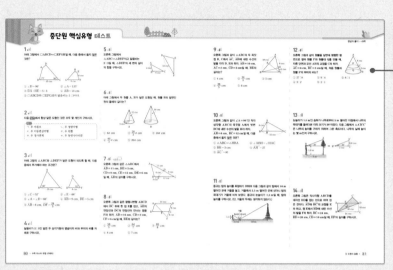

★중단원 핵심유형 테스트

중요 유형의 반복 학습과 이해 정도를 파악할 수 있는 테스트

정답과 풀이

★빠른 정답

★정답과 풀이

자세하고 친절한 풀이

Contents / 이 책의 차례

01

삼각형의 성질

01 이등변삼각형의 성질

1 이등변삼각형

두 변의 길이가 같은 삼각형 ABC

➡ $\overline{AB}=\overline{AC}$

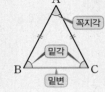

(1) 꼭지각: 길이가 같은 두 변이 이루는

각 ➡ ∠A

(2) 밑변: 꼭지각의 대변 ➡ $\overline{BC}$

(3) 밑각: 밑변의 양 끝 각 ➡ ∠B, ∠C

참고 ① 꼭지각, 밑각은 이등변삼각형에서만 사용하는 용어이다.
② 정삼각형은 세 변의 길이가 같으므로 이등변삼각형이다.

2 이등변삼각형의 성질

(1) 이등변삼각형의 두 밑각의 크기는 같다.

➡ △ABC에서 $\overline{AB}=\overline{AC}$이면

∠B=∠C

참고 ① ∠A=180°−2∠B
=180°−2∠C

② $\angle B=\angle C=\dfrac{1}{2}\times(180°-\angle A)$

(2) 이등변삼각형의 꼭지각의 이등분선은 밑변을 수직이

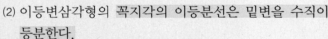등분한다.

➡ $\overline{AB}=\overline{AC}$인 이등변삼각형 ABC

에서 ∠BAD=∠CAD이면

$\overline{AD}\perp\overline{BC}$, $\overline{BD}=\overline{CD}=\dfrac{1}{2}\overline{BC}$

참고 이등변삼각형에서 다음은 모두 일치
한다.
① 꼭지각의 이등분선
② 밑변의 수직이등분선
③ 꼭지각의 꼭짓점에서 밑변에 그은 수선
④ 꼭지각의 꼭짓점과 밑변의 중점을 이은 선분

3 이등변삼각형이 되는 조건

두 내각의 크기가 같은 삼각형은 이등변삼각형이다.

➡ △ABC에서 ∠B=∠C이면 $\overline{AB}=\overline{AC}$

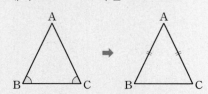

이등변삼각형의 성질(1)

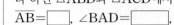

▶ 다음은 '△ABC에서 $\overline{AB}=\overline{AC}$이면 ∠B=∠C이다.'를 삼각형의 합동 조건을 이용하여 설명하는 과정이다. □ 안에 알맞은 것을 써넣으시오.

1

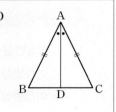

∠A의 이등분선과 $\overline{BC}$의 교점을 D라 하면 △ABD와 △ACD에서

$\overline{AB}=$ ☐ , ∠BAD= ☐ ,

☐ 는 공통이므로

△ABD≡△ACD(☐ 합동)

따라서 ∠B=∠C

▶ 다음 그림과 같이 $\overline{AB}=\overline{AC}$인 이등변삼각형 ABC에서 x의 값을 구하시오.

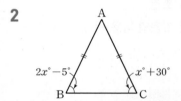

2
A
$2x°−5°$ (B) $x°+30°$ (C)

3
A
68°
B $x°$ C

4
A
$x°$
B 45°   C

5
A
B 61° $x°$ C

이등변삼각형의 성질(2)

▶ 다음은 '$\overline{AB}=\overline{AC}$인 이등변삼각형 ABC에서 꼭지각 A의 이등분선과 밑변 BC의 교점을 D라 하면 $\overline{AD}\perp\overline{BC}$, $\overline{BD}=\overline{CD}$이다.'를 삼각형의 합동 조건을 이용하여 설명하는 과정이다. ☐ 안에 알맞은 것을 써넣으시오.

6

△ABD와 △ACD에서
$\overline{AB}=$☐, ∠BAD=☐,
☐는 공통이므로
△ABD≡△ACD(☐ 합동)
즉, $\overline{BD}=$☐
또 ∠ADB=∠ADC이고
∠ADB+∠ADC=180°이므로
∠ADB=∠ADC=☐°
따라서 $\overline{AD}\perp\overline{BC}$

▶ 다음 그림과 같이 $\overline{AB}=\overline{AC}$인 이등변삼각형 ABC에서 $\overline{AD}$는 ∠A의 이등분선일 때, x, y의 값을 각각 구하시오.

7
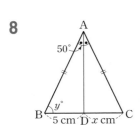

8
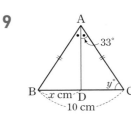

9
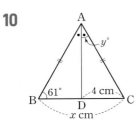

10

이등변삼각형이 되는 조건

▶ 다음은 '△ABC에서 ∠B=∠C이면 $\overline{AB}=\overline{AC}$이다.'를 삼각형의 합동 조건을 이용하여 설명하는 과정이다. ☐ 안에 알맞은 것을 써넣으시오.

11

∠A의 이등분선과 $\overline{BC}$의 교점을 D라 하면 △ABD와 △ACD에서
∠BAD=☐, ☐는 공통,
∠ADB=180°−(∠BAD+∠B)
      =180°−(∠CAD+∠C)
      =☐
이므로 △ABD≡△ACD(☐ 합동)
따라서 $\overline{AB}=\overline{AC}$

▶ 다음 그림과 같은 △ABC에서 x의 값을 구하시오.

12
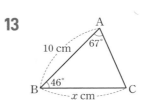

$x+4$ $2x+1$

B C (단, ∠B=∠C)

13
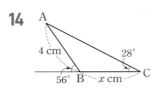

10 cm 67°
46°
x cm

14
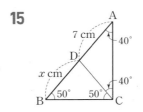

4 cm 28°
56° B x cm C

15

7 cm 40°
x cm
50° 50° 40°

소단원 유형 익히기

$\overline{AB}=\overline{AC}$인 이등변삼각형 ABC의 두 밑각 ∠B, ∠C의 크기는 같다.

(1) ∠A$=180°-2$∠B
　　$=180°-2$∠C

(2) ∠B$=$∠C$=\dfrac{1}{2}\times(180°-$∠A$)$

1.

오른쪽 그림과 같이 $\overline{AB}=\overline{AC}$인 이등변삼각형 ABC에서 x의 값은?

① 16　　　② 17

③ 18　　　④ 19

⑤ 20

2. 대표

오른쪽 그림과 같이 $\overline{AB}=\overline{AC}$인 이등변삼각형 ABC에서 점 D는 $\overline{AC}$의 연장선 위의 점이다. ∠BCD$=127°$일 때, ∠A의 크기는?

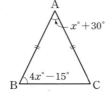

① 62°　　　② 66°

③ 70°　　　④ 74°

⑤ 78°

3. 서술형

오른쪽 그림과 같이 한 직선 위에 있는 세 점 B, C, E에 대하여 $\overline{AB}=\overline{AC}$, $\overline{DC}=\overline{DE}$이고 ∠A$=28°$, ∠D$=50°$일 때, ∠ACD의 크기를 구하시오.

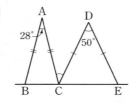

$\overline{AB}=\overline{AC}$인 이등변삼각형 ABC에서 ∠B의 이등분선과 $\overline{AC}$의 교점을 D라 할 때

(1) △ABD에서
　　∠BDC$=$∠$a+$∠A

(2) △BCD에서
　　∠ADB$=$∠$a+2$∠$a=3$∠a

4.

오른쪽 그림과 같이 $\overline{AB}=\overline{AC}$인 이등변삼각형 ABC에서 ∠C의 이등분선과 $\overline{AB}$의 교점을 D라 하자. ∠B$=68°$일 때, ∠$x+$∠y의 크기를 구하시오.

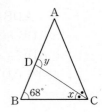

5. 대표

오른쪽 그림과 같이 $\overline{AB}=\overline{AC}$인 이등변삼각형 ABC에서 ∠B의 이등분선과 $\overline{AC}$의 교점을 D라 하자. ∠A$=80°$일 때, ∠BDC의 크기는?

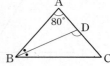

① 101°　　② 103°　　③ 105°

④ 107°　　⑤ 109°

6.

오른쪽 그림에서 △ABC와 △CDB는 각각 $\overline{AB}=\overline{AC}$, $\overline{CB}=\overline{CD}$인 이등변삼각형이다. $\overline{CD}$는 ∠C의 외각의 이등분선이고 점 E는 $\overline{BC}$의 연장선 위의 점이다. ∠D$=32°$일 때, ∠A의 크기는?

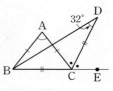

① 72°　　　② 74°　　　③ 76°

④ 78°　　　⑤ 80°

유형 **3** 이등변삼각형의 성질(1) - 길이가 같은 변

$\overline{AB}=\overline{AC}$인 이등변삼각형 ABC에서
$\overline{BC}=\overline{BD}$일 때
(1) ∠A=∠DBC
(2) ∠ABD=∠ABC-∠A

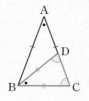

7

오른쪽 그림과 같이 $\overline{AB}=\overline{AC}$인 이등변삼각형 ABC에서 $\overline{DA}=\overline{DB}$이고 ∠A=50°일 때, ∠DBC의 크기를 구하시오.

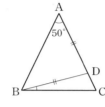

8 대표

오른쪽 그림과 같이 ∠A=32°이고 $\overline{AB}=\overline{AC}$인 이등변삼각형 ABC에서 $\overline{CB}=\overline{CD}$가 되도록 $\overline{AB}$ 위에 점 D를 잡을 때, ∠BCD의 크기는?

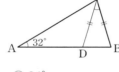

① 30°   ② 32°   ③ 34°
④ 36°   ⑤ 38°

9

오른쪽 그림과 같이 $\overline{AB}=\overline{AC}$인 이등변삼각형 ABC에서 $\overline{BD}=\overline{BC}$이고 ∠ADB=111°일 때, ∠ABD의 크기는?

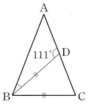

① 21°   ② 24°
③ 27°   ④ 30°
⑤ 33°

유형 **4** 이등변삼각형의 성질(1)
— 한 변을 공유한 이등변삼각형

△ABC에서 $\overline{AC}=\overline{CD}=\overline{DB}$일 때
(1) △DBC에서
 ∠ADC=∠a+∠a=2∠a
(2) △DCA에서
 ∠A=∠ADC=2∠a
(3) △ABC에서
 ∠ACE=∠a+∠2a=3∠a

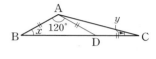

10

오른쪽 그림과 같은 △ABC에서 $\overline{AB}=\overline{AD}=\overline{CD}$이고 ∠BAD=120°일 때, ∠x+∠y의 크기는?

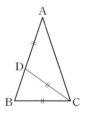

① 33°   ② 36°   ③ 39°
④ 42°   ⑤ 45°

11 대표

오른쪽 그림과 같이 $\overline{AB}=\overline{AC}$인 이등변삼각형 ABC에서 $\overline{AD}=\overline{DC}=\overline{CB}$일 때, 다음 물음에 답하시오.

(1) ∠A=∠x라 할 때, ∠B의 크기를 ∠x에 대한 식으로 나타내시오.
(2) ∠A의 크기를 구하시오.

12 서술형

오른쪽 그림에서 $\overline{AB}=\overline{BC}=\overline{CD}=\overline{DE}$이고 ∠A=20°일 때, ∠EDF의 크기를 구하시오.

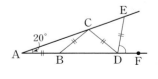

유형 5 이등변삼각형의 성질(2)

$\overline{AB}=\overline{AC}$인 이등변삼각형 ABC에서
꼭지각의 이등분선은 밑변을 수직이등
분한다.

(1) $\angle ADB = \angle ADC = 90°$

(2) $\triangle ABD$에서 $\frac{1}{2}\angle A + \angle B = 90°$

(3) $\overline{BD} = \overline{CD} = \frac{1}{2}\overline{BC}$

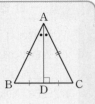

13. 대표

오른쪽 그림과 같이 $\overline{AB}=\overline{AC}$인 이등변삼
각형 ABC에서 $\angle A$의 이등분선과 $\overline{BC}$의
교점을 D라 하자. $\angle CAD = 34°$,
$\overline{BC} = 16\,cm$일 때, $x+y$의 값을 구하시오.

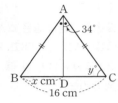

14.

오른쪽 그림과 같이 $\overline{AB}=\overline{AC}$인 이등변삼
각형 ABC에서 $\overline{AD}$는 $\angle A$의 이등분선이
다. $\overline{BC} = 10\,cm$이고 $\triangle ABC$의 넓이가
$40\,cm^2$일 때, $\overline{AD}$의 길이를 구하시오.

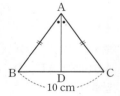

15.

오른쪽 그림과 같이 $\overline{AB}=\overline{AC}$인 이등변삼
각형 ABC에서 $\angle A$의 이등분선과 $\overline{BC}$의
교점을 D라 하자. $\overline{AD}$ 위의 한 점을 P라
할 때, 다음 중에서 옳지 <u>않은</u> 것은?

① $\angle ADB = 90°$

② $\overline{BD} = \overline{CD}$

③ $\angle ACP = \angle PCD$

④ $\angle PBD = \angle PCD$

⑤ $\overline{BP} = \overline{CP}$

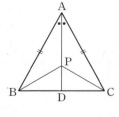

16. 신유형

아래 그림은 고대 이집트인들이 피라미드를 건설할 때 사용한 좌우
대칭인 A자 모양의 기구이다. $\overline{AB}=\overline{AC}$인 이등변삼각형 ABC에
서 $\overline{BC}$의 중점 M을 표시하고, 줄의 한 쪽 끝을 점 A에 고정한 후
추를 매달아 늘어뜨린 기구를 지면에 세워 지면이 수평인지를 확인
하였다고 한다. 다음 물음에 답하시오.

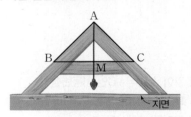

(1) 줄이 $\overline{BC}$의 중점인 M을 지날 때, $\angle AMC$의 크기를 구하시오.

(2) 이 기구를 사용하여 지면이 수평인지를 확인할 때 이용한 이
등변삼각형의 성질은 아래와 같다. ☐ 안에 알맞은 말을 써
넣으시오.

> 이등변삼각형의 꼭지각의 이등분선은 밑변을
> ☐ 한다.

유형 6 이등변삼각형이 되는 조건

$\angle B = \angle C$인 $\triangle ABC$는 $\overline{AB}=\overline{AC}$인 이등변삼각형이다.

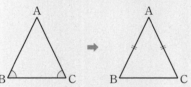

17.

오른쪽 그림과 같은 $\triangle ABC$에서
$\angle A = 50°$, $\angle C = 80°$이고 $\overline{BC} = 11\,cm$
일 때, $\overline{AC}$의 길이를 구하시오.

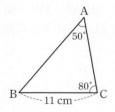

18 대표

오른쪽 그림과 같은 △ABC에서
∠A=80°, ∠B=∠DCB=40°이고
$\overline{AC}$=5 cm일 때, $\overline{BD}$의 길이를 구하시오.

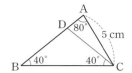

유형 7 이등변삼각형이 되는 조건 – 종이접기

직사각형 모양의 종이를 접을 때
∠BAC=∠DAC(접은 각)
∠DAC=∠BCA(엇각)
➡ ∠BAC=∠BCA이므로
△ABC는 $\overline{BA}=\overline{BC}$인 이등변삼각형

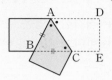

19

다음은 오른쪽 그림과 같이 $\overline{AB}=\overline{AC}$인 이
등변삼각형 ABC에서 ∠B와 ∠C의 이등
분선의 교점을 D라 할 때, △DBC가 이등
변삼각형임을 설명하는 과정이다. (가)~(다)
에 알맞은 것을 써넣으시오.

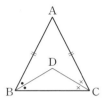

△ABC에서 $\overline{AB}=\overline{AC}$이므로 ∠ABC= (가)

그러므로 ∠DBC=$\frac{1}{2}$∠ABC=$\frac{1}{2}$ (가) = (나)

따라서 ∠DBC= (나) 이므로 △DBC는 $\overline{DB}=$ (다) 인
이등변삼각형이다.

22

오른쪽 그림과 같이 직사각형 모양의 종이
를 $\overline{BC}$를 접는 선으로 하여 접었을 때, 다
음 물음에 답하시오.

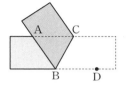

(1) ∠CBD와 크기가 같은 각을 모두 찾
으시오.
(2) △ABC는 어떤 삼각형인지 말하시오.
(3) $\overline{AB}$=3 cm일 때, $\overline{AC}$의 길이를 구하시오.

---

20 신유형

오른쪽 그림은 강의 폭을 구하기 위하
여 측정한 것을 나타낸 것이다.
∠ADB=30°, ∠DBC=60°이고
$\overline{BD}$=3 m일 때, $\overline{AB}$의 길이를 구하
시오.

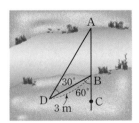

---

23 대표

오른쪽 그림과 같이 직사각형 모양의 종
이를 $\overline{BC}$를 접는 선으로 하여 접었다.
$\overline{AB}$=12 cm, $\overline{BC}$=10 cm일 때,
△ABC의 둘레의 길이는?

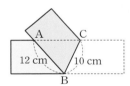

① 31 cm
② 32 cm
③ 33 cm
④ 34 cm
⑤ 35 cm

---

21 서술형

오른쪽 그림과 같이 ∠B=∠C인 △ABC
에서 $\overline{AB}$=8 cm이고 △ABC의 넓이는
24 cm²이다. $\overline{BC}$ 위의 점 P에서 $\overline{AB}$, $\overline{AC}$
에 내린 수선의 발을 각각 D, E라 할 때,
$\overline{PD}+\overline{PE}$의 길이를 구하시오.

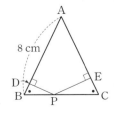

---

24 서술형

오른쪽 그림과 같이 직사각형 모양의
종이를 $\overline{AC}$를 접는 선으로 하여 접었
다. $\overline{BC}$=4 cm, ∠CAD=65°일 때,
x, y의 값을 각각 구하시오.

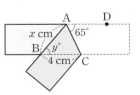

02 직각삼각형의 합동

1 직각삼각형의 합동 조건

두 직각삼각형은 다음의 각 경우에 서로 합동이다.

(1) 빗변의 길이와 한 예각의 크기가 각각 같을 때

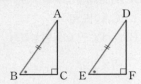

➡ $\underset{R}{\angle C = \angle F = 90°}$, $\underset{H}{\overline{AB} = \overline{DE}}$, $\underset{A}{\angle B = \angle E}$이면
$\triangle ABC \equiv \triangle DEF$(RHA 합동)

(2) 빗변의 길이와 다른 한 변의 길이가 각각 같을 때

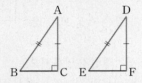

➡ $\underset{R}{\angle C = \angle F = 90°}$, $\underset{H}{\overline{AB} = \overline{DE}}$, $\underset{S}{\overline{AC} = \overline{DF}}$이면
$\triangle ABC \equiv \triangle DEF$(RHS 합동)

주의 직각삼각형의 합동 조건을 이용할 때는 반드시 두 직각삼각형의 빗변의 길이가 같은지를 먼저 확인해야 한다.

참고 R: Right angle(직각),
H: Hypotenuse(빗변),
A: Angle(각), S: Side(변)

2 각의 이등분선의 성질

(1) 각의 이등분선 위의 한 점에서 그 각의 두 변까지의 거리는 같다.

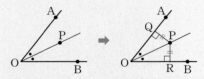

➡ ∠AOP = ∠BOP이면 $\overline{PQ} = \overline{PR}$
참고 △POQ ≡ △POR(RHA 합동)

(2) 각의 두 변에서 같은 거리에 있는 점은 그 각의 이등분선 위에 있다.

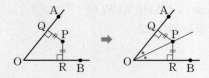

➡ $\overline{PQ} = \overline{PR}$이면 ∠AOP = ∠BOP
참고 △POQ ≡ △POR(RHS 합동)

직각삼각형의 합동 조건(RHA 합동)

다음은 '△ABC와 △DEF에서 ∠C = ∠F = 90°, $\overline{AB} = \overline{DE}$, ∠B = ∠E이면 △ABC ≡ △DEF이다.'를 설명하는 과정이다. □ 안에 알맞은 것을 써넣으시오.

1

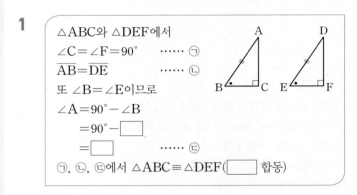

△ABC와 △DEF에서
∠C = ∠F = 90° ······ ㉠
$\overline{AB} = \overline{DE}$ ······ ㉡
또 ∠B = ∠E이므로
∠A = 90° − ∠B
= 90° − □
= □ ······ ㉢
㉠, ㉡, ㉢에서 △ABC ≡ △DEF(□ 합동)

다음 보기 의 직각삼각형 중에서 서로 합동인 것을 찾아 짝지으시오.

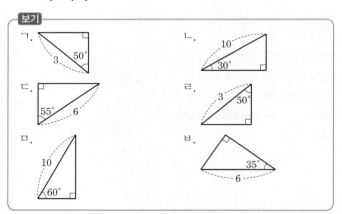

2 ㄱ과 ( )

3 ㄴ과 ( )

4 ㄷ과 ( )

직각삼각형의 합동 조건(RHS 합동)

▶ 다음은 '△ABC와 △DEF에서 ∠C=∠F=90°, $\overline{AB}=\overline{DE}$, $\overline{AC}=\overline{DF}$이면 △ABC≡△DEF이다.'를 설명하는 과정이다. □ 안에 알맞은 것을 써넣으시오.

5

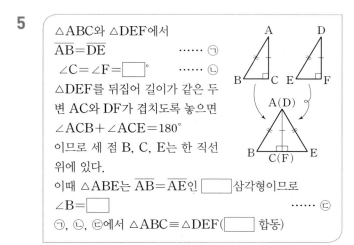

△ABC와 △DEF에서

$\overline{AB}=\overline{DE}$ ...... ㉠

∠C=∠F=□° ...... ㉡

△DEF를 뒤집어 길이가 같은 두 변 AC와 DF가 겹치도록 놓으면

∠ACB+∠ACE=180°

이므로 세 점 B, C, E는 한 직선 위에 있다.

이때 △ABE는 $\overline{AB}=\overline{AE}$인 □ 삼각형이므로

∠B=□ ...... ㉢

㉠, ㉡, ㉢에서 △ABC≡△DEF(□ 합동)

▶ 다음 보기의 직각삼각형 중에서 서로 합동인 것을 찾아 짝 지으시오.

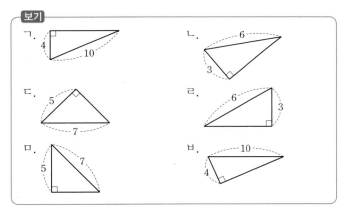

보기
ㄱ. 4, 10
ㄴ. 6, 3
ㄷ. 5, 7
ㄹ. 6, 3
ㅁ. 5, 7
ㅂ. 10, 4

6 ㄱ과 ( )

7 ㄴ과 ( )

8 ㄷ과 ( )

각의 이등분선의 성질

▶ 다음은 '각의 두 변에서 같은 거리에 있는 점은 그 각의 이등분선 위에 있다.'를 직각삼각형의 합동 조건을 이용하여 설명하는 과정이다. □ 안에 알맞은 것을 써넣으시오.

9

$\overrightarrow{OA}$, $\overrightarrow{OB}$로부터 같은 거리에 있는 점을 P라 하면 △OPQ와 △OPR에서

∠OQP=∠ORP=□°,

□는 공통, □=$\overline{PR}$

이므로

△OPQ≡△OPR(□ 합동)

따라서 ∠AOP=□이므로 점 P는 ∠AOB의 이등분선 위에 있다.

▶ 다음 그림에서 x의 값을 구하시오.

10

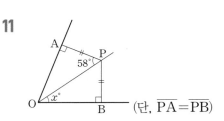

(단, ∠AOP=∠BOP)

11

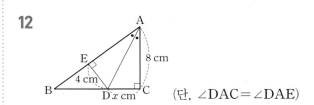

(단, $\overline{PA}=\overline{PB}$)

12

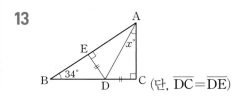

(단, ∠DAC=∠DAE)

13

(단, $\overline{DC}=\overline{DE}$)

소단원 유형 익히기

직각삼각형의 합동 조건

(1) 두 직각삼각형의 빗변의 길이와 한 예각의 크기가 같을 때 ➡ RHA 합동
(2) 두 직각삼각형의 빗변의 길이와 한 변의 길이가 같을 때 ➡ RHS 합동

1 .ıll 대표

다음 중에서 오른쪽 그림과 같이 $\angle B = \angle F = 90°$인 두 직각삼각형 ABC와 EFD가 합동이 되기 위한 조건은?

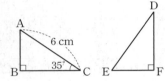

① $\overline{DE} = 6$ cm, $\overline{EF} = 3$ cm
② $\overline{DF} = 6$ cm, $\angle D = 35°$
③ $\overline{DF} = 6$ cm, $\angle E = 55°$
④ $\overline{DE} = 6$ cm, $\angle E = 55°$
⑤ $\angle D = 35°$, $\angle E = 55°$

2 .ıll

다음 중에서 오른쪽 그림과 같이 $\angle C = \angle F = 90°$인 두 직각삼각형 ABC와 DEF가 합동이 되기 위한 조건이 아닌 것은?

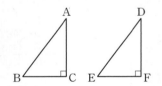

① $\overline{BC} = \overline{EF}$, $\overline{AC} = \overline{DF}$
② $\overline{AB} = \overline{DE}$, $\overline{AC} = \overline{DF}$
③ $\angle A = \angle D$, $\angle B = \angle E$
④ $\overline{BC} = \overline{EF}$, $\angle B = \angle E$
⑤ $\overline{AB} = \overline{DE}$, $\angle A = \angle D$

3 .ıll

오른쪽 그림과 같이 $\angle B = \angle D = 90°$인 두 직각삼각형 ABC와 DEF에서 $\overline{AB} = \overline{ED}$이고 $\overline{AC} = \overline{EF} = 10$ cm일 때, $x + y$의 값을 구하시오.

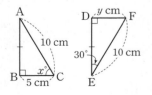

4 .ıll

오른쪽 그림에서 $\angle A = \angle D = 90°$이고 $\angle ACB = \angle DCB$일 때, x의 값을 구하시오.

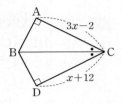

5 .ıll 신유형

아래 그림과 같이 △ABC를 두 개의 직각삼각형으로 자른 후 △DEF에 꼭 맞게 붙이려면 직각삼각형 ABM과 직각삼각형 EDN이 합동이어야 한다. 다음은 두 직각삼각형 ABM과 EDN이 합동임을 설명하는 과정이다. (가)~(라)에 알맞은 것을 써넣으시오.

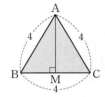 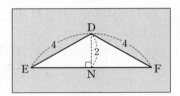

△ABC에서 $\overline{AB} = \overline{AC}$이고 $\overline{AM} \perp \overline{BC}$이므로
$\overline{BM} = \overline{CM} = $ (가)
△ABM과 △EDN에서
$\overline{AB} = \overline{ED} = 4$, $\angle AMB = \angle END = $ (나),
$\overline{BM} = $ (다) $= $ (가)
따라서 △ABM ≡ △EDN((라) 합동)

6 .ıll 신유형

다음 4명의 학생의 대화를 읽고, 옳은 말을 한 학생의 이름을 말하시오.

 민지: 두 내각의 크기가 각각 같은 두 직각삼각형은 서로 합동이야.

 혜영: 난, 이등변삼각형을 밑변의 수직이등분선으로 나누어 만든 두 직각삼각형이 서로 합동이라고 생각해.

 우진: 내 생각엔 두 변의 길이가 각각 같은 두 직각삼각형은 서로 합동이야.

 경희: 빗변이 아닌 한 변의 길이와 한 예각의 크기가 각각 같은 두 직각삼각형도 서로 합동이야.

유형 9 직각삼각형의 합동 조건의 응용–RHA 합동

(1) 빗변의 길이가 같은 두 직각삼각형에서 크기가 같은 한 예각이 있으면 ➡ RHA 합동
(2) 합동인 두 직각삼각형을 찾은 후 대응변의 길이와 대응 각의 크기가 각각 같음을 이용하여 푼다.

유형 10 직각삼각형의 합동 조건의 응용–RHS 합동

(1) 빗변의 길이가 같은 두 직각삼각형에서 길이가 같은 다른 한 변이 있으면 ➡ RHS 합동
(2) 합동인 두 직각삼각형을 찾은 후 대응변의 길이와 대응 각의 크기가 각각 같음을 이용하여 푼다.

7 ▫
오른쪽 그림과 같이 $\overline{AB}$의 양 끝 점 A, B에서 $\overline{AB}$의 중점 M을 지나는 직선 l에 내린 수선의 발을 각각 C, D라 하자. $\overline{AC}=9$ cm, $\angle BMD=27°$일 때, $x+y$의 값을 구하시오.
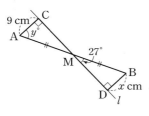

10 ▫ 대표
오른쪽 그림과 같이 $\angle B=90°$인 직각삼각형 ABC에서 $\overline{AB}=\overline{AE}$이고 $\overline{AC}\perp\overline{DE}$이다. $\overline{DE}=2$ cm, $\angle C=62°$일 때, $x+y$의 값은?
① 16 ② 17
③ 18 ④ 19
⑤ 20
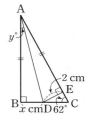

8 ▫ 대표
오른쪽 그림과 같이 $\overline{AB}=\overline{AC}$인 이등변삼각형 ABC의 두 꼭짓점 B, C에서 $\overline{AC}$, $\overline{AB}$에 내린 수선의 발을 각각 D, E라 하자. $\overline{AD}=5$ cm, $\overline{BE}=3$ cm일 때, $\overline{AB}$의 길이를 구하시오.
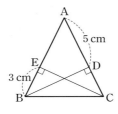

11 ▫
오른쪽 그림과 같은 $\triangle ABC$에서 $\overline{AB}$의 중점을 M이라 하고, 점 M에서 $\overline{BC}$, $\overline{AC}$에 내린 수선의 발을 각각 D, E라 하자. $\overline{MD}=\overline{ME}$이고 $\angle A=23°$일 때, $\angle C$의 크기를 구하시오.
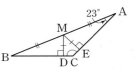

9 ▫ 서술형
오른쪽 그림과 같이 $\angle A=90°$이고 $\overline{AB}=\overline{AC}$인 직각이등변삼각형 ABC의 두 꼭짓점 B, C에서 꼭짓점 A를 지나는 직선 l에 내린 수선의 발을 각각 D, E라 하자. $\overline{BD}=7$ cm, $\overline{CE}=5$ cm일 때, 사각형 DBCE의 넓이를 구하시오.
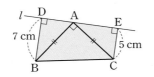

12 ▫ 서술형
오른쪽 그림과 같이 $\angle C=90°$인 직각삼각형 ABC에서 $\overline{AD}=\overline{AC}$이고 $\angle ADE=90°$이다. $\overline{AB}=10$ cm, $\overline{BC}=8$ cm, $\overline{CA}=6$ cm일 때, $\triangle BED$의 둘레의 길이를 구하시오.
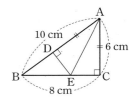

유형 11 각의 이등분선의 성질

(1) 각의 이등분선 위의 한 점에서 그 각의 두 변까지의 거리는 같다.
→ ∠AOP=∠BOP이면
$\overline{PQ}=\overline{PR}$

(2) 각의 두 변에서 같은 거리에 있는 점은 그 각의 이등분선 위에 있다.
→ $\overline{PQ}=\overline{PR}$이면
∠AOP=∠BOP

13 대표

오른쪽 그림과 같이 ∠AOB의 내부의 한 점 P에서 $\overrightarrow{OA}$, $\overrightarrow{OB}$에 내린 수선의 발을 각각 Q, R라 하자. $\overline{PQ}=\overline{PR}$이고 ∠QPR=130°일 때, ∠POQ의 크기는?

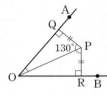

① 21° ② 22°
③ 23° ④ 24°
⑤ 25°

14

다음은 '각의 이등분선 위의 한 점에서 그 각의 두 변까지의 거리는 같다.'를 설명하는 과정이다. (가)~(마)에 알맞은 것으로 옳지 않은 것은?

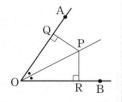

오른쪽 그림과 같이 ∠AOB의 이등분선 위의 한 점 P에서 $\overrightarrow{OA}$, $\overrightarrow{OB}$에 내린 수선의 발을 각각 Q, R라 하자.
△OPQ와 △OPR에서
∠OQP=∠ORP= (가) ,
(나) 는 공통, ∠POQ= (다)
이므로 △OPQ≡△OPR((라) 합동)
따라서 $\overline{PQ}=$ (마)

① (가) 90°   ② (나) $\overline{OP}$ ③ (다) ∠POR
④ (라) RHS   ⑤ (마) $\overline{PR}$

15

오른쪽 그림에서 ∠PAO=∠PBO=90°, $\overline{PA}=\overline{PB}$일 때, 다음 중에서 옳은 것을 모두 고르면? (정답 2개)

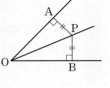

① $\overline{OA}=\overline{OB}$ ② $\overline{AB}=\overline{OA}$
③ $\overline{OB}=2\overline{PB}$ ④ ∠AOB=∠APB
⑤ ∠BOP=$\frac{1}{2}$∠AOB

16 서술형

오른쪽 그림과 같이 ∠C=90°인 직각삼각형 ABC에서 ∠A의 이등분선과 $\overline{BC}$의 교점을 D라 하자. $\overline{AB}=20$ cm, △ABD의 넓이가 60 cm²일 때, $\overline{DC}$의 길이를 구하시오.

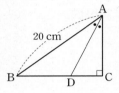

17

오른쪽 그림과 같이 ∠C=90°인 직각삼각형 ABC에서 점 E는 $\overline{AB}$의 중점이다. $\overline{DE}=\overline{DC}$, $\overline{DE}\perp\overline{AB}$일 때, ∠DAC의 크기를 구하시오.

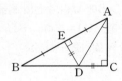

18

오른쪽 그림과 같이 ∠B=90°인 직각이등변삼각형 ABC에서 ∠A의 이등분선과 $\overline{BC}$의 교점을 D라 하고, 점 D에서 $\overline{AC}$에 내린 수선의 발을 E라 하자. $\overline{BD}=4$ cm일 때, 다음 물음에 답하시오.

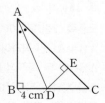

(1) $\overline{ED}$의 길이를 구하시오.
(2) △EDC는 어떤 삼각형인지 말하시오.
(3) $\overline{EC}$의 길이를 구하시오.

03 삼각형의 외심

정답과 풀이 ★ 15쪽

1 삼각형의 외심의 뜻과 성질

(1) 외접원과 외심: △ABC의 세 꼭짓점이 모두 원 O 위에 있을 때, 원 O는 △ABC에 **외접**한다고 하고, 원 O를 △ABC의 **외접원**, 외접원의 중심 O를 그 삼각형의 **외심**이라 한다.

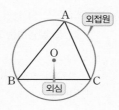

(2) 삼각형의 외심의 성질
① 삼각형의 세 변의 수직이등분선은 한 점(외심)에서 만난다.
➡ $\overline{AD}=\overline{BD}$, $\overline{BE}=\overline{CE}$, $\overline{AF}=\overline{CF}$

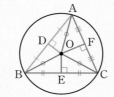

② 삼각형의 외심에서 세 꼭짓점에 이르는 거리는 같다.
➡ $\overline{OA}=\overline{OB}=\overline{OC}=$(외접원 O의 반지름의 길이)
➡ △OAB, △OBC, △OCA는 모두 이등변삼각형이다.
➡ △OAD≡△OBD, △OBE≡△OCE, △OCF≡△OAF

2 삼각형의 외심의 위치

외심은 삼각형의 모양에 따라 그 위치가 달라진다.
(1) 예각삼각형 : 삼각형의 내부
(2) 직각삼각형 : 빗변의 중점
➡ (외접원의 반지름의 길이)
$=\dfrac{1}{2}×$(빗변의 길이)

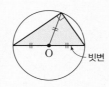

(3) 둔각삼각형 : 삼각형의 외부

참고 이등변삼각형에서 꼭지각의 이등분선은 밑변을 수직이등분하므로 이등변삼각형의 외심은 꼭지각의 이등분선 위에 있다.

3 삼각형의 외심의 응용

점 O가 △ABC의 외심일 때

(1)
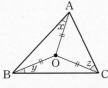

$\angle x+\angle y+\angle z=90°$

(2)
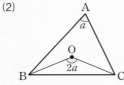

$\angle BOC=2\angle A$

삼각형의 외심의 성질

다음 그림에서 점 O가 △ABC의 외심일 때, x, y의 값을 각각 구하시오.

1

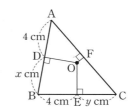

2

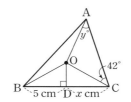

3

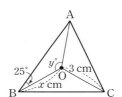

삼각형의 외심의 위치

다음 그림과 같은 직각삼각형 ABC에서 점 M이 빗변의 중점일 때, x, y의 값을 각각 구하시오.

4

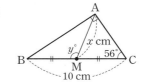

5

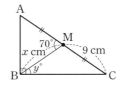

1. 삼각형의 성질 ★ **19**

삼각형의 외심의 응용(1)

다음은 '점 O가 △ABC의 외심일 때, $\angle x+\angle y+\angle z=90°$이다.'를 설명하는 과정이다. ☐ 안에 알맞은 것을 써넣으시오.

6

점 O가 △ABC의 외심이므로

$\overline{OA}=\overline{OB}=\overline{OC}$

△OAB, △OBC, △OCA가 모두 ☐ 삼각형이므로

$\angle OAB=$ ☐ $=\angle x$,

$\angle OBC=$ ☐ $=\angle y$,

$\angle OCA=$ ☐ $=\angle z$

이때 △ABC의 세 내각의 크기의 합은 ☐ °이므로

$\angle A+\angle B+\angle C=$ ☐ °에서

$(\angle x+\angle z)+(\angle x+\angle y)+(\angle y+\angle z)=$ ☐ °

$2(\angle x+\angle y+\angle z)=$ ☐ °

따라서 $\angle x+\angle y+\angle z=90°$

다음 그림에서 점 O가 △ABC의 외심일 때, $\angle x$의 크기를 구하시오.

7
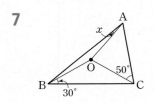

8
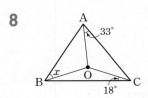

9
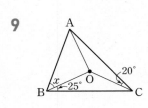

10
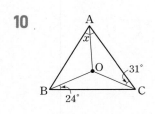

삼각형의 외심의 응용(2)

다음은 '점 O가 △ABC의 외심일 때, $\angle BOC=2\angle A$이다.'를 설명하는 과정이다. ☐ 안에 알맞은 것을 써넣으시오.

11

$\overline{AO}$의 연장선과 $\overline{BC}$의 교점을 D라 하자.

△OAB, △OCA는 ☐ 삼각형이므로

$\angle OAB=$ ☐ $=\angle a$,

$\angle OAC=$ ☐ $=\angle b$라 하면

△OAB에서 $\angle BOD=$ ☐ $\angle a$

△OCA에서 $\angle COD=$ ☐ $\angle b$

따라서 $\angle BOC=\angle BOD+\angle COD$

$\qquad=$ ☐ $\angle a+$ ☐ $\angle b$

$\qquad=$ ☐ $(\angle a+\angle b)$

$\qquad=2\angle BAC$

다음 그림에서 점 O가 △ABC의 외심일 때, $\angle x$의 크기를 구하시오.

12
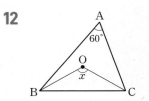

13
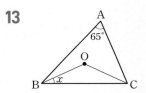

14
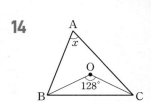

15
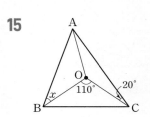

소단원 유형 익히기

유형 12 삼각형의 외심의 뜻과 성질

점 O가 △ABC의 외심일 때
(1) 외심 O는 세 변의 수직이등분선의 교점이다.
(2) 외심 O에서 세 꼭짓점에 이르는 거리는 같다.
➡ $\overline{OA}=\overline{OB}=\overline{OC}$=(외접원 O의 반지름의 길이)

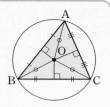

1.

다음 보기 에서 점 P가 △ABC의 외심인 것을 모두 고른 것은?

보기

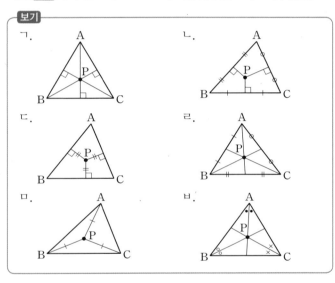

① ㄱ, ㄷ   ② ㄴ, ㅁ   ③ ㄷ, ㅂ
④ ㄹ, ㅁ   ⑤ ㅁ, ㅂ

2.

오른쪽 그림에서 점 O는 △ABC의 외심이다. $\overline{OA}=5$ cm, $\overline{OE}=4$ cm, $\overline{CE}=3$ cm일 때, 다음을 구하시오.
(1) △ABC의 외접원의 반지름의 길이
(2) $\overline{AE}$의 길이

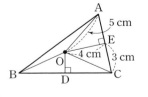

3. 대표

오른쪽 그림에서 점 O는 △ABC의 외심이고, 점 O에서 △ABC의 세 변에 내린 수선의 발을 각각 D, E, F라 하자. $\overline{AD}=5$ cm, $\overline{AF}=6$ cm, $\overline{BE}=5$ cm일 때, △ABC의 둘레의 길이를 구하시오.

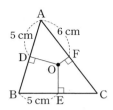

4. 서술형

오른쪽 그림에서 점 O는 △ABC의 외심이다. $\overline{BC}=9$ cm이고 △OBC의 둘레의 길이가 21 cm일 때, △ABC의 외접원의 넓이를 구하시오.

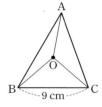

5.

오른쪽 그림에서 점 O는 △ABC의 외심이고, 점 O에서 △ABC의 세 변에 내린 수선의 발을 각각 D, E, F라 하자. 다음 중에서 옳지 않은 것은?

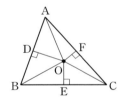

① $\overline{OA}=\overline{OB}=\overline{OC}$
② $\overline{BE}=\overline{CE}$
③ $\overline{OD}=\overline{OE}=\overline{OF}$
④ $\angle OAD=\angle OBD$
⑤ $\triangle OAF \equiv \triangle OCF$

6.

오른쪽 그림에서 점 O는 △ABC의 외심이다. $\angle A=72°$일 때, $\angle x+\angle y$의 크기는?

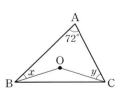

① 70°   ② 72°
③ 74°   ④ 76°
⑤ 78°

7 신유형

영미, 지호, 혜미는 이번 주 토요일에 만나기로 약속하였다. 오른쪽 그림과 같이 영미, 지호, 혜미의 집의 위치를 각각 A, B, C로 나타내고, 세 지점 A, B, C에서 같은 거리에 있는 곳에서 만나려고 할 때, 그 위치로 적당한 곳을 찾는 방법을 말하시오.

유형 13 삼각형의 외심의 위치

외심은 삼각형의 모양에 따라 그 위치가 달라진다.
(1) 예각삼각형: 삼각형의 내부
(2) 직각삼각형: 빗변의 중점
➡ (외접원 O의 반지름의 길이)
$$=\overline{OA}=\overline{OB}=\overline{OC}=\frac{1}{2}\overline{AB}$$
(3) 둔각삼각형: 삼각형의 외부

8

오른쪽 그림과 같이 △ABC의 외심 O가 $\overline{BC}$ 위에 있다. ∠B=39°일 때, ∠C의 크기는?

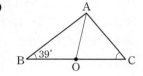

① 51°   ② 52°
③ 53°   ④ 54°
⑤ 55°

9

다음 중에서 삼각형의 외심에 대한 설명으로 옳지 <u>않은</u> 것은?
① 삼각형의 외심은 외접원의 중심이다.
② 삼각형의 외심은 항상 삼각형의 외부에 있다.
③ 삼각형에서 세 변의 수직이등분선의 교점이 외심이다.
④ 직각삼각형의 외심은 빗변의 중점이다.
⑤ 삼각형의 외심에서 세 꼭짓점에 이르는 거리는 같다.

10 대표

오른쪽 그림과 같이 ∠B=90°인 직각삼각형 ABC에서 $\overline{AC}$=16 cm일 때, △ABC의 외접원의 넓이를 구하시오.

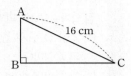

11

오른쪽 그림과 같이 ∠C=90°인 직각삼각형 ABC에서 점 M은 $\overline{AB}$의 중점이다. $\overline{AB}$=14 cm, $\overline{BC}$=10 cm, ∠B=50°일 때, 다음 중에서 옳지 <u>않은</u> 것은?

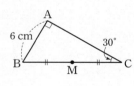

① $\overline{MC}$=7 cm
② ∠AMC=90°
③ 점 M은 △ABC의 외심이다.
④ △AMC는 이등변삼각형이다.
⑤ △MBC의 둘레의 길이는 24 cm이다.

12 서술형

오른쪽 그림과 같이 ∠A=90°인 직각삼각형 ABC에서 $\overline{BM}=\overline{CM}$이고 $\overline{AB}$=6 cm, ∠C=30°일 때, △ABC의 외접원의 반지름의 길이를 구하시오.

13 신유형

오른쪽 그림에서 점 O는 △ABC의 외심이다. ∠AOB=98°, ∠AOC=40°일 때, 다음 각의 크기를 구하시오.

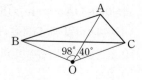

(1) ∠OBA
(2) ∠OBC
(3) ∠ABC

유형 **14** 삼각형의 외심의 응용(1)

점 O가 △ABC의 외심일 때
$$\angle x + \angle y + \angle z = 90°$$

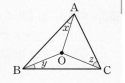

유형 **15** 삼각형의 외심의 응용(2)

점 O가 △ABC의 외심일 때
$$\angle BOC = 2\angle A$$

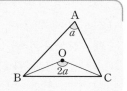

14 📶 대표

오른쪽 그림에서 점 O는 △ABC의 외심
이다. ∠OBA=20°, ∠OCA=40°일
때, ∠OCB의 크기는?

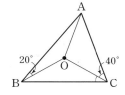

① 15°　　② 20°

③ 25°　　④ 30°

⑤ 35°

17 📶 대표

오른쪽 그림에서 점 O는 △ABC의 외심이
다. ∠OAB=35°, ∠OCA=25°이고
$\overline{AO}=9$ cm일 때, 부채꼴 BOC의 넓이는?

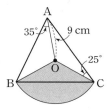

① 24π cm²　　② 27π cm²

③ 30π cm²　　④ 33π cm²

⑤ 36π cm²

15 📶

오른쪽 그림에서 점 O는 △ABC의 외심
이다.
∠OAB : ∠OBC : ∠OCA=2 : 3 : 5
일 때, ∠AOC의 크기는?

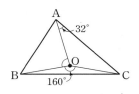

① 82°　　② 84°

③ 86°　　④ 88°

⑤ 90°

18 📶

오른쪽 그림에서 점 O는 △ABC의 외
심이다. ∠OAC=32°, ∠BOC=160°
일 때, ∠AOB의 크기는?

① 76°　　② 80°

③ 84°　　④ 86°

⑤ 90°

16 📶 서술형

오른쪽 그림에서 점 O는 △ABC의 외심
이다. ∠OCA=18°, ∠OCB=24°일
때, ∠B의 크기를 구하시오.

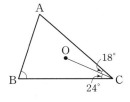

19 📶

오른쪽 그림에서 점 O는 △ABC의 외심
이다. ∠B=64°일 때, ∠OCA의 크기는?

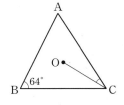

① 26°　　② 27°

③ 28°　　④ 29°

⑤ 30°

04 삼각형의 내심

1 삼각형의 내심의 뜻과 성질

(1) 직선 l이 원 O와 한 점에서 만날 때, 직선 l은 원 O에 **접한다**고 하고, 직선 l을 원 O의 **접선**, 만나는 점 T를 **접점**이라 한다. 이때 접점에서 접선과 반지름 OT는 직교한다.

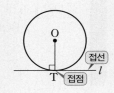

(2) 내접원과 내심: △ABC의 세 변이 모두 원 I에 접할 때, 원 I는 △ABC에 **내접**한다고 하고, 원 I를 △ABC의 **내접원**이라 한다. 또 삼각형의 내접원의 중심 I를 그 삼각형의 **내심**이라 한다.

— 삼각형의 내심은 모두 삼각형의 내부에 있다.

(3) 삼각형의 내심의 성질
  ① 삼각형의 세 내각의 이등분선은 한 점(내심)에서 만난다.
  ➡ $\angle IAD = \angle IAF$, $\angle IBD = \angle IBE$, $\angle ICE = \angle ICF$
  ② 삼각형의 내심에서 세 변에 이르는 거리는 같다.
  ➡ $\overline{ID} = \overline{IE} = \overline{IF} =$ (내접원 I의 반지름의 길이)
  ➡ $\triangle IAD \equiv \triangle IAF$, $\triangle IBD \equiv \triangle IBE$, $\triangle ICE \equiv \triangle ICF$

2 삼각형의 내심의 응용

점 I가 △ABC의 내심일 때

(1)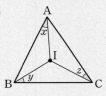

$$\angle x + \angle y + \angle z = 90°$$

(2)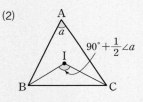

$$\angle BIC = 90° + \frac{1}{2}\angle A$$

3 삼각형의 내접원의 응용

점 I가 △ABC의 내심이고, △ABC의 내접원의 반지름의 길이가 r일 때

(1) △ABC ┌△ABC의 둘레의 길이
  $= \dfrac{1}{2} r(\overline{AB} + \overline{BC} + \overline{CA})$

(2) $\overline{AD} = \overline{AF}$, $\overline{BD} = \overline{BE}$, $\overline{CE} = \overline{CF}$

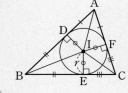

삼각형의 내심의 응용 (1)

다음은 '점 I가 △ABC의 내심일 때, $\angle x + \angle y + \angle z = 90°$이다.'를 설명하는 과정이다. □ 안에 알맞은 수를 써넣으시오.

1

점 I가 △ABC의 내심이므로
$\angle A = \boxed{}\angle x,$
$\angle B = \boxed{}\angle y,$
$\angle C = \boxed{}\angle z$
이때 △ABC의 세 내각의 크기의 합은 $\boxed{}°$이므로
$\angle A + \angle B + \angle C = \boxed{}°$에서
$2\angle x + 2\angle y + 2\angle z = \boxed{}°$
$2(\angle x + \angle y + \angle z) = \boxed{}°$
따라서 $\angle x + \angle y + \angle z = 90°$

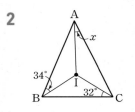

다음 그림에서 점 I가 △ABC의 내심일 때, $\angle x$의 크기를 구하시오.

2

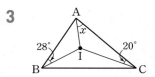

3

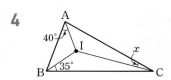

4

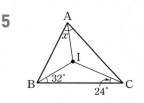

5

삼각형의 내심의 응용(2)

▶ 다음은 '점 I가 △ABC의 내심일 때, $\angle BIC = 90° + \frac{1}{2}\angle A$이다.'를 설명한 것이다. □ 안에 알맞은 것을 써넣으시오.

6

점 I가 △ABC의 내심이므로
$\angle IBA = \angle IBC = \angle a$,
$\angle ICA = \angle ICB = \angle b$라 하면
$\angle a = \boxed{}\angle B$, $\angle b = \boxed{}\angle C$
△IBC에서 세 내각의 크기의 합은 180°이므로
$\angle BIC = 180° - (\angle a + \angle b)$
$\quad\quad = 180° - \boxed{}(\angle B + \angle C)$
$\quad\quad = 180° - \boxed{}(180° - \boxed{})$
$\quad\quad = 90° + \frac{1}{2}\angle A$

▶ 다음 그림에서 점 I가 △ABC의 내심일 때, $\angle x$의 크기를 구하시오.

7
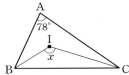

8
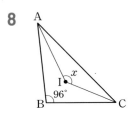

9
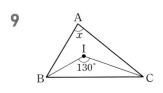

10
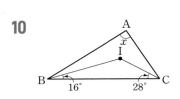

삼각형의 내접원의 응용

▶ 다음은 '점 I가 △ABC의 내심일 때, △ABC의 내접원의 반지름의 길이를 r라 하면
$\triangle ABC = \frac{1}{2}r(\overline{AB} + \overline{BC} + \overline{CA})$이다.'를 설명하는 과정이다. □ 안에 알맞은 것을 써넣으시오.

11

$\triangle IAB = \frac{1}{2} \times \overline{AB} \times r$
$\triangle IBC = \frac{1}{2} \times \overline{BC} \times \boxed{}$
$\triangle ICA = \frac{1}{2} \times \overline{CA} \times \boxed{}$
따라서
$\triangle ABC$
$= \triangle IAB + \triangle IBC + \triangle ICA$
$= \frac{1}{2} \times \overline{AB} \times r + \frac{1}{2} \times \overline{BC} \times \boxed{} + \frac{1}{2} \times \overline{CA} \times \boxed{}$
$= \frac{1}{2}r(\overline{AB} + \overline{BC} + \overline{CA})$

▶ 다음 그림에서 점 I는 △ABC의 내심이고 세 점 D, E, F는 각각 내접원과 세 변 AB, BC, CA의 접점일 때, x의 값을 구하시오.

12
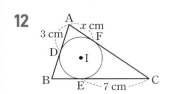

13
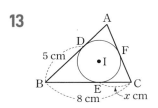

14
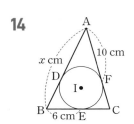

유형 **16**　삼각형의 내심의 뜻과 성질

점 I가 △ABC의 내심일 때
(1) 내심 I는 세 내각의 이등분선의
　교점이다.
(2) 내심 I에서 세 변에 이르는 거
　리는 같다.
　➡ $\overline{ID}=\overline{IE}=\overline{IF}$=(내접원 I의 반지름의 길이)

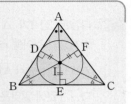

1. .ıl

다음 [보기]에서 점 P가 △ABC의 내심인 것을 모두 고른 것은?

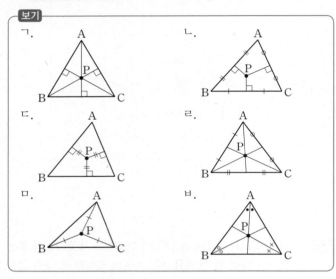

① ㄱ, ㄷ　　　② ㄴ, ㅁ　　　③ ㄷ, ㅂ
④ ㄹ, ㅁ　　　⑤ ㅁ, ㅂ

2. .ıl

오른쪽 그림에서 점 I는 △ABC의 내심
이다. $\overline{ID}=9$ cm, ∠IBC=35°,
∠ICA=20°일 때, 다음을 구하시오.
(1) △ABC의 내접원의 반지름의 길이
(2) ∠IBD의 크기

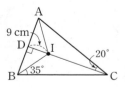

3. .ıl 대표
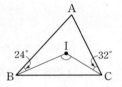

오른쪽 그림에서 점 I는 △ABC의 내심이
다. ∠IBA=24°, ∠ICA=32°일 때,
∠BIC의 크기는?

① 121°　　　　② 122°
③ 123°　　　　④ 124°
⑤ 125°

4. .ıl

오른쪽 그림에서 점 I는 △ABC의 내심이
고, 점 I에서 세 변에 내린 수선의 발을 각
각 D, E, F라 하자. 다음 중에서 옳은 것
을 모두 고르면? (정답 2개)

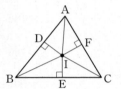

① $\overline{IA}=\overline{IB}=\overline{IC}$
② $\overline{BE}=\overline{CE}$
③ $\overline{ID}=\overline{IE}=\overline{IF}$
④ ∠IAD=∠IAF
⑤ △IAF≡△ICF

5. .ıl 신유형

다음은 정삼각형에서 내심과 외심의 위치에 대한 설명이다.
(가)~(마)에 알맞은 것으로 옳지 <u>않은</u> 것은?

삼각형의 내심은 세　(가)　의 이등분선의
교점이고, 외심은 세 변의　(나)　의 교점이
다. 그런데 정삼각형은　(다)　삼각형이므
로 꼭지각의 이등분선은　(라)　을 수직이
등분한다. 즉, 정삼각형의 내각의 이등분선은 그 대변의 수직
이등분선과　(마)　하므로 정삼각형의 내심과 외심은　(마)
한다.

① (가) 내각　　② (나) 이등분선　　③ (다) 이등변
④ (라) 밑변　　⑤ (마) 일치

6 ◗❙❙ 서술형💬

오른쪽 그림에서 점 I는 △ABC의 내심이다. ∠A=58°, ∠C=46°일 때, ∠IBA의 크기를 구하시오.

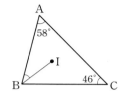

9 ◗❙❙

오른쪽 그림에서 점 I는 △ABC의 내심이다. ∠A=98°, ∠IBC=27°일 때, ∠ICA의 크기는?

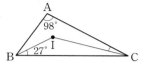

① 11° ② 12°

③ 13° ④ 14°

⑤ 15°

유형 17 삼각형의 내심의 응용(1)

점 I가 △ABC의 내심일 때

$$\angle x + \angle y + \angle z = 90°$$

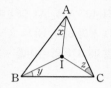

10 ◗❙❙ 서술형💬

오른쪽 그림에서 점 I는 △ABC의 내심이다. ∠IAB=28°, ∠ICA=32°일 때, ∠B의 크기를 구하시오.

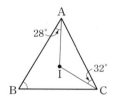

---

7 ◗❙❙ 대표◗

오른쪽 그림에서 점 I는 △ABC의 내심이다. ∠IAB=28°, ∠IBC=35°일 때, ∠ICB의 크기는?

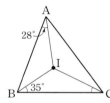

① 26° ② 27°

③ 28° ④ 29°

⑤ 30°

유형 18 삼각형의 내심의 응용(2)

점 I가 △ABC의 내심일 때

$$\angle BIC = 90° + \frac{1}{2}\angle A$$

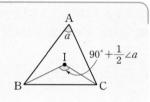

---

8 ◗❙❙

오른쪽 그림에서 점 I는 △ABC의 내심이다. ∠ICA=34°일 때, ∠x+∠y의 크기는?

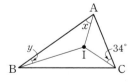

① 52° ② 54°

③ 56° ④ 58°

⑤ 60°

11 ◗❙❙

오른쪽 그림에서 점 I는 ∠B와 ∠C의 이등분선의 교점이다. ∠BIC=126°일 때, ∠A의 크기는?

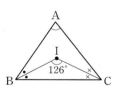

① 66° ② 72°

③ 78° ④ 84°

⑤ 90°

12 대표

오른쪽 그림에서 점 I는 △ABC의 내심
이다. ∠B=64°, ∠ICB=20°일 때,
∠x−∠y의 크기는?

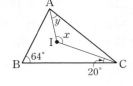

① 81° ② 82°
③ 83° ④ 84°
⑤ 85°

13 서술형

오른쪽 그림에서 점 I는 $\overline{AB}=\overline{AC}$인 이등
변삼각형 ABC의 내심이다.
∠BAC=68°일 때, ∠AIB의 크기를 구
하시오.

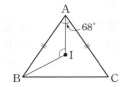

14

오른쪽 그림에서 점 I는 △ABC의 내심
이다.
∠A : ∠ABC : ∠ACB=4 : 2 : 3일
때, ∠BIC의 크기를 구하시오.

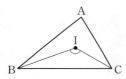

15

오른쪽 그림에서 점 I는 △ABC의 내심이고
∠AIB=131°이다. $\overline{AI}$의 연장선과 $\overline{BC}$의
교점을 D, $\overline{BI}$의 연장선과 $\overline{CA}$의 교점을 E라
할 때, ∠x−∠y의 크기는?

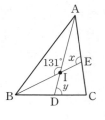

① 27° ② 30°
③ 33° ④ 36°
⑤ 39°

유형 19 삼각형의 내심과 평행선

점 I가 △ABC의 내심이고
$\overline{DE}$ // $\overline{BC}$일 때
(1) ∠DBI=∠IBC=∠DIB,
  ∠ECI=∠ICB=∠EIC
  ➡ $\overline{DB}=\overline{DI}$, $\overline{EC}=\overline{EI}$
(2) (△ADE의 둘레의 길이)=$\overline{AB}+\overline{AC}$

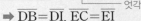
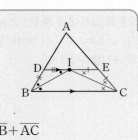

16 대표

오른쪽 그림에서 점 I는 △ABC의 내
심이다. 점 I를 지나고 $\overline{BC}$와 평행한
직선이 $\overline{AB}$, $\overline{AC}$와 만나는 점을 각각
D, E라 하자. $\overline{BD}$=3 cm, $\overline{CE}$=4 cm
일 때, $\overline{DE}$의 길이를 구하시오.

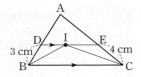

17

오른쪽 그림에서 점 I는 △ABC의 내심
이다. 점 I를 지나고 $\overline{BC}$와 평행한 직선
이 $\overline{AB}$, $\overline{AC}$와 만나는 점을 각각 D, E
라 하자. $\overline{AB}$=9 cm, $\overline{AC}$=7 cm일
때, 다음을 구하시오.

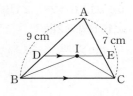

(1) $\overline{DI}$와 길이가 같은 선분
(2) $\overline{EI}$와 길이가 같은 선분
(3) △ADE의 둘레의 길이

18

오른쪽 그림에서 점 I는 △ABC의 내심이
고 $\overline{DE}$ // $\overline{BC}$이다. $\overline{BC}$=9 cm이고
△ADE의 둘레의 길이가 21 cm일 때,
△ABC의 둘레의 길이를 구하시오.

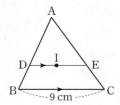

유형 20 삼각형의 넓이와 내접원의 반지름의 길이

점 I가 △ABC의 내심일 때
$$\triangle ABC = \frac{1}{2}r(a+b+c)$$

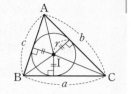

유형 21 삼각형의 내접원과 접선의 길이

점 I가 △ABC의 내심이고, 세 점 D, E, F가 각각 내접원과 세 변 AB, BC, CA의 접점일 때
$$\overline{AD}=\overline{AF}, \overline{BD}=\overline{BE}, \overline{CE}=\overline{CF}$$

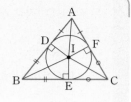

19 ▪ıl

오른쪽 그림에서 점 I는 △ABC의 내심이다. △ABC의 둘레의 길이는 60 cm이고 내접원의 반지름의 길이는 6 cm일 때, △ABC의 넓이를 구하시오.

22 ▪ıl 대표

오른쪽 그림에서 점 I는 △ABC의 내심이고, 세 점 D, E, F는 각각 내접원과 세 변 AB, BC, CA의 접점이다. $\overline{AD}=2$ cm, $\overline{BE}=5$ cm, $\overline{CF}=4$ cm 일 때, △ABC의 둘레의 길이는?

① 21 cm   ② 22 cm   ③ 23 cm
④ 24 cm   ⑤ 25 cm

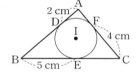

20 ▪ıl 대표

오른쪽 그림에서 점 I는 △ABC의 내심이다. $\overline{AB}=5$ cm, $\overline{BC}=8$ cm, $\overline{CA}=5$ cm이고 △ABC의 넓이가 12 cm²일 때, △IBC의 넓이를 구하시오.

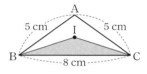

23 ▪ıl 서술형

오른쪽 그림에서 점 I는 △ABC의 내심이고, 세 점 D, E, F는 각각 내접원과 세 변 AB, BC, CA의 접점이다. $\overline{AB}=11$ cm, $\overline{BC}=10$ cm, $\overline{CF}=4$ cm일 때, $\overline{AF}$의 길이를 구하시오.

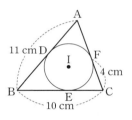

21 ▪ıl 신유형

다음 그림과 같이 ∠A=90°이고 $\overline{AB}=30$ m, $\overline{BC}=50$ m, $\overline{CA}=40$ m인 직각삼각형 모양의 잔디밭에 최대한 넓은 원 모양의 꽃밭을 만들려고 한다. 이때 꽃밭의 넓이를 구하시오.

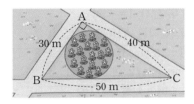

24 ▪ıl

오른쪽 그림에서 점 I는 △ABC의 내심이고, 세 점 D, E, F는 각각 내접원과 세 변 AB, BC, CA의 접점이다. $\overline{AB}=15$ cm, $\overline{BC}=18$ cm, $\overline{CA}=13$ cm일 때, 다음 물음에 답하시오.

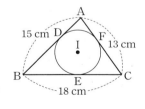

⑴ $\overline{AD}=x$ cm라 할 때, $\overline{BE}$, $\overline{CE}$의 길이를 x를 사용하여 나타내시오.

⑵ $\overline{BC}=18$ cm를 이용하여 $\overline{AD}$의 길이를 구하시오.

유형 22 삼각형의 외심과 내심

두 점 O, I가 각각 △ABC의 외심과 내심일 때

(1) ∠BOC=2∠A

(2) ∠BIC=90°+½∠A

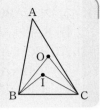

유형 23 직각삼각형의 외접원과 내접원

두 점 O, I가 각각 ∠C=90°인 직각삼각형 ABC의 외심과 내심일 때

(1) 외접원의 반지름의 길이를 R라 하면
$$R=\frac{1}{2}\times(빗변의 길이)=\frac{1}{2}c$$

(2) 내접원의 반지름의 길이를 r라 하면
$$\frac{1}{2}ab=\frac{1}{2}r\overbrace{(a+b+c)}^{\triangle ABC의\ 둘레의\ 길이}$$

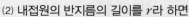
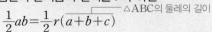

25 .ıl 대표 🔵

오른쪽 그림에서 두 점 O, I는 각각 △ABC의 외심과 내심이다. ∠BOC=140°일 때, ∠BIC의 크기는?

① 110°　　② 115°

③ 120°　　④ 125°

⑤ 130°

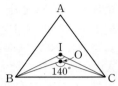

28 .ıl 대표 🔵

오른쪽 그림과 같이 ∠C=90°인 직각삼각형 ABC에서 $\overline{AB}$=15 cm, $\overline{BC}$=12 cm, $\overline{CA}$=9 cm이다. △ABC의 외접원의 반지름의 길이를 x cm, 내접원의 반지름의 길이를 y cm라 할 때, $2x+y$의 값을 구하시오.

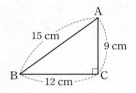

26 .ıl

오른쪽 그림에서 두 점 O, I는 각각 △ABC의 외심과 내심이다. ∠BIC=108°일 때, ∠BOC의 크기는?

① 71°　　② 72°

③ 73°　　④ 74°

⑤ 75°

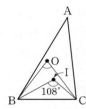

29 .ıl

오른쪽 그림에서 두 점 O, I는 각각 ∠A=90°인 직각삼각형 ABC의 외심과 내심이다. $\overline{AB}$=15 cm, $\overline{BC}$=17 cm, $\overline{CA}$=8 cm일 때, △ABC의 외접원과 내접원의 넓이의 합을 구하시오.

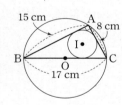

27 .ıl

오른쪽 그림에서 두 점 O, I는 각각 $\overline{AB}=\overline{AC}$인 이등변삼각형 ABC의 외심과 내심이다. ∠A=52°일 때, 다음 각의 크기를 구하시오.

(1) ∠OBC

(2) ∠IBC

(3) ∠OBI

30 .ıl 서술형 💬

오른쪽 그림에서 두 점 O, I는 각각 ∠B=90°인 직각삼각형 ABC의 외심과 내심이다. $\overline{AB}$=12 cm, $\overline{BC}$=5 cm, $\overline{CA}$=13 cm일 때, △ABC의 외접원과 내접원의 둘레의 길이의 차를 구하시오.

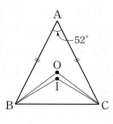
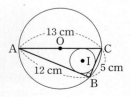

중단원 핵심유형 테스트

정답과 풀이 ★ 21쪽

1. ▫

오른쪽 그림과 같은 △ABC에서 $\overline{DB}=\overline{DC}$이고 ∠ABD=10°, ∠C=65°일 때, ∠A의 크기는?

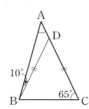

① 36° ② 37°
③ 38° ④ 39°
⑤ 40°

2. ▫

오른쪽 그림에서 △ABC는 한 변의 길이가 8 cm인 정삼각형이고 $\overline{AD}$는 ∠A의 이등분선일 때, $\overline{CD}$의 길이는?

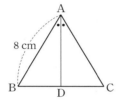

① 3 cm ② 3.5 cm
③ 4 cm ④ 4.5 cm
⑤ 5 cm

3. ▫

오른쪽 그림과 같은 △ABC에서 점 D는 $\overline{BC}$의 연장선 위의 점이다. $\overline{AB}=12$ cm이고 ∠A=70°, ∠ACD=125°일 때, $\overline{AC}$의 길이를 구하시오.

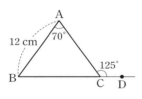

4. ▫

다음 중에서 보기 의 삼각형과 합동인 것을 모두 고르면? (정답 2개)

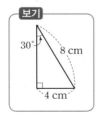

보기

①

②
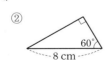

③
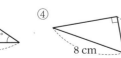

④

⑤
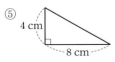

5. ▫

오른쪽 그림과 같이 $\overline{AB}$와 $\overline{BC}$의 수직이등분선의 교점 O에서 $\overline{CA}$에 내린 수선의 발을 D라 하자. $\overline{CD}=5$ cm일 때, $\overline{AC}$의 길이는?

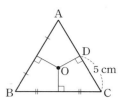

① 9 cm ② 9.5 cm
③ 10 cm ④ 10.5 cm
⑤ 11 cm

6. ▫

오른쪽 그림과 같은 △ABC에서 내접원 I의 반지름의 길이는 4 cm이고 $\overline{AB}=15$ cm이다. △ABC의 넓이가 90 cm²일 때, $\overline{BC}+\overline{CA}$의 길이는?

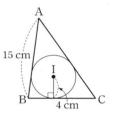

① 26 cm ② 27 cm
③ 28 cm ④ 29 cm
⑤ 30 cm

7. ▫

오른쪽 그림과 같이 $\overline{BC}=\overline{BA}$인 이등변삼각형 ABC에서 ∠C의 이등분선과 $\overline{AB}$의 교점을 D라 하자. ∠B=36°, $\overline{BD}=6$ cm일 때, $\overline{AC}$의 길이를 구하시오.

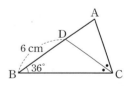

8. ▫

폭이 6 cm인 직사각형 모양의 종이를 오른쪽 그림과 같이 접었다. $\overline{AB}=8$ cm일 때, △ABC의 넓이는?

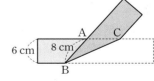

① 22 cm² ② 24 cm²
③ 26 cm² ④ 28 cm²
⑤ 30 cm²

1. 삼각형의 성질 ★ **31**

9 .ıl

오른쪽 그림에서 △AED는 ∠E=90° 이고 $\overline{AE}=\overline{ED}$인 직각이등변삼각형이 다. ∠B=∠C=90°이고 $\overline{AB}$=6 cm, $\overline{BE}$=10 cm일 때, $\overline{BC}$의 길이는?

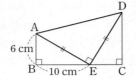

① 16 cm   ② 17 cm
③ 18 cm   ④ 19 cm
⑤ 20 cm

10 .ıl 서술형

오른쪽 그림과 같이 ∠A=90°이고 $\overline{AB}=\overline{AC}$인 직각이등변삼각형 ABC에 서 꼭짓점 A를 지나는 직선 l을 긋고, 두 꼭짓점 B, C에서 직선 l에 내린 수선의 발을 각각 D, E라 하자. $\overline{BD}$=12 cm, $\overline{CE}$=9 cm일 때, △ABD의 넓이를 구하시오.

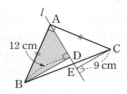

11 .ıl

오른쪽 그림에서 ∠B=90°이고 $\overline{AC}=\overline{DE}$, $\overline{AB}=\overline{DB}$이다. ∠A=20°일 때, ∠CFE의 크기는?

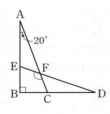

① 115°   ② 120°
③ 125°   ④ 130°
⑤ 135°

12 .ıl

오른쪽 그림과 같이 ∠C=90°인 직각삼 각형 ABC에서 $\overline{EC}=\overline{ED}$이고 ∠BDE=90°이다. ∠A=50°일 때, ∠BEC의 크기는?

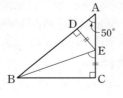

① 66°   ② 67°
③ 68°   ④ 69°
⑤ 70°

13 .ıl

오른쪽 그림에서 점 O는 △ABC의 외심이 고, 점 O에서 $\overline{BC}$에 내린 수선의 발을 D라 하자. ∠OAB=33°, ∠ABC=75°일 때, ∠BOD의 크기는?

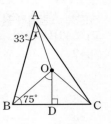

① 46°   ② 47°
③ 48°   ④ 49°
⑤ 50°

14 .ıl

오른쪽 그림에서 점 O는 △ABC의 외심이다. ∠ACO=23°, ∠OBC=47°일 때, ∠A의 크기는?

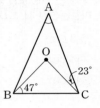

① 40°   ② 43°
③ 46°   ④ 49°
⑤ 52°

15 .ıl

오른쪽 그림에서 점 O는 △ABC의 외심 이다. ∠OAC=25°, ∠OBA=40°일 때, ∠BOC의 크기는?

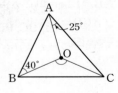

① 115°   ② 120°
③ 125°   ④ 130°
⑤ 135°

16 .ıl

오른쪽 그림에서 점 I는 $\overline{AB}=\overline{AC}$인 이등변 삼각형 ABC의 내심이다. ∠A=48°일 때, ∠IBC의 크기는?

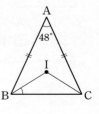

① 31°   ② 32°
③ 33°   ④ 34°
⑤ 35°

17 ❙❙❙

오른쪽 그림에서 점 I는 △ABC의 내심이다. ∠IAC=37°, ∠ICB=28°일 때, ∠IBC의 크기는?

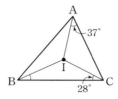

① 21°   ② 22°

③ 23°   ④ 24°

⑤ 25°

18 ❙❙❙

오른쪽 그림에서 점 I는 △ABC의 내심이다. 점 I를 지나고 $\overline{BC}$와 평행한 직선이 $\overline{AB}$, $\overline{AC}$와 만나는 점을 각각 D, E라 하자. $\overline{DE}=13\ cm$, $\overline{CE}=8\ cm$일 때, $\overline{DB}$의 길이를 구하시오.

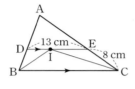

19 ❙❙❙

오른쪽 그림에서 점 I는 △ABC의 내심이고, 세 점 D, E, F는 각각 내접원과 세 변 AB, BC, CA의 접점이다. $\overline{AB}=13\ cm$, $\overline{AD}=5\ cm$, $\overline{AC}=11\ cm$일 때, $\overline{BC}$의 길이는?

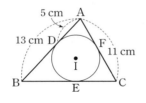

① 11 cm   ② 12 cm   ③ 13 cm

④ 14 cm   ⑤ 15 cm

20 ❙❙❙ 서술형 ✍

오른쪽 그림에서 두 점 O, I는 각각 △ABC의 외심과 내심이다. ∠A=44°일 때, ∠BIC−∠BOC의 크기를 구하시오.

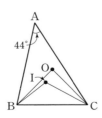

21 ❙❙❙

오른쪽 그림과 같은 △ABC에서 $\overline{AC}=\overline{DB}=\overline{DC}$이고 점 E는 $\overline{BC}$의 연장선 위의 점이다. ∠ACE=105°일 때, ∠BDC의 크기를 구하시오.

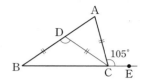

22 ❙❙❙

오른쪽 그림과 같이 ∠A=90°인 직각삼각형 ABC에서 점 O는 변 BC의 중점이다. ∠OAB : ∠OAC=2 : 1이고 $\overline{AB}=5\ cm$일 때, △ABC의 외접원의 반지름의 길이는?

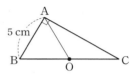

① 3 cm   ② 3.5 cm   ③ 4 cm

④ 4.5 cm   ⑤ 5 cm

23 ❙❙❙

오른쪽 그림에서 점 O는 △ABC의 외심이다. ∠BOC=56°, ∠COA=84°일 때, ∠BCA의 크기는?

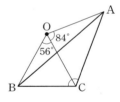

① 100°   ② 105°

③ 110°   ④ 115°

⑤ 120°

24 ❙❙❙

오른쪽 그림과 같이 ∠B=90°인 직각삼각형 ABC에서 원 O는 △ABC의 외접원이고 원 I는 △ABC의 내접원이다. $\overline{AB}=8\ cm$, $\overline{BC}=6\ cm$, $\overline{CA}=10\ cm$일 때, 색칠한 부분의 넓이는?

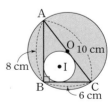

① $21\pi\ cm^2$ ② $22\pi\ cm^2$ ③ $23\pi\ cm^2$

④ $24\pi\ cm^2$ ⑤ $25\pi\ cm^2$

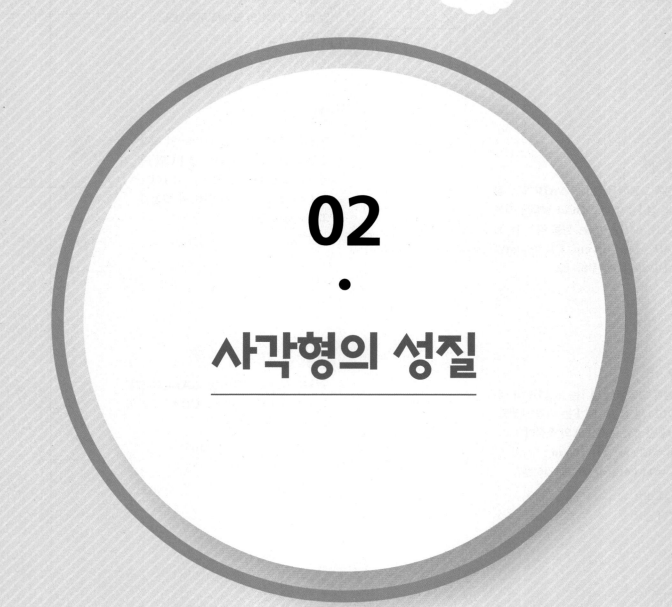

02.

사각형의 성질

01 평행사변형

1 평행사변형의 뜻

(1) 사각형 기호: 사각형 ABCD를 기호로 □ABCD와 같이 나타낸다. 이때 사각형에서 마주 보는 변을 대변, 마주 보는 각을 대각이라 한다.

(2) 평행사변형: 두 쌍의 대변이 각각 평행한 사각형
➡ □ABCD에서
$\overline{AB}//\overline{DC}$, $\overline{AD}//\overline{BC}$

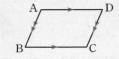

2 평행사변형의 성질

평행사변형에서

(1) 두 쌍의 대변의 길이는 각각 같다.
➡ $\overline{AB}=\overline{DC}$, $\overline{AD}=\overline{BC}$

(2) 두 쌍의 대각의 크기는 각각 같다.
➡ $\angle A=\angle C$, $\angle B=\angle D$

(3) 두 대각선은 서로 다른 것을 이등분한다.
➡ $\overline{OA}=\overline{OC}$, $\overline{OB}=\overline{OD}$
(단, 점 O는 두 대각선의 교점)

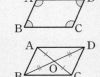

3 평행사변형이 되는 조건

다음의 어느 한 조건을 만족시키는 사각형은 평행사변형이다.

(1) 두 쌍의 대변이 각각 평행하다.─평행사변형의 뜻이다.
(2) 두 쌍의 대변의 길이가 각각 같다.
(3) 두 쌍의 대각의 크기가 각각 같다.
(4) 한 쌍의 대변이 평행하고 그 길이가 같다.
(5) 두 대각선이 서로 다른 것을 이등분한다.

4 평행사변형과 넓이

(1) 평행사변형의 넓이는 두 대각선에 의하여 사등분된다.
(단, 점 O는 두 대각선의 교점)
$\triangle ABO=\triangle BCO=\triangle CDO=\triangle DAO=\dfrac{1}{4}\square ABCD$

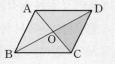

(2) 평행사변형의 내부의 한 점 P에 대하여
$\triangle PAB+\triangle PCD$
$=\triangle PBC+\triangle PDA$
$=\dfrac{1}{2}\square ABCD$

평행사변형의 성질

▶ 다음은 '평행사변형의 두 쌍의 대변의 길이는 각각 같고, 두 쌍의 대각의 크기도 각각 같다.'를 삼각형의 합동 조건을 이용하여 설명하는 과정이다. □ 안에 알맞은 것을 써넣으시오.

1
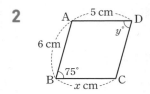

평행사변형 ABCD에서 대각선 AC를 그으면
△ABC와 □□□□에서
$\overline{AB}//\overline{DC}$이므로
$\angle BAC=$□□□(엇각),
$\overline{AD}//\overline{BC}$이므로 $\angle ACB=$□□□(엇각),
□□□는 공통
따라서 △ABC≡□□□(□□ 합동)이므로
$\overline{AB}=$□□, $\overline{BC}=$□□, $\angle B=$□□
또 $\angle BAD=\angle BAC+$□□□
$=$□□□$+\angle ACB=$□□□

▶ 다음 그림과 같은 평행사변형 ABCD에서 x, y의 값을 각각 구하시오. (단, 점 O는 두 대각선의 교점)

2
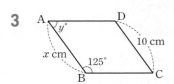

3
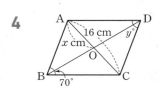

4
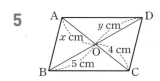

5

평행사변형이 되는 조건

다음은 '두 대각선이 서로 다른 것을 이등분하는 사각형은 평행사변형이다.'를 삼각형의 합동 조건을 이용하여 설명하는 과정이다. □ 안에 알맞은 것을 써넣으시오.

6

□ABCD에서 두 대각선의 교점을 O라 하면

△OAB와 △OCD에서

$\overline{OA}=\overline{OC}$, $\overline{OB}=\overline{OD}$,

∠AOB=□ (맞꼭지각)

이므로 △OAB≡△OCD(□ 합동)

이때 ∠ABO=□ (엇각)이므로 $\overline{AB}$∥□

같은 방법으로 △OAD≡△OCB(□ 합동)

이때 ∠OAD=□ (엇각)이므로 $\overline{AD}$∥□

따라서 두 쌍의 대변이 각각 □ 하므로 □ABCD는 평행사변형이다.

다음 조건을 만족시키는 □ABCD가 평행사변형인 것은 ○표, 평행사변형이 아닌 것은 ×표를 ( ) 안에 써넣으시오. 또 평행사변형인 것은 그 조건을 말하시오.

(단, 점 O는 두 대각선의 교점)

7 $\overline{AB}$∥$\overline{DC}$, $\overline{AD}$∥$\overline{BC}$　　(　)

조건: _____

8 ∠A=∠B, ∠C=∠D　　(　)

조건: _____

9 $\overline{AD}$∥$\overline{BC}$, $\overline{AD}=\overline{BC}=5$ cm　　(　)

조건: _____

10 $\overline{OA}=\overline{OC}=5$ cm, $\overline{OB}=\overline{OD}=8$ cm　　(　)

조건: _____

11 ∠A=45°, ∠B=135°, ∠C=45°　　(　)

조건: _____

12 $\overline{AB}=\overline{DC}=8$ cm, $\overline{AD}=\overline{BC}=9$ cm　　(　)

조건: _____

평행사변형과 넓이

오른쪽 그림과 같은 평행사변형 ABCD에서 두 대각선의 교점을 O라 할 때, 다음 중 옳은 것은 ○표, 옳지 않은 것은 ×표를 (　) 안에 써넣으시오.

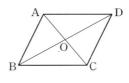

13 △ABC=△BCD　　　　(　)

14 △DAO=△CDO　　　　(　)

15 △DAB=$\frac{1}{4}$□ABCD　　(　)

16 △BCO=$\frac{1}{4}$□ABCD　　(　)

17 □ABCD=4△CDA　　(　)

18 □ABCD=4△ABO　　(　)

오른쪽 그림과 같은 평행사변형 ABCD의 내부의 한 점 P에 대하여 다음 중 옳은 것은 ○표, 옳지 않은 것은 ×표를 (　) 안에 써넣으시오.

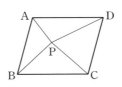

19 △PAB+△PCD=△PBC+△PDA　　(　)

20 △PAB+△PBC=△PCD+△PDA　　(　)

21 △PAB+△PCD=$\frac{1}{4}$□ABCD　　(　)

22 △PBC+△PDA=$\frac{1}{2}$□ABCD　　(　)

소단원 유형 익히기

유형 1 평행사변형의 뜻

평행사변형: 두 쌍의 대변이 각각 평행한 사각형

➡ □ABCD에서
$\overline{AB} /\!/ \overline{DC}$, $\overline{AD} /\!/ \overline{BC}$

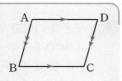

1.

오른쪽 그림과 같은 평행사변형 ABCD에서 $\angle ADB = 25°$, $\angle ACD = 75°$일 때, $\angle x$, $\angle y$의 크기를 각각 구하시오.

2. 대표

오른쪽 그림과 같은 평행사변형 ABCD에서 $\angle BAC = 54°$, $\angle BDC = 32°$일 때, $\angle AOD$의 크기는?
(단, 점 O는 두 대각선의 교점)

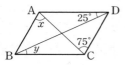

① 82°　　　　② 84°　　　　③ 86°
④ 88°　　　　⑤ 90°

3.

오른쪽 그림과 같은 평행사변형 ABCD에서 $\angle BAC = 70°$, $\angle ACB = 38°$일 때, $\angle x + \angle y$의 크기는?

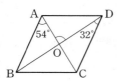

① 71°　　　　② 72°
③ 73°　　　　④ 74°
⑤ 75°

유형 2 평행사변형의 성질

평행사변형에서
(1) 두 쌍의 대변의 길이는 각각 같다.
(2) 두 쌍의 대각의 크기는 각각 같다.
(3) 두 대각선은 서로 다른 것을 이등분한다.

4.

다음 그림과 같은 평행사변형 ABCD에서 $x+y$의 값은?

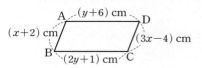

① 2　　　　② 4　　　　③ 6
④ 8　　　　⑤ 10

5.

오른쪽 그림과 같은 평행사변형 ABCD에서 $\angle A = 60°$일 때, $\angle x - \angle y$의 크기는?

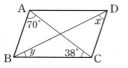

① 55°　　　　② 60°　　　　③ 65°
④ 70°　　　　⑤ 75°

6. 서술형

오른쪽 그림과 같은 평행사변형 ABCD에서 $\angle DBC = 31°$, $\angle BDC = 44°$일 때, $\angle A$의 크기를 구하시오.

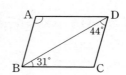

7.

다음은 '평행사변형에서 두 대각선은 서로 다른 것을 이등분한다.'를 설명하는 과정이다. 두 대각선의 교점을 O라 할 때, (가)~(바)에 알맞은 것을 써넣으시오.

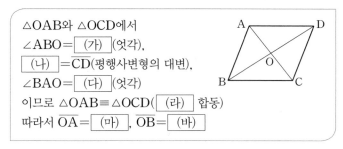

△OAB와 △OCD에서
∠ABO= (가) (엇각),
(나) =$\overline{CD}$(평행사변형의 대변),
∠BAO= (다) (엇각)
이므로 △OAB≡△OCD((라) 합동)
따라서 $\overline{OA}$= (마) , $\overline{OB}$= (바)

8.

오른쪽 그림과 같은 평행사변형 ABCD에서 $\overline{OC}$=9 cm, $\overline{OD}$=12 cm일 때, $x+y$의 값은? (단, 점 O는 두 대각선의 교점)

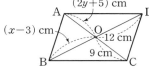

① 14 ② 17 ③ 20
④ 23 ⑤ 26

9. 대표

오른쪽 그림과 같은 평행사변형 ABCD에서 $\overline{AC}$=18 cm, $\overline{BC}$=12 cm이고 ∠BCD=74°일 때, 다음 보기에서 옳은 것을 모두 고른 것은? (단, 점 O는 두 대각선의 교점)

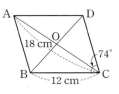

보기
ㄱ. $\overline{AB}$=12 cm ㄴ. $\overline{OB}$=9 cm
ㄷ. $\overline{OC}$=9 cm ㄹ. ∠ADC=106°
ㅁ. ∠BCA=37° ㅂ. △AOD≡△COB

① ㄱ, ㄷ ② ㄴ, ㄹ ③ ㄷ, ㅂ
④ ㄴ, ㄷ, ㅁ ⑤ ㄷ, ㄹ, ㅂ

유형 3 평행사변형의 성질(1)의 응용—대변

평행사변형의 두 쌍의 대변의 길이는 각각 같다.
→ □ABCD가 평행사변형이면 $\overline{AB}=\overline{DC}$, $\overline{AD}=\overline{BC}$

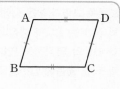

10.

오른쪽 그림과 같은 평행사변형 ABCD의 둘레의 길이가 14 cm이고 $\overline{AB}$=3 cm일 때, $\overline{AD}$의 길이는?

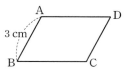

① 2.5 cm ② 3 cm
③ 3.5 cm ④ 4 cm
⑤ 4.5 cm

11. 대표

오른쪽 그림과 같은 평행사변형 ABCD에서 ∠A의 이등분선이 $\overline{BC}$와 만나는 점을 E라 하자. $\overline{AB}$=10 cm, $\overline{AD}$=15 cm일 때, $\overline{EC}$의 길이는?

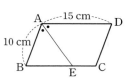

① 1 cm ② 2 cm ③ 3 cm
④ 4 cm ⑤ 5 cm

12. 서술형

오른쪽 그림과 같은 평행사변형 ABCD에서 ∠B의 이등분선이 $\overline{CD}$의 연장선과 만나는 점을 E라 하자. $\overline{AB}$=6 cm, $\overline{BC}$=9 cm일 때, $\overline{DE}$의 길이를 구하시오.

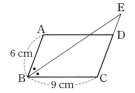

13 ⬛

오른쪽 그림과 같은 평행사변형 ABCD에서 점 E는 $\overline{BC}$의 중점이고 $\overline{AE}$의 연장선과 $\overline{DC}$의 연장선이 만나는 점을 F라 할 때, 다음 물음에 답하시오.

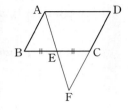

(1) △ABE와 서로 합동인 삼각형을 찾아 기호 ≡를 사용하여 나타내고, 합동 조건을 말하시오.
(2) $\overline{AB}$=4 cm일 때, $\overline{DF}$의 길이를 구하시오.

유형 4 평행사변형의 성질(2)의 응용 – 대각

평행사변형의 두 쌍의 대각의 크기는 각각 같다.

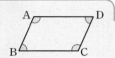

➡ □ABCD가 평행사변형이면
$$\angle A=\angle C,\ \angle B=\angle D$$

참고 $\angle A+\angle B=180°$, $\angle B+\angle C=180°$,
$\angle C+\angle D=180°$, $\angle D+\angle A=180°$

---

14 ⬛ 대표

오른쪽 그림과 같은 평행사변형 ABCD에서 ∠A : ∠B=5 : 4일 때, ∠D의 크기는?

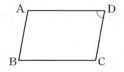

① 74° ② 76°
③ 78° ④ 80°
⑤ 82°

---

15 ⬛

오른쪽 그림과 같은 평행사변형 ABCD에서 ∠DAE=30°, ∠C=100°일 때, ∠AED의 크기는?

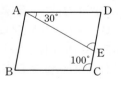

① 50° ② 55°
③ 60° ④ 65°
⑤ 70°

---

16 ⬛

오른쪽 그림과 같은 평행사변형 ABCD에서 ∠A의 이등분선이 $\overline{BC}$와 만나는 점을 E라 하자. ∠AEB=56°일 때, ∠D의 크기를 구하시오.

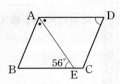

---

17 ⬛

오른쪽 그림과 같은 평행사변형 ABCD에서 ∠ABE : ∠EBC=1 : 3이고 ∠BEC=73°, ∠D=60°일 때, ∠BCE의 크기는?

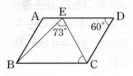

① 61° ② 62° ③ 63°
④ 64° ⑤ 65°

---

18 ⬛ 서술형

오른쪽 그림과 같은 평행사변형 ABCD에서 ∠B의 이등분선이 $\overline{AD}$와 만나는 점을 E라 하고, 꼭짓점 C에서 $\overline{BE}$에 내린 수선의 발을 F라 하자. ∠D=68°일 때, ∠FCD의 크기를 구하시오.

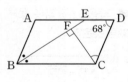

---

19 ⬛

오른쪽 그림과 같은 평행사변형 ABCD에서 ∠A의 이등분선과 ∠D의 이등분선이 만나는 점을 E라 할 때, ∠AED의 크기는?

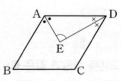

① 76° ② 80° ③ 84°
④ 86° ⑤ 90°

유형 5 평행사변형의 성질⑶의 응용 — 대각선

평행사변형의 두 대각선은 서로 다른 것을 이등분한다.

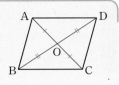

➡ □ABCD가 평행사변형이면

$$\overline{OA}=\overline{OC}=\frac{1}{2}\overline{AC},$$

$$\overline{OB}=\overline{OD}=\frac{1}{2}\overline{BD} \ (단, 점 O는 두 대각선의 교점)$$

20 .⊪ 대표 ◯

오른쪽 그림과 같은 평행사변형 ABCD에서 점 O는 두 대각선의 교점이다. $\overline{AC}=6$ cm, $\overline{BC}=8$ cm, $\overline{BD}=12$ cm일 때, △AOD의 둘레의 길이를 구하시오.

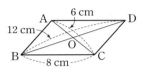

21 .⊪

오른쪽 그림과 같은 평행사변형 ABCD에서 두 대각선의 교점 O를 지나는 직선이 $\overline{AB}$, $\overline{DC}$와 만나는 점을 각각 E, F라 할 때, 다음 보기 에서 옳지 않은 것을 모두 고른 것은?

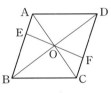

보기
ㄱ. $\overline{AE}=\overline{CF}$　　　　　ㄴ. $\overline{OE}=\overline{OF}$
ㄷ. $\overline{OA}=\overline{OF}$　　　　　ㄹ. ∠OEB=∠OCB
ㅁ. ∠OEB=∠OFD　　　ㅂ. △OAE≡△OCF

① ㄱ, ㄹ　　② ㄴ, ㄷ　　③ ㄷ, ㄹ
④ ㄱ, ㄷ, ㅁ　　⑤ ㄴ, ㄷ, ㅂ

22 .⊪ 서술형💬

오른쪽 그림과 같은 평행사변형 ABCD에서 두 대각선의 교점 O를 지나는 직선이 $\overline{AD}$, $\overline{BC}$와 만나는 점을 각각 E, F라 하자. ∠OED=90°이고 $\overline{OE}=6$ cm, $\overline{ED}=10$ cm일 때, △OBF의 넓이를 구하시오.

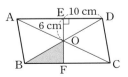

유형 6 평행사변형이 되는 조건 설명

다음 성질을 이용하여 주어진 사각형이 평행사변형임을 설명한다.

⑴ 서로 다른 두 직선이 한 직선과 만날 때, 엇각이나 동위각의 크기가 같으면 두 직선은 평행하다.

⑵ 두 쌍의 대변이 각각 평행한 사각형은 평행사변형이다.

23 .⊪ 대표 ◯

다음은 '두 쌍의 대변의 길이가 각각 같은 사각형은 평행사변형이다.'를 설명하는 과정이다. (가)~(마)에 알맞은 것을 써넣으시오.

$\overline{AB}=\overline{DC}$, $\overline{AD}=\overline{BC}$인 □ABCD에서 대각선 AC를 그으면
△ABC와 △CDA에서
　(가)　$=\overline{CD}$, $\overline{BC}=\overline{DA}$,
$\overline{AC}$는 공통이므로 △ABC≡△CDA(　(나)　합동)
이때 ∠BAC=　(다)　, 즉 엇각의 크기가 같으므로
$\overline{AB}$∥$\overline{DC}$
또 ∠BCA=∠DAC, 즉 엇각의 크기가 같으므로
$\overline{AD}$∥　(라)　
따라서 두 쌍의 대변이 각각　(마)　하므로 □ABCD는 평행사변형이다.

24 .⊪

다음은 '한 쌍의 대변이 평행하고 그 길이가 같은 사각형은 평행사변형이다.'를 설명하는 과정이다. (가)~(마)에 알맞은 것을 써넣으시오.

$\overline{AD}$∥$\overline{BC}$, $\overline{AD}=\overline{BC}$인 □ABCD에서 대각선 AC를 그으면
△ABC와 △CDA에서
$\overline{BC}=\overline{DA}$, $\overline{AC}$는 공통,
　(가)　$=∠CAD$(엇각)
이므로 △ABC≡△CDA(　(나)　합동)
그러므로 ∠BAC=　(다)　
즉, 엇각의 크기가 같으므로 $\overline{AB}$　(라)　$\overline{DC}$
따라서 두 쌍의 대변이 각각　(마)　하므로 □ABCD는 평행사변형이다.

유형 7 평행사변형이 되도록 하는 미지수의 값 구하기

사각형이 다음의 어느 한 조건을 만족시키면 평행사변형이다.
(1) 두 쌍의 대변이 각각 평행하다.
(2) 두 쌍의 대변의 길이가 각각 같다.
(3) 두 쌍의 대각의 크기가 각각 같다.
(4) 한 쌍의 대변이 평행하고 그 길이가 같다.
(5) 두 대각선이 서로 다른 것을 이등분한다.

25.

오른쪽 그림과 같은 □ABCD가 평행사변형이 되도록 하는 x, y에 대하여 $x+y$의 값은?
(단, 점 O는 두 대각선의 교점)

① 6　　② 7　　③ 8
④ 9　　⑤ 10

26. 대표

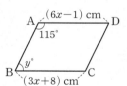

오른쪽 그림과 같은 □ABCD가 평행사변형이 되도록 하는 x, y의 값을 각각 구하시오.

27.

오른쪽 그림과 같은 □ABCD에서 ∠C=86°, ∠BDC=52°일 때, □ABCD가 평행사변형이 되도록 하는 ∠x-∠y의 크기는?

① 6°　　② 8°　　③ 10°
④ 12°　　⑤ 14°

유형 8 평행사변형이 되는 조건 찾기

□ABCD에서 변의 길이나 각의 크기가 주어질 때, 평행사변형인지 판별하려면 주어진 조건대로 사각형을 그린 후 평행사변형이 되는 조건 중 하나를 만족시키는지 확인한다.

28. 대표

다음 사각형 중에서 평행사변형이 아닌 것은?

① 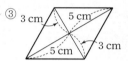　②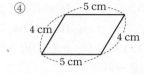
③ 　④
⑤

29. 신유형

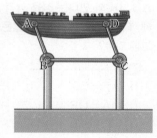

오른쪽 그림의 놀이 기구를 지탱하고 있는 $\overline{AB}$, $\overline{DC}$는 서로 평행하고 그 길이가 같다. 이 놀이 기구는 항상 수평을 유지하면서 회전하는데 어느 위치에 있더라도 항상 수평을 유지하는 이유를 설명하시오.

30.

다음 중에서 □ABCD가 평행사변형이 되는 것을 모두 고르면? (정답 2개)

① $\overline{AB}$=9 cm, $\overline{BC}$=7 cm, $\overline{CD}$=9 cm
② ∠A=140°, ∠B=40°, ∠C=140°
③ $\overline{AD}$∥$\overline{BC}$, $\overline{AB}$=10 cm, $\overline{DC}$=10 cm
④ $\overline{AB}$=8 cm, $\overline{DC}$=8 cm, ∠B=60°, ∠D=60°
⑤ $\overline{OA}$=7 cm, $\overline{OB}$=6 cm, $\overline{OC}$=7 cm, $\overline{OD}$=6 cm
(단, 점 O는 두 대각선의 교점)

31. ▮▯▯ 신유형

오른쪽 모눈종이 위에 선분 AB를 한 변으로 하고 한 꼭짓점이 점 C인 평행사변형을 모두 그리시오.

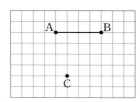

유형 9 새로운 사각형이 평행사변형이 되는 경우

평행사변형의 성질과 삼각형의 합동 조건, 평행선과 엇각의 성질 등을 이용하여 평행사변형이 되는 조건을 찾아낸다.
□ABCD가 평행사변형일 때, 다음 그림의 색칠한 사각형은 모두 평행사변형이다.

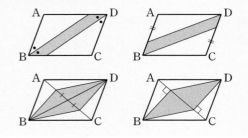

32. ▮▮▯ 대표

다음은 오른쪽 그림과 같은 평행사변형 ABCD의 두 변 AB, DC 위에 $\overline{EB}=\overline{DF}$가 되도록 두 점 E, F를 잡을 때, □AECF는 평행사변형임을 설명하는 과정이다. (가)~(마)에 알맞은 것으로 옳지 <u>않은</u> 것은?

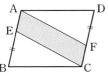

□ABCD가 평행사변형이므로 $\overline{AB}\,/\!/\,\overline{DC}$에서
$\overline{AE}\,/\!/\,$ [(가)]
또 $\overline{AB}=$ [(나)] , [(다)] $=\overline{DF}$이므로
$\overline{AE}=$ [(가)]
따라서 □AECF는 한 쌍의 대변이 [(라)] 하고 그 [(마)] 가 같으므로 평행사변형이다.

① (가) $\overline{FC}$ ② (나) $\overline{DC}$ ③ (다) $\overline{AE}$
④ (라) 평행   ⑤ (마) 길이

33. ▮▯▯

오른쪽 그림과 같은 평행사변형 ABCD에서 두 대각선의 교점을 O라 하고, 대각선 BD 위에 $\overline{OE}=\overline{OF}$가 되도록 두 점 E, F를 잡았다. 다음 보기 에서 □AECF가 평행사변형이 되는 조건으로 가장 알맞은 것을 고르시오.

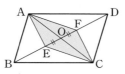

┌ 보기 ─────────────
ㄱ. 두 쌍의 대변이 각각 평행하다.
ㄴ. 두 쌍의 대변의 길이가 각각 같다.
ㄷ. 두 쌍의 대각의 크기가 각각 같다.
ㄹ. 한 쌍의 대변이 평행하고 그 길이가 같다.
ㅁ. 두 대각선이 서로 다른 것을 이등분한다.
└──────────────────

34. ▮▯▯ 서술형

오른쪽 그림과 같은 평행사변형 ABCD의 두 꼭짓점 B, D에서 대각선 AC에 내린 수선의 발을 각각 E, F라 하자.
∠DEF=55°일 때, ∠EBF의 크기를 구하시오.

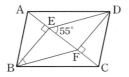

35. ▮▯▯

오른쪽 그림과 같은 평행사변형 ABCD에서 ∠B, ∠D의 이등분선이 $\overline{AD}$, $\overline{BC}$와 만나는 점을 각각 E, F라 할 때, 다음 물음에 답하시오.

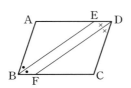

(1) □EBFD가 평행사변형임을 설명하시오.
(2) $\overline{AB}=13$ cm, $\overline{AD}=17$ cm, $\overline{DF}=21$ cm일 때, △ABE의 둘레의 길이를 구하시오.

유형 10 평행사변형과 넓이(1)
─ 대각선에 의하여 나누어지는 경우

평행사변형 ABCD에서
(1) △ABC＝△CDA
　　　　＝△BCD
　　　　＝△DAB
　　　　＝$\frac{1}{2}$□ABCD

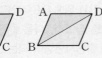

(2) △ABO＝△BCO＝△CDO
　　　　＝△DAO
　　　　＝$\frac{1}{4}$□ABCD

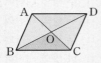

(단, 점 O는 두 대각선의 교점)

유형 11 평행사변형과 넓이(2)
─ 내부의 한 점 P가 주어진 경우

평행사변형의 내부의 한 점 P에 대하여

$$\underset{㉠+㉡}{\triangle PAB}+\underset{㉢+㉣}{\triangle PCD}$$
$$=\underset{㉡+㉢}{\triangle PBC}+\underset{㉠+㉣}{\triangle PDA}$$
$$=\frac{1}{2}□ABCD$$

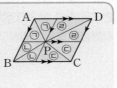

36

오른쪽 그림과 같은 평행사변형 ABCD에서 △ABD의 넓이가 23 cm²일 때, △CDA의 넓이를 구하시오.

37 대표

오른쪽 그림과 같은 평행사변형 ABCD에서 점 O는 두 대각선의 교점이다. △OBC의 넓이가 18 cm²일 때, □ABCD의 넓이는?

① 70 cm²　　② 72 cm²　　③ 74 cm²
④ 76 cm²　　⑤ 78 cm²

38 서술형

오른쪽 그림과 같은 평행사변형 ABCD에서 두 대각선의 교점 O를 지나는 직선이 $\overline{AB}$, $\overline{DC}$와 만나는 점을 각각 E, F라 하자. 다음 물음에 답하시오.

(1) △OAE와 합동인 삼각형을 찾아 기호 ≡를 사용하여 나타내고, 합동 조건을 말하시오.
(2) □ABCD＝128 cm²일 때, 색칠한 부분의 넓이를 구하시오.

39 대표

오른쪽 그림과 같은 평행사변형 ABCD의 내부의 한 점 P에 대하여 □ABCD의 넓이가 56 cm²일 때, △PAB와 △PCD의 넓이의 합은?

① 26 cm²　　② 27 cm²　　③ 28 cm²
④ 29 cm²　　⑤ 30 cm²

40

오른쪽 그림과 같은 평행사변형 ABCD의 내부의 한 점 P에 대하여 △PDA의 넓이가 26 cm²일 때, △PBC의 넓이는?

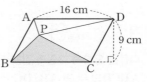

① 42 cm²　　② 44 cm²　　③ 46 cm²
④ 48 cm²　　⑤ 50 cm²

41 서술형

오른쪽 그림과 같은 평행사변형 ABCD의 내부의 한 점 P에 대하여 △PBC : △PDA＝7 : 5이다. △PBC의 넓이가 14 cm²일 때, □ABCD의 넓이를 구하시오.

02 여러 가지 사각형

1 직사각형

(1) 직사각형 : 네 내각의 크기가 모두 같은 사각형

(2) 직사각형의 성질 : 직사각형의 두 대각선 은 길이가 같고, 서로 다른 것을 이등분한다.

(3) 평행사변형이 직사각형이 되는 조건
① 한 내각이 직각이다.
② 두 대각선의 길이가 같다.
└ 평행사변형이 어느 한 조건을 만족시키면 직사각형이 된다.

2 마름모

(1) 마름모 : 네 변의 길이가 모두 같은 사각형

(2) 마름모의 성질 : 마름모의 두 대각선은 서로 다른 것을 수직이등분한다.

(3) 평행사변형이 마름모가 되는 조건
① 이웃하는 두 변의 길이가 같다.
② 두 대각선이 직교한다.
└ 평행사변형이 어느 한 조건을 만족시키면 마름모가 된다.

3 정사각형

(1) 정사각형 : 네 변의 길이가 모두 같고, 네 내각의 크기가 모두 같은 사각형

(2) 정사각형의 성질 : 정사각형의 두 대각선 은 길이가 같고, 서로 다른 것을 수직이등분한다.

(3) 직사각형이 정사각형이 되는 조건
① 이웃하는 두 변의 길이가 같다.
② 두 대각선이 직교한다.
└ 직사각형이 어느 한 조건을 만족시키면 정사각형이 된다.

(4) 마름모가 정사각형이 되는 조건
① 한 내각이 직각이다.
② 두 대각선의 길이가 같다.
└ 마름모가 어느 한 조건을 만족시키면 정사각형이 된다.

4 등변사다리꼴

(1) 등변사다리꼴 : 아랫변의 양 끝 각의 크기가 같은 사다리꼴

(2) 등변사다리꼴의 성질
① 평행하지 않은 한 쌍의 대변의 길이가 같다.
② 두 대각선의 길이가 같다.

직사각형의 뜻과 성질

다음은 '직사각형의 두 대각선의 길이는 같다.'를 삼각형의 합동 조건을 이용하여 설명하는 과정이다. □ 안에 알맞은 것을 써넣으시오.

1

직사각형 ABCD에서 두 대각선 AC, BD를 그으면
△ABC와 △DCB에서
$\overline{AB} = \boxed{}$, $\boxed{}$는 공통,
∠ABC$= \boxed{} = 90°$
이므로 △ABC≡△DCB($\boxed{}$ 합동)
따라서 $\overline{AC} = \boxed{}$

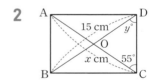

다음 그림과 같은 직사각형 ABCD에서 x, y의 값을 각각 구하시오. (단, 점 O는 두 대각선의 교점)

2

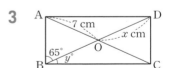

3

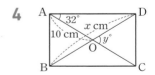

4

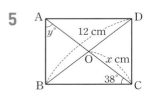

5

마름모의 뜻과 성질

다음은 '마름모의 두 대각선은 직교한다.'를 삼각형의 합동 조건을 이용하여 설명하는 과정이다. □ 안에 알맞은 것을 써넣으시오.

6

마름모 ABCD에서 두 대각선
AC와 BD의 교점을 O라 하면 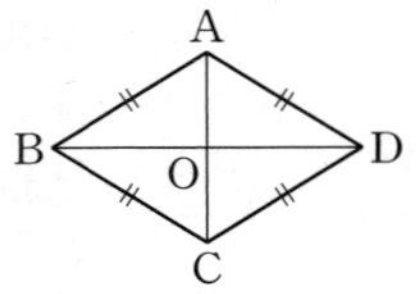
△ABO와 △ADO에서
$\overline{AB}=$□, □$=\overline{DO}$,
□는 공통
이므로 △ABO≡△ADO(□ 합동)
그러므로 ∠AOB=□
이때 ∠AOB+□$=180°$이므로
∠AOB=□$=90°$
따라서 $\overline{AC}⊥$□

다음 그림과 같은 마름모 ABCD에서 x, y의 값을 각각 구하시오. (단, 점 O는 두 대각선의 교점)

7
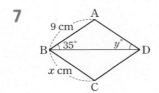

8
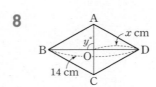

9
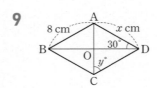

10
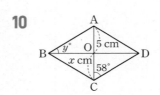

정사각형의 뜻과 성질

다음 그림과 같은 정사각형 ABCD에서 x, y의 값을 각각 구하시오. (단, 점 O는 두 대각선의 교점)

11
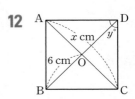

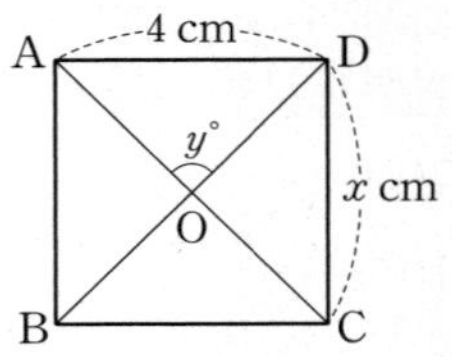

12
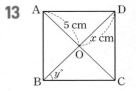

13
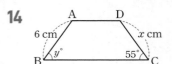

등변사다리꼴의 뜻과 성질

다음 그림과 같이 $\overline{AD}\,/\!/\,\overline{BC}$인 등변사다리꼴 ABCD에서 x, y의 값을 각각 구하시오. (단, 점 O는 두 대각선의 교점)

14
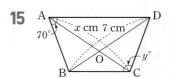

15
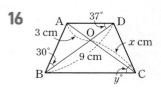

16

소단원 유형 익히기

유형 12 직사각형의 뜻과 성질

(1) 직사각형: 네 내각의 크기가 모두 같은 사각형
➡ □ABCD에서
∠A=∠B=∠C=∠D=90°

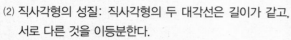

(2) 직사각형의 성질: 직사각형의 두 대각선은 길이가 같고, 서로 다른 것을 이등분한다.
➡ $\overline{AC}=\overline{BD}$, $\overline{AO}=\overline{BO}=\overline{CO}=\overline{DO}$
(단, 점 O는 두 대각선의 교점)

1.

다음 중에서 직사각형에 대한 설명으로 옳지 <u>않은</u> 것은?

① 네 내각의 크기가 모두 같다.
② 두 쌍의 대변이 각각 평행하다.
③ 두 대각선의 길이가 같다.
④ 두 대각선이 직교한다.
⑤ 두 대각선은 서로 다른 것을 이등분한다.

2. 대표

오른쪽 그림과 같은 직사각형 ABCD에서 $\overline{AB}=6\,\text{cm}$, $\overline{BC}=8\,\text{cm}$, $\overline{BD}=10\,\text{cm}$일 때, △OCD의 둘레의 길이는? (단, 점 O는 두 대각선의 교점)

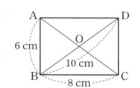

① 16 cm ② 17 cm
③ 18 cm ④ 19 cm
⑤ 20 cm

3.

오른쪽 그림과 같은 직사각형 ABCD에서 ∠AOD=128°일 때, ∠y−∠x의 크기는? (단, 점 O는 두 대각선의 교점)

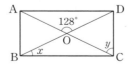

① 36° ② 37°
③ 38° ④ 39°
⑤ 40°

4. 신유형

오른쪽 그림과 같이 반지름의 길이가 2 cm인 원 O 위의 한 점 B를 꼭짓점으로 하는 직사각형 OABC를 만들었을 때, $\overline{AC}$의 길이는?

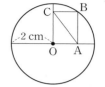

① 1.5 cm ② 2 cm
③ 2.5 cm ④ 3 cm
⑤ 3.5 cm

5. 서술형

오른쪽 그림과 같은 직사각형 ABCD에서 ∠BAE=∠EAC이고 $\overline{EA}=\overline{EC}$일 때, ∠AEB의 크기를 구하시오.

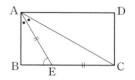

유형 13 평행사변형이 직사각형이 되는 조건

평행사변형이 다음 중에서 어느 한 조건을 만족시키면 직사각형이 된다.
(1) 한 내각이 직각이다.
(2) 두 대각선의 길이가 같다.

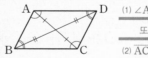

(1) ∠A=90°
또는
(2) $\overline{AC}=\overline{BD}$

6. 대표

다음 중에서 오른쪽 그림과 같은 평행사변형 ABCD가 직사각형이 되는 조건이 <u>아닌</u> 것은? (단, 점 O는 두 대각선의 교점)

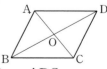

① $\overline{AC}=\overline{BD}$ ② ∠BAD=∠ADC
③ ∠OCD=∠ODC ④ ∠AOD=90°
⑤ ∠ABC=90°

7

오른쪽 그림과 같은 평행사변형 ABCD에서 점 O는 두 대각선의 교점이고, $\overline{AB}=8$ cm, $\overline{AC}=14$ cm이다. 여기에 한 가지 조건을 추가하여 □ABCD가 직사각형이 되도록 하려고 한다. 이때 필요한 조건을 다음 보기 에서 모두 고른 것은?

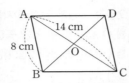

보기

ㄱ. $\overline{AD}=8$ cm   ㄴ. $\overline{BD}=14$ cm

ㄷ. $\overline{BO}=7$ cm   ㄹ. $\angle AOD=90°$

ㅁ. $\angle BCD=90°$ ㅂ. $\angle DAB+\angle ABC=180°$

① ㄱ, ㄷ   ② ㄴ, ㅁ   ③ ㄷ, ㅂ

④ ㄴ, ㄷ, ㅁ   ⑤ ㄷ, ㄹ, ㅂ

8

다음은 '두 대각선의 길이가 같은 평행사변형은 직사각형이다.'를 설명하는 과정이다. (가)~(마)에 알맞은 것을 써넣으시오.

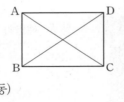

평행사변형 ABCD에서 $\overline{AC}=\overline{BD}$ 라 하자. △ABC와 △DCB에서
$\overline{AB}=$ (가) , $\overline{AC}=\overline{DB}$,
(나) 는 공통
이므로 △ABC≡△DCB((다) 합동)
그러므로 $\angle ABC=\angle DCB$ ······ ㉠
이때 □ABCD가 평행사변형이므로
$\angle ABC=\angle CDA$, $\angle DCB=$ (라) ······ ㉡
㉠, ㉡에서 $\angle CDA=\angle ABC=\angle DCB=$ (라) $=$ (마) °
따라서 □ABCD는 직사각형이다.

9 서술형

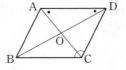

오른쪽 그림과 같은 평행사변형 ABCD에서 점 O는 두 대각선의 교점이다.
$\angle OAD=\angle ODA$일 때, □ABCD는 어떤 사각형인지 말하고, $\angle BCD$의 크기를 구하시오.

유형 14 **마름모의 뜻과 성질**

(1) 마름모: 네 변의 길이가 모두 같은 사각형
  ➡ □ABCD에서
    $\overline{AB}=\overline{BC}=\overline{CD}=\overline{DA}$

(2) 마름모의 성질: 마름모의 두 대각선은 서로 다른 것을 수직이등분한다.
  ➡ $\overline{AC}\perp\overline{BD}$, $\overline{AO}=\overline{CO}$, $\overline{BO}=\overline{DO}$
  (단, 점 O는 두 대각선의 교점)

10

오른쪽 그림에서 □ABCD가 마름모일 때, $x+y$의 값은?

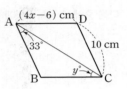

① 36   ② 37

③ 38   ④ 39

⑤ 40

11 대표

오른쪽 그림과 같은 마름모 ABCD에서 두 대각선의 교점을 O라 할 때, $\angle x+\angle y$의 크기는?

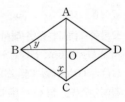

① 60°   ② 70°

③ 80°   ④ 90°

⑤ 100°

12

오른쪽 그림과 같은 마름모 ABCD에서 두 대각선의 교점을 O라 할 때, 다음 중에서 옳지 않은 것은?

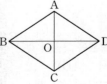

① $\overline{AC}\perp\overline{BD}$

② $\overline{AO}=\overline{BO}$

③ $\overline{BO}=\overline{DO}$

④ $\angle ABD=\angle CBD$

⑤ △BOA≡△BOC

13 .ıl

오른쪽 그림과 같은 마름모 ABCD에서 $\overline{AO}=4$ cm, $\overline{DO}=6$ cm일 때, □ABCD의 넓이는?

(단, 점 O는 두 대각선의 교점)

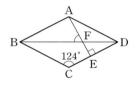

① 42 cm²   ② 44 cm²

③ 46 cm²   ④ 48 cm²

⑤ 50 cm²

14 .ıl 서술형

오른쪽 그림과 같은 마름모 ABCD의 꼭짓점 A에서 $\overline{CD}$에 내린 수선의 발을 E라 하고, $\overline{AE}$와 $\overline{BD}$의 교점을 F라 하자. ∠C=124°일 때, ∠AFB의 크기를 구하시오.

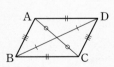

유형 15 평행사변형이 마름모가 되는 조건

평행사변형이 다음 중에서 어느 한 조건을 만족시키면 마름모가 된다.

(1) 이웃하는 두 변의 길이가 같다.

(2) 두 대각선이 직교한다.

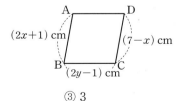

15 .ıl

오른쪽 그림과 같은 평행사변형 ABCD가 마름모가 되도록 하는 x, y에 대하여 $x+y$의 값은?

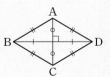

$(2x+1)$ cm, $(7-x)$ cm, $(2y-1)$ cm

① 1   ② 2   ③ 3

④ 4   ⑤ 5

16 .ıl

다음은 '두 대각선이 서로 다른 것을 수직이등분하는 사각형은 마름모이다.'를 설명하는 과정이다. (가)~(마)에 알맞은 것을 써넣으시오.

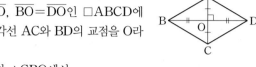

오른쪽 그림과 같이 $\overline{AC}\perp\overline{BD}$, $\overline{AO}=\overline{CO}$, $\overline{BO}=\overline{DO}$인 □ABCD에서 두 대각선 AC와 BD의 교점을 O라 하자.

△ABO와 △CBO에서

∠AOB= (가) =90°, $\overline{AO}=\overline{CO}$, (나) 는 공통

이므로 △ABO≡△CBO((다) 합동)

즉, $\overline{AB}=\overline{CB}$ …… ㉠

또 □ABCD는 두 대각선이 서로 다른 것을 이등분하므로 평행사변형이다.

즉, $\overline{AB}=$ (라) , $\overline{AD}=$ (마) …… ㉡

㉠, ㉡에서 $\overline{AB}=\overline{BC}=\overline{CD}=\overline{DA}$

따라서 □ABCD는 마름모이다.

17 .ıl 대표

오른쪽 그림과 같은 평행사변형 ABCD에서 점 O는 두 대각선의 교점이다. 다음 보기 에서 □ABCD가 마름모가 되도록 하는 조건을 모두 고르시오.

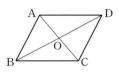

보기

ㄱ. $\overline{AB}=\overline{AD}$ ㄴ. $\overline{AC}=\overline{BD}$

ㄷ. $\overline{AC}\perp\overline{BD}$ ㄹ. ∠AOB=90°

ㅁ. ∠BAD=∠ABC

18 .ıl

오른쪽 그림과 같은 평행사변형 ABCD에서 대각선 BD가 ∠B의 이등분선일 때, □ABCD는 어떤 사각형인가?

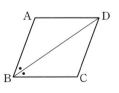

① 직사각형   ② 마름모

③ 정사각형   ④ 사다리꼴

⑤ 등변사다리꼴

소단원 유형 익히기

유형 16 정사각형의 뜻과 성질

(1) 정사각형: 네 변의 길이가 모두 같고, 네 내각의 크기가 모두 같은 사각형

➡ □ABCD에서

$\overline{AB}=\overline{BC}=\overline{CD}=\overline{DA}$,

$\angle A=\angle B=\angle C=\angle D=90°$

(2) 정사각형의 성질: 정사각형의 두 대각선은 길이가 같고, 서로 다른 것을 수직이등분한다.

➡ $\overline{AC}=\overline{BD}$, $\overline{AC}\perp\overline{BD}$, $\overline{AO}=\overline{BO}=\overline{CO}=\overline{DO}$

(단, 점 O는 두 대각선의 교점)

19 대표

오른쪽 그림과 같은 정사각형 ABCD에서 점 O는 두 대각선의 교점이다. $\overline{AO}=8$ cm일 때, $x+y$의 값을 구하시오.

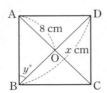

20

오른쪽 그림과 같은 정사각형 ABCD에서 두 대각선의 교점을 O라 할 때, 다음 중에서 옳지 않은 것을 모두 고르면? (정답 2개)

① $\overline{AB}=\overline{AD}$ ② $\overline{BC}=\overline{BD}$

③ $\angle AOD=90°$ ④ $\angle OAB=\angle OBA$

⑤ △OCD는 정삼각형이다.

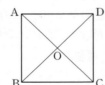

21

오른쪽 그림과 같은 정사각형 ABCD에서 대각선 BD 위의 점 E에 대하여 $\angle AED=84°$일 때, $\angle ECB$의 크기는?

① 31° ② 33°

③ 35° ④ 37°

⑤ 39°

22 서술형

오른쪽 그림에서 □ABCD는 정사각형이고 $\overline{AD}=\overline{AE}$이다. $\angle ABE=28°$일 때, $\angle ADE$의 크기를 구하시오.

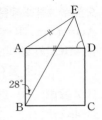

23

오른쪽 그림에서 □ABCD와 □OEFG는 한 변의 길이가 14 cm인 정사각형이다. 점 O가 □ABCD의 두 대각선의 교점일 때, 다음 물음에 답하시오.

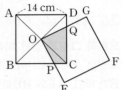

(1) △OPC와 합동인 삼각형을 찾으시오.

(2) □OPCQ의 넓이를 구하시오.

유형 17 정사각형이 되는 조건

(1) 직사각형이 정사각형이 되는 조건
  ① 이웃하는 두 변의 길이가 같다.
  ② 두 대각선이 직교한다.

(2) 마름모가 정사각형이 되는 조건
  ① 한 내각이 직각이다.
  ② 두 대각선의 길이가 같다.

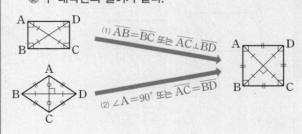

24

오른쪽 그림과 같은 직사각형 ABCD에서 $\overline{AD}=5$ cm일 때, □ABCD가 정사각형이 되도록 하는 $\overline{AB}$의 길이를 구하시오.

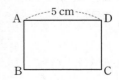

25

다음 중에서 정사각형이 되는 것을 모두 고르면? (정답 2개)

① 이웃하는 두 변의 길이가 같은 평행사변형
② 한 내각의 크기가 90°인 평행사변형
③ 두 대각선이 직교하는 직사각형
④ 두 대각선의 길이가 같은 마름모
⑤ 두 대각선이 직교하는 평행사변형

26 대표

오른쪽 그림과 같은 마름모 ABCD에서 두 대각선의 교점을 O라 하자. $\overline{AO}=5$ cm일 때, 다음 보기 에서 □ABCD가 정사각형이 되는 조건을 모두 고르시오.

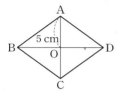

보기

ㄱ. ∠BAO=∠DAO ㄴ. ∠ADB=∠DBC
ㄷ. $\overline{BD}=10$ cm ㄹ. ∠BCD=90°

27 신유형

다음은 '오른쪽 그림과 같이 길이가 같은 두 줄을 평행하게 잡아당겨 서로 다른 것을 수직이등분하도록 놓을 때, 두 줄의 양 끝 점을 각 꼭짓점으로 하는 사각형은 정사각형이다.'를 설명하는 과정이다. (가)~(마)에 알맞은 것으로 옳지 않은 것은?
(단, 줄의 두께는 생각하지 않는다.)

오른쪽 그림과 같이 각 꼭짓점을 A, B, C, D라 하고, □ABCD의 두 대각선의 교점을 O라 하면 $\overline{AC}=$ (가) 이고 $\overline{AO}=\overline{CO}$, $\overline{BO}=\overline{DO}$이므로 □ABCD 는 (나) 이다.
즉, ∠A=∠B=∠C=∠D= (다) ° ······ ㉠
한편 $\overline{AC}$ (라) $\overline{BD}$이고 $\overline{AO}=\overline{CO}$, $\overline{BO}=\overline{DO}$이므로 □ABCD는 (마) 이다.
즉, $\overline{AB}=\overline{BC}=\overline{CD}=\overline{DA}$ ······ ㉡
㉠, ㉡에서 □ABCD는 정사각형이다.

① (가) $\overline{BD}$ ② (나) 직사각형 ③ (다) 90
④ (라) = ⑤ (마) 마름모

등변사다리꼴의 뜻과 성질

(1) 등변사다리꼴: 아랫변의 양 끝 각의 크기가 같은 사다리꼴
➡ □ABCD에서 $\overline{AD}//\overline{BC}$, ∠B=∠C

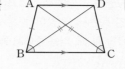

(2) 등변사다리꼴의 성질
① 평행하지 않은 한 쌍의 대변의 길이가 같다.
➡ $\overline{AB}=\overline{DC}$
② 두 대각선의 길이가 같다. ➡ $\overline{AC}=\overline{BD}$

28

오른쪽 그림에서 □ABCD가 $\overline{AD}//\overline{BC}$ 인 등변사다리꼴일 때, x의 값은?

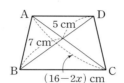

① 1 ② 2
③ 3 ④ 4
⑤ 5

29 대표

오른쪽 그림에서 □ABCD는 $\overline{AD}//\overline{BC}$인 등변사다리꼴이다. ∠B=75°, ∠ACD=35°일 때, $x+y$의 값을 구하시오.

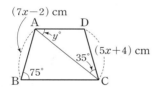

30

다음은 '등변사다리꼴의 평행하지 않은 한 쌍의 대변의 길이는 같다.'를 설명하는 과정이다. (가)~(마)에 알맞은 것을 써넣으시오.

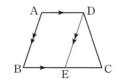

$\overline{AD}//\overline{BC}$인 등변사다리꼴 ABCD에서 꼭짓점 D를 지나고 $\overline{AB}$에 평행한 직선을 그어 $\overline{BC}$와 만나는 점을 E라 하면
∠B= (가) (동위각)
한편 ∠B= (나) 이므로 ∠C= (가)
즉, △DEC는 (다) 삼각형이므로
$\overline{DE}=$ (라) ······ ㉠
또 □ABED는 평행사변형이므로
$\overline{DE}=$ (마) ······ ㉡
㉠, ㉡에서 $\overline{AB}=$ (라)

31 ▪▫▫

오른쪽 그림에서 □ABCD는 $\overline{AD}$∥$\overline{BC}$ 인 등변사다리꼴이다. 두 대각선의 교점을 O라 할 때, 다음 중에서 옳지 않은 것은?

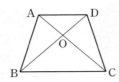

① $\overline{AC}=\overline{BD}$ ② $\overline{AO}=\overline{DO}$

③ ∠ABD=∠DCA   ④ ∠BAD=∠CDA

⑤ ∠ABO=∠ADO

32 ▪▫▫ 서술형

오른쪽 그림에서 □ABCD는 $\overline{AD}$∥$\overline{BC}$ 인 등변사다리꼴이다. $\overline{AB}=\overline{AD}$이고 ∠DBC=32°일 때, ∠BDC의 크기를 구하시오.

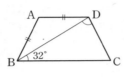

33 ▪▫▫

오른쪽 그림과 같이 $\overline{AD}$∥$\overline{BC}$인 등변 사다리꼴 ABCD의 꼭짓점 A에서 $\overline{BC}$에 내린 수선의 발을 E라 하자. $\overline{BE}=4$ cm, $\overline{EC}=10$ cm일 때, $\overline{AD}$ 의 길이는?

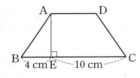

① 6 cm   ② 7 cm   ③ 8 cm

④ 9 cm   ⑤ 10 cm

34 ▪▫▫

오른쪽 그림에서 □ABCD는 $\overline{AD}$∥$\overline{BC}$인 등변사다리꼴이다. ∠A=120°이고 $\overline{AB}=10$ cm, $\overline{BC}=17$ cm일 때, $\overline{AD}$의 길이는?

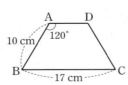

① 5 cm   ② 7 cm   ③ 9 cm

④ 11 cm   ⑤ 13 cm

여러 가지 사각형의 뜻과 성질을 이용하여 주어진 사각형이 어떤 사각형인지 확인한다.

35 ▪▫▫

오른쪽 그림과 같은 직사각형 ABCD에 서 $\overline{AD}$, $\overline{BC}$의 중점을 각각 M, N이라 하면 □MBND는 어떤 사각형인가?

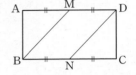

① 직사각형   ② 마름모

③ 정사각형   ④ 등변사다리꼴

⑤ 평행사변형

36 ▪▫▫ 대표 🔄

오른쪽 그림과 같은 평행사변형 ABCD 에서 네 내각의 이등분선의 교점을 각각 E, F, G, H라 할 때, 다음 중에서 □EFGH에 대한 설명으로 옳지 않은 것을 모두 고르면? (정답 2개)

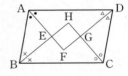

① $\overline{EH}=\overline{FG}$ ② $\overline{EH}=\overline{EF}$ ③ $\overline{EG}=\overline{HF}$

④ $\overline{EG}⊥\overline{HF}$ ⑤ ∠H=∠F=90°

37 ▪▫▫ 서술형

오른쪽 그림과 같은 직사각형 ABCD에 서 대각선 AC의 수직이등분선이 $\overline{AD}$, $\overline{BC}$와 만나는 점을 각각 E, F라 하자. $\overline{BC}=12$ cm, $\overline{ED}=5$ cm일 때, □AFCE의 둘레의 길이를 구하시오.

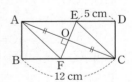

(단, 점 O는 $\overline{AC}$와 $\overline{EF}$의 교점)

03 여러 가지 사각형 사이의 관계

정답과 풀이 ★ 32쪽

① 여러 가지 사각형 사이의 관계

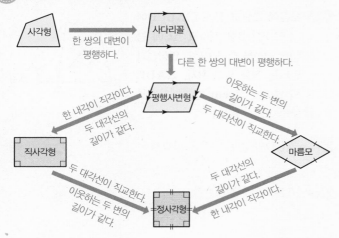

② 여러 가지 사각형의 대각선의 성질

(1) **평행사변형**: 두 대각선이 서로 다른 것을 이등분한다.
(2) **직사각형**: 두 대각선의 길이가 같고, 서로 다른 것을 이등분한다.
(3) **마름모**: 두 대각선이 서로 다른 것을 수직이등분한다.
(4) **정사각형**: 두 대각선의 길이가 같고, 서로 다른 것을 수직이등분한다.
(5) **등변사다리꼴**: 두 대각선의 길이가 같다.

③ 사각형의 각 변의 중점을 연결하여 만든 사각형

(1) 사각형, 평행사변형 ➡ 평행사변형
(2) 직사각형, 등변사다리꼴 ➡ 마름모
(3) 마름모 ➡ 직사각형
(4) 정사각형 ➡ 정사각형

④ 평행선과 넓이

(1) **평행선과 삼각형의 넓이**
$l /\!/ m$일 때, $\triangle ABC$와 $\triangle DBC$는 밑변 BC가 공통이고 높이가 같으므로 넓이가 같다.
➡ $\triangle ABC = \triangle DBC$

(2) **높이가 같은 삼각형의 넓이의 비**
높이가 같은 두 삼각형의 넓이의 비는 두 삼각형의 밑변의 길이의 비와 같다.
➡ $\triangle ABC : \triangle ACD = \overline{BC} : \overline{CD}$

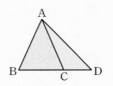

여러 가지 사각형 사이의 관계

▶ 오른쪽 그림과 같은 평행사변형 ABCD에서 두 대각선의 교점을 O라 할 때, 다음 조건을 만족시키면 어떤 사각형이 되는지 말하시오.

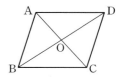

1 $\angle BAD = 90°$

2 $\overline{AB} = \overline{AD}$

3 $\overline{AC} = \overline{BD}$

4 $\overline{AO} = \overline{BO}$

5 $\overline{AC} \perp \overline{BD}$

6 $\overline{AB} = \overline{BC}$, $\angle ABC = 90°$

7 $\overline{AC} \perp \overline{BD}$, $\overline{AC} = \overline{BD}$

8 $\angle BAD = 90°$, $\overline{AC} \perp \overline{BD}$

9 $\overline{AC} = \overline{BD}$, $\overline{AB} = \overline{AD}$

▶ 다음 중 옳은 것은 ○표, 옳지 않은 것은 ×표를 ( ) 안에 써넣으시오.

10 직사각형은 평행사변형이다. ( )

11 마름모는 평행사변형이다. ( )

12 등변사다리꼴은 평행사변형이다. ( )

13 마름모는 직사각형이다. ( )

14 직사각형은 마름모이다. ( )

15 정사각형은 직사각형이다. ( )

여러 가지 사각형의 대각선의 성질

▶ 다음은 여러 가지 사각형과 대각선의 성질을 나타낸 표이다. 주어진 성질을 만족시키면 ○표, 만족시키지 않으면 ×표를 아래의 빈칸에 써넣으시오.

16

성질 / 사각형	두 대각선이 서로 다른 것을 이등분한다.	두 대각선의 길이가 같다.	두 대각선이 직교한다.
등변사다리꼴			
평행사변형			
직사각형			
마름모			
정사각형			

사각형의 각 변의 중점을 연결하여 만든 사각형

▶ 다음 주어진 사각형의 각 변의 중점을 차례로 연결하여 만든 사각형으로 알맞은 것을 보기 에서 골라 ( ) 안에 써넣으시오.

보기
ㄱ. 평행사변형   ㄴ. 직사각형
ㄷ. 마름모   ㄹ. 정사각형

17 사각형 ( )

18 평행사변형 ( )

19 직사각형 ( )

20 마름모 ( )

21 정사각형 ( )

22 등변사다리꼴 ( )

평행선과 넓이

▶ 오른쪽 그림과 같은 □ABCD에서 꼭짓점 D를 지나고 $\overline{AC}$에 평행한 직선을 그어 $\overline{BC}$의 연장선과 만나는 점을 E라 하자. △ABE의 넓이가 22 cm²일 때, 다음을 구하시오.

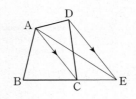

23 △ACD와 넓이가 같은 삼각형

24 □ABCD의 넓이

▶ 다음 그림과 같이 $\overline{AD}$ // $\overline{BC}$인 사다리꼴 ABCD에서 색칠한 삼각형과 넓이가 같은 삼각형을 구하시오.
(단, 점 O는 두 대각선의 교점)

25
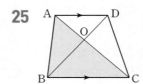

26
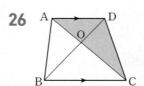

27
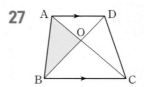

▶ 오른쪽 그림과 같은 △ABC에서 $\overline{BD} : \overline{DC} = 5 : 2$이다. △ABC의 넓이가 49 cm²일 때, 다음을 구하시오.

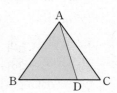

28 △ABD의 넓이

29 △ADC의 넓이

30 △ABD와 △ADC의 넓이의 비

소단원 유형 익히기

정답과 풀이 ★ 32쪽

유형 20 여러 가지 사각형 사이의 관계

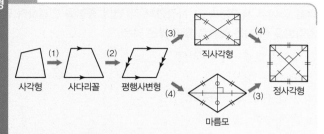

(1) 한 쌍의 대변이 평행하다.
(2) 다른 한 쌍의 대변이 평행하다.
(3) 한 내각이 직각이거나 두 대각선의 길이가 같다.
(4) 이웃하는 두 변의 길이가 같거나 두 대각선이 직교한다.

1.

다음 중에서 여러 가지 사각형 사이의 관계에 대한 설명으로 옳지 않은 것을 모두 고르면? (정답 2개)

① 평행사변형은 마름모이다.
② 직사각형은 등변사다리꼴이다.
③ 직사각형은 정사각형이다.
④ 마름모는 사다리꼴이다.
⑤ 정사각형은 마름모이다.

2. 대표

다음 그림은 사각형에 조건이 하나씩 추가되어 정사각형이 되는 과정을 나타낸 것이다. ①~⑤에 알맞은 조건으로 옳은 것은?

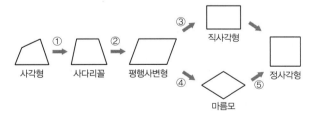

① 이웃하는 두 변의 길이가 같다.
② 두 대각선의 길이가 같다.
③ 이웃하는 두 내각의 크기가 같다.
④ 한 쌍의 대변이 평행하다.
⑤ 두 대각선이 직교한다.

3.

오른쪽 그림과 같은 평행사변형 $ABCD$에서 두 대각선의 교점을 O라 하자. 다음 보기에서 옳은 것을 모두 고르시오.

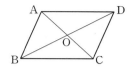

보기
ㄱ. $\overline{AB}=\overline{BC}$이면 □ABCD는 직사각형이 된다.
ㄴ. $\angle AOD=\angle COD$이면 □ABCD는 마름모가 된다.
ㄷ. $\overline{AO}=\overline{DO}$이면 □ABCD는 직사각형이 된다.
ㄹ. $\angle ABC=90°$이면 □ABCD는 정사각형이 된다.
ㅁ. $\angle BAD=\angle ADC$이고 $\overline{AC}\perp\overline{BD}$이면 □ABCD는 정사각형이 된다.

유형 21 여러 가지 사각형의 대각선의 성질

(1) 평행사변형   (2) 직사각형   (3) 마름모

(4) 정사각형   (5) 등변사다리꼴

4. 대표

다음 중에서 두 대각선이 직교하는 사각형을 모두 고르면? (정답 2개)

① 사다리꼴   ② 평행사변형
③ 직사각형   ④ 마름모
⑤ 정사각형

5. 서술형

다음 보기의 사각형 중에서 두 대각선의 길이가 같은 것은 x개, 두 대각선이 서로 다른 것을 이등분하는 것은 y개일 때, $x+y$의 값을 구하시오.

보기
ㄱ. 평행사변형   ㄴ. 직사각형
ㄷ. 마름모   ㄹ. 정사각형
ㅁ. 등변사다리꼴   ㅂ. 사다리꼴

6 .ıl 신유형↻

다음 4명의 학생의 대화를 읽고 틀린 말을 한 학생의 이름을 모두 말하시오.

지현
두 대각선이 직교하는 사각형은 마름모야.

채원
두 대각선의 길이가 같고 서로 다른 것을 이등분하는 사각형은 직사각형이야.

민하
두 대각선의 길이가 같고 서로 다른 것을 수직이등분하는 사각형은 정사각형이야.

재진
아니야, 두 대각선의 길이가 같고 한 대각선이 다른 대각선을 수직이등분하는 사각형이 정사각형이야.

유형 **22** 사각형의 각 변의 중점을 연결하여 만든 사각형

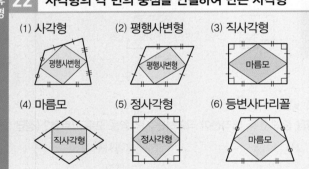

(1) 사각형 — 평행사변형
(2) 평행사변형 — 평행사변형
(3) 직사각형 — 마름모
(4) 마름모 — 직사각형
(5) 정사각형 — 정사각형
(6) 등변사다리꼴 — 마름모

7 .ıl

다음은 '평행사변형의 각 변의 중점을 연결하여 만든 사각형은 (가) 이다.'를 설명하는 과정이다. (가)~(마)에 알맞은 것을 써넣으시오.

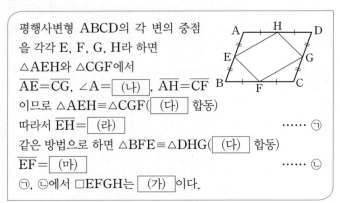

평행사변형 ABCD의 각 변의 중점을 각각 E, F, G, H라 하면
△AEH와 △CGF에서
$\overline{AE}=\overline{CG}$, ∠A= (나) , $\overline{AH}=\overline{CF}$
이므로 △AEH≡△CGF((다) 합동)
따라서 $\overline{EH}=$ (라) …… ㉠
같은 방법으로 하면 △BFE≡△DHG((다) 합동)
$\overline{EF}=$ (마) …… ㉡
㉠, ㉡에서 □EFGH는 (가) 이다.

8 .ıl 대표↺

다음 중에서 사각형과 그 사각형의 각 변의 중점을 연결하여 만든 사각형을 짝 지은 것으로 옳지 <u>않은</u> 것은?

① 평행사변형 – 평행사변형
② 마름모 – 정사각형
③ 등변사다리꼴 – 마름모
④ 정사각형 – 정사각형
⑤ 사각형 – 평행사변형

9 .ıl

마름모의 각 변의 중점을 연결하여 만든 사각형을 □ABCD라 할 때, 다음 보기 에서 □ABCD의 성질이 <u>아닌</u> 것을 모두 고른 것은?

보기
ㄱ. 네 변의 길이가 모두 같다.
ㄴ. 네 내각의 크기가 모두 같다.
ㄷ. 두 대각선의 길이가 같다.
ㄹ. 두 대각선은 직교한다.
ㅁ. 두 대각선은 서로 다른 것을 이등분한다.

① ㄱ, ㄹ   ② ㄴ, ㄷ   ③ ㄴ, ㅁ
④ ㄷ, ㄹ   ⑤ ㄷ, ㅁ

10 .ıl

오른쪽 그림과 같은 □ABCD의 네 변의 중점을 각각 E, F, G, H라 하자. $\overline{EF}=7$ cm, $\overline{FG}=9$ cm일 때, □EFGH의 둘레의 길이를 구하시오.

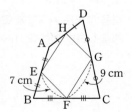

11 .ıl 서술형💬

오른쪽 그림에서 □ABCD는 정사각형이고, □EFGH는 □ABCD의 각 변의 중점을 연결하여 만든 사각형이다. $\overline{EH}=6$ cm일 때, □ABCD의 넓이를 구하시오.

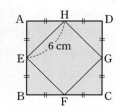

유형 23 평행선과 삼각형의 넓이

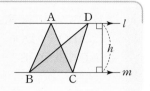

$l /\!/ m$일 때
$$\triangle ABC = \triangle DBC$$
$$= \frac{1}{2} \times \overline{BC} \times h$$

12

다음은 '오른쪽 그림과 같이 $\square ABCD$의 꼭짓점 D를 지나고 $\overline{AC}$에 평행한 직선이 $\overline{BC}$의 연장선과 만나는 점을 E라 할 때, $\square ABCD$와 [(가)]의 넓이가 같다.'를 설명하는 과정이다. (가)~(라)에 알맞은 것을 써넣으시오.

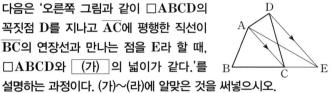

$\overline{AC}$ [(나)] $\overline{DE}$이므로 $\triangle ACD$와 [(다)] 는 밑변 [(라)] 가 공통이고 높이가 같다.
즉, $\triangle ACD = $ [(다)] 이다.
따라서 $\square ABCD = \triangle ABC + \triangle ACD$
$= \triangle ABC + $ [(다)]
$= $ [(가)]

13 대표

오른쪽 그림과 같은 $\square ABCD$의 꼭짓점 A를 지나고 $\overline{DB}$에 평행한 직선을 그어 $\overline{BC}$의 연장선과 만나는 점을 E라 하자. $\triangle ABD$의 넓이가 14 cm², $\triangle DBC$의 넓이가 18 cm²일 때, $\triangle DEC$의 넓이를 구하시오.

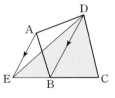

14 서술형

오른쪽 그림과 같이 $\overline{AD} /\!/ \overline{BC}$인 사다리꼴 ABCD의 꼭짓점 A를 지나고 $\overline{DC}$에 평행한 직선을 그어 $\overline{BC}$와 만나는 점을 E, 꼭짓점 A에서 $\overline{BC}$에 내린 수선의 발을 F라 하자. $\overline{AF} = 6$ cm, $\overline{BE} = 4$ cm, $\overline{EC} = 4$ cm일 때, $\square ABED$의 넓이를 구하시오.

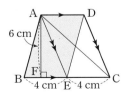

15 신유형

오른쪽 그림과 같이 경계선이 꺾여 있어 농사짓기 불편한 땅이 있다. 꺾어진 경계선을 사이에 둔 두 땅의 주인이 땅의 경계선 ABC를 일직선으로 만들려고 한다. 원래의 두 땅의 넓이가 변하지 않도록 새 경계선을 정하는 방법을 설명하시오.

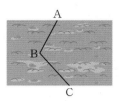

유형 24 높이가 같은 삼각형의 넓이의 비

높이가 같은 두 삼각형의 넓이의 비는 두 삼각형의 밑변의 길이의 비와 같다.
➡ $\overline{BC} : \overline{CD} = m : n$이면
$$\triangle ABC : \triangle ACD = m : n$$

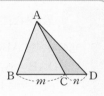

16

오른쪽 그림과 같은 $\triangle ABC$에서 $\overline{AD} : \overline{DC} = 1 : 3$이다. $\triangle ABC$의 넓이가 64 cm²일 때, $\triangle DBC$의 넓이는?

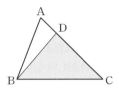

① 46 cm² ② 47 cm²
③ 48 cm² ④ 49 cm²
⑤ 50 cm²

17 대표

오른쪽 그림과 같은 $\triangle ABC$에서 점 D는 $\overline{BC}$의 중점이고 $\overline{AE} : \overline{ED} = 5 : 3$이다. $\triangle ABC$의 넓이가 48 cm²일 때, $\triangle EDC$의 넓이는?

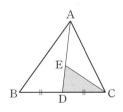

① 6 cm² ② 7 cm²
③ 8 cm² ④ 9 cm²
⑤ 10 cm²

18

오른쪽 그림과 같은 △ABC에서
$\overline{BD} : \overline{DC} = 2 : 3$, $\overline{AE} : \overline{EB} = 2 : 1$이다.
△ABC의 넓이가 60 cm²일 때, △AED
의 넓이는?

① 12 cm²　　② 14 cm²

③ 16 cm²　　④ 18 cm²

⑤ 20 cm²

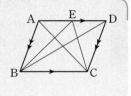

유형 25　평행사변형에서 높이가 같은 두 삼각형의 넓이

평행사변형 ABCD에서
$$\triangle DAB = \triangle ABC = \triangle EBC$$
$$= \triangle DBC = \triangle ACD$$
$$= \frac{1}{2} \square ABCD$$

19 대표

오른쪽 그림과 같은 평행사변형 ABCD에
서 △EBC의 넓이가 23 cm²일 때,
△DBC의 넓이는?

① 21 cm²　　② 22 cm²

③ 23 cm²　　④ 24 cm²

⑤ 25 cm²

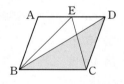

20

오른쪽 그림과 같은 평행사변형 ABCD의
넓이가 32 cm²일 때, 다음을 구하시오.

(1) △AED의 넓이

(2) $\overline{BE} : \overline{EC} = 3 : 1$일 때, △ABE의
넓이

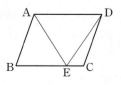

유형 26　사다리꼴에서 높이가 같은 두 삼각형의 넓이

$\overline{AD} /\!/ \overline{BC}$인 사다리꼴 ABCD에서

(1) △ABO = △DOC

(2) △OAB : △OBC
　= $\overline{AO} : \overline{OC}$
　= △ODA : △OCD (단, 점 O는 두 대각선의 교점)

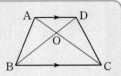

21

다음은 '오른쪽 그림과 같이 $\overline{AD} /\!/ \overline{BC}$인
사다리꼴 ABCD에서 두 대각선 AC와
BD의 교점을 O라 할 때,
△ABO = △DOC이다.'를 설명하는 과정
이다. (가)~(다)에 알맞은 것을 써넣으시오.

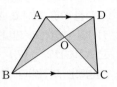

$\overline{AD} /\!/ \overline{BC}$이므로 △ABC와 [(가)]는 밑변 [(나)]가 공통
이고 [(다)]가 같다. 즉, △ABC = [(가)]이다.
따라서 △ABO = △ABC − △OBC
　　　　　　 = [(가)] − △OBC
　　　　　　 = △DOC

22 대표

오른쪽 그림과 같이 $\overline{AD} /\!/ \overline{BC}$인 사다리꼴
ABCD에서 두 대각선의 교점을 O라 하
자. △ABD의 넓이가 35 cm², △AOD의
넓이가 11 cm²일 때, △DOC의 넓이는?

① 22 cm²　　② 24 cm²　　③ 26 cm²

④ 28 cm²　　⑤ 30 cm²

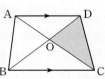

23 서술형

오른쪽 그림과 같이 $\overline{AD} /\!/ \overline{BC}$인 사다리꼴
ABCD에서 두 대각선의 교점을 O라 하
자. $\overline{AO} : \overline{OC} = 2 : 3$이고 △AOD의 넓이
가 24 cm²일 때, 다음을 구하시오.

(1) △OCD의 넓이　　　　(2) △ABO의 넓이

(3) △BCO의 넓이　　　　(4) $\square$ABCD의 넓이

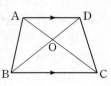

중단원 핵심유형 테스트

1. ▫

오른쪽 그림과 같은 평행사변형 ABCD
에서 두 대각선의 교점을 O라 하자. 다음
중에서 옳지 않은 것은?

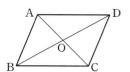

① $\overline{AD}=\overline{BC}$

② $\overline{OB}=\overline{OD}$

③ $\overline{OC}=\overline{OD}$

④ $\angle ABC=\angle CDA$

⑤ $\triangle OAB\equiv\triangle OCD$

2. ▫

다음 중에서 오른쪽 그림과 같이
$\overline{AB}=5\ cm$, $\overline{AD}=6\ cm$이고
$\angle DAC=50°$인 □ABCD가 평행사변
형이 되는 조건은?

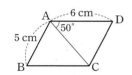

① $\overline{BC}=5\ cm$, $\overline{CD}=6\ cm$

② $\overline{BC}=6\ cm$, $\angle ACB=50°$

③ $\overline{BC}=6\ cm$, $\angle ACD=50°$

④ $\overline{CD}=5\ cm$, $\angle ACB=50°$

⑤ $\overline{CD}=5\ cm$, $\angle ACB=40°$

3. ▫

오른쪽 그림과 같은 평행사변형 ABCD
의 내부의 한 점 P에 대하여 □ABCD
의 넓이가 $60\ cm^2$이고 $\triangle PCD$의 넓이
가 $10\ cm^2$일 때, $\triangle PAB$의 넓이는?

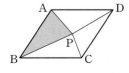

① $10\ cm^2$　　② $15\ cm^2$　　③ $20\ cm^2$

④ $25\ cm^2$　　⑤ $30\ cm^2$

4. ▫

오른쪽 그림과 같이 두 대각선의 길이가 같
고 두 대각선이 서로 다른 것을 이등분하는
사각형 ABCD에서 $\angle ABC$의 크기를 구
하시오.

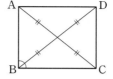

5. ▫

다음 중에서 평행사변형이 직사각형이 되는 조건을 모두 고르면?

(정답 2개)

① 이웃하는 두 변의 길이가 같다.

② 이웃하는 두 내각의 크기가 같다.

③ 두 대각선의 길이가 같다.

④ 두 대각선이 서로 다른 것을 이등분한다.

⑤ 두 대각선이 직교한다.

6. ▫

다음 보기 에서 옳은 것을 모두 고르시오.

┌─ 보기 ─────────────────────┐
│ ㄱ. 평행사변형의 두 대각선은 서로 다른 것을 이등분한다. │
│ ㄴ. 직사각형의 두 대각선은 서로 다른 것을 수직이등분한다. │
│ ㄷ. 마름모의 두 대각선의 길이는 같다. │
│ ㄹ. 정사각형의 두 대각선은 서로 다른 것을 수직이등분한다. │
│ ㅁ. 등변사다리꼴의 두 대각선은 서로 수직이다. │
└──────────────────────────┘

7. ▫

오른쪽 그림과 같은 평행사변형 ABCD의
둘레의 길이가 54 cm이다.
$\overline{AB}:\overline{BC}=4:5$일 때, $\overline{AD}$의 길이는?

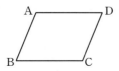

① 11 cm　　② 13 cm

③ 15 cm　　④ 17 cm

⑤ 19 cm

8 ◗◗

오른쪽 그림과 같은 평행사변형 ABCD에서 $\overline{BP}$는 ∠B의 이등분선이다. ∠APB=90°, ∠C=128°일 때, ∠DAP의 크기는?

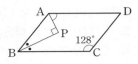

① 61° ② 62° ③ 63°
④ 64° ⑤ 65°

9 ◗◗

오른쪽 그림에서 점 O는 평행사변형 ABCD의 두 대각선의 교점이고, □OCED는 평행사변형이다. $\overline{AC}=16\ cm$, $\overline{BD}=20\ cm$일 때, □OCED의 둘레의 길이는?

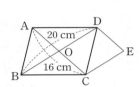

① 36 cm ② 38 cm ③ 40 cm
④ 42 cm ⑤ 44 cm

10 ◗◗ 서술형

오른쪽 그림과 같은 □ABCD에서 ∠D의 이등분선과 $\overline{BC}$의 교점을 E라 하자. ∠A=94°일 때, □ABCD가 평행사변형이 되도록 하는 ∠BED의 크기를 구하시오.

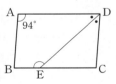

11 ◗◗

오른쪽 그림과 같은 평행사변형 ABCD에서 $\overline{AD}$, $\overline{BC}$의 중점을 각각 M, N이라 하고, □ABNM, □MNCD의 두 대각선의 교점을 각각 P, Q라 하자. □ABCD의 넓이가 40 cm²일 때, □MPNQ의 넓이는?

① 10 cm² ② 12 cm² ③ 14 cm²
④ 16 cm² ⑤ 18 cm²

12 ◗◗

오른쪽 그림과 같은 평행사변형 ABCD에서 두 대각선의 교점을 O라 하자. $\overline{AB}=\overline{AD}$일 때, 다음 보기 에서 옳은 것을 모두 고른 것은?

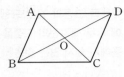

보기

ㄱ. $\overline{AC}=\overline{BD}$ ㄴ. $\overline{AO}=\overline{BO}$
ㄷ. $\overline{AO}=\overline{CO}$ ㄹ. $\overline{AC}\perp\overline{BD}$
ㅁ. ∠AOB=∠AOD ㅂ. ∠ABC=∠BCD

① ㄱ, ㄷ ② ㄴ, ㅁ ③ ㄷ, ㅂ
④ ㄴ, ㄷ, ㅂ ⑤ ㄷ, ㄹ, ㅁ

13 ◗◗

오른쪽 그림과 같은 정사각형 ABCD의 대각선 AC 위의 한 점 E에 대하여 ∠ABE=12°일 때, ∠DEC의 크기는?

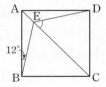

① 55° ② 57°
③ 59° ④ 61°
⑤ 63°

14 ◗◗

오른쪽 그림과 같은 평행사변형 ABCD가 정사각형이 되는 조건을 다음 보기 에서 모두 고른 것은?
(단, 점 O는 두 대각선의 교점)

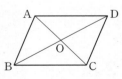

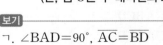

보기

ㄱ. ∠BAD=90°, $\overline{AC}=\overline{BD}$
ㄴ. ∠BAD=90°, $\overline{AB}=\overline{BC}$
ㄷ. $\overline{AC}\perp\overline{BD}$, $\overline{AB}=\overline{AD}$
ㄹ. $\overline{AC}=\overline{BD}$, ∠AOB=90°

① ㄱ, ㄴ ② ㄱ, ㄷ ③ ㄴ, ㄷ
④ ㄴ, ㄹ ⑤ ㄷ, ㄹ

15

다음 중에서 옳지 <u>않은</u> 것은?

① 두 쌍의 대변이 각각 평행한 사각형은 평행사변형이다.

② 한 내각이 직각인 평행사변형은 직사각형이다.

③ 이웃하는 두 변의 길이가 같은 평행사변형은 마름모이다.

④ 두 대각선이 직교하는 직사각형은 마름모이다.

⑤ 한 내각의 크기가 90°인 마름모는 정사각형이다.

16

오른쪽 그림과 같이 $\overline{AD}/\!/\overline{BC}$인 등변사다리꼴 ABCD의 네 변의 중점을 각각 E, F, G, H라 하자, $\overline{EH}=7$ cm일 때, □EFGH의 둘레의 길이는?

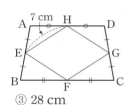

① 26 cm   ② 27 cm   ③ 28 cm

④ 29 cm   ⑤ 30 cm

17

오른쪽 그림과 같은 평행사변형 ABCD에서 $\overline{AE}:\overline{EC}=3:2$이다. □ABCD의 넓이가 80 cm²일 때, △DEC의 넓이는?

① 12 cm²   ② 14 cm²

③ 16 cm²   ④ 18 cm²

⑤ 20 cm²

18

오른쪽 그림과 같이 $\overline{AD}/\!/\overline{BC}$인 사다리꼴 ABCD에서 두 대각선의 교점을 O라 하자. △ABO의 넓이가 24 cm², △OBC의 넓이가 32 cm²일 때, □ABCD의 넓이를 구하시오.

19

오른쪽 그림과 같은 평행사변형 ABCD에서 두 대각선의 교점을 O라 하고 대각선 BD 위에 $\overline{BE}=\overline{DF}$가 되도록 두 점 E, F를 잡았다. ∠EAC=35°, ∠ECA=30°일 때, ∠AFC의 크기는?

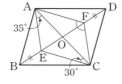

① 100°   ② 105°   ③ 110°

④ 115°   ⑤ 120°

20

오른쪽 그림과 같은 마름모 ABCD에서 대각선 BD 위에 $\overline{BE}=\overline{EF}=\overline{FD}$가 되도록 두 점 E, F를 잡았다. $\overline{AE}=\overline{BE}$일 때, ∠BAE의 크기는?

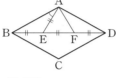

① 15°   ② 20°   ③ 25°

④ 30°   ⑤ 35°

21

오른쪽 그림과 같이 $\overline{AD}/\!/\overline{BC}$인 등변사다리꼴 ABCD에서 $\overline{AB}=\overline{AD}$, $\overline{BC}=2\overline{AD}$일 때, ∠A의 크기를 구하시오.

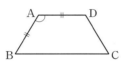

22

오른쪽 그림과 같이 □ABCD의 꼭짓점 D를 지나고 $\overline{AC}$에 평행한 직선이 $\overline{BC}$의 연장선과 만나는 점을 E라 하자. $\overline{AE}$와 $\overline{CD}$의 교점을 P라 할 때, 다음 중에서 옳지 않은 것은?

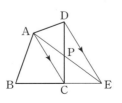

① △ACD=△ACE   ② △AED=△CED

③ △APD=△PCE   ④ △ABC=△ACE

⑤ □ABCD=△ABE

03
.
도형의 닮음

01 닮은 도형

1 닮은 도형

(1) **닮음**: 한 도형을 일정한 비율로 확대 또는 축소한 것이 다른 도형과 합동일 때, 이 두 도형은 닮음인 관계에 있다고 한다.

(2) **닮은 도형**: 닮음인 관계에 있는 두 도형

(3) △ABC와 △DEF가 닮은 도형일 때, 이것을 기호 ∽를 사용하여 다음과 같이 나타낸다.

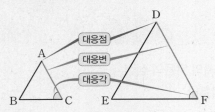

$$△ABC∽△DEF$$

① 대응점: 점 A와 점 D, 점 B와 점 E, 점 C와 점 F
② 대응변: $\overline{AB}$와 $\overline{DE}$, $\overline{BC}$와 $\overline{EF}$, $\overline{AC}$와 $\overline{DF}$
③ 대응각: ∠A와 ∠D, ∠B와 ∠E, ∠C와 ∠F

> 주의 두 도형이 닮은 도형임을 기호 ∽를 사용하여 나타낼 때는 두 도형의 대응점의 순서대로 쓴다.

2 평면도형에서의 닮음의 성질

(1) **평면도형에서의 닮음의 성질**: 닮은 두 평면도형에서
① 대응변의 길이의 비는 일정하다.
② 대응각의 크기는 각각 같다.

> 예 오른쪽 그림에서
> △ABC∽△DEF일 때
> ① $\overline{AB}:\overline{DE}=\overline{BC}:\overline{EF}$
> $=\overline{AC}:\overline{DF}$
> ② ∠A=∠D, ∠B=∠E, ∠C=∠F

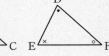

(2) **닮음비**: 닮은 두 평면도형에서 대응변의 길이의 비

> 참고 ① 일반적으로 닮음비는 가장 간단한 자연수의 비로 나타낸다.
> ② 닮음비가 1 : 1인 닮은 도형은 서로 합동이다.

3 입체도형에서의 닮음의 성질

(1) **입체도형에서의 닮음의 성질**: 닮은 두 입체도형에서
① 대응하는 모서리의 길이의 비는 일정하다.
② 대응하는 면은 닮은 도형이다.

(2) **닮음비**: 닮은 두 입체도형에서 대응하는 모서리의 길이의 비

닮은 도형

> 아래 그림에서 △ABC∽△DEF일 때, 다음을 구하시오.

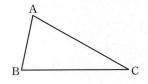

1 점 A의 대응점

2 $\overline{EF}$의 대응변

3 ∠C의 대응각

> 아래 그림에서 □ABCD∽□EFGH일 때, 다음을 구하시오.

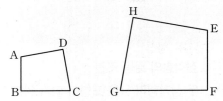

4 점 B의 대응점

5 $\overline{HG}$의 대응변

6 ∠D의 대응각

> 아래 그림에서 두 삼각뿔은 닮은 도형이고 △ABC∽△EFG일 때, 다음을 구하시오.

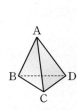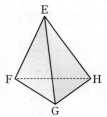

7 점 C에 대응하는 점

8 $\overline{AD}$에 대응하는 모서리

9 면 BCD에 대응하는 면

항상 닮은 도형

🏷 다음 중 옳은 것은 ○표, 옳지 않은 것은 ×표를 ( ) 안에 써넣으시오.

10 두 정삼각형은 항상 닮은 도형이다. ( )

11 두 원은 항상 닮은 도형이다. ( )

12 두 직각삼각형은 항상 닮은 도형이다. ( )

13 두 직사각형은 항상 닮은 도형이다. ( )

🏷 다음 중 옳은 것은 ○표, 옳지 않은 것은 ×표를 ( ) 안에 써넣으시오.

14 두 사면체는 항상 닮은 도형이다. ( )

15 두 정육면체는 항상 닮은 도형이다. ( )

16 두 원기둥은 항상 닮은 도형이다. ( )

평면도형에서의 닮음의 성질

🏷 아래 그림에서 △ABC∽△DEF일 때, 다음을 구하시오.

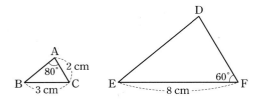

17 △ABC와 △DEF의 닮음비

18 DF의 길이

19 ∠B의 크기

🏷 아래 그림에서 □ABCD∽□EFGH일 때, 다음을 구하시오.

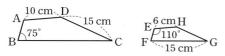

20 □ABCD와 □EFGH의 닮음비

21 BC의 길이

22 ∠F의 크기

입체도형에서의 닮음의 성질

🏷 아래 그림에서 두 삼각기둥은 닮은 도형이고 AB에 대응하는 모서리가 GH일 때, 다음을 구하시오.

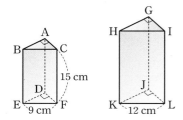

23 면 BEFC에 대응하는 면

24 두 삼각기둥의 닮음비

25 IL의 길이

🏷 아래 그림에서 두 직육면체는 닮은 도형이고 면 ABCD에 대응하는 면이 면 IJKL일 때, 다음을 구하시오.

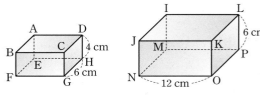

26 면 ABFE에 대응하는 면

27 두 직육면체의 닮음비

28 FG의 길이

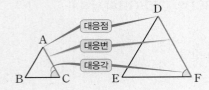

유형 1 닮은 도형

△ABC와 △DEF가 닮음인 관계에 있다.
➡ △ABC와 △DEF는 닮은 도형이다.
➡ △ABC∽△DEF

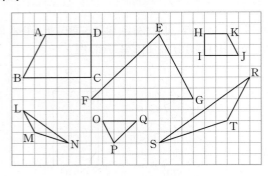

1.

다음 그림에서 서로 닮은 도형을 모두 찾아 기호 ∽를 사용하여 나타내시오.

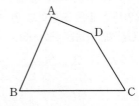

2. 대표

다음 그림에서 □ABCD∽□GFEH일 때, 점 C의 대응점, $\overline{FG}$의 대응변, ∠H의 대응각을 차례로 구한 것은?

① 점 E, $\overline{AD}$, ∠A
② 점 F, $\overline{DC}$, ∠B
③ 점 G, $\overline{BC}$, ∠C
④ 점 H, $\overline{BC}$, ∠D
⑤ 점 E, $\overline{BA}$, ∠D

3.

아래 그림에서 두 삼각뿔은 닮은 도형이고 △ABC∽△EFG일 때, 다음 중에서 옳지 않은 것은?

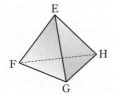

① 점 B에 대응하는 점은 점 F이다.
② $\overline{CD}$에 대응하는 모서리는 $\overline{GH}$이다.
③ $\overline{BD}$에 대응하는 모서리는 $\overline{FH}$이다.
④ 면 ABD에 대응하는 면은 면 EGH이다.
⑤ 면 BCD에 대응하는 면은 면 FGH이다.

유형 2 항상 닮은 도형

(1) 항상 닮은 평면도형
　① 변의 개수가 같은 모든 정다각형
　② 모든 원
　③ 중심각의 크기가 같은 모든 부채꼴
　④ 모든 직각이등변삼각형
(2) 항상 닮은 입체도형
　① 면의 개수가 같은 모든 정다면체
　② 모든 구

4.

다음 중에서 항상 닮은 도형인 것은?

① 두 삼각기둥
② 두 마름모
③ 두 정삼각형
④ 두 평행사변형
⑤ 두 부채꼴

5. 대표

다음 보기에서 항상 닮은 도형인 것을 모두 고르시오.

보기
ㄱ. 두 구
ㄴ. 두 이등변삼각형
ㄷ. 두 정십이면체
ㄹ. 두 사각뿔
ㅁ. 두 등변사다리꼴
ㅂ. 두 정십각형

정답과 풀이 ★ 37쪽

6 ▫️

다음 중에서 두 도형이 항상 닮은 도형이라고 할 수 <u>없는</u> 것은?

① 중심각의 크기가 같은 두 부채꼴
② 한 변의 길이가 같은 두 마름모
③ 반지름의 길이가 다른 두 원
④ 한 모서리의 길이가 다른 두 정사면체
⑤ 빗변의 길이가 다른 두 직각이등변삼각형

유형 3 평면도형에서의 닮음의 성질

닮은 두 평면도형에서
⑴ 대응변의 길이의 비는 일정하다. (닮음비)
⑵ 대응각의 크기는 각각 같다.
예 △ABC∽△DEF일 때

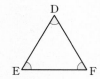

① $\overline{AB}:\overline{DE}=\overline{BC}:\overline{EF}=\overline{AC}:\overline{DF}$
② $\angle A=\angle D$, $\angle B=\angle E$, $\angle C=\angle F$

7 ▫️

아래 그림에서 △ABC∽△A′B′C′일 때, 다음 중에서 옳은 것은?

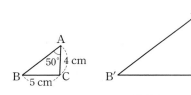

① $\angle A'=50°$ ② $\overline{B'C'}=9$ cm
③ $\overline{AB}:\overline{A'B'}=4:5$ ④ $\angle C:\angle C'=1:2$
⑤ △ABC와 △A′B′C′의 닮음비는 $4:5$이다.

8 ▫️

원 O와 원 O′의 닮음비가 $7:3$이고 원 O의 지름의 길이가 14 cm일 때, 원 O′의 지름의 길이를 구하시오.

9 ▫️ 대표

아래 그림에서 □ABCD∽□EFGH일 때, 다음 중에서 옳지 <u>않은</u> 것은?

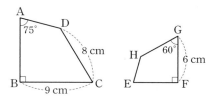

① $\angle C=60°$ ② $\angle D=135°$
③ $\angle E=75°$ ④ $\overline{AB}:\overline{EF}=3:2$
⑤ $\overline{GH}=5$ cm

10 ▫️

오른쪽 그림과 같이 원 O′이 원 O의 반지름을 지름으로 하는 원일 때, 원 O와 원 O′의 닮음비를 구하시오.

11 ▫️ 서술형

다음 그림에서 △ABC∽△DEF일 때, △DEF의 세 변의 길이의 합을 구하시오.

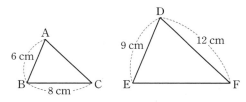

12 ▫️ 신유형

가로, 세로의 길이가 각각 16 cm, 12 cm인 직사각형 모양의 색도화지가 있다. 다음 그림과 같이 이 색도화지를 반으로 잘라 생긴 직사각형을 A, A를 다시 반으로 잘라 생긴 직사각형을 B라 할 때, 두 직사각형 A, B 중에서 원래 색도화지와 닮은 도형을 찾으시오.

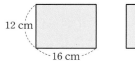

3. 도형의 닮음 ★ **67**

유형 **4** 입체도형에서의 닮음의 성질

닮은 두 입체도형에서
(1) 대응하는 모서리의 길이의 비는 일정하다.
　　　　　　　　　　　　닮음비
(2) 대응하는 면은 닮은 도형이다.

13 .ıl 대표 ⌾
아래 그림에서 두 직육면체는 닮은 도형이고 면 ABCD에 대응하는 면이 면 IJKL일 때, 다음 중에서 옳지 <u>않은</u> 것은?

① ∠ABC=∠IJK
② $\overline{AD}:\overline{IL}=\overline{CG}:\overline{KO}$
③ 두 직육면체의 닮음비는 1 : 2이다.
④ $\overline{FG}=6$ cm
⑤ $\overline{LP}=12$ cm

14 .ıl 서술형 ⌑
다음 그림에서 두 삼각뿔은 닮은 도형이고 △ABC∽△A′B′C′일 때, $x+y$의 값을 구하시오.

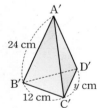

15 .ıl
두 정사면체 A, B는 닮음비가 2 : 5인 닮은 도형이다. 정사면체 A의 한 모서리의 길이가 10 cm일 때, 정사면체 B의 모든 모서리의 길이의 합을 구하시오.

유형 **5** 회전체의 닮음비

(1) 닮은 두 원기둥 또는 원뿔에서
　➡ (닮음비)=(밑면인 원의 반지름의 길이의 비)
　　　　　 =(높이의 비)
　　　　　 =(모선의 길이의 비) ― 원뿔의 경우
(2) 닮은 두 구
　➡ (닮음비)=(반지름의 길이의 비)

16 .ıl 대표 ⌾
아래 그림에서 두 원기둥 P, Q가 닮은 도형일 때, 두 원기둥 P, Q의 닮음비는?

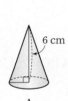

① 1 : 2　　　② 2 : 3　　　③ 2 : 5
④ 3 : 4　　　⑤ 3 : 5

17 .ıl 서술형 ⌑
오른쪽 그림에서 두 원뿔 A, B는 닮은 도형이다. 원뿔 A의 밑면인 원의 둘레의 길이가 4π cm일 때, 원뿔 B의 높이를 구하시오.

18 .ıl 신유형 ↻
다음 그림의 구슬 A를 4배 확대하여 구슬 B를 만들었더니 지름의 길이가 24 cm이었다. □ 안에 알맞은 수를 써넣고, 구슬 A의 반지름의 길이를 구하시오.

➡ 두 구슬 A, B의 닮음비는 □ : □야.

A

02 삼각형의 닮음 조건

1 삼각형의 닮음 조건

두 삼각형은 다음의 각 조건을 만족시킬 때 닮은 도형이다.

(1) 세 쌍의 대응변의 길이의 비가 같다.(SSS 닮음)

 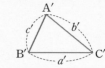
$$a : a' = b : b' = c : c'$$

(2) 두 쌍의 대응변의 길이의 비가 같고, 그 끼인각의 크기가 같다.(SAS 닮음)

 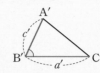
$$a : a' = c : c',$$
$$\angle B = \angle B'$$
끼인각

(3) 두 쌍의 대응각의 크기가 각각 같다.(AA 닮음)
나머지 한 쌍의 대응각의 크기도 같다.

$$\angle B = \angle B',$$
$$\angle C = \angle C'$$

2 삼각형의 닮음 조건의 응용

(1) SAS 닮음을 이용하는 경우
➡ 두 쌍의 대응변의 길이의 비가 같고 그 끼인각의 크기가 같은 두 삼각형을 찾는다.

(2) AA 닮음을 이용하는 경우
➡ 두 쌍의 내각의 크기가 각각 같은 두 삼각형을 찾는다.
공통인 각과 다른 한 내각

3 직각삼각형의 닮음의 응용

∠A=90°인 직각삼각형 ABC의 꼭짓점 A에서 빗변 BC에 내린 수선의 발을 D라 하자.

(1) 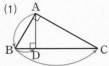   (2)    (3)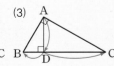

(1) $\triangle ABC \backsim \triangle DBA$(AA 닮음)이므로
$\overline{AB} : \overline{DB} = \overline{BC} : \overline{BA}$ ➡ $\overline{AB}^2 = \overline{BD} \times \overline{BC}$

(2) $\triangle ABC \backsim \triangle DAC$(AA 닮음)이므로
$\overline{AC} : \overline{DC} = \overline{BC} : \overline{AC}$ ➡ $\overline{AC}^2 = \overline{CD} \times \overline{CB}$

(3) $\triangle DBA \backsim \triangle DAC$(AA 닮음)이므로
$\overline{DB} : \overline{DA} = \overline{DA} : \overline{DC}$ ➡ $\overline{AD}^2 = \overline{DB} \times \overline{DC}$

삼각형의 닮음 조건

다음 두 삼각형이 닮은 도형일 때, 기호 $\backsim$를 사용하여 나타내고, 닮음 조건을 말하시오.

1
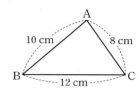

➡ $\triangle ABC$와 $\triangle DEF$에서
$\overline{AB} : \overline{DE} = 10 : 5 = \boxed{} : 1$,
$\overline{BC} : \overline{EF} = 12 : \boxed{} = \boxed{} : 1$,
$\overline{CA} : \overline{FD} = 8 : \boxed{} = \boxed{} : 1$
이므로 $\triangle ABC \backsim \boxed{}$($\boxed{}$ 닮음)

2
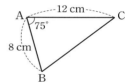 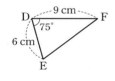

3
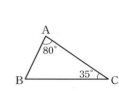

4
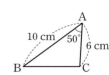 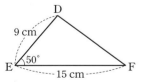

5
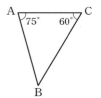

삼각형의 닮음 조건의 응용

다음 그림에서 닮은 두 삼각형을 찾아 기호 ∽를 사용하여 나타내고, 닮음 조건을 말하시오.

6

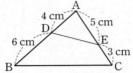

➡ △ABC와 △AED에서
$\overline{AB} : \overline{AE} = \overline{AC} : \overline{AD} = 2 : \boxed{}$,
∠A는 공통
따라서 △ABC∽□□□ (□□ 닮음)

7

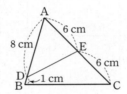

8

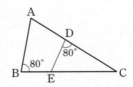

9

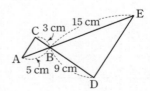

10

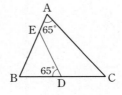

직각삼각형의 닮음의 응용

다음 그림에서 x의 값을 구하시오.

11

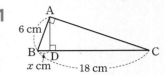

➡ $\overline{AB}^2 = \overline{BD} \times \boxed{}$ 이므로
$6^2 = x \times \boxed{}$, 즉 $x = \boxed{}$

12

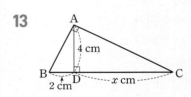

13

14

15

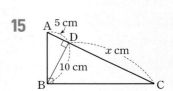

소단원 유형 익히기

유형 6 삼각형의 닮음 조건

(1) SSS 닮음: 세 쌍의 대응변의 길이의 비가 같다.

(2) SAS 닮음: 두 쌍의 대응변의 길이의 비가 같고, 그 끼인 각의 크기가 같다.

(3) AA 닮음: 두 쌍의 대응각의 크기가 각각 같다.

1.

오른쪽 그림과 같이 $\overline{AB}=4$ cm, $\overline{AC}=2$ cm, $\angle A=50°$인 △ABC가 있다. 다음 중에서 △ABC와 닮음인 것은?

①

②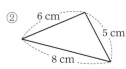

③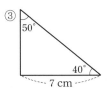

④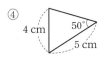

⑤

2. 대표

다음 그림에서 닮은 삼각형을 모두 찾아 기호 ∽를 사용하여 나타내고, 각각의 닮음 조건을 말하시오.

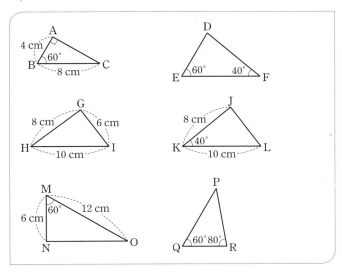

유형 7 두 삼각형이 닮은 도형이 되기 위한 조건

(1) 두 쌍의 대응변의 길이의 비가 같은 경우

① 나머지 한 쌍의 대응변의 길이의 비가 같으면
  ➡ SSS 닮음

② 그 끼인각의 크기가 같으면 ➡ SAS 닮음

(2) 한 쌍의 대응각의 크기가 같은 경우

① 다른 한 쌍의 대응각의 크기가 같으면 ➡ AA 닮음

② 그 각을 끼인각으로 하는 두 쌍의 대응변의 길이의 비가 같으면 ➡ SAS 닮음

3. 대표

아래 그림의 △ABC와 △DEF가 SAS 닮음이 되도록 할 때, 다음 중에서 추가해야 하는 조건은?

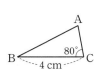 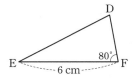

① $\angle A=70°$, $\angle D=70°$

② $\angle B=30°$, $\overline{DF}=9$ cm

③ $\overline{AB}=3$ cm, $\overline{DE}=5$ cm

④ $\overline{AC}=2$ cm, $\overline{DF}=4$ cm

⑤ $\overline{AC}=2$ cm, $\overline{DF}=3$ cm

4. 신유형

가희와 현준이는 아래 그림의 △ABC와 △DEF에서 $\overline{AB}:\overline{DE}=\overline{BC}:\overline{EF}$일 때, 한 가지 조건을 추가해서 두 삼각형이 닮은 도형이 되게 하려고 한다. ☐ 안에 알맞은 것을 써넣으시오.

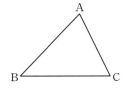 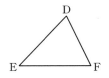

 가희

그 끼인각의 크기가 같으면 되니까 ☐=☐이면 △ABC∽△DEF(☐ 닮음)이 돼.

 현준

나머지 한 쌍의 대응변의 길이의 비가 같으면 되니까 $\overline{AB}:\overline{DE}=$☐:☐이면 △ABC∽△DEF(☐ 닮음)이야!

5 .ıl

아래 그림의 △ABC와 △DEF가 닮은 도형이 되도록 할 때, 다음 중에서 추가해야 하는 조건은?

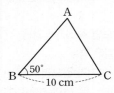

① $\overline{AB}$=10 cm, $\overline{DE}$=8 cm

② $\overline{AC}$=8 cm, $\overline{DF}$=6 cm

③ $\overline{AC}$=8 cm, ∠E=50°

④ ∠A=70°, ∠D=70°

⑤ ∠C=80°, ∠E=50°

유형 8 삼각형의 닮음을 이용하여 변의 길이 구하기-SAS 닮음

① 한 내각의 크기가 같은 두 삼각형을 찾는다.

② 크기가 같은 각을 끼인각으로 하는 두 쌍의 대응변의 길이의 비가 같은지 확인한다.

③ 닮은 삼각형의 닮음비를 이용하여 변의 길이를 구한다.

---

6 .ıl

오른쪽 그림과 같이 $\overline{AE}$와 $\overline{CD}$의 교점을 B라 하자. $\overline{AB}$=5 cm, $\overline{AC}$=4 cm, $\overline{BC}$=3 cm, $\overline{BD}$=6 cm, $\overline{BE}$=10 cm일 때, $\overline{DE}$의 길이를 구하시오.

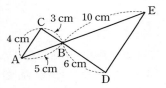

---

7 .ıl 대표

오른쪽 그림과 같은 △ABC에서 $\overline{AD}$=3 cm, $\overline{AE}$=5 cm, $\overline{BD}$=7 cm, $\overline{CE}$=1 cm, $\overline{DE}$=5 cm일 때, $\overline{BC}$의 길이는?

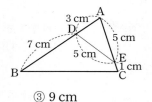

① 7 cm   ② 8 cm   ③ 9 cm

④ 10 cm   ⑤ 11 cm

---

8 .ıl 서술형

오른쪽 그림에서 ∠ACB=∠D이고 $\overline{AC}$=6 cm, $\overline{BC}$=12 cm, $\overline{BD}$=16 cm, $\overline{CD}$=8 cm일 때, $\overline{AB}$의 길이를 구하시오.

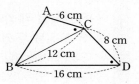

---

9 .ıl

오른쪽 그림과 같은 △ABC에서 점 D는 $\overline{BC}$ 위의 점이고, $\overline{AB}$=12 cm, $\overline{AC}$=15 cm, $\overline{BD}$=8 cm, $\overline{CD}$=10 cm일 때, $\overline{AD}$의 길이를 구하시오.

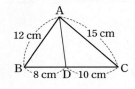

---

10 .ıl

다음 그림과 같은 △ABC에서 $\overline{AB}$=16 cm, $\overline{AC}$=8 cm, $\overline{BC}$=20 cm, $\overline{BD}$=15 cm, $\overline{BE}$=12 cm일 때. $\overline{DE}$의 길이를 구하시오.

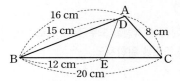

---

11 .ıl

오른쪽 그림에서 ∠ABC=∠CBD이고 $\overline{AB}$=16 cm, $\overline{AC}$=12 cm, $\overline{BC}$=20 cm, $\overline{BD}$=25 cm일 때, $\overline{CD}$의 길이를 구하시오.

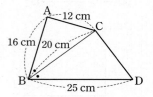

유형 **9** 삼각형의 닮음을 이용하여 변의 길이 구하기 - AA 닮음

① 두 쌍의 내각의 크기가 각각 같은 두 삼각형을 찾는다.
② 닮은 삼각형의 대응변의 길이의 비인 닮음비를 이용하여 변의 길이를 구한다.

유형 **10** 직각삼각형의 닮음

한 예각의 크기가 같은 두 직각삼각형은 닮음이다. (AA 닮음)

예
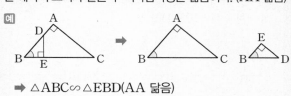

➡ △ABC∽△EBD(AA 닮음)

12 대표

오른쪽 그림과 같은 △ABC에서
∠C=∠ADE이고 $\overline{AD}$=6 cm,
$\overline{AE}$=4 cm, $\overline{CE}$=8 cm일 때, $\overline{DB}$의
길이는?

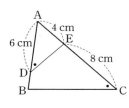

① 1 cm   ② 1.5 cm
③ 2 cm   ④ 2.5 cm
⑤ 3 cm

15

오른쪽 그림에서 $\overline{BD}\perp\overline{AC}$, $\overline{AD}\perp\overline{BE}$이고
점 C는 $\overline{BD}$의 중점이다. $\overline{AD}$=12 cm,
$\overline{BC}$=7 cm일 때, $\overline{ED}$의 길이는?

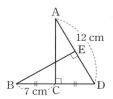

① 7 cm   ② $\frac{50}{7}$ cm
③ 8 cm   ④ $\frac{49}{6}$ cm
⑤ 9 cm

13 서술형

오른쪽 그림과 같은 △ABC에서
∠B=∠CAD이고 $\overline{AC}$=6 cm,
$\overline{BC}$=9 cm일 때, $\overline{BD}$의 길이를 구하
시오.

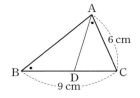

16 대표

오른쪽 그림과 같이 △ABC의 두 꼭짓
점 A, B에서 $\overline{BC}$, $\overline{AC}$에 내린 수선의 발
을 각각 D, E라 하자. $\overline{AE}$=8 cm,
$\overline{CD}$=10 cm, $\overline{CE}$=12 cm일 때,
$\overline{BD}$의 길이를 구하시오.

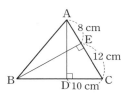

14

오른쪽 그림과 같은 △ABC에서
∠A=∠DCB이고 $\overline{BC}$=8 cm,
$\overline{BD}$=4 cm일 때, $\overline{AD}$의 길이는?

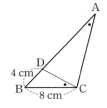

① 9 cm   ② 10 cm
③ 11 cm   ④ 12 cm
⑤ 13 cm

17

오른쪽 그림과 같이 △ABC의 두 꼭짓점
A, C에서 $\overline{BC}$, $\overline{AB}$에 내린 수선의 발을
각각 D, E라 하고, $\overline{AD}$와 $\overline{CE}$의 교점을
F라 할 때, 다음 중에서 나머지 넷과 닮
음이 아닌 하나는?

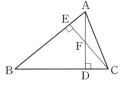

① △ABD   ② △ACD   ③ △CBE
④ △AFE   ⑤ △CFD

유형 11 직각삼각형의 닮음의 응용

∠A=90°인 직각삼각형 ABC의 꼭짓점 A에서 빗변 BC에 내린 수선의 발을 D라 하면

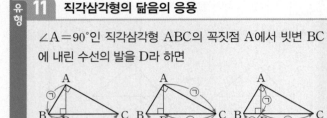

➡ ㉠²=㉡×㉢

18 ◦ıı

오른쪽 그림과 같이 ∠A=90°인 직각삼각형 ABC의 꼭짓점 A에서 빗변 BC에 내린 수선의 발을 D라 할 때, 다음 중에서 옳지 않은 것은?

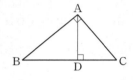

① △ABC∽△DBA
② △DBA∽△DAC
③ $\overline{AB}^2=\overline{BD}\times\overline{DC}$
④ $\overline{AC}^2=\overline{CD}\times\overline{CB}$
⑤ $\overline{AD}^2=\overline{DB}\times\overline{DC}$

19 ◦ıı 대표

오른쪽 그림과 같이 ∠C=90°인 직각삼각형 ABC의 꼭짓점 C에서 빗변 AB에 내린 수선의 발을 D라 하자. $\overline{AC}=6$ cm, $\overline{AD}=4$ cm일 때, $\overline{BD}$의 길이를 구하시오.

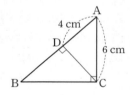

20 ◦ıı 서술형

오른쪽 그림과 같이 ∠A=90°인 직각삼각형 ABC의 꼭짓점 A에서 빗변 BC에 내린 수선의 발을 D라 하자. $\overline{AB}=20$ cm, $\overline{BD}=16$ cm일 때, $x+y$의 값을 구하시오.

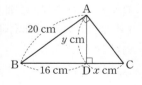

유형 12 사각형에서의 직각삼각형의 닮음

삼각형의 닮음 조건과 사각형의 성질을 이용하여 서로 닮은 삼각형을 찾고, 닮음비를 이용하여 문제를 해결한다.

21 ◦ıı 대표

오른쪽 그림과 같이 평행사변형 ABCD의 꼭짓점 A에서 $\overline{BC}$, $\overline{CD}$에 내린 수선의 발을 각각 E, F라 하자. $\overline{AB}=10$ cm, $\overline{AE}=8$ cm, $\overline{AF}=12$ cm일 때, $\overline{BC}$의 길이를 구하시오.

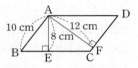

22 ◦ıı 신유형

오른쪽 그림과 같이 직사각형 ABCD의 두 꼭짓점 A, C에서 대각선 BD에 내린 수선의 발을 각각 E, F라 하자. 다음은 $\overline{AB}=6$ cm, $\overline{BC}=8$ cm, $\overline{BD}=10$ cm일 때, $\overline{EF}$의 길이를 구하는 과정을 주영이가 설명한 것이다. □ 안에 알맞은 것을 써넣으시오.
(단, 분수는 소수로 나타낸다.)

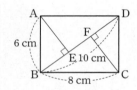

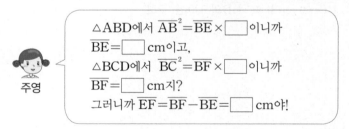

△ABD에서 $\overline{AB}^2=\overline{BE}\times$□이니까 $\overline{BE}=$□ cm이고,
△BCD에서 $\overline{BC}^2=\overline{BF}\times$□이니까 $\overline{BF}=$□ cm지?
그러니까 $\overline{EF}=\overline{BF}-\overline{BE}=$□ cm야!

주영

23 ◦ıı 서술형

오른쪽 그림과 같은 직사각형 ABCD에서 $\overline{AC}$의 수직이등분선과 $\overline{AD}$, $\overline{BC}$의 교점을 각각 E, F라 하고 $\overline{AC}$와 $\overline{EF}$의 교점을 O라 하자. $\overline{AB}=18$ cm, $\overline{AO}=15$ cm, $\overline{BC}=24$ cm일 때, $\overline{EF}$의 길이를 구하시오.

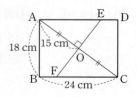

03 닮음의 활용

① 닮은 두 평면도형의 둘레의 길이의 비와 넓이의 비

닮은 두 평면도형의 닮음비가 $m:n$일 때
(1) 둘레의 길이의 비 ➡ $m:n$ – 닮음비와 같다.
(2) 넓이의 비 ➡ $m^2:n^2$

② 닮은 두 입체도형의 겉넓이의 비와 부피의 비

닮은 두 입체도형의 닮음비가 $m:n$일 때
(1) 옆넓이, 밑넓이, 겉넓이의 비 ➡ $m^2:n^2$
(2) 부피의 비 ➡ $m^3:n^3$

③ 닮음의 활용

(1) **축도와 축척**: 직접 측정하기 어려운 실제 높이나 거리 등은 도형의 닮음을 이용하여 축도를 그려서 구할 수 있다.
　① 축도: 어떤 도형을 일정한 비율로 줄여 그린 그림
　② 축척: 축도에서의 길이와 실제 길이의 비율

$$(축척)=\dfrac{(축도에서의\ 길이)}{(실제\ 길이)}$$

(2) **길이의 측정**: 닮음을 이용하여 길이를 구하는 문제는 다음과 같은 순서로 구한다.
　① 닮은 두 도형을 찾는다.
　② 닮음비를 이용하여 비례식을 세워 길이를 구한다.

④ 접은 도형에서의 닮음

직사각형 또는 정삼각형 모양의 종이의 일부를 접은 경우에는 도형의 성질을 이용하여 크기가 같은 각을 찾고, 접은 면은 서로 합동임을 이용하여 닮은 삼각형을 찾아 문제를 해결한다.

예 (1)
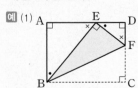
△ABE∽△DEF(AA 닮음)

(2)
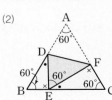
△DBE∽△ECF(AA 닮음)

닮은 두 평면도형의 둘레의 길이의 비와 넓이의 비

▶ 아래 그림에서 △ABC∽△DEF일 때, 다음을 구하시오.

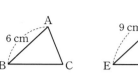
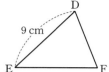

1 △ABC와 △DEF의 닮음비

2 △ABC와 △DEF의 둘레의 길이의 비

3 △ABC와 △DEF의 넓이의 비

4 △ABC의 넓이가 8 cm²일 때, △DEF의 넓이

▶ 아래 그림에서 □ABCD∽□EFGH일 때, 다음을 구하시오.

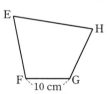

5 □ABCD와 □EFGH의 닮음비

6 □ABCD와 □EFGH의 둘레의 길이의 비

7 □ABCD의 둘레의 길이가 30 cm일 때, □EFGH의 둘레의 길이

8 □ABCD와 □EFGH의 넓이의 비

9 □ABCD의 넓이가 27 cm²일 때, □EFGH의 넓이

닮은 두 입체도형의 겉넓이의 비와 부피의 비

▶ 아래 그림에서 두 구 A, B가 닮은 도형일 때, 다음을 구하시오.

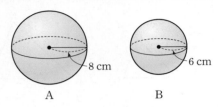

A   B

10 두 구 A, B의 닮음비

11 두 구 A, B의 겉넓이의 비

12 두 구 A, B의 부피의 비

▶ 아래 그림에서 두 삼각기둥 P, Q가 닮은 도형일 때, 다음을 구하시오.

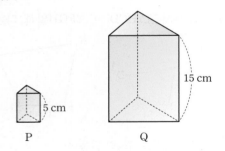

P   Q

13 두 삼각기둥 P, Q의 닮음비

14 두 삼각기둥 P, Q의 옆넓이의 비

15 삼각기둥 P의 옆넓이가 $45 \, \text{cm}^2$일 때, 삼각기둥 Q의 옆넓이

16 두 삼각기둥 P, Q의 부피의 비

17 삼각기둥 P의 부피가 $20 \, \text{cm}^3$일 때, 삼각기둥 Q의 부피

닮음의 활용

▶ 다음과 같이 나타낸 축도에서 축척을 구하시오.

18 1 km인 두 지점 A, B 사이의 거리를 축도에 5 cm의 길이로 나타내었다.

➡ (축척)$=\dfrac{(\text{축도에서의 길이})}{(\text{실제 길이})}$

$=\dfrac{5 \, \text{cm}}{\square \, \text{km}}=\dfrac{5 \, \text{cm}}{\boxed{} \, \text{cm}}$

$=\dfrac{1}{\boxed{}}$

19 1 km인 두 지점 A, B 사이의 거리를 축도에 1 cm의 길이로 나타내었다.

▶ $\dfrac{1}{10000}$의 축척으로 그린 축도에서 다음을 구하시오.

20 실제 거리 2 km를 축도에 나타낸 길이

21 축도에서의 길이가 10 cm인 두 지점 사이의 실제 거리

▶ 오른쪽 그림은 강의 폭 $\overline{\text{AB}}$의 길이를 구하기 위하여 필요한 거리와 각을 측정한 것이다. $\overline{\text{BC}}=5 \, \text{m}$, $\overline{\text{BE}}=6 \, \text{m}$, $\overline{\text{CD}}=8 \, \text{m}$일 때, 다음 물음에 답하시오.

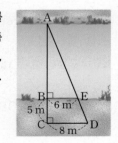

22 닮음인 두 삼각형을 찾아 기호 ∽를 사용하여 나타내고, 닮음 조건을 말하시오.

23 강의 폭인 $\overline{\text{AB}}$의 길이를 구하시오.

소단원 유형 익히기

정답과 풀이 ★ 42쪽

유형 13 닮은 두 평면도형의 넓이의 비

닮은 두 평면도형의 닮음비가 $m:n$일 때
넓이의 비 ➡ $m^2:n^2$

1.

오른쪽 그림과 같이 두 원 O, O′의
반지름의 길이가 각각 10 cm,
8 cm일 때, 두 원 O, O′의 넓이의
비는?

① 4:5   ② 5:4   ③ 16:25
④ 25:16   ⑤ 125:64

2. 대표

오른쪽 그림에서
$\triangle ABC \circ \triangle DEF$이고
$\overline{BC}=6$ cm, $\overline{EF}=8$ cm
이다. $\triangle DEF$의 넓이가
32 cm²일 때, $\triangle ABC$의 넓이
를 구하시오.

3. 서술형

오른쪽 그림과 같이 $\overline{AD}/\!/\overline{BC}$인 사다리꼴
ABCD에서 두 대각선의 교점을 O라 하자.
$\overline{AD}=8$ cm, $\overline{BC}=12$ cm일 때, 다음을 구
하시오.

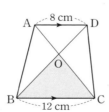

(1) $\triangle AOD$와 $\triangle COB$의 넓이의 비
(2) $\triangle AOD$의 넓이가 20 cm²일 때, $\triangle COB$의 넓이

4. 신유형

민수가 오른쪽 그림과 같이
$\overline{OP}=\overline{PQ}=\overline{QR}$인 과녁에 다트를 던지려
할 때, 노란색, 빨간색, 파란색으로 칠해져
있는 세 부분의 넓이의 비를 구하시오.

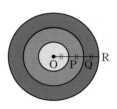

유형 14 닮은 두 입체도형의 겉넓이의 비

닮은 두 입체도형의 닮음비가 $m:n$일 때
(1) 밑넓이의 비 ➡ $m^2:n^2$
(2) 옆넓이의 비 ➡ $m^2:n^2$
(3) 겉넓이의 비 ➡ $m^2:n^2$

5.

겉넓이의 비가 64:25인 닮은 두 삼각기둥의 닮음비는?

① 8:5   ② 8:7   ③ 6:5
④ 10:7   ⑤ 14:5

6. 대표

다음 그림에서 두 직육면체 A, B는 닮은 도형이고, 높이는 각각
6 cm, 9 cm이다. 직육면체 A의 겉넓이가 108 cm²일 때, 직육면
체 B의 겉넓이를 구하시오.

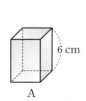 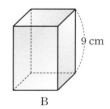

7 ⚬⚬
오른쪽 그림에서 두 원뿔 A, B는 닮은 도형이고 밑면인 원의 반지름의 길이는 각각 **10 cm, 6 cm** 이다. 원뿔 B의 옆넓이가 72π cm² 일 때, 원뿔 A의 옆넓이는?

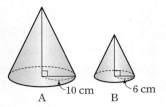

① 150π cm²　　② 175π cm²　　③ 200π cm²
④ 225π cm²　　⑤ 250π cm²

8 ⚬⚬
다음 그림에서 두 원기둥 A, B가 닮은 도형일 때, 원기둥 B의 밑넓이를 구하시오.

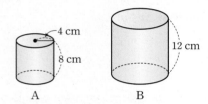

유형 **15** 닮은 두 입체도형의 부피의 비

닮은 두 입체도형의 닮음비가 $m : n$일 때
부피의 비 ➡ $m^3 : n^3$

9 ⚬⚬
다음 그림과 같은 배구공과 농구공의 부피의 비는?

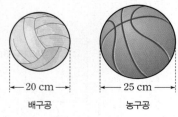

├─20 cm─┤　　├─25 cm─┤
배구공　　　　농구공

① $4 : 5$　　② $9 : 25$　　③ $16 : 25$
④ $64 : 75$　　⑤ $64 : 125$

10 ⚬⚬ 대표
오른쪽 그림의 닮은 두 사각뿔 A, B의 밑면은 각각 한 변의 길이가 **6 cm, 8 cm**인 정사각형이다. 사각뿔 A의 부피가 **81 cm³**일 때, 사각뿔 B의 부피를 구하시오.

11 ⚬⚬
오른쪽 그림과 같은 닮은 두 직육면체 A, B의 부피는 각각 **48 cm³**, **162 cm³**이다. 직육면체 B의 높이가 **9 cm**일 때, 직육면체 A의 높이는?

① 4 cm　　② 5 cm
③ 6 cm　　④ 7 cm
⑤ 8 cm

12 ⚬⚬ 서술형
닮은 두 삼각기둥 A, B의 부피는 각각 486 cm³, 18 cm³이다. 삼각기둥 B의 겉넓이가 36 cm²일 때, 삼각기둥 A의 겉넓이를 구하시오.

13 ⚬⚬ 신유형
효리는 오른쪽 그림과 같이 원뿔 모양의 그릇에 일정한 속력으로 물을 채우고 있다. 물을 그릇의 높이의 $\frac{1}{3}$만큼 채우는 데 4분이 걸렸을 때, 효리가 그릇에 물을 가득 채우려면 몇 분 동안 물을 더 넣어야 하는지 구하시오.

유형 16 **닮음의 활용**

(1) 축도와 축척
  ① 축도 : 어떤 도형을 일정한 비율로 줄여 그린 그림
  ② 축척 : 축도에서의 길이와 실제 길이의 비율

$$(축척) = \frac{(축도에서의 \; 길이)}{(실제 \; 길이)}$$

(2) 닮음을 이용하여 길이를 구하는 순서
  ① 닮은 두 도형을 찾는다.
  ② 닮음비를 이용하여 비례식을 세워 길이를 구한다.

14 ‖ 대표

오른쪽 그림은 축척이 $\frac{1}{20000}$인 축도이다.
두 점 A, B 사이의 실제 거리는?

① 200 m   ② 300 m
③ 400 m   ④ 500 m
⑤ 600 m

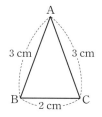

15 ‖ 서술형

어느 날 같은 시각에 서연이와 삼촌이 오른쪽 그림과 같이 건물의 그림자의 길이와 길이가 2 m인 막대의 그림자의 길이를 재었더니 각각 21 m와 1.2 m 이었다. 이때 건물의 높이를 구하시오.

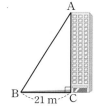

16 ‖

오른쪽 그림은 강의 폭을 구하기 위하여 필요한 거리를 측정하여 나타낸 것이다. 점 E는 $\overline{AD}$와 $\overline{BC}$의 교점이고 $\overline{AE}=15$ m, $\overline{ED}=5$ m, $\overline{CD}=10$ m 일 때, 다음 물음에 답하시오.

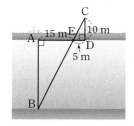

(1) 두 지점 A, B 사이의 거리를 구하시오.

(2) 두 지점 A, B 사이의 거리를 축척이 $\frac{1}{3000}$인 지도에 나타낼 때, 지도에서의 $\overline{AB}$의 길이는 몇 cm인지 구하시오.

유형 17 **접은 도형에서의 닮음**

직사각형 또는 정삼각형 모양의 종이의 일부를 접은 경우에는 도형의 성질을 이용하여 크기가 같은 각을 찾으면 닮은 삼각형을 찾을 수 있다.

17 ‖ 대표

오른쪽 그림은 직사각형 모양의 종이 ABCD를 $\overline{BF}$를 접는 선으로 하여 꼭짓점 C가 $\overline{AD}$ 위의 점 E에 오도록 접은 것이다.
$\overline{AB}=9$ cm, $\overline{DE}=3$ cm, $\overline{DF}=4$ cm일 때, 다음 물음에 답하시오.

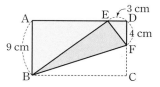

(1) △ABE와 닮은 삼각형을 찾아 기호 ∽를 사용하여 나타내시오.

(2) $\overline{AE}$의 길이를 구하시오.

18 ‖

오른쪽 그림과 같이 정삼각형 ABC를 $\overline{EF}$를 접는 선으로 하여 꼭짓점 C가 $\overline{AB}$ 위의 점 D에 오도록 접었다. $\overline{AD}=3$ cm, $\overline{AF}=8$ cm, $\overline{BD}=12$ cm일 때, 다음을 구하시오.

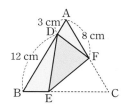

(1) $\overline{BE}$의 길이
(2) $\overline{CE}$의 길이

1.

아래 그림에서 □ABCD∽□EFGH일 때, 다음 중에서 옳지 않은 것은?

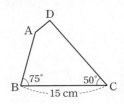

① ∠D=90°
② ∠A=125°
③ $\overline{DA}:\overline{HE}=5:3$
④ $\overline{AB}=10$ cm
⑤ □ABCD와 □EFGH의 닮음비는 5:3이다.

2.

다음 보기 에서 항상 닮은 도형인 것은 모두 몇 개인지 구하시오.

보기
ㄱ. 두 마름모   ㄴ. 두 정팔각형
ㄷ. 두 이등변삼각형   ㄹ. 두 원뿔
ㅁ. 두 정사면체   ㅂ. 두 등변사다리꼴

3.

아래 그림의 △ABC와 △DEF가 닮은 도형이 되도록 할 때, 다음 중에서 추가해야 하는 조건은?

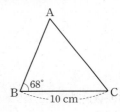

① ∠C=52°
② ∠E=68°
③ ∠A=∠D=60°
④ $\overline{AB}=9$ cm, $\overline{DE}=5$ cm
⑤ $\overline{AB}=8$ cm, $\overline{DF}=\dfrac{24}{5}$ cm

4.

닮음비가 2:5인 닮은 두 삼각기둥의 옆넓이의 비와 부피의 비를 차례로 구하시오.

5.

오른쪽 그림에서 △ABC∽△DEF이고 닮음비는 2:3일 때, △DEF의 세 변의 길이의 합을 구하시오.

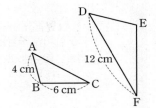

6.

아래 그림에서 두 원뿔 A, B가 닮은 도형일 때, 원뿔 B의 밑면인 원의 둘레의 길이는?

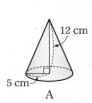 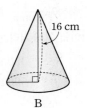

① 6π cm
② $\dfrac{20}{3}\pi$ cm
③ 10π cm
④ $\dfrac{40}{3}\pi$ cm
⑤ 20π cm

7. 서술형

오른쪽 그림과 같은 △ABC에서 $\overline{AD}=11$ cm, $\overline{BE}=3$ cm, $\overline{CD}=9$ cm, $\overline{CE}=12$ cm, $\overline{DE}=6$ cm일 때, $\overline{AB}$의 길이를 구하시오.

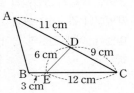

8.

오른쪽 그림과 같은 평행사변형 ABCD에서 $\overline{BC}$ 위에 한 점 E를 잡고, $\overline{AE}$의 연장선과 $\overline{DC}$의 연장선이 만나는 점을 F라 하자. $\overline{AD}=16$ cm, $\overline{CD}=8$ cm, $\overline{CF}=6$ cm일 때, $\overline{BE}$의 길이는?

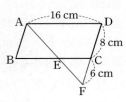

① $\dfrac{58}{5}$ cm
② $\dfrac{64}{7}$ cm
③ $\dfrac{65}{8}$ cm
④ 8 cm
⑤ 7 cm

9 .ıl

오른쪽 그림과 같이 △ABC의 두 꼭짓점 B, C에서 $\overline{AC}$, $\overline{AB}$에 내린 수선의 발을 각각 D, E라 하자. $\overline{AB}=10$ cm, $\overline{AC}=8$ cm, $\overline{CD}=2$ cm일 때, $\overline{BE}$의 길이는?

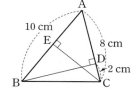

① 4 cm   ② $\dfrac{24}{5}$ cm   ③ 5 cm

④ $\dfrac{26}{5}$ cm   ⑤ 6 cm

10 .ıl

오른쪽 그림과 같이 ∠A=90°인 직각삼각형 ABC의 꼭짓점 A에서 빗변 BC에 내린 수선의 발을 H라 하자. $\overline{AB}=6$ cm, $\overline{BC}=12$ cm일 때, 다음 중에서 옳지 <u>않은</u> 것은?

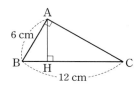

① △ABC∽△HBA   ② ∠ABH=∠HAC
③ $\overline{BH}=3$ cm   ④ $\overline{AH}^2=27$
⑤ $\overline{AC}^2=81$

11 .ıl

동규는 탑의 높이를 측정하기 위하여 다음 그림과 같이 탑에서 10 m 떨어진 곳에 거울을 놓고, 거울에서 2.5 m 떨어진 곳에 섰더니 탑의 꼭대기가 거울에 비쳐 보였다. 동규의 눈높이가 1.5 m일 때, 탑의 높이를 구하시오. (단, 거울의 두께는 생각하지 않는다.)

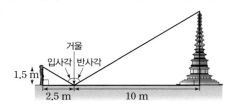

12 .ıl

오른쪽 그림과 같이 원뿔을 밑면에 평행한 평면으로 잘라 원뿔 P와 원뿔대 Q를 만들 때, 자른 단면과 모선 AB의 교점을 C라 하자. $\overline{AC}=6$ cm, $\overline{BC}=3$ cm일 때, 처음 원뿔과 원뿔 P의 부피의 비는?

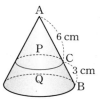

① 27 : 8   ② 9 : 4   ③ 8 : 1
④ 3 : 2   ⑤ 2 : 1

13 .ıl

눈높이가 1.6 m인 송하가 나무로부터 3 m 떨어진 지점에서 나무의 꼭대기를 올려다본 각의 크기가 20°이었다. 다음 그림에서 △A′B′C′은 나무의 높이를 구하기 위하여 그린 축도이다. 나무의 실제 높이는 몇 m인지 구하시오.

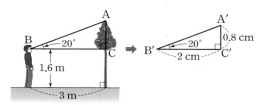

14 .ıl

오른쪽 그림은 직사각형 ABCD를 대각선 BD를 접는 선으로 하여 접은 것이다. $\overline{AD}$와 $\overline{BC'}$의 교점을 E라 하고, 점 E에서 $\overline{BD}$에 내린 수선의 발을 F라 하자. $\overline{BC}=24$ cm, $\overline{BD}=26$ cm, $\overline{CD}=10$ cm일 때, $\overline{EF}$의 길이를 구하시오.

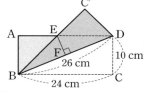

04

평행선 사이의
선분의 길이의 비

01 삼각형과 평행선

1 삼각형에서 평행선과 선분의 길이의 비(1)

△ABC에서 $\overline{AB}$, $\overline{AC}$ 또는 그 연장선 위에 각각 점 D, E가 있을 때

(1) $\overline{BC} \parallel \overline{DE}$이면 $\overline{AB} : \overline{AD} = \overline{AC} : \overline{AE} = \overline{BC} : \overline{DE}$

 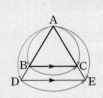

(2) $\overline{BC} \parallel \overline{DE}$이면 $\overline{AD} : \overline{DB} = \overline{AE} : \overline{EC}$

2 삼각형에서 평행선과 선분의 길이의 비(2)

△ABC에서 $\overline{AB}$, $\overline{AC}$ 또는 그 연장선 위에 각각 점 D, E가 있을 때

(1) $\overline{AB} : \overline{AD} = \overline{AC} : \overline{AE} = \overline{BC} : \overline{DE}$이면 $\overline{BC} \parallel \overline{DE}$

 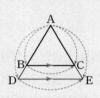 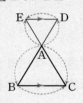

(2) $\overline{AD} : \overline{DB} = \overline{AE} : \overline{EC}$이면 $\overline{BC} \parallel \overline{DE}$

 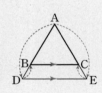

3 삼각형의 각의 이등분선

(1) 삼각형의 내각의 이등분선

△ABC에서 ∠A의 이등분선이 $\overline{BC}$와 만나는 점을 D라 하면

$\overline{AB} : \overline{AC} = \overline{BD} : \overline{CD}$

(2) 삼각형의 외각의 이등분선

△ABC에서 ∠A의 외각의 이등분선이 $\overline{BC}$의 연장선과 만나는 점을 D라 하면

$\overline{AB} : \overline{AC} = \overline{BD} : \overline{CD}$

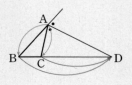

삼각형에서 평행선과 선분의 길이의 비

▶ 다음 그림에서 $\overline{BC} \parallel \overline{DE}$일 때, x의 값을 구하시오.

1
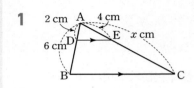

2
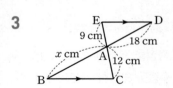

3
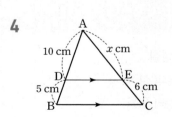

4
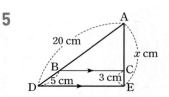

5

다음 그림에서 $\overline{BC} /\!/ \overline{DE}$일 때, x, y의 값을 각각 구하시오.

6

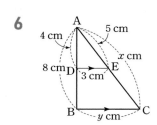

7

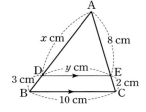

8

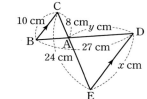

다음 그림 중 $\overline{BC} /\!/ \overline{DE}$인 것은 ○표, 아닌 것은 ×표를 ( ) 안에 써넣으시오.

9

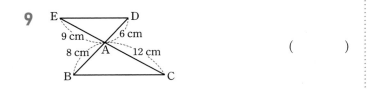

( )

10

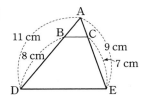

( )

삼각형의 내각의 이등분선

다음 그림과 같은 △ABC에서 $\overline{AD}$가 ∠A의 이등분선일 때, x의 값을 구하시오.

11

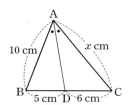

12

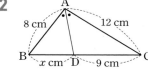

13

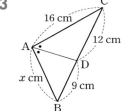

삼각형의 외각의 이등분선

다음 그림과 같은 △ABC에서 $\overline{AD}$가 ∠A의 외각의 이등분선일 때, x의 값을 구하시오.

14

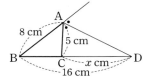

15

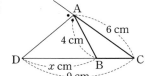

 삼각형에서 평행선과 선분의 길이의 비(1)−1

△ABC에서 $\overline{AB}$, $\overline{AC}$ 또는 그 연장선 위에 각각 점 D, E 가 있을 때, $\overline{BC} /\!/ \overline{DE}$이면

(1) $a : a' = b : b' = c : c'$　(2) $a : a' = b : b'$

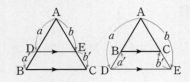

1 .ıl

오른쪽 그림과 같은 △ABC에서 $\overline{BC} /\!/ \overline{DE}$일 때, 다음 중에서 옳지 않은 것은?

① $\overline{AB} : \overline{AD} = \overline{AC} : \overline{AE}$
② $\overline{AC} : \overline{AE} = \overline{BC} : \overline{DE}$
③ $\overline{BC} : \overline{DE} = \overline{AB} : \overline{AD}$
④ $\overline{AD} : \overline{DB} = \overline{AE} : \overline{EC}$
⑤ $\overline{AE} : \overline{EC} = \overline{DE} : \overline{BC}$

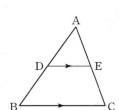

2 .ıl 대표 🔗

오른쪽 그림에서 $\overline{BC} /\!/ \overline{DE}$이다. $\overline{AB}=3$ cm, $\overline{AC}=4$ cm, $\overline{AD}=9$ cm, $\overline{DE}=12$ cm일 때, $x+y$의 값을 구하시오.

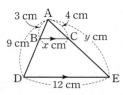

3 .ıl

오른쪽 그림과 같은 △ABC에서 $\overline{AC} /\!/ \overline{DE}$이다. $\overline{BC}=12$ cm, $\overline{EC}=4$ cm, $\overline{DA}=5$ cm, $\overline{DE}=6$ cm일 때, $x+y$의 값을 구하시오.

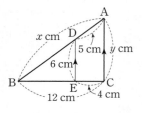

4 .ıl

오른쪽 그림과 같은 △ABC에서 $\overline{BC} /\!/ \overline{DE}$이다. $\overline{AE} : \overline{EC}=5 : 4$이고 $\overline{AB}=18$ cm일 때, $\overline{DB}$의 길이는?

① 6 cm　　② 7 cm
③ 8 cm　　④ 9 cm
⑤ 10 cm

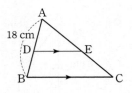

5 .ıl

오른쪽 그림에서 $\overline{AC} /\!/ \overline{FD}$, $\overline{CE} /\!/ \overline{BF}$ 이다. $\overline{AB}=8$ cm, $\overline{BC}=12$ cm, $\overline{BF}=10$ cm일 때, $\overline{DE}$의 길이를 구하시오.

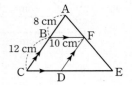

6 .ıl 신유형 ↻

오른쪽 그림과 같은 삼각형 모양의 책갈피에 $\overline{BC}$와 평행하게 고무줄 $\overline{DE}$를 걸려고 한다. $\overline{AD}=9$ cm, $\overline{DB}=3$ cm, $\overline{AC}=12$ cm일 때, C 지점에서 E 지점까지의 길이를 구하시오.

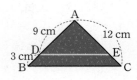

7 .ıl 서술형 💬

오른쪽 그림과 같은 △ABC에서 $\overline{BC} /\!/ \overline{DE}$이다. $\overline{AD}=12$, $\overline{DB}=9$, $\overline{AE}=8$, $\overline{BC}=14$ 일 때, □DBCE의 둘레의 길이를 구하시오.

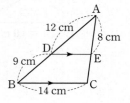

삼각형에서 평행선과 선분의 길이의 비(1)-2

△ABC에서 $\overline{AB}$, $\overline{AC}$의 연장선 위에 각각 점 D, E가 있을 때, $\overline{BC} /\!/ \overline{DE}$이면

(1) $a : a' = b : b' = c : c'$

(2) $a : a' = b : b'$

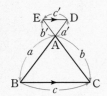

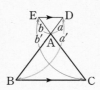

8

오른쪽 그림과 같은 △ABC에서 두 점 D, E는 각각 $\overline{AB}$, $\overline{AC}$의 연장선 위의 점이고 $\overline{BC} /\!/ \overline{DE}$이다. $\overline{AB}=9$ cm, $\overline{AE}=10$ cm, $\overline{AD}=15$ cm일 때, $\overline{EC}$의 길이를 구하시오.

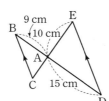

---

9 대표

오른쪽 그림과 같은 △ABC에서 두 점 D, E는 각각 $\overline{AB}$, $\overline{AC}$의 연장선 위의 점이고 $\overline{BC} /\!/ \overline{DE}$이다. $\overline{AC}=15$ cm, $\overline{AE}=10$ cm, $\overline{DE}=16$ cm, $\overline{DB}=35$ cm일 때, $x+y$의 값을 구하시오.

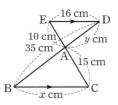

10

오른쪽 그림과 같은 △ABC에서 두 점 F, G는 각각 $\overline{AB}$, $\overline{AC}$의 연장선 위의 점이고 $\overline{BC} /\!/ \overline{DE} /\!/ \overline{GF}$이다. $\overline{AD}=4$ cm, $\overline{DB}=6$ cm, $\overline{BC}=10$ cm, $\overline{GF}=5$ cm일 때, $x+y$의 값은?

① 6 ② 7
③ 8 ④ 9
⑤ 10

11

오른쪽 그림과 같은 △ABC에서 두 점 D, E는 각각 $\overline{AB}$, $\overline{AC}$의 연장선 위의 점이고 $\overline{BC} /\!/ \overline{DE}$이다. $\overline{AB}=2$ cm, $\overline{AD}=4$ cm, $\overline{AE}=8$ cm, $\overline{DE}=10$ cm일 때, △ABC의 둘레의 길이는?

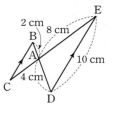

① 11 cm ② 12 cm
③ 13 cm ④ 14 cm
⑤ 15 cm

---

12 신유형

오른쪽 그림과 같은 △ABC에서 두 점 D, E는 각각 $\overline{AB}$, $\overline{AC}$의 연장선 위의 점이다. $\overline{AB}=11$ cm, $\overline{AD}=7$ cm이고 ∠E=40°, ∠C=40°일 때, x를 y에 대한 식으로 나타내면?

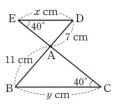

① $x=\dfrac{4}{7}y$ ② $x=\dfrac{7}{4}y$ ③ $x=\dfrac{4}{11}y$

④ $x=\dfrac{11}{7}y$ ⑤ $x=\dfrac{7}{11}y$

---

13 서술형

오른쪽 그림과 같은 △ABC에서 두 점 D, E는 각각 $\overline{BC}$에 평행한 직선과 $\overline{AB}$, $\overline{AC}$의 연장선이 만나는 점이고, 점 F는 점 E에서 $\overline{AB}$에 평행하게 그은 직선과 $\overline{BC}$의 연장선이 만나는 점이다. $3\overline{AC}=4\overline{AE}$이고 $\overline{ED}=3$ cm일 때, $\overline{FC}$의 길이를 구하시오.

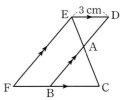

유형 3 삼각형에서 평행선과 선분의 길이의 비(1)의 응용

△ABC에서 $\overline{BC} \parallel \overline{DE}$이고 점 G
가 $\overline{AF}$와 $\overline{DE}$가 만나는 점일 때

(1) △ABF에서

$a:b=c:d=\overline{AG}:\overline{AF}$

(2) △AFC에서

$\overline{AG}:\overline{AF}=e:f=g:h$

(1), (2)에서 $a:b=c:d=e:f=g:h$

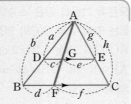

14 .ıl

오른쪽 그림과 같은 △ABC에서
$\overline{BC} \parallel \overline{DE}$이고 점 G는 $\overline{AF}$와 $\overline{DE}$가 만나
는 점이다. $\overline{BF}=4$ cm, $\overline{FC}=6$ cm,
$\overline{GE}=3$ cm일 때, $\overline{DG}$의 길이를 구하시오.

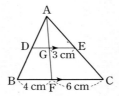

15 .ıl 대표

오른쪽 그림과 같은 △ABC에서
$\overline{BC} \parallel \overline{DE}$이고 점 G는 $\overline{AF}$와 $\overline{DE}$가 만나
는 점이다. $\overline{AD}=8$ cm, $\overline{BF}=6$ cm,
$\overline{DG}=4$ cm, $\overline{GE}=6$ cm일 때, $x+y$
의 값은?

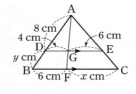

① 11   ② 12   ③ 13
④ 14   ⑤ 15

16 .ıl 서술형

오른쪽 그림과 같은 △ABC에서
$\overline{BC} \parallel \overline{DE}$이고 점 G는 $\overline{AF}$와 $\overline{DE}$가 만나
는 점이다. $\overline{BF}=10$ cm, $\overline{DE}=9$ cm,
$\overline{FC}=5$ cm일 때, $\overline{GE}$의 길이를 구하시오.

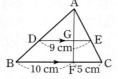

유형 4 삼각형에서 평행선과 선분의 길이의 비(2)
 −삼각형에서 평행선 찾기

△ABC에서 $\overline{AB}$, $\overline{AC}$ 또는 그 연장선 위에 각각 점 D, E
가 있을 때

(1) $a:a'=b:b'=c:c'$이면 $\overline{BC} \parallel \overline{DE}$

 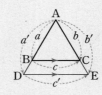 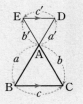

(2) $a:a'=b:b'$이면 $\overline{BC} \parallel \overline{DE}$

17 .ıl 대표

다음 보기에서 $\overline{BC} \parallel \overline{DE}$인 것을 모두 고르시오.

보기

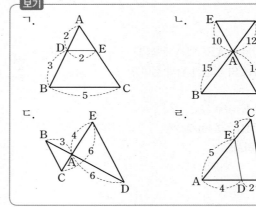

18 .ıl

오른쪽 그림과 같은 △ABC에 대한 설
명으로 옳은 것을 보기 에서 모두 고르
시오.

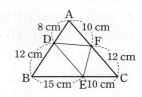

보기

ㄱ. $\overline{BC} \parallel \overline{DF}$ ㄴ. $\overline{AC} \parallel \overline{DE}$

ㄷ. $\angle A = \angle BDE$ ㄹ. △ABC∽△DBE

ㅁ. △ABC∽△ADF   ㅂ. △ADF∽△DBE

유형 5 삼각형의 내각의 이등분선

△ABC에서
∠BAD＝∠CAD이면
(1) $a:b=c:d$
(2) △ABD : △ADC＝$c:d$
　　　　　　　　＝$a:b$

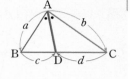

참고 △ABD와 △ADC는 높이가 같으므로 넓이의
비는 밑변의 길이의 비와 같다.

19

오른쪽 그림과 같은 △ABC에서 $\overline{AD}$는
∠A의 이등분선이다. $\overline{AB}=8$ cm,
$\overline{AC}=10$ cm, $\overline{BD}=2$ cm일 때, $\overline{CD}$의
길이는?

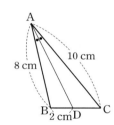

① 2 cm　　　② $\dfrac{5}{2}$ cm

③ 3 cm　　　④ $\dfrac{7}{2}$ cm

⑤ 4 cm

20 대표

오른쪽 그림과 같은 △ABC에서 $\overline{AD}$는
∠A의 이등분선이다. $\overline{AB}=15$ cm,
$\overline{AC}=12$ cm, $\overline{BC}=18$ cm일 때, $\overline{BD}$의
길이를 구하시오.

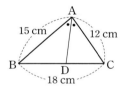

21

오른쪽 그림과 같은 △ABC에서 $\overline{AD}$
는 ∠A의 이등분선이다.
$\overline{AB}=12$ cm, $\overline{AC}=20$ cm일 때,
△ABD : △ADC를 가장 간단한 자
연수의 비로 나타내시오.

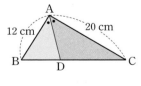

유형 6 삼각형의 외각의 이등분선

△ABC에서
∠CAD＝∠EAD이면
(1) $a:b=c:d$
(2) △ABD : △ACD＝$c:d$
　　　　　　　　＝$a:b$

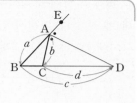

22 대표

오른쪽 그림과 같은 △ABC에서 $\overline{AD}$는
∠A의 외각의 이등분선이다.
$\overline{AB}=10$ cm, $\overline{AC}=6$ cm,
$\overline{CD}=9$ cm일 때, $\overline{BC}$의 길이는?

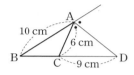

① 6 cm　　　② 7 cm　　　③ 8 cm

④ 9 cm　　　⑤ 10 cm

23

오른쪽 그림과 같은 △ABC에서 $\overline{AD}$는
∠A의 외각의 이등분선이다.
$\overline{AC}=6$ cm, $\overline{BC}=4$ cm, $\overline{BD}=8$ cm
일 때, $\overline{AB}$의 길이는?

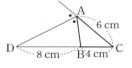

① 1 cm　　　② 2 cm　　　③ 3 cm

④ 4 cm　　　⑤ 5 cm

24 서술형

오른쪽 그림과 같은 △ABC에서
$\overline{AD}$는 ∠A의 외각의 이등분선이다.
$\overline{AB}=12$ cm, $\overline{AC}=9$ cm일 때,
△ABC : △ACD를 가장 간단한 자
연수의 비로 나타내시오.

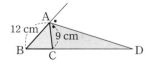

02 평행선 사이의 선분의 길이의 비

1 평행선 사이의 선분의 길이의 비

세 개 이상의 평행선이 다른 두 직선과 만날 때, 평행선 사이에 생기는 선분의 길이의 비는 같다.

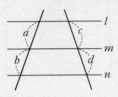 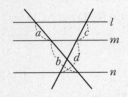

→ 위의 그림에서 $l /\!/ m /\!/ n$이면 $a:b=c:d$ ┌또는 $a:c=b:d$

주의 $a:b=c:d$라 해서 세 직선 l, m, n이 항상 평행한 것은 아니다. 예를 들어 오른쪽 그림에서 $2:3=4:6$이지만 세 직선 l, m, n은 평행하지 않다.

2 사다리꼴에서 평행선과 선분의 길이의 비

$\overline{AD} /\!/ \overline{BC}$인 사다리꼴 ABCD에서 $\overline{EF} /\!/ \overline{BC}$이면

방법1 평행선 긋기	방법2 대각선 긋기

위의 방법1 , 방법2 에 의하여

$$\overline{EF}=\overline{EG}+\overline{GF}=\frac{mb+na}{m+n}$$

주의 두 사다리꼴 AEFD, ABCD가 닮은 도형이라고 착각하지 않도록 한다.

3 평행선 사이의 선분의 길이의 비의 응용

$\overline{AC}$와 $\overline{BD}$가 만나는 점을 E라 할 때, $\overline{AB} /\!/ \overline{EF} /\!/ \overline{DC}$이고 $\overline{AB}=a$, $\overline{DC}=b$이면

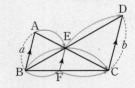

$$\overline{AE}:\overline{EC}=\overline{BE}:\overline{ED}=\overline{BF}:\overline{FC}=a:b$$

평행선 사이의 선분의 길이의 비

▶ 다음 그림에서 $l /\!/ m /\!/ n$일 때, x의 값을 구하시오.

1

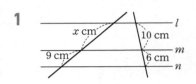

2

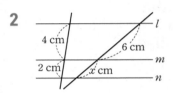

3

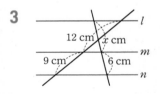

4

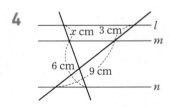

5

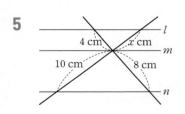

다음 그림에서 $l /\!/ m /\!/ n$일 때, x, y의 값을 각각 구하시오.

6

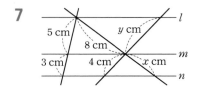

7

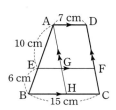

사다리꼴에서 평행선과 선분의 길이의 비

오른쪽 그림과 같은 사다리꼴 ABCD에서 $\overline{AD} /\!/ \overline{EF} /\!/ \overline{BC}$, $\overline{AH} /\!/ \overline{DC}$이고 점 G는 $\overline{AH}$와 $\overline{EF}$가 만나는 점일 때, 다음을 구하시오.

8 $\overline{HC}$의 길이

9 $\overline{BH}$의 길이

10 $\overline{EG}$의 길이

11 $\overline{GF}$의 길이

12 $\overline{EF}$의 길이

다음 그림과 같은 사다리꼴 ABCD에서 $\overline{AD} /\!/ \overline{EF} /\!/ \overline{BC}$, $\overline{AB} /\!/ \overline{DH}$이고 점 G는 $\overline{DH}$와 $\overline{EF}$가 만나는 점일 때, $\overline{EF}$의 길이를 구하시오.

13

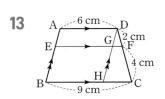

14

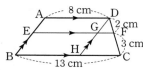

오른쪽 그림과 같은 사다리꼴 ABCD에서 $\overline{AD} /\!/ \overline{EF} /\!/ \overline{BC}$이고 점 G는 $\overline{AC}$와 $\overline{EF}$가 만나는 점일 때, 다음을 구하시오.

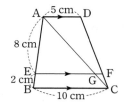

15 $\overline{EG} : \overline{BC}$ (가장 간단한 자연수의 비)

16 $\overline{EG}$의 길이

17 $\overline{GF} : \overline{AD}$ (가장 간단한 자연수의 비)

18 $\overline{GF}$의 길이

19 $\overline{EF}$의 길이

다음 그림과 같은 사다리꼴 ABCD에서 $\overline{AD} /\!/ \overline{EF} /\!/ \overline{BC}$이고 점 G는 $\overline{DB}$와 $\overline{EF}$가 만나는 점일 때, $\overline{EF}$의 길이를 구하시오.

20

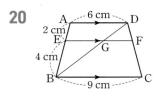

21

유형 7 평행선 사이의 선분의 길이의 비

다음 그림에서 $l /\!/ m /\!/ n$이면 $a:b=c:d$

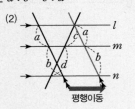

참고 · $a:(a+b)=c:(c+d)$
· $(a+b):b=(c+d):d$

1.
오른쪽 그림에서 $l /\!/ m /\!/ n$일 때, x의
값은?

① 6   ② 7
③ 8   ④ 9
⑤ 10

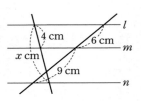

2. 대표
오른쪽 그림에서 $l /\!/ m /\!/ n$일 때, x의
값은?

① 8   ② 9
③ 10   ④ 11
⑤ 12

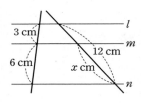

3.
오른쪽 그림에서 $l /\!/ m /\!/ n$일 때, y를 x에
대한 식으로 나타내면?

① $y=10x$ ② $y=\dfrac{2}{5}x$
③ $y=\dfrac{x}{10}$ ④ $y=\dfrac{10}{x}$
⑤ $y=\dfrac{5}{2}x$

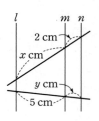

4.
오른쪽 그림에서 $k /\!/ l /\!/ m /\!/ n$일 때,
$x+y$의 값은?

① 4   ② 6
③ 8   ④ 10
⑤ 12

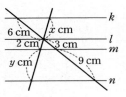

5. 신유형
다음 그림은 지하철 스크린 도어를 원근법을 이용하여 그린 것이다.
$\overline{AB} /\!/ \overline{CD} /\!/ \overline{EF}$이고 $\overline{AC}=4$ cm, $\overline{BD}=\dfrac{9}{2}$ cm, $\overline{CE}=3$ cm일
때, $\overline{DF}$의 길이는?

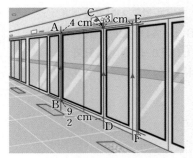

① $\dfrac{25}{8}$ cm   ② $\dfrac{13}{4}$ cm   ③ $\dfrac{27}{8}$ cm
④ $\dfrac{7}{2}$ cm   ⑤ $\dfrac{29}{8}$ cm

6. 서술형
다음 그림에서 $l /\!/ m /\!/ n$일 때, $y-x$의 값을 구하시오.

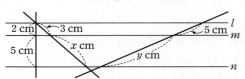

유형 8 사다리꼴에서 평행선과 선분의 길이의 비

사다리꼴 ABCD에서 $\overline{AD}$∥$\overline{EF}$∥$\overline{BC}$일 때, $\overline{EF}$의 길이는 다음과 같은 방법으로 구할 수 있다.

① 평행선 또는 대각선을 긋는다.

② 삼각형에서 평행선과 선분의 길이의 비를 이용하여 길이를 구한다.

방법 1 평행선 긋기	방법 2 대각선 긋기

유형 9 평행선 사이의 선분의 길이의 비의 응용

$\overline{AC}$와 $\overline{BD}$가 만나는 점을 E라 할 때,
$\overline{AB}$∥$\overline{EF}$∥$\overline{DC}$이고 $\overline{AB}=a$, $\overline{DC}=b$이면

도형	닮은 삼각형	닮음비
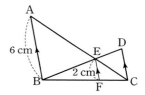	$\triangle ABE$∽$\triangle CDE$	$a:b$
	$\triangle ABC$∽$\triangle EFC$	$(a+b):b$
	$\triangle BCD$∽$\triangle BFE$	$(a+b):a$

---

7 ▪

오른쪽 그림과 같은 사다리꼴 ABCD에서 $\overline{AD}$∥$\overline{EF}$∥$\overline{BC}$이고 점 G는 $\overline{DB}$와 $\overline{EF}$가 만나는 점이다. $\overline{AE}=3$ cm, $\overline{EG}=2$ cm, $\overline{EB}=2$ cm, $\overline{BC}=10$ cm일 때, $x+y$의 값을 구하시오.

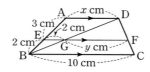

8 ▪ 대표

오른쪽 그림과 같은 사다리꼴 ABCD에서 $\overline{AD}$∥$\overline{EF}$∥$\overline{BC}$이다. $\overline{AE}=3$ cm, $\overline{EB}=5$ cm, $\overline{AD}=4$ cm, $\overline{EF}=7$ cm 일 때, $\overline{BC}$의 길이를 구하시오.

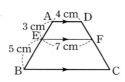

9 ▪ 신유형

오른쪽 그림과 같이 일정한 간격으로 다리가 있는 사다리에서 아래에서 두 번째 다리가 부러져 수리를 해야 한다. 이때 필요한 다리의 길이를 구하시오.
(단, 사다리의 다리들은 서로 평행하다.)

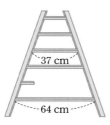

10 ▪ 대표

오른쪽 그림에서 점 E는 $\overline{AC}$와 $\overline{BD}$가 만나는 점이고 $\overline{AB}$∥$\overline{EF}$∥$\overline{DC}$이다. $\overline{AB}=6$ cm, $\overline{EF}=2$ cm일 때, $\overline{DC}$의 길이를 구하시오.

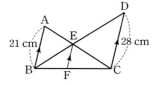

11 ▪

오른쪽 그림에서 점 E는 $\overline{AC}$와 $\overline{BD}$가 만나는 점이고 $\overline{AB}$∥$\overline{EF}$∥$\overline{DC}$이다. $\overline{AB}=21$ cm, $\overline{DC}=28$ cm일 때, $\overline{EF}$의 길이를 구하시오.

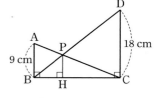

12 ▪ 서술형

오른쪽 그림에서 점 P는 $\overline{AC}$와 $\overline{BD}$가 만나는 점이고 $\overline{AB}$, $\overline{PH}$, $\overline{DC}$는 모두 $\overline{BC}$에 수직이다. $\overline{AB}=9$ cm, $\overline{DC}=18$ cm일 때, $\overline{PH}$의 길이를 구하시오.

03 삼각형의 두 변의 중점을 연결한 선분의 성질

① 삼각형의 두 변의 중점을 연결한 선분의 성질

(1) △ABC에서 $\overline{AB}$, $\overline{AC}$의 중점을 각각 M, N이라 하면

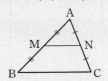 ➡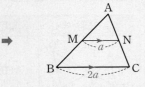

$$\overline{AM}=\overline{MB},\ \overline{AN}=\overline{NC} \qquad \overline{MN}/\!/\overline{BC},\ \overline{MN}=\frac{1}{2}\overline{BC}$$

(2) △ABC에서 $\overline{AB}$의 중점 M을 지나고 $\overline{BC}$에 평행한 직선과 $\overline{AC}$가 만나는 점을 N이라 하면

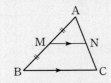 ➡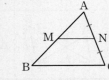

$$\overline{AM}=\overline{MB},\ \overline{MN}/\!/\overline{BC} \qquad \overline{AN}=\overline{NC}$$

② 다각형의 각 변의 중점을 연결한 도형의 성질

(1) △ABC에서 $\overline{AB}$, $\overline{BC}$, $\overline{CA}$의 중점을 각각 D, E, F라 하면
  (△DEF의 둘레의 길이)
  $=\dfrac{1}{2}\times$(△ABC의 둘레의 길이)

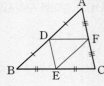

(2) □ABCD에서 $\overline{AB}$, $\overline{BC}$, $\overline{CD}$, $\overline{DA}$의 중점을 각각 E, F, G, H라 하면
  (□EFGH의 둘레의 길이)
  $=\overline{AC}+\overline{BD}$

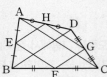

③ 사다리꼴에서 두 변의 중점을 연결한 선분의 성질

$\overline{AD}/\!/\overline{BC}$인 사다리꼴 ABCD에서 $\overline{AB}$, $\overline{DC}$의 중점을 각각 M, N이라 하면

(1) $\overline{AD}/\!/\overline{MN}/\!/\overline{BC}$

(2) $\overline{MN}=\overline{MQ}+\overline{QN}=\dfrac{1}{2}(\overline{BC}+\overline{AD})$

(3) $\overline{PQ}=\overline{MQ}-\overline{MP}=\dfrac{1}{2}(\overline{BC}-\overline{AD})$ (단, $\overline{BC}>\overline{AD}$)

삼각형의 두 변의 중점을 연결한 선분의 성질

▶ 오른쪽 그림과 같은 △ABC에서 두 점 M, N이 각각 $\overline{AB}$, $\overline{AC}$의 중점일 때, 다음을 구하시오.

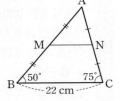

1 ∠AMN의 크기

2 ∠ANM의 크기

3 $\overline{MN}$의 길이

▶ 다음 그림과 같은 △ABC에서 두 점 M, N이 각각 $\overline{AB}$, $\overline{AC}$의 중점일 때, x의 값을 구하시오.

4

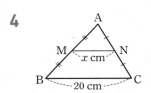

5

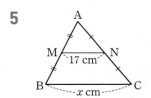

6

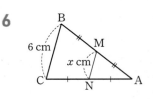

오른쪽 그림과 같은 △ABC에서 점 M이 $\overline{AB}$의 중점이고 $\overline{MN}$ ∥ $\overline{BC}$일 때, 다음을 구하시오.

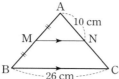

7 $\overline{NC}$의 길이

8 $\overline{MN}$의 길이

다음 그림과 같은 △ABC에서 점 M이 $\overline{AB}$의 중점이고 $\overline{MN}$ ∥ $\overline{BC}$일 때, x의 값을 구하시오.

9

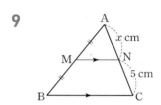

10

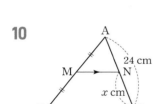

11

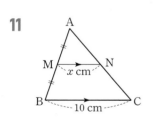

12

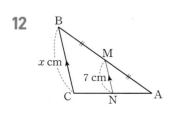

다각형의 각 변의 중점을 연결한 도형의 성질

오른쪽 그림과 같은 △ABC에서 $\overline{AB}$, $\overline{BC}$, $\overline{CA}$의 중점을 각각 D, E, F라 할 때, 다음 □ 안에 알맞은 것을 써넣으시오.

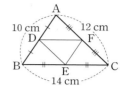

13 $\overline{AB}$ ∥ ☐, ☐ $=\dfrac{1}{2}\overline{AB}=$ ☐ cm

14 $\overline{BC}$ ∥ ☐, ☐ $=\dfrac{1}{2}\overline{BC}=$ ☐ cm

15 $\overline{CA}$ ∥ ☐, ☐ $=\dfrac{1}{2}\overline{CA}=$ ☐ cm

16 (△DEF의 둘레의 길이) = ☐ cm

오른쪽 그림과 같은 □ABCD에서 $\overline{AB}$, $\overline{BC}$, $\overline{CD}$, $\overline{DA}$의 중점을 각각 E, F, G, H라 할 때, 다음 □ 안에 알맞은 것을 써넣으시오.

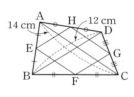

17 $\overline{AC}$ ∥ $\overline{EF}$ ∥ ☐, $\overline{EF}=$ ☐ $=\dfrac{1}{2}\overline{AC}=$ ☐ cm

18 $\overline{BD}$ ∥ $\overline{EH}$ ∥ ☐, $\overline{EH}=$ ☐ $=\dfrac{1}{2}\overline{BD}=$ ☐ cm

19 (□EFGH의 둘레의 길이) = ☐ cm

20 □EFGH는 두 쌍의 대변이 각각 평행하므로 ☐ 이다.

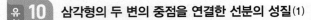

유형 **10** 삼각형의 두 변의 중점을 연결한 선분의 성질 (1)

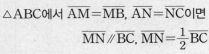

△ABC에서 $\overline{AM}=\overline{MB}$, $\overline{AN}=\overline{NC}$이면

$$\overline{MN}/\!/\overline{BC}, \quad \overline{MN}=\frac{1}{2}\overline{BC}$$

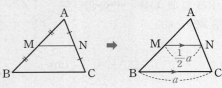

1.

오른쪽 그림과 같은 △ABC에서 두 점 M, N은 각각 $\overline{AC}$, $\overline{BC}$의 중점이다. $\overline{MN}=13$ cm일 때, $\overline{AB}$의 길이를 구하시오.

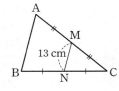

---

2. 대표

오른쪽 그림과 같은 △ABC에서 두 점 M, N은 각각 $\overline{AB}$, $\overline{AC}$의 중점이다. ∠B=60°, $\overline{MN}=2$ cm일 때, $x+y$의 값은?

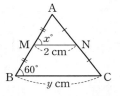

① 61   ② 62

③ 63   ④ 64

⑤ 65

3.

오른쪽 그림과 같은 △ABC에서 두 점 M, N은 각각 $\overline{AB}$, $\overline{AC}$의 중점이다. $\overline{AB}=5$ cm, $\overline{BC}=6$ cm, $\overline{CA}=7$ cm 일 때, △AMN의 둘레의 길이를 구하시오.

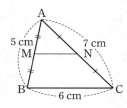

---

4. 서술형

오른쪽 그림과 같은 △ABC와 △DBC에서 $\overline{AB}$, $\overline{AC}$, $\overline{DB}$, $\overline{DC}$의 중점을 각각 M, N, P, Q라 하자. $\overline{MN}=8$ cm일 때, $\overline{BC}+\overline{PQ}$의 길이를 구하시오.

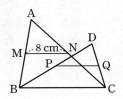

---

5. 신유형

오른쪽 그림과 같이 한 모서리의 길이가 20 cm인 정사면체 모양의 선물 상자가 있다. 이 상자에서 $\overline{AB}$, $\overline{AC}$, $\overline{AD}$의 중점을 각각 E, F, G라 할 때, 세 점 E, F, G를 지나도록 띠를 붙여 꾸미려고 한다. 필요한 띠의 길이는? (단, 띠의 폭은 무시한다.)

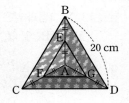

① 10 cm   ② 20 cm   ③ 30 cm

④ 40 cm   ⑤ 50 cm

6.

오른쪽 그림과 같은 △ABC에서 두 점 M, N은 각각 $\overline{AB}$, $\overline{AC}$의 중점이다. 또 점 D 는 $\overline{BC}$ 위의 점이고, 점 E는 $\overline{AD}$와 $\overline{MN}$ 이 만나는 점이다. $\overline{BC}=14$ cm, $\overline{ME}=4$ cm일 때, $\overline{EN}$의 길이는?

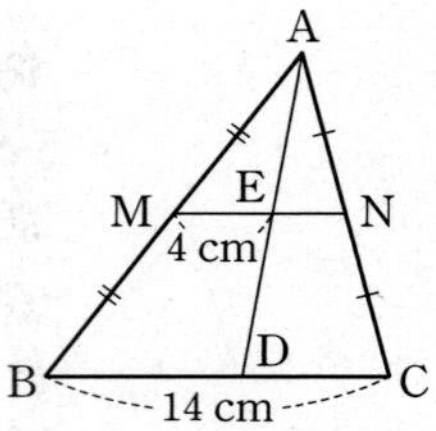

① 1 cm   ② 2 cm

③ 3 cm   ④ 4 cm

⑤ 5 cm

유형 11 삼각형의 두 변의 중점을 연결한 선분의 성질(2)

△ABC에서 $\overline{AM}=\overline{MB}$, $\overline{MN}/\!/\overline{BC}$이면
$$\overline{AN}=\overline{NC}$$

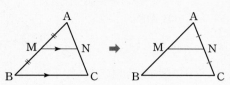

7 .ılı

오른쪽 그림과 같은 △ABC에서 점 M은 $\overline{AB}$의 중점이고 $\overline{MN}/\!/\overline{BC}$이다. $\overline{AC}=16$ cm일 때, $\overline{AN}$의 길이를 구하시오.

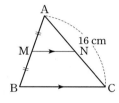

8 .ılı

오른쪽 그림과 같은 △ABC에서 점 M은 $\overline{AB}$의 중점이고 $\overline{MN}/\!/\overline{BC}$이다. $\overline{MN}=11$ cm일 때, $\overline{BC}$의 길이를 구하시오.

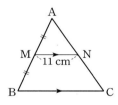

9 .ılı 대표

오른쪽 그림과 같은 △ABC에서 점 M은 $\overline{BC}$의 중점이고 $\overline{MN}/\!/\overline{CA}$이다. $\overline{AN}=7$ cm, $\overline{AC}=18$ cm일 때, $x+y$의 값은?

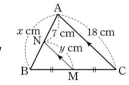

① 21   ② 22
③ 23   ④ 24
⑤ 25

10 .ılı 서술형

오른쪽 그림과 같은 △ABC에서 점 D는 $\overline{AB}$의 중점이고 $\overline{DE}/\!/\overline{BC}$, $\overline{AB}/\!/\overline{EF}$이다. $\overline{DE}=8$ cm일 때, $\overline{FC}$의 길이를 구하시오.

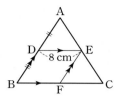

11 .ılı

오른쪽 그림과 같은 △ABC에서 $\overline{AM}=\overline{MB}$, $\overline{MN}/\!/\overline{BC}$이다. $\overline{BC}=12$ cm, $\overline{BE}=8$ cm일 때, $\overline{DN}$의 길이는?

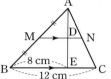
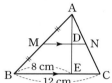

① $\frac{1}{2}$ cm   ② 1 cm
③ $\frac{3}{2}$ cm   ④ 2 cm
⑤ $\frac{5}{2}$ cm

12 .ılı

오른쪽 그림과 같은 △ABC에서 점 D는 $\overline{BC}$의 중점이고 점 E는 $\overline{AD}$의 중점이다. $\overline{BF}/\!/\overline{DG}$이고 $\overline{DG}=6$ cm일 때, □ 안에 알맞은 것을 써넣으시오.

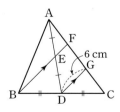

(1) △ADG에서 $\overline{AF}=\boxed{}$

(2) $\overline{EF}=\boxed{}$ cm

(3) △BCF에서 $\boxed{}=\overline{GC}$

(4) $\overline{BF}=\boxed{}$ cm

(5) $\overline{BE}=\boxed{}$ cm

유형 12 삼각형의 두 변의 중점을 연결한 선분의 성질의 응용

오른쪽 그림과 같이 $\overline{AB}=\overline{AD}$, $\overline{AE}=\overline{EC}$일 때, 점 A를 지나고 $\overline{BC}$에 평행하게 $\overline{AG}$를 그으면

(1) △AEG≡△CEF(ASA 합동)
이므로 $\overline{AG}=\overline{CF}$

(2) $\overline{BF}=2\overline{AG}=2\overline{CF}$

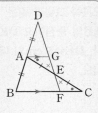

유형 13 삼각형의 각 변의 중점을 연결한 삼각형

△ABC에서 $\overline{AB}$, $\overline{BC}$, $\overline{CA}$의 중점을 각각 D, E, F라 하면

(1) $\overline{FE}=\dfrac{1}{2}\overline{AB}$, $\overline{DF}=\dfrac{1}{2}\overline{BC}$, $\overline{ED}=\dfrac{1}{2}\overline{CA}$

(2) (△DEF의 둘레의 길이)
$=\dfrac{1}{2}\times$(△ABC의 둘레의 길이)

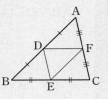

13 ▪▫

오른쪽 그림과 같은 △ABC에서 $\overline{AB}$의 연장선 위에 $\overline{AB}=\overline{AD}$가 되도록 점 D를 잡고 $\overline{AC}$의 중점을 E, $\overline{DE}$의 연장선과 $\overline{BC}$가 만나는 점을 F, 꼭짓점 A를 지나고 $\overline{BC}$에 평행한 직선과 $\overline{DF}$가 만나는 점을 G라 하자. $\overline{FC}=5$ cm일 때, 다음을 구하시오.

(1) △AEG와 합동인 삼각형
(2) $\overline{AG}$의 길이
(3) $\overline{BF}$의 길이

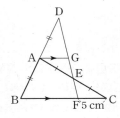

16 ▪▫ 대표

오른쪽 그림과 같은 △ABC에서 $\overline{AB}$, $\overline{BC}$, $\overline{CA}$의 중점을 각각 D, E, F라 하자. $\overline{AB}=9$ cm, $\overline{BC}=11$ cm, $\overline{CA}=10$ cm 일 때, △DEF의 둘레의 길이는?

① 7 cm   ② 9 cm
③ 11 cm   ④ 13 cm
⑤ 15 cm

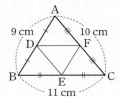

14 ▪▫ 대표

오른쪽 그림과 같은 △ABC에서 $\overline{AB}$의 연장선 위에 $\overline{AB}=\overline{AD}$가 되도록 점 D를 잡고, $\overline{AC}$의 중점을 E, $\overline{DE}$의 연장선과 $\overline{BC}$가 만나는 점을 F라 하자. $\overline{BF}=14$ cm일 때, $\overline{CF}$의 길이를 구하시오.

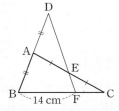

17 ▪▫ 신유형

다음 그림과 같이 삼각형 모양의 꽃밭에 울타리를 설치하여 구역을 나누어 서로 다른 종류의 꽃을 심으려고 한다. 꽃밭의 테두리 $\overline{AB}$, $\overline{BC}$, $\overline{CA}$의 중점을 각각 D, E, F라 하고 울타리 $\overline{FE}$, $\overline{DF}$, $\overline{ED}$를 설치하였다. 울타리를 설치하기 전 꽃밭의 둘레의 길이가 36 m일 때, 설치한 울타리의 길이의 합은?

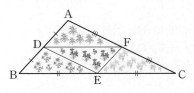

① 12 m   ② 14 m   ③ 16 m
④ 18 m   ⑤ 20 m

15 ▪▫ 서술형

오른쪽 그림과 같은 △ABC에서 $\overline{AB}$의 연장선 위에 $\overline{AB}=\overline{AD}$가 되도록 점 D를 잡고, $\overline{AC}$의 중점을 E, $\overline{DE}$의 연장선과 $\overline{BC}$가 만나는 점을 F라 하자. $\overline{EF}=3$ cm 일 때, $\overline{DF}$의 길이를 구하시오.

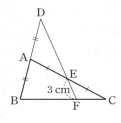

유형 14 사각형의 각 변의 중점을 연결한 사각형

□ABCD에서 $\overline{AB}$, $\overline{BC}$, $\overline{CD}$, $\overline{DA}$의 중점을 각각 E, F, G, H라 하면

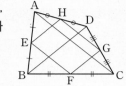

(1) $\overline{EF}=\overline{HG}=\dfrac{1}{2}\overline{AC}$,

　　$\overline{EH}=\overline{FG}=\dfrac{1}{2}\overline{BD}$

(2) (□EFGH의 둘레의 길이)$=\overline{AC}+\overline{BD}$

18 대표

오른쪽 그림과 같은 □ABCD에서 $\overline{AB}$, $\overline{BC}$, $\overline{CD}$, $\overline{DA}$의 중점을 각각 E, F, G, H라 하자. $\overline{AC}=13$ cm, $\overline{BD}=18$ cm일 때, □EFGH의 둘레의 길이는?

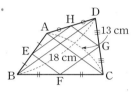

① 27 cm　　② 29 cm　　③ 31 cm

④ 33 cm　　⑤ 35 cm

19

오른쪽 그림과 같은 □ABCD에서 $\overline{AB}$, $\overline{BC}$, $\overline{CD}$, $\overline{DA}$의 중점을 각각 E, F, G, H라 하자. □EFGH의 둘레의 길이가 21 cm일 때, $\overline{AC}+\overline{BD}$의 길이를 구하시오.

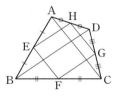

20

오른쪽 그림과 같은 직사각형 ABCD에서 $\overline{AB}$, $\overline{BC}$, $\overline{CD}$, $\overline{DA}$의 중점을 각각 E, F, G, H라 하자. $\overline{AC}=10$ cm일 때, □EFGH의 둘레의 길이를 구하시오.

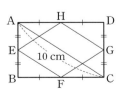

유형 15 사다리꼴에서 두 변의 중점을 연결한 선분의 성질

$\overline{AD}$ // $\overline{BC}$인 사다리꼴 ABCD에서 $\overline{AB}$, $\overline{DC}$의 중점을 각각 M, N이라 하면 $\overline{AD}$ // $\overline{MN}$ // $\overline{BC}$

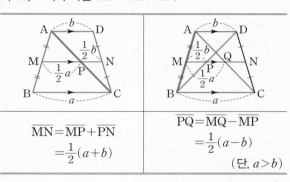

| $\overline{MN}=\overline{MP}+\overline{PN}$ $\quad=\dfrac{1}{2}(a+b)$ | $\overline{PQ}=\overline{MQ}-\overline{MP}$ $\quad=\dfrac{1}{2}(a-b)$ (단, $a>b$) |

21 대표

오른쪽 그림과 같이 $\overline{AD}$ // $\overline{BC}$인 사다리꼴 ABCD에서 $\overline{AB}$, $\overline{DC}$의 중점을 각각 M, N이라 하고, $\overline{MN}$과 $\overline{DB}$가 만나는 점을 P라 하자. $\overline{AD}=16$ cm, $\overline{PN}=12$ cm일 때, $x+y$의 값을 구하시오.

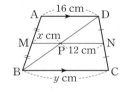

22

오른쪽 그림과 같이 $\overline{AD}$ // $\overline{BC}$인 사다리꼴 ABCD에서 $\overline{AB}$, $\overline{DC}$의 중점을 각각 M, N이라 하자. $\overline{AD}=8$ cm, $\overline{BC}=14$ cm일 때, $\overline{MN}$의 길이를 구하시오.

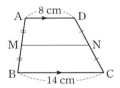

23 서술형

오른쪽 그림과 같이 $\overline{AD}$ // $\overline{BC}$인 사다리꼴 ABCD에서 $\overline{AB}$, $\overline{DC}$의 중점을 각각 M, N이라 하고, $\overline{MN}$과 $\overline{DB}$가 만나는 점을 P, $\overline{MN}$과 $\overline{AC}$가 만나는 점을 Q라 하자. $\overline{AD}=12$ cm, $\overline{BC}=26$ cm일 때, $\overline{PQ}$의 길이를 구하시오.

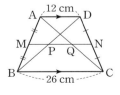

04 삼각형의 무게중심

1 삼각형의 무게중심

(1) 삼각형의 **중선**: 삼각형의 한 꼭짓점과 그 대변의 중점을 이은 선분

　참고　한 삼각형에는 3개의 중선이 있다.

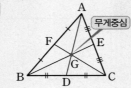

(2) 삼각형의 중선과 넓이: 삼각형의 한 중선은 그 삼각형의 넓이를 이등분한다.

➡ $\overline{AD}$가 △ABC의 중선이면
　$\overline{BD}=\overline{DC}$　△ABD=△ADC=$\frac{1}{2}$△ABC

(3) 삼각형의 **무게중심**: 삼각형의 세 중선이 만나는 점

(4) 삼각형의 무게중심의 성질

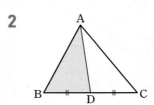

① 삼각형의 세 중선은 한 점 (무게중심)에서 만난다.

② 삼각형의 무게중심은 세 중선의 길이를 각 꼭짓점으로부터 각각 **2 : 1**로 나눈다.

➡ 점 G가 △ABC의 무게중심이면
　$\overline{AG}:\overline{GD}=\overline{BG}:\overline{GE}=\overline{CG}:\overline{GF}=2:1$

　참고　• 정삼각형의 무게중심, 외심, 내심은 모두 일치한다.
　　　• 이등변삼각형의 무게중심, 외심, 내심은 모두 꼭지각의 이등분선 위에 있다.

2 삼각형의 무게중심과 넓이

(1) 삼각형의 무게중심과 세 꼭짓점을 이어서 생기는 세 삼각형의 넓이는 같다.

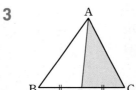

➡ 점 G가 △ABC의 무게중심이면
　△ABG=△BCG=△CAG
　　　　　└넓이는 같지만 합동은 아니다.
　　＝$\frac{1}{3}$△ABC

(2) 세 중선에 의하여 나누어진 6개의 삼각형의 넓이는 모두 같다.

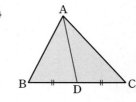

➡ 점 G가 △ABC의 무게중심이면
　△AFG=△BFG=△BDG
　　＝△CDG=△CEG
　　＝△AEG
　　＝$\frac{1}{6}$△ABC

삼각형의 중선의 성질

▶ 다음 □ 안에 알맞은 말을 써넣으시오.

1 삼각형에서 한 꼭짓점과 그 대변의 중점을 이은 선분을 □ 이라 한다.

▶ 다음 그림에서 $\overline{AD}$가 △ABC의 중선이고 삼각형의 넓이가 아래와 같을 때, 색칠한 부분의 넓이를 구하시오.

2

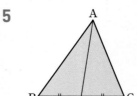

△ABC=10 cm²

➡ $\overline{AD}$가 △ABC의 중선이므로

　△ABD=□=□ × △ABC

3

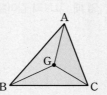

△ABC=24 cm²

4

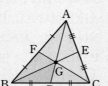

△ABD=13 cm²

5

△ADC=9 cm²

삼각형의 무게중심의 성질

▶ 다음 □ 안에 알맞은 말을 써넣으시오.

6 삼각형의 세 중선이 만나는 점을 그 삼각형의 □□□이라 한다.

▶ 다음 그림에서 점 G가 △ABC의 무게중심일 때, x의 값을 구하시오.

7
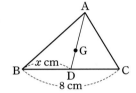

8
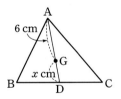

9
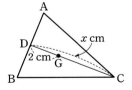

➡ 점 G가 △ABC의 무게중심이므로
$\overline{CD}:\overline{GD}=\square:1$

10
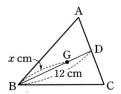

삼각형의 무게중심과 넓이

▶ 다음 그림에서 점 G가 △ABC의 무게중심이고 △ABC의 넓이가 54 cm^2일 때, 색칠한 부분의 넓이를 구하시오.

11
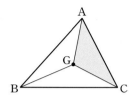

12
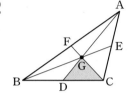

13
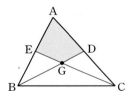

➡ 점 G가 △ABC의 무게중심이므로 $\overline{AG}$를 그으면
$\square AEGD=\triangle AEG+\triangle ADG$
$\qquad = \square \times \triangle ABC$

14
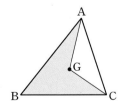

15
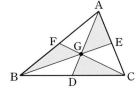

소단원 유형 익히기

유형 16 삼각형의 중선의 성질

$\overline{AD}$가 △ABC의 중선일 때
(1) △ABD＝△ADC
(2) $\triangle ABD = \frac{1}{2} \times \overline{BD} \times h$
$= \frac{1}{2} \times \left(\frac{1}{2} a \times h \right)$
$= \frac{1}{2} \triangle ABC$

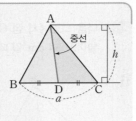

중선

유형 17 삼각형의 무게중심의 성질

점 G가 △ABC의 무게중심일 때
(1) $\overline{AG} : \overline{GD} = 2 : 1$
(2) $\overline{AG} = 2\overline{GD} = \frac{2}{3}\overline{AD}$,
$\overline{GD} = \frac{1}{2}\overline{AG} = \frac{1}{3}\overline{AD}$

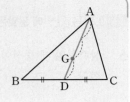

---

1. 대표

오른쪽 그림에서 $\overline{AD}$는 △ABC의 중선이고 $\overline{CE}$는 △ADC의 중선이다. △ABC의 넓이가 32 cm²일 때, △AEC의 넓이는?

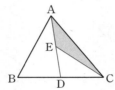

① 7 cm²　　② 8 cm²
③ 9 cm²　　④ 10 cm²
⑤ 11 cm²

2.

오른쪽 그림에서 $\overline{CD}$는 △ABC의 중선이고 $\overline{DE} = \overline{EF} = \overline{FC}$이다. △ADE의 넓이가 6 cm²일 때, △ABC의 넓이는?

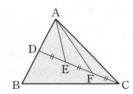

① 30 cm²　　② 32 cm²
③ 34 cm²　　④ 36 cm²
⑤ 38 cm²

3. 신유형

오른쪽 그림과 같은 △ABC에서 $\overline{BD} = \overline{DC}$이고 점 E는 $\overline{AD}$ 위의 점이다. △ABC의 넓이가 20 cm²일 때, 색칠한 부분의 넓이를 구하시오.

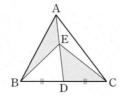

4.

오른쪽 그림에서 점 G는 △ABC의 무게중심이다. $\overline{AG} = 6$ cm일 때, $\overline{AD}$의 길이는?

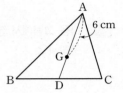

① 7 cm　　② 8 cm
③ 9 cm　　④ 10 cm
⑤ 11 cm

5. 신유형

오른쪽 그림과 같은 이등변삼각형 AOB가 좌표평면 위에 놓여 있다. △AOB의 무게중심의 x좌표를 구하시오.

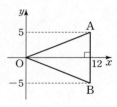

6. 대표

오른쪽 그림에서 점 G는 △ABC의 두 중선 AD, BE가 만나는 점이다. $\overline{AG} = 8$ cm, $\overline{GE} = 5$ cm일 때, $x + y$의 값은?

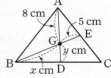

① 11　　② 12
③ 13　　④ 14
⑤ 15

유형 **18** 삼각형의 무게중심의 응용(1)

점 G가 △ABC의 무게중심이고
$\overline{BE}$∥$\overline{DF}$일 때
(1) $\overline{BG}:\overline{GE}=2:1$
(2) △EBC에서
$\overline{BD}=\overline{DC}$, $\overline{DF}$∥$\overline{BE}$이므로
$$\overline{DF}=\frac{1}{2}\overline{BE}$$

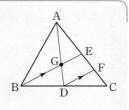

7 대표

오른쪽 그림에서 점 G는 △ABC의 무게중심이다. $\overline{BE}$∥$\overline{DF}$이고 $\overline{BG}=4$ cm일 때, $\overline{DF}$의 길이는?

① 2 cm   ② 3 cm
③ 4 cm   ④ 5 cm
⑤ 6 cm

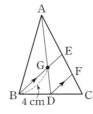

8

오른쪽 그림에서 점 G는 △ABC의 무게중심이다. $\overline{DF}$∥$\overline{CE}$이고 $\overline{DF}=6$ cm일 때, $\overline{CG}$의 길이는?

① 6 cm   ② 7 cm
③ 8 cm   ④ 9 cm
⑤ 10 cm

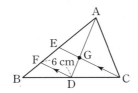

9 서술형

오른쪽 그림에서 점 G는 △ABC의 무게중심이다. $\overline{EF}$∥$\overline{AD}$일 때, $\overline{BF}:\overline{FC}$를 가장 간단한 자연수의 비로 나타내시오.

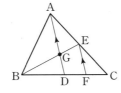

유형 **19** 삼각형의 무게중심의 응용(2)

점 G가 △ABC의 무게중심이고
$\overline{EF}$∥$\overline{BC}$일 때
(1) △ABD에서
$\overline{EG}:\overline{BD}=\overline{AG}:\overline{AD}=2:3$
(2) △ADC에서
$\overline{GF}:\overline{DC}=\overline{AG}:\overline{AD}=2:3$

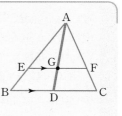

10 대표

오른쪽 그림에서 점 G는 △ABC의 무게중심이다. $\overline{EF}$∥$\overline{BC}$이고 $\overline{AD}=12$ cm, $\overline{DC}=9$ cm일 때, x, y의 값을 각각 구하시오.

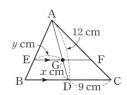

11 서술형

오른쪽 그림에서 점 G는 △ABC의 무게중심이다. $\overline{EF}$∥$\overline{BC}$이고 $\overline{AF}=10$ cm, $\overline{BD}=6$ cm일 때, $\overline{FC}+\overline{EG}$의 길이를 구하시오.

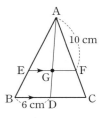

12

오른쪽 그림에서 점 G는 △ABC의 무게중심이다. $\overline{EF}$∥$\overline{BC}$이고 $\overline{EG}=8$ cm일 때, $\overline{BC}$의 길이는?

① 21 cm   ② 22 cm
③ 23 cm   ④ 24 cm
⑤ 25 cm

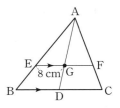

유형 20 삼각형의 무게중심의 응용 (3)

점 G는 △ABC의 무게중심이고,
점 G′은 △GBC의 무게중심일 때
(1) $\overline{AG}:\overline{GD}=2:1$,
  $\overline{GG'}:\overline{G'D}=2:1$
(2) $\overline{GG'}=\dfrac{2}{3}\overline{GD}=\dfrac{2}{3}\times\dfrac{1}{3}\overline{AD}=\dfrac{2}{9}\overline{AD}$

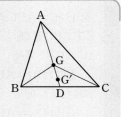

유형 21 삼각형의 무게중심과 넓이

점 G가 △ABC의 무게중심일 때

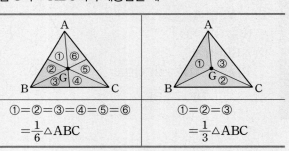

①＝②＝③＝④＝⑤＝⑥
$=\dfrac{1}{6}$△ABC

①＝②＝③
$=\dfrac{1}{3}$△ABC

13 대표

오른쪽 그림에서 두 점 G, G′은 각각
△ABC, △GBC의 무게중심이다.
$\overline{AD}=36$ cm일 때, $\overline{GG'}$의 길이는?

① 6 cm ② 7 cm
③ 8 cm ④ 9 cm
⑤ 10 cm

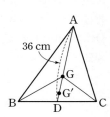

14

오른쪽 그림에서 두 점 G, G′은 각각
△ABC, △GBC의 무게중심이다.
$\overline{AG}=12$ cm일 때, $\overline{G'D}$의 길이는?

① 1 cm ② 2 cm
③ 3 cm ④ 4 cm
⑤ 5 cm

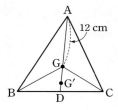

15 서술형

오른쪽 그림에서 두 점 G, G′은 각각
△ABC, △GBC의 무게중심이다.
$\overline{GG'}=6$ cm일 때, $\overline{AG}$의 길이를 구하
시오.

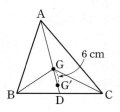

16 대표

오른쪽 그림에서 점 G는 △ABC의 무게
중심이다. △ABD의 넓이가 33 cm²일 때,
□DCEG의 넓이는?

① 21 cm² ② 22 cm²
③ 23 cm² ④ 24 cm²
⑤ 25 cm²

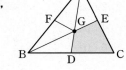

17

오른쪽 그림에서 점 G는 △ABC의 무게
중심이고, 두 점 D, E는 각각 $\overline{BG}$, $\overline{CG}$의
중점이다. △ABC의 넓이가 48 cm²일
때, 색칠한 부분의 넓이를 구하시오.

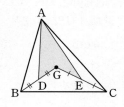

18

오른쪽 그림에서 두 점 G, G′은 각각
△ABC, △GBC의 무게중심이다.
△G′BC의 넓이가 5 cm²일 때, △ABC
의 넓이를 구하시오.

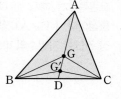

중단원 핵심유형 테스트

정답과 풀이 ★ 55쪽

1.

오른쪽 그림과 같은 △ABC에서 $\overline{BC} /\!\!/ \overline{DE}$이다. $\overline{AD}=6$ cm, $\overline{DE}=8$ cm, $\overline{BC}=12$ cm일 때, $\overline{DB}$의 길이는?

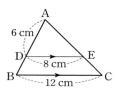

① 1 cm   ② 2 cm

③ 3 cm   ④ 4 cm

⑤ 5 cm

2.

오른쪽 그림에서 서로 평행한 선분인 것은?

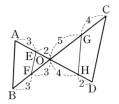

① $\overline{AB}$와 $\overline{EF}$

② $\overline{AB}$와 $\overline{GH}$

③ $\overline{AB}$와 $\overline{CD}$

④ $\overline{EF}$와 $\overline{GH}$

⑤ $\overline{EF}$와 $\overline{CD}$

3.

오른쪽 그림과 같은 △ABC에서 $\overline{AD}$는 ∠A의 이등분선이고 $\overline{AB}=9$ cm, $\overline{AC}=12$ cm이다. △ABC의 넓이가 28 cm²일 때, △ABD의 넓이는?

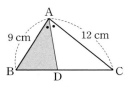

① 6 cm²   ② 9 cm²   ③ 12 cm²

④ 15 cm²   ⑤ 18 cm²

4.

다음 그림에서 $l /\!\!/ m /\!\!/ n$일 때, $x+y$의 값은?

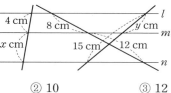

① 8   ② 10   ③ 12

④ 14   ⑤ 16

5.

오른쪽 그림과 같이 $\overline{AD} /\!\!/ \overline{BC}$인 등변사다리꼴 ABCD에서 네 변의 중점을 각각 E, F, G, H라 하자. $\overline{BD}=20$ cm일 때, □EFGH의 둘레의 길이를 구하시오.

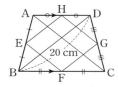

6.

오른쪽 그림과 같은 평행사변형 ABCD에서 $\overline{AD}=10$ cm, $\overline{AB}=6$ cm, $\overline{BE}=4$ cm일 때, $\overline{CF}$의 길이를 구하시오.

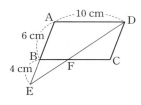

7.

오른쪽 그림과 같은 △ABC에서 두 점 D, E는 각각 $\overline{AB}$, $\overline{AC}$의 연장선 위의 점이고 $\overline{AB} /\!\!/ \overline{FG}$, $\overline{BC} /\!\!/ \overline{DE}$이다. $\overline{AD}=4$ cm, $\overline{BG}=\overline{ED}=6$ cm, $\overline{GC}=9$ cm일 때, $x-y$의 값은?

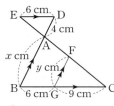

① 1   ② 2   ③ 3

④ 4   ⑤ 5

8 ▂▃▅

오른쪽 그림과 같은 △ABC에서
$\overline{BC} /\!/ \overline{DE}$이고 점 G는 $\overline{AF}$와 $\overline{DE}$가 만나
는 점이다. $\overline{AD}=15$ cm, $\overline{DB}=10$ cm,
$\overline{FC}=10$ cm일 때, $\overline{GE}$의 길이는?

① 3 cm   ② 4 cm

③ 5 cm   ④ 6 cm

⑤ 7 cm

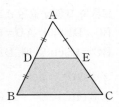

9 ▂▃▅

오른쪽 그림과 같은 사다리꼴 ABCD에서
$\overline{AD} /\!/ \overline{EF} /\!/ \overline{BC}$이다. $\overline{AE} : \overline{EB}=3:4$이고
$\overline{EF}=17$ cm, $\overline{BC}=21$ cm일 때, $\overline{AD}$의
길이는?

① 10 cm   ② 11 cm

③ 12 cm   ④ 13 cm

⑤ 14 cm

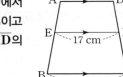

10 ▂▃▅

오른쪽 그림에서 $\overline{AB} /\!/ \overline{EF} /\!/ \overline{DC}$이다.
$\overline{AB}=8$ cm, $\overline{DC}=12$ cm일 때, 다음
중에서 옳지 <u>않은</u> 것은?

① △ABE∽△CDE

② △CEF∽△CAB

③ $\overline{AE} : \overline{EC}=2:3$

④ $\overline{EF} : \overline{DC}=2:5$

⑤ $\overline{EF}=6$ cm

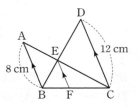

11 ▂▃▅

오른쪽 그림과 같은 △ABC에서 $\overline{AB}$,
$\overline{AC}$의 중점을 각각 D, E라 하자. △ADE
의 넓이가 10 cm²일 때, □DBCE의 넓
이를 구하시오.

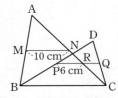

12 ▂▃▅

오른쪽 그림에서 네 점 M, N, P, Q는 각각
$\overline{AB}$, $\overline{AC}$, $\overline{DB}$, $\overline{DC}$의 중점이고, 점 R는
$\overline{AC}$와 $\overline{PQ}$가 만나는 점이다.
$\overline{MN}=10$ cm, $\overline{PR}=6$ cm일 때, $\overline{RQ}$의
길이를 구하시오.

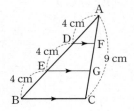

13 ▂▃▅ 서술형💬

오른쪽 그림에서 $\overline{DF} /\!/ \overline{EG} /\!/ \overline{BC}$이다.
$\overline{AD}=\overline{DE}=\overline{EB}=4$ cm, $\overline{AC}=9$ cm
일 때, $\overline{FG}$의 길이를 구하시오.

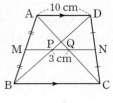

14 ▂▃▅

오른쪽 그림과 같이 $\overline{AD} /\!/ \overline{BC}$인 사다리꼴
ABCD에서 $\overline{AB}$, $\overline{DC}$의 중점을 각각 M,
N이라 하고 $\overline{MN}$과 $\overline{DB}$가 만나는 점을 P,
$\overline{MN}$과 $\overline{AC}$가 만나는 점을 Q라 하자.
$\overline{AD}=10$ cm, $\overline{PQ}=3$ cm일 때, $\overline{BC}$의
길이는?

① 13 cm   ② 14 cm   ③ 15 cm

④ 16 cm   ⑤ 17 cm

15

오른쪽 그림에서 점 G가 △ABC의 무게중심일 때, 다음 보기 에서 옳은 것을 모두 고른 것은?

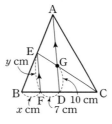

보기
ㄱ. △FBG=△EAG
ㄴ. △ABD=△AGC
ㄷ. △ABC=$\frac{3}{2}$△AGC
ㄹ. □AFGE=2△BDG

① ㄱ, ㄴ　　② ㄱ, ㄹ　　③ ㄴ, ㄷ
④ ㄴ, ㄹ　　⑤ ㄷ, ㄹ

16

오른쪽 그림에서 점 G는 △ABC의 무게중심이다. $\overline{EF}$ // $\overline{AD}$이고 $\overline{FD}=7$ cm, $\overline{GD}=10$ cm일 때, $x+y$의 값은?

① 21　　② 22
③ 23　　④ 24
⑤ 25

17

오른쪽 그림에서 점 G는 △ABC의 무게중심이다. $\overline{EF}$ // $\overline{BC}$이고 $\overline{BC}=10$ cm일 때, $\overline{GF}$의 길이는?

① $\frac{10}{3}$ cm　　② $\frac{11}{3}$ cm
③ 4 cm　　④ $\frac{13}{3}$ cm
⑤ $\frac{14}{3}$ cm

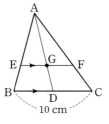

18

오른쪽 그림과 같은 △ABC에서 $\overline{AB}$의 연장선 위에 $\overline{AB}=\overline{AD}$가 되도록 점 D를 잡고, $\overline{AC}$의 중점을 E, $\overline{DE}$의 연장선과 $\overline{BC}$가 만나는 점을 F라 하자. $\overline{BC}=18$ cm일 때, $\overline{BF}$의 길이를 구하시오.

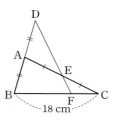

19

오른쪽 그림에서 점 G는 △ABC의 무게중심이다. $\overline{BD}=18$ cm일 때, $\overline{GD}$의 길이를 구하시오.

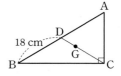

20

오른쪽 그림과 같은 평행사변형 ABCD에서 두 대각선 AC, BD가 만나는 점을 O, $\overline{BC}$, $\overline{CD}$의 중점을 각각 M, N이라 하자. 또 점 P는 $\overline{BD}$와 $\overline{AM}$이 만나는 점이고, 점 Q는 $\overline{BD}$와 $\overline{AN}$이 만나는 점이다. $\overline{BD}=27$ cm일 때, $\overline{DQ}$의 길이는?

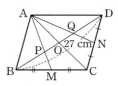

① 7 cm　　② 8 cm　　③ 9 cm
④ 10 cm　　⑤ 11 cm

21 서술형

오른쪽 그림에서 두 점 G, G′은 각각 △ABC, △GBC의 무게중심이다. △ABC의 넓이가 36 cm²일 때, △GG′C의 넓이를 구하시오.

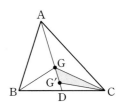

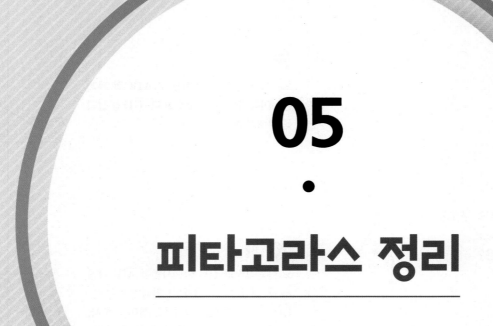

05

·

피타고라스 정리

01 피타고라스 정리(1)

1 피타고라스 정리

직각삼각형에서 직각을 낀 두 변의 길이를 각각 a, b라 하고, 빗변의 길이를 c라 하면

$$a^2+b^2=c^2$$

직각을 낀 두 변의 길이의 제곱의 합은 빗변의 길이의 제곱과 같다.

이 성립한다.

참고 직각삼각형에서 두 변의 길이를 알면 피타고라스 정리를 이용하여 나머지 한 변의 길이를 구할 수 있다.

주의 피타고라스 정리는 직각삼각형에서만 성립한다.

2 피타고라스 정리의 설명 – 유클리드

직각삼각형 ABC에서 빗변 AB를 한 변으로 하는 정사각형 AFGB의 넓이는 나머지 두 변 BC, CA를 각각 한 변으로 하는 두 정사각형 BHIC, ACDE의 넓이의 합과 같다.

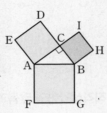

➡ □BHIC+□ACDE=□AFGB이므로
$$\overline{BC}^2+\overline{CA}^2=\overline{AB}^2$$

3 직각삼각형이 되는 조건

△ABC의 세 변의 길이가 각각 a, b, c일 때, $a^2+b^2=c^2$인 관계가 성립하면 이 삼각형은 빗변의 길이가 c인 직각삼각형이다.

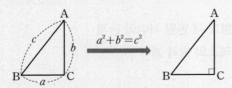

참고 직각삼각형의 세 변의 길이가 되는 세 자연수의 쌍을 피타고라스 수라 한다. 예 (3, 4, 5), (5, 12, 13), (6, 8, 10), ⋯

4 삼각형의 변의 길이와 각의 크기 사이의 관계

△ABC에서 $\overline{AB}=c$, $\overline{BC}=a$, $\overline{CA}=b$이고, c가 가장 긴 변의 길이일 때

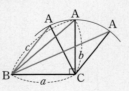

(1) $c^2<a^2+b^2$이면 ∠C<90°이고, △ABC는 예각삼각형이다.

(2) $c^2=a^2+b^2$이면 ∠C=90°이고, △ABC는 직각삼각형이다.

(3) $c^2>a^2+b^2$이면 ∠C>90°이고, △ABC는 둔각삼각형이다.

피타고라스 정리

다음 직각삼각형에서 x의 값을 구하시오.

1

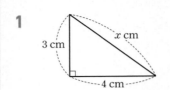

2

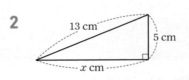

3

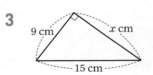

4

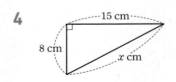

5

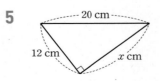

피타고라스 정리의 설명

다음 그림은 ∠C=90°인 직각삼각형 ABC의 세 변을 각각 한 변으로 하는 세 정사각형을 그린 것이다. 색칠한 부분의 넓이를 구하시오.

6
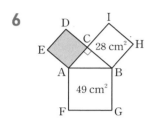

7
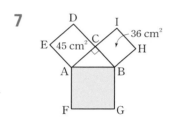

8
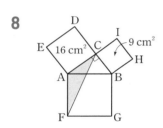

9
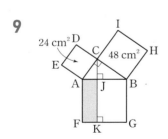

10
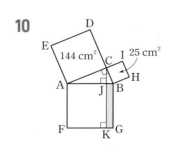

직각삼각형이 되는 조건

다음 중에서 알맞은 것을 찾아 빈칸에 써넣으시오.

$$=, \neq, \text{직각삼각형이다, 직각삼각형이 아니다}$$

11 삼각형의 세 변의 길이가 각각 5 cm, 6 cm, 7 cm일 때, 가장 긴 변의 길이가 7 cm이므로

$5^2+6^2 \boxed{} 7^2$

따라서 이 삼각형은 $\boxed{}$.

12 삼각형의 세 변의 길이가 각각 5 cm, 12 cm, 13 cm일 때, 가장 긴 변의 길이가 13 cm이므로

$5^2+12^2 \boxed{} 13^2$

따라서 이 삼각형은 $\boxed{}$.

13 삼각형의 세 변의 길이가 각각 8 cm, 10 cm, 15 cm일 때, 가장 긴 변의 길이가 15 cm이므로

$8^2+10^2 \boxed{} 15^2$

따라서 이 삼각형은 $\boxed{}$.

삼각형의 변의 길이와 각의 크기 사이의 관계

세 변의 길이가 각각 다음과 같은 삼각형은 어떤 삼각형인지 말하시오.

14 3 cm, 5 cm, 6 cm

15 4 cm, 6 cm, 7 cm

16 6 cm, 8 cm, 10 cm

17 7 cm, 8 cm, 12 cm

소단원 유형 익히기

유형 1 직각삼각형의 변의 길이 구하기

직각삼각형 ABC에서 다음이 성립한다.

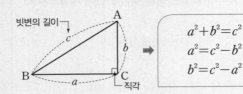

빗변의 길이

직각

$$a^2+b^2=c^2$$
$$a^2=c^2-b^2$$
$$b^2=c^2-a^2$$

이때 a, b, c는 변의 길이이므로 항상 양수이다.

유형 2 삼각형에서 피타고라스 정리의 이용

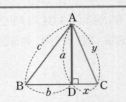 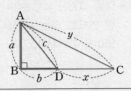

△ABD, △ADC는 모두 직각삼각형이므로	△ABD, △ABC는 모두 직각삼각형이므로
① $c^2=a^2+b^2$	① $c^2=a^2+b^2$
② $y^2=a^2+x^2$	② $y^2=a^2+(b+x)^2$

1. 대표

오른쪽 그림과 같이 $\angle C=90°$인 직각삼각형 ABC에서 $\overline{AB}=25$ cm, $\overline{BC}=20$ cm일 때, $\overline{AC}$의 길이는?

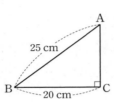

① 9 cm   ② 12 cm
③ 15 cm   ④ 18 cm
⑤ 21 cm

4. 대표

오른쪽 그림과 같이 △ABC의 꼭짓점 A에서 $\overline{BC}$에 내린 수선의 발을 D라 하자. $\overline{AB}=20$ cm, $\overline{BD}=16$ cm, $\overline{CD}=5$ cm일 때, $\overline{AC}$의 길이를 구하시오.

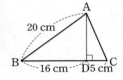

2.

오른쪽 그림에서 $\angle B=\angle DAC=90°$이고 $\overline{AB}=12$ cm, $\overline{BC}=9$ cm, $\overline{AD}=8$ cm일 때, $x+y$의 값을 구하시오.

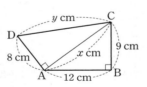

5.

오른쪽 그림과 같이 △ABC의 꼭짓점 A에서 $\overline{BC}$에 내린 수선의 발을 D라 하자. $\overline{AC}=17$ cm, $\overline{BD}=6$ cm, $\overline{CD}=15$ cm일 때, $y-x$의 값을 구하시오.

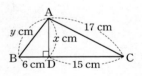

3. 신유형

오른쪽 그림과 같이 좌표평면 위에 △ABC가 있다. A(4, 5), B(1, 1), C(4, 1)일 때, 두 점 A, B 사이의 거리는?

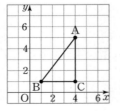

① 4   ② 5
③ 6   ④ 7
⑤ 8

6. 서술형

오른쪽 그림과 같이 $\angle C=90°$인 직각삼각형 ABC에서 $\overline{AD}=10$ cm, $\overline{BD}=9$ cm, $\overline{AC}=8$ cm일 때, $\overline{AB}+\overline{CD}$의 길이를 구하시오.

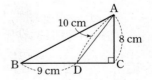

사다리꼴에서 피타고라스 정리의 이용

오른쪽 그림과 같은 사다리꼴 ABCD의 꼭짓점 D에서 $\overline{BC}$에 내린 수선의 발을 H라 하면
① △DHC는 직각삼각형
② □ABHD는 직사각형

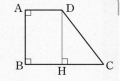

참고 직사각형은 두 쌍의 대변의 길이가 각각 같다.

7 .il 대표

오른쪽 그림과 같이 ∠C=∠D=90°인 사다리꼴 ABCD에서 $\overline{BC}$=14 cm, $\overline{CD}$=15 cm, $\overline{AD}$=6 cm일 때, $\overline{AB}$의 길이는?

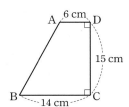

① 16 cm   ② 17 cm
③ 18 cm   ④ 19 cm
⑤ 20 cm

8 .il 서술형

오른쪽 그림과 같이 ∠A=∠B=90°인 사다리꼴 ABCD에서 $\overline{BC}$=16 cm, $\overline{CD}$=15 cm, $\overline{AD}$=7 cm일 때, $\overline{AC}$의 길이를 구하시오.

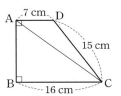

9 .il

오른쪽 그림과 같이 ∠B=∠C=90°인 사다리꼴 ABCD에서 $\overline{AB}$=9 cm, $\overline{CD}$=4 cm, $\overline{AD}$=13 cm일 때, □ABCD의 넓이를 구하시오.

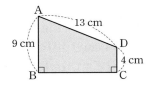

직사각형의 대각선의 길이

가로, 세로의 길이가 각각 a, b인 직사각형의 대각선의 길이를 l이라 하면
$$l^2=a^2+b^2$$

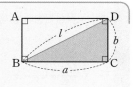

10 .il 대표

오른쪽 그림과 같은 직사각형 ABCD에서 $\overline{BC}$=8 cm, $\overline{CD}$=6 cm일 때, 대각선 BD의 길이는?

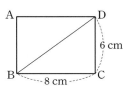

① 9 cm   ② 10 cm
③ 11 cm   ④ 12 cm
⑤ 13 cm

11 .il

오른쪽 그림과 같이 가로의 길이가 9 cm이고 대각선의 길이가 15 cm인 직사각형 모양의 즉석 사진 필름의 세로의 길이는?

① 10 cm   ② 11 cm
③ 12 cm   ④ 13 cm
⑤ 14 cm

12 .il

오른쪽 그림과 같은 직사각형 ABCD에서 $\overline{AC}$=17 cm, $\overline{CD}$=8 cm일 때, □ABCD의 둘레의 길이는?

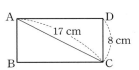

① 42 cm   ② 44 cm
③ 46 cm   ④ 48 cm
⑤ 50 cm

유형 5 직각삼각형의 닮음과 넓이를 이용한 성질

(1) 직각삼각형의 닮음을 이용한 성질

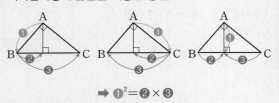

➡ ①² = ② × ③

(2) 직각삼각형의 넓이를 이용한 성질

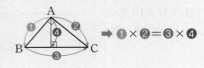

➡ ① × ② = ③ × ④

유형 6 피타고라스 정리의 설명

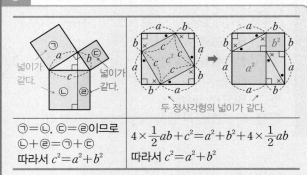

두 정사각형의 넓이가 같다.

㉠=㉡, ㉢=㉣이므로
㉡+㉣=㉠+㉢
따라서 $c^2 = a^2 + b^2$

$4 \times \dfrac{1}{2}ab + c^2 = a^2 + b^2 + 4 \times \dfrac{1}{2}ab$
따라서 $c^2 = a^2 + b^2$

---

13 대표

오른쪽 그림과 같이 ∠A=90°인 직각삼각형 ABC의 꼭짓점 A에서 빗변 BC에 내린 수선의 발을 D라 하자.
$\overline{AB}=3$ cm, $\overline{AC}=4$ cm일 때, $\overline{BD}$의 길이를 구하시오.

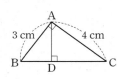

14

오른쪽 그림과 같이 ∠B=90°인 직각삼각형 ABC의 꼭짓점 B에서 빗변 AC에 내린 수선의 발을 D라 하자.
$\overline{BC}=20$ cm, $\overline{BD}=12$ cm일 때, △ABD의 넓이를 구하시오.

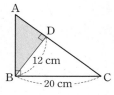

15

오른쪽 그림과 같이 ∠A=90°인 직각삼각형 ABC의 꼭짓점 A에서 빗변 BC에 내린 수선의 발을 D라 하자.
$\overline{AB}=15$ cm, $\overline{BD}=9$ cm일 때, $\overline{AC}$를 지름으로 하는 반원의 넓이를 구하시오.

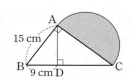

16 대표

오른쪽 그림은 ∠C=90°인 직각삼각형 ABC의 세 변을 각각 한 변으로 하는 세 정사각형을 그린 것이다. $\overline{AC}$, $\overline{AB}$를 각각 한 변으로 하는 두 정사각형의 넓이가 144 cm², 225 cm²일 때, $\overline{BC}$의 길이를 구하시오.

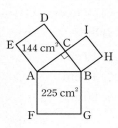

17

오른쪽 그림은 ∠C=90°인 직각삼각형 ABC의 세 변을 각각 한 변으로 하는 세 정사각형을 그린 것이다. $\overline{CJ} \perp \overline{AB}$, $\overline{CK} \perp \overline{FG}$일 때, 다음 중에서 그 넓이가 나머지 넷과 다른 하나는?

① △ABE   ② △ACE
③ △AFC   ④ △CFJ
⑤ △JFK

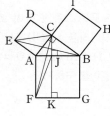

18 서술형

오른쪽 그림에서 □ABCD는 한 변의 길이가 14 cm인 정사각형이다.
$\overline{AE}=\overline{BF}=\overline{CG}=\overline{DH}=6$ cm일 때, □EFGH의 넓이를 구하시오.

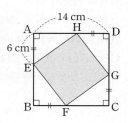

유형 **7** 직각삼각형이 되는 조건

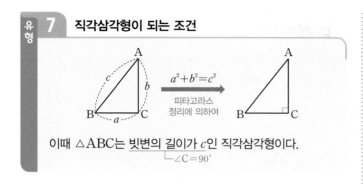

이때 △ABC는 빗변의 길이가 c인 직각삼각형이다.
└ $\angle C = 90°$

19 대표

세 변의 길이가 각각 다음과 같은 삼각형 중 직각삼각형인 것은?

① 3, 5, 5   ② 7, 8, 9   ③ 8, 12, 15

④ 9, 10, 12   ⑤ 12, 16, 20

20

오른쪽 그림과 같은 □ABCD에서
$\overline{AB}=17$ cm, $\overline{BC}=20$ cm,
$\overline{CD}=25$ cm, $\overline{DA}=8$ cm일 때, 다음을
구하시오.

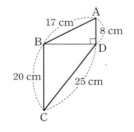

(1) $\overline{BD}$의 길이

(2) ∠CBD의 크기

(3) □ABCD의 넓이

21 신유형

오른쪽 그림과 같이 길이가 각각 13 cm,
12 cm인 빨대가 한 개씩 있다. 길이가
x cm인 빨대를 하나 추가하여 직각삼각
형을 만들려고 할 때, 가능한 x^2의 값을
모두 구하시오.

(단, 빨대의 두께는 생각하지 않는다.)

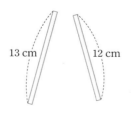

유형 **8** 삼각형의 변의 길이와 각의 크기 사이의 관계

△ABC에서 c가 가장 긴 변의 길이일 때

$c^2 < a^2 + b^2$이면 예각삼각형	$c^2 = a^2 + b^2$이면 직각삼각형	$c^2 > a^2 + b^2$이면 둔각삼각형
∠C < 90°	∠C = 90°	∠C > 90°

22 대표

세 변의 길이가 각각 다음과 같은 삼각형 중 예각삼각형인 것은?

① 5 cm, 12 cm, 13 cm   ② 6 cm, 6 cm, 7 cm

③ 7 cm, 8 cm, 11 cm   ④ 9 cm, 10 cm, 14 cm

⑤ 9 cm, 12 cm, 15 cm

23

△ABC의 세 변의 길이가 각각 $\overline{AB}=4$ cm, $\overline{BC}=5$ cm,
$\overline{CA}=7$ cm일 때, △ABC는 어떤 삼각형인가?

① ∠C=90°인 직각삼각형

② ∠C>90°인 둔각삼각형

③ ∠B>90°인 둔각삼각형

④ ∠A>90°인 둔각삼각형

⑤ 예각삼각형

24 서술형

세 변의 길이가 각각 5 cm, 8 cm, x cm $(x>8)$인 삼각형이 예각
삼각형이 되도록 하는 자연수 x의 값을 구하시오.

02 피타고라스 정리(2)

1 피타고라스 정리를 이용한 직각삼각형의 성질

$\angle A = 90°$인 직각삼각형 ABC에서 두 점 D, E가 각각 $\overline{AB}$, $\overline{AC}$ 위에 있을 때,

$$\overline{BC}^2 + \overline{DE}^2 = \overline{BE}^2 + \overline{CD}^2$$

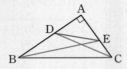

설명 두 직각삼각형 ABC와 ADE에서
$$\begin{aligned}\overline{BC}^2 + \overline{DE}^2 &= (\overline{AB}^2 + \overline{AC}^2) + (\overline{AD}^2 + \overline{AE}^2)\\ &= (\overline{AB}^2 + \overline{AE}^2) + (\overline{AC}^2 + \overline{AD}^2)\\ &= \overline{BE}^2 + \overline{CD}^2\end{aligned}$$

2 두 대각선이 직교하는 사각형의 성질

□ABCD에서 두 대각선이 직교할 때, 사각형의 두 대변의 길이의 제곱의 합은 서로 같다.

➡ □ABCD에서 $\overline{AC} \perp \overline{BD}$일 때,
$$\overline{AB}^2 + \overline{CD}^2 = \overline{AD}^2 + \overline{BC}^2$$

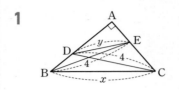

설명 두 대각선이 만나는 점을 O라 하면
$$\begin{aligned}\overline{AB}^2 + \overline{CD}^2 &= (\overline{AO}^2 + \overline{BO}^2) + (\overline{CO}^2 + \overline{DO}^2)\\ &= (\overline{AO}^2 + \overline{DO}^2) + (\overline{BO}^2 + \overline{CO}^2)\\ &= \overline{AD}^2 + \overline{BC}^2\end{aligned}$$

3 직각삼각형과 세 반원 사이의 관계

직각삼각형 ABC에서 직각을 낀 두 변을 각각 지름으로 하는 두 반원의 넓이를 P, Q라 하고, 빗변을 지름으로 하는 반원의 넓이를 R라 할 때,
$$P + Q = R$$

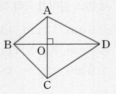

4 히포크라테스의 원의 넓이

$\angle A = 90°$인 직각삼각형 ABC의 세 변을 각각 지름으로 하는 세 반원에서
$$(\text{색칠한 부분의 넓이}) = \triangle ABC$$
$$= \frac{1}{2}bc$$

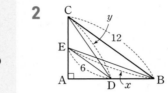

참고
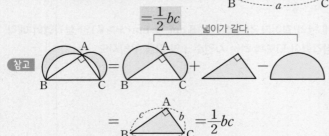

피타고라스 정리를 이용한 직각삼각형의 성질

▶ 다음 그림과 같이 $\angle A = 90°$인 직각삼각형 ABC에서 $x^2 + y^2$의 값을 구하시오.

1

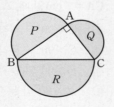

2

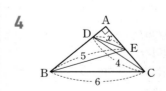

3

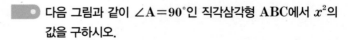

▶ 다음 그림과 같이 $\angle A = 90°$인 직각삼각형 ABC에서 x^2의 값을 구하시오.

4

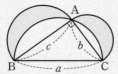

5

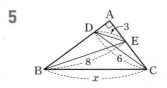

두 대각선이 직교하는 사각형의 성질

다음 그림과 같은 □ABCD에서 두 대각선이 직교할 때, x^2+y^2의 값을 구하시오.

6

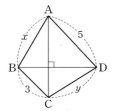

7

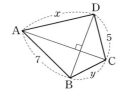

다음 그림과 같은 □ABCD에서 $\overline{AC} \perp \overline{BD}$일 때, x^2의 값을 구하시오.

8

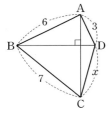

9

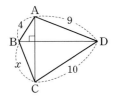

10

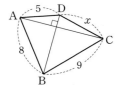

직각삼각형과 세 반원 사이의 관계

다음 그림은 ∠A＝90°인 직각삼각형 ABC의 세 변을 각각 지름으로 하는 세 반원을 그린 것이다. 색칠한 부분의 넓이를 구하시오.

11

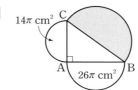

12

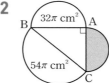

히포크라테스의 원의 넓이

다음 그림은 ∠A＝90°인 직각삼각형 ABC의 세 변을 각각 지름으로 하는 세 반원을 그린 것이다. 색칠한 부분의 넓이를 구하시오.

13

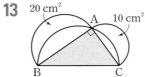

14

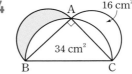

15

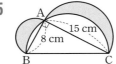

 유형 9 피타고라스 정리를 이용한 직각삼각형의 성질

∠A=90°인 직각삼각형 ABC에서 두 점 D, E가 각각 $\overline{AB}$, $\overline{AC}$ 위에 있을 때
$$\overline{BC}^2+\overline{DE}^2$$
$$=(①^2+②^2)+(③^2+④^2)$$
$$=(①^2+④^2)+(②^2+③^2)$$
$$=\overline{BE}^2+\overline{CD}^2$$

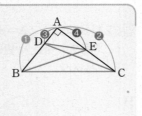

1. 대표

오른쪽 그림과 같이 ∠A=90°인 직각삼각형 ABC에서 $\overline{BC}=11$ cm, $\overline{BE}=7$ cm, $\overline{CD}=9$ cm일 때, $\overline{DE}$의 길이는?

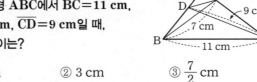

① $\frac{5}{2}$ cm   ② 3 cm   ③ $\frac{7}{2}$ cm

④ 4 cm   ⑤ $\frac{9}{2}$ cm

2.

오른쪽 그림과 같이 ∠A=90°인 직각삼각형 ABC에서 $\overline{AB}=9$, $\overline{AC}=12$, $\overline{CD}=13$일 때, $\overline{BE}^2-\overline{DE}^2$의 값은?

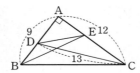

① 56   ② 57
③ 58   ④ 59
⑤ 60

3. 서술형

오른쪽 그림과 같이 ∠C=90°인 직각삼각형 ABC에서 $\overline{AC}$, $\overline{BC}$의 중점을 각각 D, E라 하자. $\overline{AB}=12$일 때, $\overline{AE}^2+\overline{BD}^2$의 값을 구하시오.

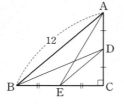

유형 10 두 대각선이 직교하는 사각형의 성질

□ABCD에서 두 대각선이 직교할 때
$$\overline{AB}^2+\overline{CD}^2$$
$$=(①^2+②^2)+(③^2+④^2)$$
$$=(①^2+④^2)+(②^2+③^2)$$
$$=\overline{AD}^2+\overline{BC}^2$$

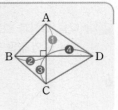

4. 대표

오른쪽 그림과 같은 □ABCD에서 두 대각선이 직교한다. $\overline{AB}=8$, $\overline{OB}=7$, $\overline{OC}=5$, $\overline{CD}=6$일 때, $\overline{AD}^2$의 값을 구하시오. (단, 점 O는 두 대각선의 교점)

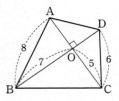

5.

오른쪽 그림과 같은 □ABCD에서 $\overline{AC}\perp\overline{BD}$이다. $\overline{AB}=9$, $\overline{BC}=5$일 때, $\overline{AD}^2-\overline{CD}^2$의 값은?

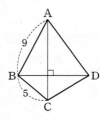

① 52   ② 54
③ 56   ④ 58
⑤ 60

6. 신유형

오른쪽 그림과 같은 □ABCD에서 $\overline{AC}\perp\overline{BD}$이다. $\overline{AB}$, $\overline{BC}$, $\overline{CD}$를 각각 한 변으로 하는 세 정사각형의 넓이가 25 cm², 64 cm², 49 cm²일 때, $\overline{AD}$를 한 변으로 하는 정사각형의 넓이를 구하시오.

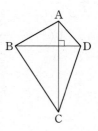

유형 11 직각삼각형과 세 반원 사이의 관계

$\angle A=90°$인 직각삼각형 ABC의 세 변을 각각 지름으로 하는 세 반원에서
$$P+Q=R$$

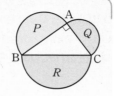

유형 12 히포크라테스의 원의 넓이

$\angle A=90°$인 직각삼각형 ABC의 세 변을 각각 지름으로 하는 세 반원에서
$$(색칠한\ 부분의\ 넓이)=\triangle ABC$$
$$=\frac{1}{2}bc$$

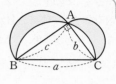

7 대표

오른쪽 그림과 같이 $\angle A=90°$인 직각삼각형 ABC의 세 변 AB, AC, BC를 각각 지름으로 하는 세 반원의 넓이를 P, Q, R라 하자. $\overline{BC}=20$ cm일 때, P, Q, R의 넓이의 합은?

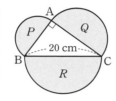

① 20π cm² ② 40π cm² ③ 60π cm²
④ 80π cm² ⑤ 100π cm²

10 대표

오른쪽 그림은 $\angle A=90°$인 직각삼각형 ABC의 세 변을 각각 지름으로 하는 세 반원을 그린 것이다. $\overline{AB}=12$ cm, $\overline{BC}=15$ cm일 때, 색칠한 부분의 넓이를 구하시오.

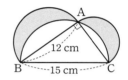

8

오른쪽 그림은 $\angle A=90°$인 직각삼각형 ABC의 두 변 AB, AC를 각각 지름으로 하는 두 반원을 그린 것이다. $\overline{BC}=16$ cm일 때, 색칠한 부분의 넓이를 구하시오.

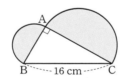

11

오른쪽 그림은 $\angle A=90°$인 직각삼각형 ABC의 세 변을 각각 지름으로 하는 세 반원을 그린 것이다. $\overline{AB}=5$ cm이고 색칠한 부분의 넓이가 30 cm²일 때, $\overline{BC}$의 길이는?

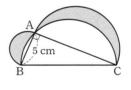

① 10 cm ② 11 cm ③ 12 cm
④ 13 cm ⑤ 14 cm

9 서술형

오른쪽 그림은 $\angle A=90°$인 직각삼각형 ABC의 세 변을 각각 지름으로 하는 세 반원을 그린 것이다. $\overline{AB}$를 지름으로 하는 반원의 넓이가 18π cm², $\overline{BC}$를 지름으로 하는 반원의 넓이가 26π cm²일 때, $\triangle ABC$의 넓이를 구하시오.

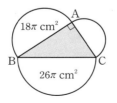

12 신유형

오른쪽 그림은 $\angle A=90°$인 직각이등변삼각형 ABC의 세 변을 각각 지름으로 하는 세 반원을 그린 것이다. $\overline{BC}=8$ cm일 때, 색칠한 부분의 넓이를 구하시오.

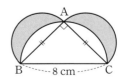

중단원 핵심유형 테스트

1.

오른쪽 그림과 같이 ∠A=90°인 직각
삼각형 ABC에서 $\overline{AB}$=10 cm,
$\overline{AC}$=6 cm일 때, △ABC의 넓이는?

① 12 cm²   ② 24 cm²

③ 36 cm²   ④ 48 cm²

⑤ 60 cm²

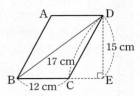

2.

오른쪽 그림과 같은 정사각형 ABCD에
서 $\overline{AH}$=5 cm이고
$\overline{AE}=\overline{BF}=\overline{CG}=\overline{DH}$=12 cm일 때,
□EFGH의 둘레의 길이는?

① 44 cm   ② 48 cm

③ 52 cm   ④ 56 cm

⑤ 60 cm

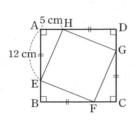

3.

세 변의 길이가 각각 보기 와 같은 삼각형 중에서 직각삼각형인 것
을 모두 고른 것은?

> **보기**
>
> ㄱ. 3 cm, 5 cm, 7 cm   ㄴ. 5 cm, 12 cm, 13 cm
>
> ㄷ. 6 cm, 10 cm, 13 cm   ㄹ. 7 cm, 8 cm, 12 cm
>
> ㅁ. 8 cm, 15 cm, 17 cm   ㅂ. 9 cm, 12 cm, 15 cm

① ㄱ, ㄴ, ㄷ   ② ㄱ, ㄷ, ㅂ   ③ ㄴ, ㄷ, ㅁ

④ ㄴ, ㅁ, ㅂ   ⑤ ㄷ, ㄹ, ㅁ

4.

오른쪽 그림과 같은 평행사변형
ABCD에서 $\overline{BC}$=12 cm,
$\overline{CD}$=17 cm, $\overline{DE}$=15 cm일 때,
대각선 BD의 길이를 구하시오.

5.

오른쪽 그림과 같이 ∠C=∠D=90°인
사다리꼴 ABCD에서 $\overline{AB}$=5 cm,
$\overline{BC}$=5 cm, $\overline{AD}$=2 cm일 때,
□ABCD의 넓이는?

① 12 cm²   ② 14 cm²

③ 16 cm²   ④ 18 cm²

⑤ 20 cm²

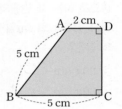

6.

오른쪽 그림과 같은 직사각형 ABCD
에서 $\overline{AH}\perp\overline{BD}$이다. $\overline{AB}$=5 cm,
$\overline{AD}$=12 cm일 때, $\overline{AH}$의 길이를 구
하시오.

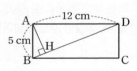

7.

오른쪽 그림과 같이 ∠A=90°인 직
각삼각형 ABC에서 $\overline{AD}\perp\overline{BC}$이다.
$\overline{AB}$=16 cm, $\overline{AC}$=12 cm일 때,
$\overline{CD}$의 길이를 구하시오.

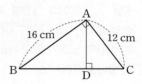

8 📊 서술형💬

오른쪽 그림은 ∠C＝90°인 직각삼각형 ABC의 세 변을 각각 한 변으로 하는 세 정사각형을 그린 것이다. □AFGB의 넓이가 100 cm², □BHIC의 넓이가 64 cm²일 때, △ABC의 넓이를 구하시오.

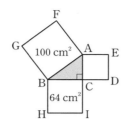

9 📊

세 변의 길이가 각각 7 cm, x cm, 10 cm($x<10$)인 삼각형이 둔각삼각형일 때, 다음 중에서 x의 값이 될 수 없는 것은?

① 4   ② 5   ③ 6

④ 7   ⑤ 8

10 📊

오른쪽 그림과 같은 □ABCD에서 $\overline{AC}\perp\overline{BD}$이다. $\overline{AB}=7$, $\overline{BC}=5$, $\overline{AD}=6$일 때, x^2+y^2의 값은?

(단, 점 O는 두 대각선의 교점)

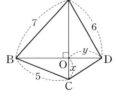

① 8   ② 10

③ 12   ④ 14

⑤ 16

11 📊

오른쪽 그림과 같이 $\overline{AD}\,/\!/\,\overline{BC}$인 등변사다리꼴 ABCD의 두 대각선이 직교한다. $\overline{AD}=4$, $\overline{BC}=6$일 때, $\overline{AB}^2$의 값을 구하시오.

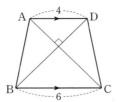

12 📊

오른쪽 그림은 ∠C＝90°인 직각삼각형 ABC의 세 변을 각각 지름으로 하는 세 반원을 그린 것이다. $\overline{AC}$를 지름으로 하는 반원의 넓이가 10π cm²이고 $\overline{BC}=4$ cm일 때, $\overline{AB}$를 지름으로 하는 반원의 넓이는?

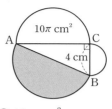

① 11π cm²   ② 12π cm²   ③ 13π cm²

④ 14π cm²   ⑤ 15π cm²

13 📊

오른쪽 그림과 같이 ∠A＝90°인 직각삼각형 ABC에서 $\overline{AD}=2$, $\overline{AE}=3$, $\overline{EC}=4$일 때, $\overline{BC}^2-\overline{BE}^2$의 값은?

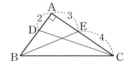

① 30   ② 35

③ 40   ④ 45

⑤ 50

14 📊

오른쪽 그림은 ∠A＝90°인 직각삼각형 ABC의 세 변을 각각 지름으로 하는 세 반원을 그린 것이다. $\overline{BC}=18$ cm이고 색칠한 부분의 넓이가 54 cm²일 때, △ABC의 꼭짓점 A에서 빗변 BC에 내린 수선의 발 H에 대하여 $\overline{AH}$의 길이는?

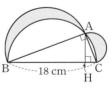

① 2 cm   ② 3 cm   ③ 4 cm

④ 5 cm   ⑤ 6 cm

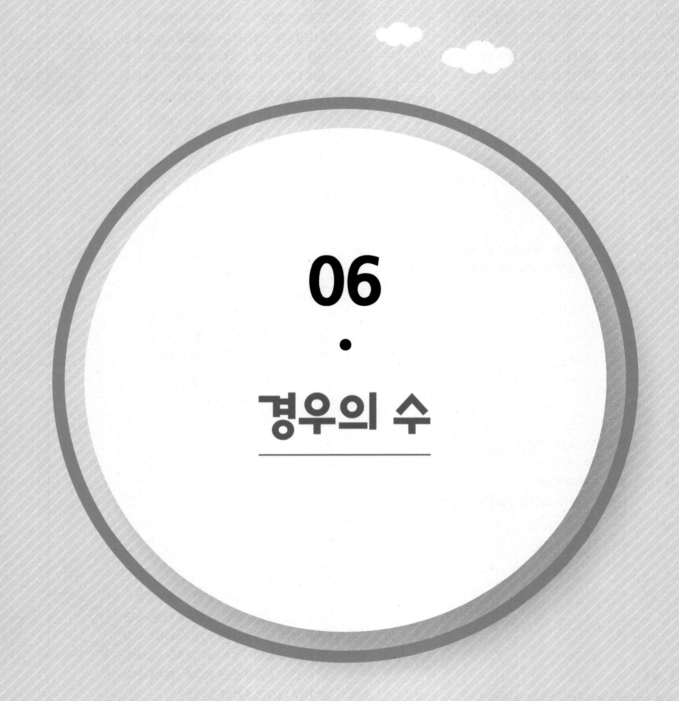

06

·

경우의 수

01 경우의 수

① 사건과 경우의 수

(1) **사건**: 같은 조건에서 반복할 수 있는 실험이나 관찰에서 나타나는 결과

　예 한 개의 주사위를 던질 때, '3의 배수의 눈이 나온다.', '2의 약수의 눈이 나온다.' 등

(2) **경우의 수**: 어떤 사건이 일어나는 가짓수

　예 두 개의 동전을 던진다. ➡ 서로 다른 면이 나온다.
　　　　　실험(관찰)　　　　　　　사건
　➡ (앞면, 뒷면), (뒷면, 앞면)의 2가지가 있다.
　　　　　　　　경우의 수

　주의 경우의 수를 구할 때는 모든 경우를 중복되지 않게 빠짐없이 구해야 한다.

② 사건 A 또는 사건 B가 일어나는 경우의 수

사건 A와 사건 B가 동시에 일어나지 않을 때, 사건 A가 일어나는 경우의 수를 m, 사건 B가 일어나는 경우의 수를 n이라 하면

(사건 A 또는 사건 B가 일어나는 경우의 수)
$= m + n$

　참고 ・사건 A와 사건 B가 동시에 일어나지 않는다는 것은 사건 A가 일어나면 사건 B가 일어날 수 없고, 사건 B가 일어나면 사건 A가 일어날 수 없다는 뜻이다.
　　　・일반적으로 동시에 일어나지 않는 두 사건에 대하여 '또는', '~이거나'와 같은 표현이 있으면 두 사건이 일어나는 각 경우의 수의 합을 이용한다.

③ 사건 A와 사건 B가 동시에 일어나는 경우의 수

(1) 사건 A가 일어나는 경우의 수를 m, 그 각각에 대하여 사건 B가 일어나는 경우의 수를 n이라 하면

(사건 A와 사건 B가 동시에 일어나는 경우의 수)
$= m \times n$

　참고 ・사건 A와 사건 B가 동시에 일어난다는 것은 두 사건이 같은 시간에 일어나는 것만을 뜻하는 것이 아니라 사건 A가 일어나는 각각의 경우에 대하여 사건 B가 일어난다는 뜻이다. 즉, 사건 A와 사건 B가 모두 일어난다는 뜻이다.
　　　・일반적으로 '동시에', '~와', '그리고'와 같은 표현이 있으면 두 사건이 일어나는 각 경우의 수의 곱을 이용한다.

(2) **여러 개의 동전과 주사위를 동시에 던지는 경우**
서로 다른 m개의 동전과 n개의 주사위를 동시에 던질 때, 일어나는 모든 경우의 수는 $2^m \times 6^n$

사건과 경우의 수

　1부터 16까지의 자연수가 각각 하나씩 적힌 16장의 카드가 있다. 이 중에서 한 장을 뽑을 때, 다음 사건이 일어나는 경우의 수를 구하시오.

1 8의 배수가 나온다.

2 14의 약수가 나온다.

3 9 이상의 수가 나온다.

　두 개의 주사위 A, B를 동시에 던질 때, 다음을 구하시오.

4 다음 표는 나오는 두 눈의 수를 순서쌍으로 나타낸 것이다. 표를 완성하시오.

A＼B	⚀	⚁	⚂	⚃	⚄	⚅
⚀	(1, 1)	(1, 2)	(1, 3)	(1, 4)	(1, 5)	(1, 6)
⚁	(2, 1)					
⚂	(3, 1)					
⚃	(4, 1)					
⚄	(5, 1)					
⚅	(6, 1)					

5 일어나는 모든 경우의 수

6 나오는 두 눈의 수가 같은 경우의 수

7 나오는 두 눈의 수의 합이 4인 경우의 수

사건 A 또는 사건 B가 일어나는 경우의 수

🏷 한 개의 주사위를 던질 때, 다음을 구하시오.

8 3의 약수 또는 짝수의 눈이 나오는 경우의 수

9 4 미만의 홀수 또는 4 이상의 눈이 나오는 경우의 수

10 2 이하 또는 5 초과의 눈이 나오는 경우의 수

🏷 다음을 구하시오.

11 진호네 집에서 학교까지 가는 버스 노선이 4가지, 지하철 노선이 2가지 있을 때, 버스 또는 지하철을 타고 집에서 학교까지 가는 경우의 수

12 색깔이 다른 모자 5개와 모양이 다른 팔찌 6개 중에서 친구에게 전해 줄 선물 한 가지를 고르는 경우의 수

🏷 서로 다른 2개의 주사위를 동시에 던질 때, 다음을 구하시오.

13 나오는 두 눈의 수의 차가 2 또는 5인 경우의 수

14 나오는 두 눈의 수의 합이 7 또는 10인 경우의 수

사건 A와 사건 B가 동시에 일어나는 경우의 수

🏷 3종류의 노란색 꽃, 2종류의 보라색 꽃, 4종류의 빨간색 꽃이 있다. 다음을 구하시오.

15 노란색 꽃과 보라색 꽃을 각각 한 송이씩 골라 꽃병에 꽂는 경우의 수

16 노란색 꽃과 빨간색 꽃을 각각 한 송이씩 골라 꽃병에 꽂는 경우의 수

17 보라색 꽃과 빨간색 꽃을 각각 한 송이씩 골라 꽃병에 꽂는 경우의 수

🏷 다음을 구하시오.

18 연주와 민상이가 가위바위보를 할 때, 일어나는 모든 경우의 수

19 다음 그림과 같이 A 지점에서 B 지점까지 가는 길은 5가지, B 지점에서 C 지점까지 가는 길은 3가지일 때, A 지점에서 B 지점을 거쳐 C 지점까지 가는 방법의 수
(단, 한 번 지나간 지점은 다시 지나가지 않는다.)

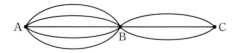

20 한 개의 동전과 서로 다른 두 개의 주사위를 동시에 던질 때, 일어나는 모든 경우의 수

소단원 유형 익히기

유형 1 수를 뽑는 경우의 수

여러 개의 자연수 중에서 한 개의 수를 뽑을 때 일어나는 사건의 경우의 수

➡ 주어진 자연수 중에서 조건을 만족시키는 수를 빠짐없이 중복되지 않게 나열하여 그 개수를 센다.

1. ▪ⅠⅠ 대표 🔄

1부터 9까지의 자연수가 각각 하나씩 적힌 9장의 카드 중에서 한 장을 뽑을 때, 다음 중 옳지 <u>않은</u> 것은?

① 2의 배수가 적힌 카드가 나오는 경우의 수는 4이다.
② 9의 약수가 적힌 카드가 나오는 경우의 수는 3이다.
③ 합성수가 적힌 카드가 나오는 경우의 수는 5이다.
④ 8 초과의 수가 적힌 카드가 나오는 경우의 수는 1이다.
⑤ 4 미만의 수가 적힌 카드가 나오는 경우의 수는 3이다.

2. ▪ⅠⅠ

1부터 12까지의 자연수가 각각 하나씩 적힌 12개의 공이 들어 있는 주머니가 있다. 이 주머니에서 한 개의 공을 꺼낼 때, 7 이상 10 미만의 수가 적힌 공이 나오는 경우의 수를 구하시오.

3. ▪ⅠⅠ

오른쪽 그림과 같이 각 면에 1부터 20까지의 자연수가 각각 하나씩 적힌 정이십면체 모양의 주사위를 한 번 던질 때, 바닥에 닿은 면에 적힌 수를 5로 나눈 나머지가 2인 경우의 수를 구하시오.

유형 2 돈을 지불하는 방법의 수

① 금액이 큰 동전 또는 지폐의 개수를 먼저 정한다.
② 지불하는 금액에 맞게 나머지 금액의 동전 또는 지폐의 개수를 정한다.
이때 지불하는 방법을 표로 나타내면 편리하다.

4. ▪ⅠⅠ 대표 🔄

창하가 편의점에서 1500원짜리 젤리 한 개를 사려고 한다. 1000원짜리 지폐 1장, 500원짜리 동전 2개, 100원짜리 동전 5개를 가지고 있을 때, 젤리 값을 지불하는 방법의 수는?

① 1   ② 2   ③ 3
④ 4   ⑤ 5

5. ▪ⅠⅠ

초희가 29000원짜리 바지 1벌을 사려고 한다. 초희가 5000원짜리 지폐 5장과 1000원짜리 지폐 9장으로 바지 값을 지불하는 방법의 수는?

① 2   ② 4   ③ 6
④ 8   ⑤ 10

6. ▪ⅠⅠ 서술형 💬

1000원짜리 지폐 3장과 500원짜리 동전 3개가 있다. 이 두 종류의 돈을 각각 하나 이상 사용하여 지불할 수 있는 금액은 모두 몇 가지인지 구하시오. (단, 거스름돈이 생기는 경우는 생각하지 않는다.)

유형 3 경우의 수

나올 수 있는 모든 경우를 나열하여 경우의 수를 구한다. 경우를 나열할 때는 순서쌍, 나뭇가지 모양의 그림 등을 이용하면 편리하다.

7 ▫▪ 대표 🔄

서로 다른 두 개의 주사위를 동시에 던질 때, 나오는 두 눈의 수의 차가 3인 경우의 수는?

① 2 　　　　　　② 4

③ 6 　　　　　　④ 8

⑤ 10

8 ▫▪ 신유형 🔄

다음 그림과 같이 객석 앞에서 무대에 오르려면 4개의 계단을 올라야 한다. 한 걸음에 한 계단 또는 두 계단을 오른다고 할 때, 객석 앞에서 무대에 오르는 경우의 수를 구하시오.

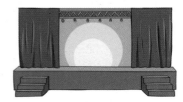

9 ▫▪ 서술형 💬

두 개의 주사위 A, B를 동시에 던져서 나오는 눈의 수를 각각 a, b라 할 때, $a-3b=0$을 만족시키는 경우의 수를 구하시오.

유형 4 경우의 수의 합 – 교통수단, 물건을 선택하는 경우

사건 A와 사건 B가 동시에 일어나지 않을 때, 사건 A가 일어나는 경우의 수를 m, 사건 B가 일어나는 경우의 수를 n이라 하면

(사건 A 또는 사건 B가 일어나는 경우의 수)$=m+n$

10 ▫▪ 대표 🔄

오른쪽 그림과 같이 희수네 집에서 패션 상가까지 가는 지하철 노선은 2가지, 버스 노선은 3가지이다. 지하철이나 버스를 타고 희수네 집에서 패션 상가까지 가는 경우의 수를 구하시오.

11 ▫▪

오후 간식으로 서로 다른 종류의 주스 4팩, 초콜릿 5개, 과자 3개가 준비되어 있다. 이 중에서 한 개를 선택하여 먹을 때, 초콜릿 또는 과자를 먹는 경우의 수는?

① 5 　　　　　② 6 　　　　　③ 7

④ 8 　　　　　⑤ 9

12 ▫▪

오른쪽 표는 수빈이네 학교 댄스 동아리와 연주 동아리를 나타낸 것이다. 수빈이가 댄스 동아리 또는 연주 동아리 중에서 한 가지를 선택하는 경우의 수를 구하시오.

댄스	연주
라인 힙합 스포츠	가야금 바이올린 클래식 기타 드럼

유형 5 경우의 수의 합 – 수를 뽑는 경우

사건 A 또는 사건 B가 일어나는 경우의 수

(1) 중복된 사건이 없는 경우

   (사건 A가 일어나는 경우의 수)

   +(사건 B가 일어나는 경우의 수)

(2) 중복된 사건이 있는 경우

   (사건 A가 일어나는 경우의 수)

   +(사건 B가 일어나는 경우의 수)

   −(두 사건 A, B가 중복되는 경우의 수)

13 ▪▪ 대표

1부터 10까지의 자연수가 각각 하나씩 적힌 10장의 카드가 있다. 이 중에서 한 장을 뽑을 때, 8의 약수 또는 9 이상의 수가 적힌 카드가 나오는 경우의 수는?

① 2   ② 4   ③ 6

④ 8   ⑤ 10

14 ▪▪

한 개의 주사위를 두 번 던질 때, 나오는 두 눈의 수의 합이 6 또는 9인 경우의 수는?

① 6   ② 7   ③ 8

④ 9   ⑤ 10

15 ▪▪ 서술형

1부터 18까지의 자연수가 각각 하나씩 적힌 18개의 구슬이 들어 있는 주머니가 있다. 이 주머니에서 한 개의 구슬을 꺼낼 때, 3의 배수 또는 4의 배수가 적힌 구슬이 나오는 경우의 수를 구하시오.

유형 6 경우의 수의 곱 – 물건을 선택하는 경우

사건 A가 일어나는 경우의 수를 m, 그 각각에 대하여 사건 B가 일어나는 경우의 수를 n이라 하면

(사건 A와 사건 B가 동시에 일어나는 경우의 수)$=m \times n$

16 ▪▪

자음 ㅁ, ㅅ, ㅊ, ㅋ이 각각 하나씩 적힌 4장의 카드와 모음 ㅏ, ㅐ, ㅣ, ㅗ, ㅓ가 각각 하나씩 적힌 5장의 카드가 있다. 다음을 구하시오.

(1) 자음이 적힌 카드 중에서 하나를 선택하는 경우의 수

(2) 모음이 적힌 카드 중에서 하나를 선택하는 경우의 수

(3) 자음과 모음이 적힌 카드를 각각 한 장씩 짝 지어 만들 수 있는 글자의 개수

17 ▪▪ 대표

재희는 4종류의 티셔츠와 2종류의 바지를 가지고 있다. 재희가 외출할 때, 티셔츠와 바지를 각각 하나씩 짝 지어 입는 경우의 수를 구하시오.

18 ▪▪ 신유형

어느 취미 교육 온라인 사이트의 강의 목록에는 운동 분야에 2가지, 미술 분야에 3가지, 공예 분야에 4가지 강좌가 있다. 이 중에서 미술 분야에서 한 가지 강좌를 선택하고, 미술 분야를 제외한 나머지 분야에서 한 가지 강좌를 선택하여 수강 신청하는 경우의 수를 구하시오.

운동 분야	미술 분야	공예 분야
요가 전신 근력	세밀화 민화 인물 드로잉	퀼트 천연 비누 도자기 리본 공예

유형 7 경우의 수의 곱 – 길을 선택하는 경우

A 지점 ➡ B 지점 의 경우의 수가 m,
B 지점 ➡ C 지점 의 경우의 수가 n일 때
A 지점에서 B 지점을 거쳐 C 지점까지 가는 경우의 수:
$$m \times n$$

19 .ıl 대표 ⌾

다음 그림은 학교, 분식집, 미용실 사이의 길을 나타낸 것이다. 보미가 학교에서 분식집을 거쳐 미용실까지 가는 경우의 수를 구하시오.
(단, 한 번 지나간 지점은 다시 지나가지 않는다.)

20 .ıl

어떤 산의 입구에서 정상까지의 등산로가 4가지일 때, 올라갈 때와 다른 등산로로 내려오는 방법의 수는?

① 3　　　　② 4　　　　③ 7

④ 12　　　　⑤ 16

21 .ıl

오른쪽 그림은 어느 미술관 전시실의 평면도이다. 3개의 전시실에는 방 사이를 연결하는 문이 있다. 제1전시실과 제2전시실 사이에는 2개의 통로가 있고, 제2전시실과 제3전시실 사이에는 3개의 통로가 있다. 준휘가 제1전시실 입구로 들어가서 제2전시실을 거쳐 제3전시실 출구로 나가는 방법의 수를 구하시오.
(단, 같은 곳은 두 번 이상 지나가지 않는다.)

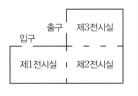

유형 8 경우의 수의 곱 – 동전 또는 주사위를 동시에 던지는 경우

동전 또는 주사위 여러 개를 동시에 던질 때, 일어나는 모든 경우의 수
(1) 서로 다른 m개의 동전을 던질 때: 2^m
(2) 서로 다른 n개의 주사위를 던질 때: 6^n
(3) 서로 다른 m개의 동전과 n개의 주사위를 던질 때:
$$2^m \times 6^n$$

22 .ıl 대표 ⌾

서로 다른 두 개의 동전과 한 개의 주사위를 동시에 던질 때, 동전은 서로 같은 면이 나오고 주사위는 짝수의 눈이 나오는 경우의 수는?

① 2　　　　② 3　　　　③ 4

④ 5　　　　⑤ 6

23 .ıl

한 개의 주사위를 두 번 던질 때, 두 번 모두 홀수의 눈이 나오는 경우의 수는?

① 3　　　　② 5　　　　③ 7

④ 9　　　　⑤ 11

24 .ıl 서술형 💬

두 개의 주사위 A, B를 동시에 던질 때, A 주사위는 4 이하의 눈이 나오고, B 주사위는 합성수의 눈이 나오는 경우의 수를 구하시오.

02 여러 가지 경우의 수

1 한 줄로 세우는 경우의 수

(1) n명을 한 줄로 세우는 경우의 수:
$$n \times (n-1) \times (n-2) \times \cdots \times 2 \times 1$$

(2) n명 중에서 2명을 뽑아 한 줄로 세우는 경우의 수:
$$n \times (n-1)$$

(3) n명 중에서 3명을 뽑아 한 줄로 세우는 경우의 수:
$$n \times (n-1) \times (n-2)$$

2 이웃하게 한 줄로 세우는 경우의 수

한 줄로 세울 때, 이웃하게 세우는 경우의 수는 다음과 같이 구한다.

$$\binom{\text{이웃하는 것을 하나로 묶어}}{\text{한 줄로 세우는 경우의 수}} \times \binom{\text{묶음 안에서 자리를}}{\text{바꾸는 경우의 수}}$$

└ 묶음 안에서 한 줄로
세우는 경우의 수

3 자연수를 만드는 경우의 수

(1) 0을 포함하지 않는 경우

0이 아닌 서로 다른 한 자리 숫자가 각각 하나씩 적힌 n장의 카드 중에서

① 2장을 동시에 뽑아 만들 수 있는 두 자리 자연수의 개수: $n \times (n-1)$

② 3장을 동시에 뽑아 만들 수 있는 세 자리 자연수의 개수: $n \times (n-1) \times (n-2)$

(2) 0을 포함하는 경우

0을 포함한 서로 다른 한 자리 숫자가 각각 하나씩 적힌 n장의 카드 중에서

① 2장을 동시에 뽑아 만들 수 있는 두 자리 자연수의 개수: $(n-1) \times (n-1)$

② 3장을 동시에 뽑아 만들 수 있는 세 자리 자연수의 개수: $(n-1) \times (n-1) \times (n-2)$

주의 숫자 중 0이 포함된 경우에 0은 맨 앞자리에 올 수 없다.

4 대표를 뽑는 경우의 수

(1) 자격이 다른 대표를 뽑는 경우

n명 중에서 자격이 다른 2명의 대표를 뽑는 경우의 수:
$$n \times (n-1)$$

참고 자격이 다른 대표를 뽑는 경우의 수는 뽑는 순서와 관계가 있다.

(2) 자격이 같은 대표를 뽑는 경우

n명 중에서 자격이 같은 2명의 대표를 뽑는 경우의 수:
$$\frac{n \times (n-1)}{2}$$

한 줄로 세우는 경우의 수

🏷 A, B, C, D 4명이 있을 때, 다음을 구하시오.

1 4명을 한 줄로 세우는 경우의 수

2 4명 중에서 2명을 뽑아 한 줄로 세우는 경우의 수

3 4명 중에서 3명을 뽑아 한 줄로 세우는 경우의 수

4 A를 맨 앞에 세우는 경우의 수

이웃하게 한 줄로 세우는 경우의 수

🏷 A, B, C, D 4명을 한 줄로 세울 때, 다음을 구하시오.

5 A, D를 이웃하게 세우는 경우의 수

6 C, D를 이웃하게 세우는 경우의 수

7 A, B, C를 이웃하게 세우는 경우의 수

자연수를 만드는 경우의 수

▶ **2, 4, 6, 8의 숫자가 각각 하나씩 적힌 4장의 카드가 있을 때, 다음을 구하시오.**

8 2장을 동시에 뽑아 만들 수 있는 두 자리 자연수의 개수

9 3장을 동시에 뽑아 만들 수 있는 세 자리 자연수의 개수

▶ **5, 6, 7, 8, 9의 숫자가 각각 하나씩 적힌 5장의 카드가 있다. 이 중에서 2장을 동시에 뽑아 두 자리 자연수를 만들 때, 다음을 구하시오.**

10 짝수의 개수

11 70 이상인 자연수의 개수

▶ **0, 2, 5, 7의 숫자가 각각 하나씩 적힌 4장의 카드가 있을 때, 다음을 구하시오.**

12 2장을 동시에 뽑아 만들 수 있는 두 자리 자연수의 개수

13 3장을 동시에 뽑아 만들 수 있는 세 자리 자연수의 개수

▶ **0, 1, 2, 3, 4의 숫자가 각각 하나씩 적힌 5장의 카드가 있다. 이 중에서 2장을 동시에 뽑아 두 자리 자연수를 만들 때, 다음을 구하시오.**

14 홀수의 개수

15 30 미만인 자연수의 개수

대표를 뽑는 경우의 수

▶ **5명의 결승 진출자 A, B, C, D, E가 있을 때, 다음을 구하시오.**

16 진 1명, 선 1명을 뽑는 경우의 수

17 진 1명, 선 1명, 미 1명을 뽑는 경우의 수

▶ **A, B, C, D 4명 중에서 대표를 뽑을 때, 다음을 구하시오.**

18 대표 2명을 뽑는 경우의 수

19 대표 3명을 뽑는 경우의 수

▶ **남학생 5명, 여학생 3명이 있을 때, 다음을 구하시오.**

20 회장 1명, 부회장 1명을 뽑는 경우의 수

21 당번 2명을 뽑는 경우의 수

22 당번 3명을 뽑는 경우의 수

23 남학생 당번 1명, 여학생 당번 1명을 뽑는 경우의 수

소단원 유형 익히기

유형 9 한 줄로 세우는 경우의 수

(1) n명을 한 줄로 세우는 경우의 수:
$$n \times (n-1) \times (n-2) \times \cdots \times 2 \times 1$$
(2) n명 중에서 2명을 뽑아 한 줄로 세우는 경우의 수:
$$n \times (n-1)$$
(3) n명 중에서 3명을 뽑아 한 줄로 세우는 경우의 수:
$$n \times (n-1) \times (n-2)$$

1 대표 ◯

어느 중학교 축제에서 5팀이 공연 순서를 정하려고 한다. 이때 공연 순서를 정하는 경우의 수는?

① 110 ② 120 ③ 130
④ 140 ⑤ 150

2

5명의 학생 중에서 3명을 뽑아 한 줄로 세우는 경우의 수는?

① 20 ② 40 ③ 60
④ 80 ⑤ 100

3

희정이는 여행에서 촬영한 사진을 인화하였다. 6장의 사진 중에서 2장을 서로 다른 2개의 액자에 넣는 방법은 모두 몇 가지인가?

① 22가지 ② 24가지
③ 26가지 ④ 28가지
⑤ 30가지

유형 10 한 줄로 세우는 경우의 수
－특정한 사람의 자리를 정하는 경우

특정한 사람의 자리를 고정하고 n명을 한 줄로 세우는 경우의 수

➡ 자리가 정해진 사람을 제외한 나머지 $(n-1)$명을 한 줄로 세우는 경우의 수와 같다.

4 대표 ◯

5개의 알파벳 D, R, E, A, M이 각각 하나씩 적힌 5장의 카드를 한 줄로 나열할 때, R가 적힌 카드를 맨 앞에, A가 적힌 카드를 맨 뒤에 나열하는 경우의 수는?

① 4 ② 5 ③ 6
④ 7 ⑤ 8

5 서술형 💬

지혜, 수진, 서현, 채원 4명의 학생이 이어달리기를 할 때, 서현이가 처음 또는 마지막 주자가 되는 경우의 수를 구하시오.

6

우산 걸이에 빨간색, 파란색, 초록색, 노란색, 보라색 5개의 우산을 나란히 걸 때, 노란색 우산을 네 번째 자리에 거는 경우의 수는?

① 24 ② 30
③ 36 ④ 42
⑤ 48

유형 11 한 줄로 세우는 경우의 수 – 이웃한 경우

이웃하게 한 줄로 세우는 경우의 수:

$$\binom{\text{이웃하는 것을 하나로 묶어}}{\text{한 줄로 세우는 경우의 수}} \times \binom{\text{묶음 안에서 자리를}}{\text{바꾸는 경우의 수}}$$

7 대표

학교 식당에서 민희, 지수, 준하, 효진, 연우 5명이 한 줄로 나란히 앉아 식사를 할 때, 지수와 연우가 이웃하여 앉는 경우의 수는?

① 12 ② 24 ③ 36
④ 48 ⑤ 60

8

1학년 학생 2명과 2학년 학생 2명, 3학년 학생 2명을 한 줄로 세울 때, 2학년 학생끼리 이웃하게 세우는 경우의 수는?

① 80 ② 120 ③ 160
④ 200 ⑤ 240

9 서술형

정우, 엄마, 아빠, 누나, 동생 5명이 박물관 관람을 위해 표를 구매하였다. 박물관 입구 앞에서 표를 확인 받기 위해 한 줄로 서서 들어갈 때, 정우, 누나, 동생이 이웃하여 서는 경우의 수를 구하시오.

유형 12 색칠하는 경우의 수

3가지 색을 이용하여 나누어진 부분에 색을 칠하는 경우의 수

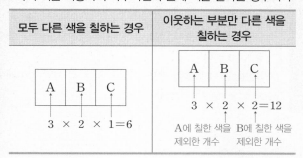

모두 다른 색을 칠하는 경우	이웃하는 부분만 다른 색을 칠하는 경우

10 대표

오른쪽 그림과 같이 A, B 두 부분으로 나누어진 도형을 보라색, 주황색의 2가지 색을 사용하여 칠하려고 한다. 모든 부분에 서로 다른 색을 칠하는 경우의 수를 구하시오.

11 신유형

오른쪽 그림과 같은 직사각형 모양의 게시판을 세로로 3등분하여 각 부분에 빨간색, 파란색, 초록색의 3가지 색을 칠하여 꾸미려고 한다. 3가지 색을 한 번씩만 사용하여 칠할 때, 게시판을 꾸밀 수 있는 경우의 수를 구하시오.

12

오른쪽 그림과 같은 A, B, C 세 부분에 분홍색, 연두색, 파란색, 노란색의 4가지 색을 이용하여 칠하려고 한다. 같은 색을 여러 번 사용해도 좋지만 이웃하는 곳에는 서로 다른 색을 칠하는 경우의 수를 구하시오.

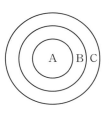

0이 아닌 서로 다른 한 자리 숫자가 각각 하나씩 적힌 n장의 카드 중에서

(1) 2장을 동시에 뽑아 만들 수 있는 두 자리 자연수의 개수:

$n \times (n-1)$

(2) 3장을 동시에 뽑아 만들 수 있는 세 자리 자연수의 개수:

$n \times (n-1) \times (n-2)$

13 대표

1, 2, 5, 7, 8의 숫자가 각각 하나씩 적힌 5장의 카드가 있다. 이 중에서 2장을 동시에 뽑아 만들 수 있는 두 자리 자연수 중 홀수의 개수는?

┌─┬─┬─┬─┬─┐
│1│2│5│7│8│
└─┴─┴─┴─┴─┘

① 6   ② 8   ③ 10

④ 12   ⑤ 14

14

1부터 6까지의 자연수가 각각 하나씩 적힌 6개의 공이 들어 있는 주머니가 있다. 이 주머니에서 3개의 공을 동시에 꺼내어 만들 수 있는 세 자리 자연수의 개수는?

① 40   ② 60   ③ 80

④ 100   ⑤ 120

15 서술형

1부터 7까지의 자연수가 각각 하나씩 적힌 7장의 카드가 있다. 이 중에서 2장을 동시에 뽑아 만들 수 있는 두 자리 자연수 중 작은 수부터 크기순으로 7번째의 수를 구하시오.

0을 포함한 서로 다른 한 자리 숫자가 각각 하나씩 적힌 n장의 카드 중에서

(1) 2장을 동시에 뽑아 만들 수 있는 두 자리 자연수의 개수:

$(n-1) \times (n-1)$

(2) 3장을 동시에 뽑아 만들 수 있는 세 자리 자연수의 개수:

$(n-1) \times (n-1) \times (n-2)$

주의 숫자 중 0이 포함된 경우에 0은 맨 앞자리에는 올 수 없다.

16 대표

0, 1, 2, 3, 4의 숫자가 각각 하나씩 적힌 5장의 카드가 있다. 이 중에서 2장을 동시에 뽑아 만들 수 있는 두 자리 자연수 중 40 미만인 수의 개수는?

┌─┬─┬─┬─┬─┐
│0│1│2│3│4│
└─┴─┴─┴─┴─┘

① 11   ② 12   ③ 13

④ 14   ⑤ 15

17

0, 1, 2, 3, 4, 5, 6의 7개의 숫자를 사용하여 두 자리 자연수를 만들려고 한다. 같은 숫자를 여러 번 사용해도 된다고 할 때, 만들 수 있는 두 자리 자연수의 개수는?

① 34   ② 38   ③ 42

④ 46   ⑤ 50

18

0, 1, 2, 3, 4, 5, 6의 숫자가 각각 하나씩 적힌 7개의 공이 들어 있는 주머니가 있다. 이 주머니에서 3개의 공을 동시에 꺼내어 만들 수 있는 세 자리 자연수 중 5의 배수의 개수를 구하시오.

유형 15 대표를 뽑는 경우의 수 – 자격이 다른 경우

(1) n명 중에서 자격이 다른 2명의 대표를 뽑는 경우의 수:
$$n \times (n-1)$$
(2) n명 중에서 자격이 다른 3명의 대표를 뽑는 경우의 수:
$$n \times (n-1) \times (n-2)$$
참고 자격이 다른 대표를 뽑는 경우의 수는 뽑는 순서와 관계가 있다.

19 📶 대표

교내 사생 대회의 결선에 오른 7개의 작품 중에서 대상, 최우수상, 우수상을 받을 작품을 각각 1개씩 뽑는 경우의 수는?

① 200 ② 210 ③ 220
④ 230 ⑤ 240

20 📶

어느 농구 팀에서는 5명의 후보 A, B, C, D, E 중에서 감독, 코치, 기록원을 각각 1명씩 뽑으려고 한다. 이때 B가 감독으로 뽑히는 경우의 수는?

① 4 ② 8 ③ 12
④ 16 ⑤ 20

21 📶 서술형 💬

교내 연극제에서 오즈의 마법사 공연을 하기로 하고 혜원이를 포함한 6명이 지원한 오디션에서 서쪽 마녀 역에 1명, 도로시 역에 2명을 뽑기로 하였다. 혜원이가 도로시 역에 뽑히는 경우의 수를 구하시오.

유형 16 대표를 뽑는 경우의 수 – 자격이 같은 경우

(1) n명 중에서 자격이 같은 2명의 대표를 뽑는 경우의 수:
$$\frac{n \times (n-1)}{2}$$ – (A, B), (B, A)는 같은 경우이다.
(2) n명 중에서 자격이 같은 3명의 대표를 뽑는 경우의 수:
$$\frac{n \times (n-1) \times (n-2)}{3 \times 2 \times 1}$$ – (A, B, C), (A, C, B), (B, A, C), (B, C, A), (C, A, B), (C, B, A)는 모두 같은 경우이다.

22 📶 대표

석우를 포함하여 7명으로 구성된 모둠에서 과제 발표를 담당할 3명을 뽑으려고 한다. 이때 석우가 뽑히는 경우의 수를 구하시오.

23 📶

5개 축구팀이 각각 서로 한 번씩 경기를 하려고 할 때, 모두 몇 번의 경기를 해야 하는가?

① 10번 ② 15번 ③ 20번
④ 25번 ⑤ 30번

24 📶 신유형 ↻

점자는 점들의 위치를 사용하여 문자로 나타내며, 하나의 점자는 6개의 점으로 이루어져 있다. 다음은 한글의 자음 중에서 초성과 종성을 점자로 나타낸 것의 일부분이고, 각 점은 볼록하게 튀어나온 점(●)과 그렇지 않은 것(○)으로 구별한다.

		ㅋ	ㅌ	ㅍ	ㅎ
자음	초성				
	종성				

이와 같이 6개의 점을 이용하여 문자를 만들 때, 3개의 볼록하게 튀어나온 점(●)으로 만들 수 있는 문자의 개수를 구하시오.

1. 📊

한 개의 주사위를 던질 때, 다음 중에서 사건이 일어나는 경우의 수가 가장 작은 것은?

① 짝수의 눈이 나온다.

② 2 초과의 눈이 나온다.

③ 3 미만의 눈이 나온다.

④ 소수도 합성수도 아닌 눈이 나온다.

⑤ 4의 약수의 눈이 나온다.

2. 📊

현우와 선미는 동시에 한 손의 손가락을 펴서 그 개수의 합을 맞히는 놀이를 하고 있다. 두 사람이 편 손가락의 개수의 합이 6인 경우의 수는?

① 4   ② 5   ③ 6

④ 7   ⑤ 8

3. 📊

운동장에 서로 다른 야구공 2개와 서로 다른 축구공 3개가 있을 때, 재호가 야구공 또는 축구공을 선택하는 경우의 수를 구하시오.

4. 📊

부산과 제주도를 오가는 교통편으로 비행기는 2가지, 배는 3가지가 있다. 부산과 제주도를 왕복하는데 갈 때는 배를, 올 때는 비행기를 이용하는 방법의 수를 구하시오.

5. 📊

1000원짜리 지폐가 3장, 500원짜리, 100원짜리 동전이 각각 9개씩 있을 때, 3400원을 거스름돈 없이 지불하는 방법의 수는?

① 3   ② 4   ③ 5

④ 6   ⑤ 7

6. 📊

1부터 15까지의 자연수가 각각 하나씩 적힌 15장의 카드가 있다. 이 중에서 한 장을 뽑을 때, 3의 배수 또는 7의 배수가 적힌 카드가 나오는 경우의 수는?

① 4   ② 5   ③ 6

④ 7   ⑤ 8

7. 📊

부모님, 언니, 오빠, 채원이를 한 줄로 세울 때, 부모님을 양 끝에 세우는 경우의 수는?

① 10   ② 12   ③ 14

④ 16   ⑤ 18

8. 📊

6개의 알파벳 s, u, n, d, a, y를 한 줄로 나열할 때, s와 d를 이웃하게 나열하는 경우의 수를 구하시오.

9 ₐ₁₁

3, 5, 6, 8, 9의 숫자가 각각 하나씩 적힌 5장의 카드가 있다. 이 중에서 한 장씩 세 번을 뽑아 만들 수 있는 세 자리 자연수 중 800 초과인 수의 개수는? (단, 같은 카드를 여러 번 뽑을 수 있다.)

① 20   ② 30   ③ 40
④ 50   ⑤ 60

10 ₐ₁₁ 서술형 💬

0, 4, 5, 6, 7의 숫자가 각각 하나씩 적힌 5장의 카드가 있다. 이 중에서 2장을 동시에 뽑아 만들 수 있는 두 자리 자연수 중 56 미만인 수의 개수를 구하시오.

11 ₐ₁₁

10명의 학생 중에서 체육 대회의 각 종목 경기에 나갈 선수를 뽑으려고 한다. 축구, 농구 경기에 나갈 선수를 각각 1명씩 뽑는 경우의 수는?

① 60   ② 70   ③ 80
④ 90   ⑤ 100

12 ₐ₁₁

어느 중학교 학생회장 선거에 출마한 7명 중에서 회장 1명, 부회장 2명을 뽑는 경우의 수는?

① 95   ② 100   ③ 105
④ 110   ⑤ 115

13 ₐ₁₁

서로 다른 두 개의 주사위를 동시에 던져서 나오는 눈의 수를 각각 a, b라 할 때, 방정식 $ax-b=0$의 해가 1 또는 2인 경우의 수는?

① 3   ② 6   ③ 9
④ 12   ⑤ 15

14 ₐ₁₁

A 주머니에는 1부터 6까지의 자연수가 각각 하나씩 적힌 6개의 공이 들어 있고, B 주머니에는 1부터 9까지의 자연수가 각각 하나씩 적힌 9개의 공이 들어 있다. 이 두 주머니에서 각각 한 개의 공을 꺼낼 때, 공에 적힌 두 수의 합이 홀수인 경우의 수를 구하시오.

15 ₐ₁₁

오른쪽 그림과 같이 나누어진 도형을 빨간색, 파란색, 노란색, 초록색의 4가지 색으로 칠하려고 한다. 같은 색을 여러 번 사용해도 좋지만 이웃하는 곳에는 반드시 서로 다른 색으로 칠하는 경우의 수를 구하시오.

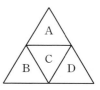

16 ₐ₁₁

오른쪽 그림과 같이 원 위에 서로 다른 7개의 점이 있을 때, 두 점을 연결하여 만들 수 있는 선분의 개수는?

① 21   ② 23
③ 25   ④ 27
⑤ 29

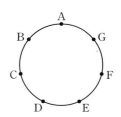

07
.
확률

01 확률의 뜻과 성질

① 확률의 뜻

(1) **확률**: 같은 조건에서 실험이나 관찰을 여러 번 반복할 때, 어떤 사건 A가 일어나는 상대도수가 일정한 값에 가까워지면 이 일정한 값을 사건 A가 일어날 확률이라 한다.

(2) **사건 A가 일어날 확률**: 어떤 실험이나 관찰에서 각각의 경우가 일어날 가능성이 모두 같을 때, 일어나는 모든 경우의 수를 n, 사건 A가 일어나는 경우의 수를 a라 하면 사건 A가 일어날 확률 p는

$$p = \frac{(\text{사건 } A\text{가 일어나는 경우의 수})}{(\text{일어나는 모든 경우의 수})} = \frac{a}{n}$$

예 한 개의 주사위를 던질 때, 일어나는 모든 경우의 수는 6이고 짝수의 눈이 나오는 경우는 2, 4, 6의 3가지이므로 짝수의 눈이 나올 확률은

$$\frac{(\text{짝수의 눈이 나오는 경우의 수})}{(\text{일어나는 모든 경우의 수})} = \frac{3}{6} = \frac{1}{2}$$

참고 확률은 보통 분수, 소수, 백분율(%) 등으로 나타낸다.

② 확률의 성질

> 확률이 음수이거나 1보다 큰 경우는 없다.

(1) 어떤 사건이 일어날 확률을 p라 하면 $\boxed{0 \le p \le 1}$이다.

(2) 반드시 일어나는 사건의 확률은 1이다.

(3) 절대로 일어나지 않는 사건의 확률은 0이다.

예 한 개의 주사위를 던질 때, 1 이상 6 이하의 눈이 나올 확률은 1이고 10 이상의 눈이 나올 확률은 0이다.

참고 확률이 커질수록 그 사건이 일어날 가능성은 커지고, 확률이 작아질수록 그 사건이 일어날 가능성은 작아진다.

③ 어떤 사건이 일어나지 않을 확률

사건 A가 일어날 확률을 p라 하면

$$(\text{사건 } A\text{가 일어나지 않을 확률}) = 1 - p$$

예 서희가 어느 시험에 합격할 확률이 $\frac{3}{4}$일 때, 불합격할 확률은

$$1 - \frac{3}{4} = \frac{1}{4}$$

참고 • 사건 A가 일어날 확률을 p, 사건 A가 일어나지 않을 확률을 q라 하면 $p+q=1$이다.

• 일반적으로 '적어도', '최소한', '~이 아닐', '~ 못할' 등의 표현이 있으면 어떤 사건이 일어나지 않을 확률을 이용한다.

확률의 뜻

[태그] 한 개의 주사위를 던질 때, 다음을 구하시오.

1 3의 배수의 눈이 나올 확률

2 5 미만의 눈이 나올 확률

3 소수의 눈이 나올 확률

[태그] 1부터 20까지의 자연수가 각각 하나씩 적힌 20장의 카드 중에서 한 장을 임의로 뽑을 때, 다음을 구하시오.

4 6의 배수가 적힌 카드가 나올 확률

5 16의 약수가 적힌 카드가 나올 확률

6 홀수가 적힌 카드가 나올 확률

7 3 이상 10 이하의 수가 적힌 카드가 나올 확률

정답과 풀이 ★ 71쪽

서로 다른 세 개의 동전을 동시에 던질 때, 다음을 구하시오.

8 앞면이 한 개 나올 확률

9 앞면이 두 개 나올 확률

10 모두 앞면이 나올 확률

확률의 성질

다음 그림과 같이 세 주머니 A, B, C에 모양과 크기가 같은 공이 각각 5개씩 들어 있다. 각 주머니에서 한 개의 공을 임의로 꺼낼 때, 주황색 공이 나올 확률을 구하시오.

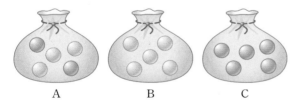

A   B   C

11 A 주머니

12 B 주머니

13 C 주머니

어떤 사건이 일어나지 않을 확률

다음을 구하시오.

14 4개의 불량품이 섞여 있는 40개의 제품 중에서 한 개를 임의로 선택할 때, 불량품이 나오지 않을 확률

15 1부터 10까지의 자연수가 각각 하나씩 적힌 10장의 카드 중에서 한 장을 임의로 뽑을 때, 10의 약수가 아닌 수가 적힌 카드가 나올 확률

16 서로 다른 세 개의 동전을 동시에 던질 때, 적어도 한 개는 앞면이 나올 확률

서로 다른 두 개의 주사위를 동시에 던질 때, 다음을 구하시오.

17 나오는 두 눈의 수의 차가 4 이하일 확률

18 나오는 두 눈의 수가 서로 다를 확률

19 적어도 한 개는 짝수의 눈이 나올 확률

7. 확률 ★ **141**

소단원 유형 익히기

유형 **1** 확률의 뜻

사건 A가 일어날 확률 p는

$$p = \frac{(\text{사건 } A\text{가 일어나는 경우의 수})}{(\text{일어나는 모든 경우의 수})}$$

1.

다음은 현희네 학교 학생을 대상으로 집에서 기르고 있는 동물을 조사한 것이다. 조사한 학생 중에서 한 명을 임의로 선택할 때, 그 학생이 집에서 기르고 있는 동물이 고양이일 확률을 구하시오.

기르고 있는 동물	개	고양이	열대어	자라	없음
학생 수(명)	25	10	8	2	5

2. 대표

A, B, C, D, E 5명을 임의로 한 줄로 세울 때, E를 맨 앞에 세울 확률은?

① $\frac{1}{5}$　　　　② $\frac{1}{4}$　　　　③ $\frac{1}{3}$

④ $\frac{1}{2}$　　　　⑤ $\frac{2}{3}$

3.

준수네 가족은 여름휴가 여행에서 해변 축제 가족 장기 자랑에 참가하였다. 엄마, 아빠, 형, 준수 4명이 임의로 한 줄로 서서 무대에 입장할 때, 준수와 형이 이웃하여 설 확률은?

① $\frac{1}{5}$　　　　② $\frac{1}{4}$　　　　③ $\frac{2}{5}$

④ $\frac{1}{2}$　　　　⑤ $\frac{3}{5}$

4.

한 개의 동전을 던져서 앞면이 나오면 +3점, 뒷면이 나오면 -2점을 받기로 하였다. 한 개의 동전을 세 번 던질 때, 받은 점수의 합이 +4점이 될 확률을 구하시오.

5.

민재, 신혜, 지은, 동우, 형석 5명 중에서 대표 2명을 임의로 뽑을 때, 신혜가 뽑힐 확률은?

① $\frac{1}{5}$　　　　② $\frac{1}{3}$　　　　③ $\frac{2}{5}$

④ $\frac{1}{2}$　　　　⑤ $\frac{3}{5}$

6. 서술형

0, 1, 2, 3, 4, 5의 숫자가 각각 하나씩 적힌 6장의 카드가 있다. 이 중에서 임의로 3장을 동시에 뽑아 세 자리 자연수를 만들 때, 만든 자연수가 5의 배수일 확률을 구하시오.

7. 신유형

1부터 12까지의 자연수가 각각 하나씩 적힌 12개의 공이 들어 있는 상자가 있다. 이 상자에서 한 개의 공을 임의로 꺼낼 때, 꺼낸 공에 적힌 수를 x라 하자. 이때 분수 $\frac{x}{30}$를 유한소수로 나타낼 수 있을 확률은?

① $\frac{1}{4}$　　　　② $\frac{1}{3}$　　　　③ $\frac{1}{2}$

④ $\frac{2}{3}$　　　　⑤ $\frac{3}{4}$

유형 2 확률의 성질

(1) 어떤 사건이 일어날 확률을 p라 하면 $0 \leq p \leq 1$이다.

(2) 반드시 일어나는 사건의 확률은 1이다.

(3) 절대로 일어나지 않는 사건의 확률은 0이다.

8 .ıl 대표 ◯

사건 A가 일어날 확률이 p일 때, 다음 중에서 옳지 <u>않은</u> 것은?

① $0 \leq p \leq 1$

② $p = \dfrac{(\text{일어나는 모든 경우의 수})}{(\text{사건 } A \text{가 일어나는 경우의 수})}$

③ 한 개의 동전을 던질 때 앞면이 나오는 사건을 A라 하면 $p = \dfrac{1}{2}$이다.

④ $p = 1$이면 사건 A는 반드시 일어난다.

⑤ $p = 0$이면 사건 A는 절대로 일어나지 않는다.

9 .ıl

한 개의 주사위를 두 번 던져서 첫 번째 나오는 눈의 수를 x, 두 번째 나오는 눈의 수를 y라 할 때, $x + y \leq 12$일 확률을 구하시오.

10 .ıl 서술형 🗨

1, 3, 5, 7, 9의 자연수가 각각 하나씩 적힌 5장의 카드가 있다. 이 중에서 한 장을 임의로 뽑을 때, 홀수가 적힌 카드가 나올 확률을 a, 짝수가 적힌 카드가 나올 확률을 b라 하자. 이때 $a + b$의 값을 구하시오.

| 1 | 3 | 5 | 7 | 9 |

유형 3 어떤 사건이 일어나지 않을 확률

사건 A가 일어날 확률을 p, 사건 A가 일어나지 않을 확률을 q라 하면

(1) $q = 1 - p$

(2) $p + q = 1$

참고 '~이 아닐', '~ 못할' 등의 표현이 있으면 어떤 사건이 일어나지 않을 확률을 이용한다.

11 .ıl

A팀과 B팀의 배구 경기에서 B팀이 이길 확률이 $\dfrac{5}{9}$일 때, A팀이 이길 확률을 구하시오. (단, 비기는 경우는 없다.)

12 .ıl 대표 ◯

서로 다른 두 개의 주사위를 동시에 던질 때, 나오는 두 눈의 수의 차가 1이 아닐 확률은?

① $\dfrac{7}{18}$

② $\dfrac{1}{2}$

③ $\dfrac{11}{18}$

④ $\dfrac{13}{18}$

⑤ $\dfrac{5}{6}$

13 .ıl

보영이를 포함한 6명의 후보 중에서 대표 2명을 임의로 뽑을 때, 보영이가 뽑히지 않을 확률은?

① $\dfrac{1}{5}$

② $\dfrac{1}{4}$

③ $\dfrac{1}{3}$

④ $\dfrac{1}{2}$

⑤ $\dfrac{2}{3}$

14

동대표 선거에서 이민규 후보는 1000표 중 550표를 득표하여 당선되었다. 1000명의 투표자 중에서 한 명을 임의로 선택할 때, 이민규 후보에게 투표하지 않은 주민이 선택될 확률은?

(단, 기권이나 무효표는 없다.)

① $\dfrac{1}{4}$　　　② $\dfrac{7}{20}$　　　③ $\dfrac{9}{20}$

④ $\dfrac{11}{20}$　　　⑤ $\dfrac{13}{20}$

15 서술형

선미, 규현, 경원, 초롱, 승희 5명이 영화관에서 임의로 나란히 한 줄에 앉아 영화 관람을 할 때, 초롱이와 승희가 이웃하여 앉지 않을 확률을 구하시오.

16

두 사람이 가위바위보를 한 번 할 때, 승부가 결정될 확률은?

① $\dfrac{2}{9}$　　　② $\dfrac{1}{3}$　　　③ $\dfrac{4}{9}$

④ $\dfrac{5}{9}$　　　⑤ $\dfrac{2}{3}$

17

4개의 자음 ㄱ, ㄷ, ㅁ, ㅅ과 3개의 모음 ㅐ, ㅗ, ㅣ가 각각 하나씩 적힌 카드 7장이 있다. 자음과 모음이 적힌 카드를 각각 한 장씩 짝 지어 임의로 글자를 만들 때, 'ㅁ'을 포함하지 않는 글자를 만들 확률을 구하시오.

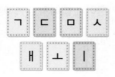

유형 4 적어도 하나는 ~일 확률

(적어도 하나는 ~일 확률)＝1－(모두 ~가 아닐 확률)

참고 '적어도', '최소한' 등의 표현이 있으면 어떤 사건이 일어나지 않을 확률을 이용한다.

18 대표

지은이가 시험에 출제된 3개의 ○, × 문제에 임의로 답할 때, 적어도 한 문제는 맞힐 확률은?

① $\dfrac{1}{8}$　　　② $\dfrac{3}{8}$　　　③ $\dfrac{5}{8}$

④ $\dfrac{3}{4}$　　　⑤ $\dfrac{7}{8}$

19

동원이네 학교 환경 동아리에는 2학년 5명, 3학년 3명이 있다. 이 중에서 대표 2명을 임의로 뽑을 때, 적어도 한 명은 3학년을 뽑을 확률은?

① $\dfrac{3}{14}$　　　② $\dfrac{5}{14}$　　　③ $\dfrac{1}{2}$

④ $\dfrac{9}{14}$　　　⑤ $\dfrac{11}{14}$

20 신유형

오른쪽 그림과 같이 27개의 쌓기 나무를 쌓아서 정육면체를 만들었다. 이 정육면체의 겉면에 색칠을 하고 다시 흐트러뜨린 다음 쌓기 나무 한 개를 임의로 선택할 때, 적어도 한 면이 색칠된 쌓기 나무를 고를 확률을 구하시오.

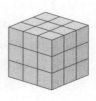

02 확률의 계산

정답과 풀이 ★ 74쪽

1 사건 A 또는 사건 B가 일어날 확률 – 확률의 덧셈

동일한 실험이나 관찰에서 사건 A와 사건 B가 동시에 일어나지 않을 때, 사건 A가 일어날 확률을 p, 사건 B가 일어날 확률을 q라 하면

  (사건 A 또는 사건 B가 일어날 확률)$=p+q$

참고 각 사건이 일어나는 경우의 수를 모두 더하여 확률을 구하는 것과 확률의 덧셈을 이용하여 확률을 계산하는 것은 그 결과가 같다.

2 사건 A와 사건 B가 동시에 일어날 확률 – 확률의 곱셈

사건 A와 사건 B가 서로 영향을 끼치지 않을 때, 사건 A가 일어날 확률을 p, 사건 B가 일어날 확률을 q라 하면

  (사건 A와 사건 B가 동시에 일어날 확률)$=p\times q$

3 확률의 곱셈을 이용한 어떤 사건이 일어나지 않을 확률

두 사건 A, B가 서로 영향을 끼치지 않을 때, 사건 A가 일어날 확률을 p, 사건 B가 일어날 확률을 q라 하면

(1) 사건 A가 일어나고 사건 B가 일어나지 않을 확률 :

  $p\times(1-q)$

(2) 사건 A가 일어나지 않고 사건 B가 일어날 확률 :

  $(1-p)\times q$

(3) 두 사건 A, B가 모두 일어나지 않을 확률 :

  $(1-p)\times(1-q)$

4 두 사건 A, B 중에서 적어도 하나가 일어날 확률

두 사건 A, B가 서로 영향을 끼치지 않을 때, 사건 A가 일어날 확률을 p, 사건 B가 일어날 확률을 q라 하면

  (두 사건 A, B 중에서 적어도 하나가 일어날 확률)

  $=1-$(두 사건 A, B가 모두 일어나지 않을 확률)

  $=1-(1-p)\times(1-q)$

5 연속하여 뽑는 경우의 확률

(1) 뽑은 것을 다시 넣고 뽑는 경우 : 처음에 뽑은 것을 다시 뽑을 수 있으므로 처음에 일어난 사건이 나중에 일어나는 사건에 영향을 주지 않는다.

  ➡ 처음과 나중의 조건이 같다.

(2) 뽑은 것을 다시 넣지 않고 뽑는 경우 : 처음에 뽑은 것을 다시 뽑을 수 없으므로 처음에 일어난 사건이 나중에 일어나는 사건에 영향을 준다.

  ➡ 처음과 나중의 조건이 다르다.

사건 A 또는 사건 B가 일어날 확률

▶ 서로 다른 두 개의 주사위를 동시에 던질 때, 다음을 구하시오.

1 나오는 두 눈의 수의 합이 3 또는 7일 확률

2 나오는 두 눈의 수의 차가 2 또는 4일 확률

3 나오는 두 눈의 수의 곱이 9 또는 10일 확률

▶ 1부터 15까지의 자연수가 각각 하나씩 적힌 15장의 카드 중에서 한 장을 임의로 뽑을 때, 다음을 구하시오.

4 3 미만 또는 12 이상의 수가 적힌 카드가 나올 확률

5 5의 배수 또는 14의 약수가 적힌 카드가 나올 확률

▶ 다음을 구하시오.

6 모양과 크기가 같은 빨간 고무줄 3개, 검은 고무줄 5개, 파란 고무줄 2개가 들어 있는 상자에서 한 개의 고무줄을 임의로 꺼낼 때, 빨간 고무줄 또는 파란 고무줄이 나올 확률

7 A, B, C, D 4명을 임의로 한 줄로 세울 때, A를 맨 앞 또는 맨 뒤에 세울 확률

사건 A와 사건 B가 동시에 일어날 확률

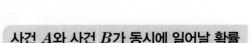 두 개의 주사위 A, B를 동시에 던질 때, 다음을 구하시오.

8 A 주사위에서 합성수의 눈이 나올 확률

9 B 주사위에서 4의 약수의 눈이 나올 확률

10 A 주사위에서 합성수의 눈이 나오고 B 주사위에서 4의 약수의 눈이 나올 확률

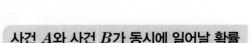 다음을 구하시오.

11 서로 다른 두 개의 동전과 한 개의 주사위를 동시에 던질 때, 동전은 서로 같은 면이 나오고 주사위는 짝수의 눈이 나올 확률

12 민수와 연우가 오늘 수영장에 갈 확률이 각각 $\frac{5}{6}$, $\frac{2}{3}$일 때, 두 사람 모두 오늘 수영장에 갈 확률

13 두 농구 선수 A, B의 자유투 성공률이 각각 $\frac{3}{4}$, $\frac{4}{5}$일 때, 두 선수 모두 자유투를 성공할 확률

14 두 문제 A, B가 출제된 시험에서 채원이가 A 문제를 맞힐 확률이 $\frac{3}{5}$, B 문제를 맞힐 확률이 $\frac{1}{6}$일 때, 채원이가 두 문제 모두 맞히지 못할 확률

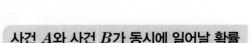 무혁이와 가은이가 퍼즐 맞추기 게임에서 퍼즐을 완성할 확률이 각각 $\frac{5}{9}$, $\frac{7}{10}$일 때, 다음을 구하시오.

15 무혁이만 퍼즐을 완성할 확률

16 적어도 한 명은 퍼즐을 완성할 확률

연속하여 뽑는 경우의 확률

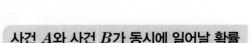 모양과 크기가 같은 빨간 공 3개, 파란 공 7개가 들어 있는 주머니가 있다. 이 주머니에서 한 개의 공을 임의로 꺼내 확인하고 다시 넣은 후 한 개의 공을 임의로 또 꺼낼 때, 다음을 구하시오.

17 첫 번째에 빨간 공이 나올 확률

18 두 번째에 빨간 공이 나올 확률

19 두 공 모두 빨간 공이 나올 확률

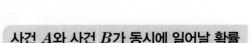 모양과 크기가 같은 빨간 공 3개, 파란 공 7개가 들어 있는 주머니가 있다. 이 주머니에서 한 개의 공을 연속하여 두 번 임의로 꺼낼 때, 다음을 구하시오.
(단, 꺼낸 공은 다시 넣지 않는다.)

20 첫 번째에 빨간 공이 나올 확률

21 두 번째에 빨간 공이 나올 확률

22 두 공 모두 빨간 공이 나올 확률

유형 **5** 사건 A 또는 사건 B가 일어날 확률

동일한 실험이나 관찰에서 사건 A와 사건 B가 동시에 일어나지 않을 때, 사건 A가 일어날 확률을 p, 사건 B가 일어날 확률을 q라 하면
(사건 A 또는 사건 B가 일어날 확률)$=p+q$

유형 **6** 사건 A와 사건 B가 동시에 일어날 확률

사건 A와 사건 B가 서로 영향을 끼치지 않을 때, 사건 A가 일어날 확률을 p, 사건 B가 일어날 확률을 q라 하면
(사건 A와 사건 B가 동시에 일어날 확률)$=p \times q$

1.

오른쪽은 우영이네 반 학생들의 한 달 동안 편의점 이용 횟수를 조사하여 나타낸 도수분포표이다. 우영이네 반 학생 중에서 한 명을 임의로 선택할 때, 그 학생의 편의점 이용 횟수가 15회 미만일 확률을 구하시오.

이용 횟수(회)	도수(명)
$5^{이상}$ ~ $10^{미만}$	4
10 ~ 15	8
15 ~ 20	6
20 ~ 25	2
25 ~ 30	4
합계	24

2. 대표

오른쪽 그래프는 어느 반 학생 36명을 대상으로 급식에 대한 만족도를 조사하여 나타낸 것이다. 설문에 답한 학생 중에서 한 명을 임의로 선택할 때, 그 학생이 만족 또는 보통이라고 답했을 확률을 구하시오.

보통 11명 / 만족 23명 / 불만족 2명

3. 신유형

어느 쇼핑몰에서 다음과 같은 내용으로 경품 행사를 실시하였다.

> A 주머니에는 1부터 5까지의 자연수가 각각 하나씩 적힌 5장의 카드가 들어 있고, B 주머니에는 1부터 8까지의 자연수가 각각 하나씩 적힌 8장의 카드가 들어 있습니다. 두 주머니 A, B에서 각각 한 장의 카드를 임의로 뽑을 때, 카드에 적힌 두 수의 합이 5의 배수이면 상품권을 드립니다.

이 경품 행사에서 상품권을 받을 확률을 구하시오.

4.

어느 클레이 사격 선수가 접시를 맞힐 확률이 $\frac{4}{5}$이다. 이 선수가 두 발을 쏠 때, 두 발 모두 접시를 맞힐 확률을 구하시오.
(단, 첫 번째의 결과는 두 번째의 결과에 영향을 끼치지 않는다.)

5. 대표

한 개의 주사위를 두 번 던질 때, 두 번 모두 3 이하의 눈이 나올 확률은?

① $\frac{1}{36}$ ② $\frac{1}{9}$ ③ $\frac{1}{6}$

④ $\frac{1}{4}$ ⑤ $\frac{1}{3}$

6. 서술형

A 주머니에는 빨간 공 6개, 파란 공 3개가 들어 있고, B 주머니에는 빨간 공 3개, 파란 공 4개가 들어 있다. 두 주머니 A, B에서 공을 각각 한 개씩 임의로 꺼낼 때, A 주머니에서 빨간 공이 나오고 B 주머니에서 파란 공이 나올 확률을 구하시오.
(단, 공은 모양과 크기가 모두 같다.)

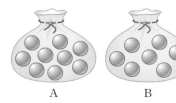

A   B

유형 **7**   확률의 곱셈을 이용한 어떤 사건이 일어나지 않을 확률

두 사건 A, B가 서로 영향을 끼치지 않을 때, 사건 A가 일어날 확률을 p, 사건 B가 일어날 확률을 q라 하면
(1) 사건 A가 일어나고 사건 B가 일어나지 않을 확률:
 $p \times (1-q)$
(2) 사건 A가 일어나지 않고 사건 B가 일어날 확률:
 $(1-p) \times q$
(3) 두 사건 A, B가 모두 일어나지 않을 확률:
 $(1-p) \times (1-q)$

7. ▮▮ 대표◯

장난감이 들어 있는 두 상자 A, B가 있다. A 상자에서 불량품을 뽑을 확률이 $\frac{1}{10}$, B 상자에서 불량품을 뽑을 확률이 $\frac{7}{9}$이다. 두 상자 A, B에서 장난감을 각각 한 개씩 임의로 뽑을 때, A 상자에서만 불량품을 뽑을 확률을 구하시오.

8. ▮▮

지우가 토요일에 도서관에 갈 확률이 $\frac{4}{7}$, 미용실에 갈 확률이 $\frac{2}{3}$이다. 지우가 토요일에 도서관에 가지 않고 미용실에 갈 확률을 구하시오.

9. ▮▮

송이와 진호가 한국사 능력 검정 시험에 합격할 확률이 각각 $\frac{2}{3}$, $\frac{3}{4}$이다. 송이와 진호가 이 시험에 응시할 때, 두 사람 모두 불합격할 확률은?

① $\frac{1}{2}$ ② $\frac{1}{4}$ ③ $\frac{1}{6}$
④ $\frac{1}{10}$ ⑤ $\frac{1}{12}$

유형 **8**   두 사건 A, B 중에서 적어도 하나가 일어날 확률

두 사건 A, B가 서로 영향을 끼치지 않을 때, 사건 A가 일어날 확률을 p, 사건 B가 일어날 확률을 q라 하면
(두 사건 A, B 중에서 적어도 하나가 일어날 확률)
=1-(두 사건 A, B가 모두 일어나지 않을 확률)
=$1-(1-p) \times (1-q)$

10. ▮▮ 대표◯

목표물을 맞힐 확률이 각각 $\frac{5}{6}$, $\frac{4}{7}$인 지희와 성재가 동시에 하나의 목표물을 향해 화살을 한 발씩 쏠 때, 목표물을 맞힐 확률은?

① $\frac{1}{14}$ ② $\frac{2}{7}$ ③ $\frac{1}{2}$
④ $\frac{5}{7}$ ⑤ $\frac{13}{14}$

11. ▮▮

두 책상 A, B 위에 물이 들어 있는 컵이 놓여 있다. A 책상 위에는 설탕물이 들어 있는 컵 5개, 소금물이 들어 있는 컵 2개가 있고, B 책상 위에는 설탕물이 들어 있는 컵 4개, 소금물이 들어 있는 컵 1개가 있다. 복불복 게임으로 두 책상 A, B 위에서 컵을 각각 한 개씩 임의로 선택할 때, 적어도 한 개는 설탕물이 들어 있는 컵일 확률을 구하시오.

12. ▮▮

어느 지역의 일기 예보에 의하면 이번 주 목요일에 눈이 올 확률은 $\frac{1}{4}$, 금요일에 눈이 올 확률은 $\frac{3}{5}$이다. 목요일과 금요일 중에서 적어도 하루는 눈이 올 확률을 구하시오.

유형 9 확률의 덧셈과 곱셈

확률의 덧셈과 곱셈이 섞인 문제는 각 사건의 확률을 확률의 곱셈을 이용하여 구한 후 각 확률을 더한다.

13 대표

A 주머니에는 빨간 공 2개, 파란 공 5개가 들어 있고, B 주머니에는 빨간 공 1개, 파란 공 3개가 들어 있다. 두 주머니 A, B에서 공을 각각 한 개씩 임의로 꺼낼 때, 서로 다른 색의 공이 나올 확률을 구하시오. (단, 공은 모양과 크기가 모두 같다.)

14 신유형

오른쪽 그림과 같은 놀이 기구의 입구에 구슬을 넣으면 A, B, C 중에서 어느 한 곳으로 구슬이 나온다고 한다. 입구에 한 개의 구슬을 임의로 넣을 때, 구슬이 C로 나올 확률을 구하시오.
(단, 갈림길에서 양쪽 방향으로 구슬이 들어갈 확률은 서로 같다.)

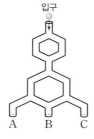

15 서술형

성운이와 예슬이가 다음 그림과 같이 숫자가 적힌 전개도를 접어서 정육면체 모양의 주사위를 만들었다. 두 사람이 동시에 주사위를 던져서 더 큰 수가 나오는 사람이 이기는 게임을 할 때, 성운이가 이길 확률을 구하시오.

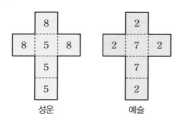

유형 10 연속하여 뽑는 경우의 확률

(1) 뽑은 것을 다시 넣고 뽑는 경우:
   (처음 뽑을 때의 전체 개수)=(다시 뽑을 때의 전체 개수)
(2) 뽑은 것을 다시 넣지 않고 뽑는 경우:
   (처음 뽑을 때의 전체 개수)≠(다시 뽑을 때의 전체 개수)

16 대표

10개의 제비 중에서 4개의 당첨 제비가 들어 있는 주머니가 있다. 이 주머니에서 현수가 먼저 한 개의 제비를 임의로 뽑고, 그 다음에 유미가 한 개의 제비를 임의로 뽑을 때, 현수와 유미가 모두 당첨 제비를 뽑을 확률은? (단, 뽑은 제비는 다시 넣지 않는다.)

① $\frac{1}{15}$ 　　② $\frac{2}{15}$ 　　③ $\frac{1}{5}$

④ $\frac{4}{15}$ 　　⑤ $\frac{1}{3}$

17

D, R, E, A, M의 알파벳이 각각 하나씩 적힌 5장의 카드가 들어 있는 주머니가 있다. 이 주머니에서 한 장의 카드를 임의로 뽑아 확인하고 다시 넣은 후 한 장의 카드를 임의로 또 뽑을 때, 두 장 모두 같은 알파벳이 적힌 카드가 나올 확률을 구하시오.

18 서술형

밤 10개가 들어 있는 상자에 2개의 벌레 먹은 밤이 섞여 있다. 이 상자에서 한 개의 밤을 연속하여 두 번 임의로 꺼낼 때, 적어도 한 개는 벌레 먹은 밤이 나올 확률을 구하시오.

(단, 꺼낸 밤은 다시 넣지 않는다.)

1. ▁▁

다음 그림은 어느 해 11월의 달력이다. 이 달력에서 한 날짜를 임의로 선택할 때, 일요일일 확률을 구하시오.

11월						
일	월	화	수	목	금	토
1	2	3	4	5	6	7
8	9	10	11	12	13	14
15	16	17	18	19	20	21
22	23	24	25	26	27	28
29	30					

2. ▁▁

1, 3, 5, 7, 9의 자연수가 각각 하나씩 적힌 5개의 공이 들어 있는 주머니가 있다. 이 주머니에서 임의로 두 개의 공을 동시에 뽑을 때, 두 공에 적힌 수의 합이 홀수일 확률을 구하시오.

3. ▁▁

빨간 공 8개, 파란 공 5개, 노란 공 3개가 들어 있는 주머니에서 한 개의 공을 임의로 꺼낼 때, 다음 중에서 옳지 <u>않은</u> 것은?

① 빨간 공이 나올 확률은 $\frac{1}{2}$이다.

② 파란 공이 나올 확률은 $\frac{5}{16}$이다.

③ 검은 공이 나올 확률은 0이다.

④ 빨간 공 또는 노란 공이 나올 확률은 $\frac{11}{16}$이다.

⑤ 파란 공이 나오지 않을 확률은 $\frac{7}{16}$이다.

4. ▁▁

모양과 크기가 같은 캔 음료가 들어 있는 상자에 딸기 주스 4개, 망고 주스 2개, 포도 주스 x개가 들어 있다. 이 상자에서 한 개의 캔을 임의로 꺼낼 때, 망고 주스가 나올 확률이 $\frac{1}{6}$이라 한다. 이때 x의 값을 구하시오.

5. ▁▁

부모님을 포함한 4명의 가족이 임의로 한 줄로 나란히 서서 사진 촬영을 할 때, 부모님이 양 끝에 설 확률은?

① $\frac{1}{24}$
② $\frac{1}{12}$
③ $\frac{1}{6}$
④ $\frac{7}{24}$
⑤ $\frac{5}{12}$

6. ▁▁

민정이와 희태가 가위바위보를 한 번 할 때, 희태가 지지 않을 확률을 구하시오.

7. ▁▁

어느 수학 체험전에 남학생 5명, 여학생 3명이 참가하였다. 이 중에서 체험 활동을 할 대표 3명을 임의로 뽑을 때, 적어도 한 명은 여학생을 뽑을 확률은?

① $\frac{17}{28}$
② $\frac{19}{28}$
③ $\frac{3}{4}$
④ $\frac{23}{28}$
⑤ $\frac{25}{28}$

8. ▁▁

한 개의 주사위를 두 번 던져서 첫 번째에 나오는 눈의 수를 a, 두 번째에 나오는 눈의 수를 b라 할 때, 방정식 $ax-b=0$의 해가 1 또는 4일 확률은?

① $\frac{1}{9}$
② $\frac{5}{36}$
③ $\frac{1}{6}$
④ $\frac{7}{36}$
⑤ $\frac{2}{9}$

9 ı.ıl

각 면에 1부터 6까지의 자연수가 각각 하나씩 적힌 정육면체 한 개와 각 면에 1부터 12까지의 자연수가 각각 하나씩 적힌 정십이면체 한 개가 있다. 이 두 개를 동시에 던질 때, 정육면체에서 소수가 나오고 정십이면체에서 12의 약수가 나올 확률을 구하시오.

10 ı.ıl 서술형

오른쪽 그림은 어느 중학교 체육 대회의 피구 토너먼트 경기를 나타낸 것이다. A팀이 B팀을 이길 확률은 $\frac{1}{2}$이고, D팀이 C팀을 이길 확률은 $\frac{5}{8}$이다. 결승전에서 B팀과 C팀이 경기할 확률을 구하시오. (단, 비기는 경우는 없다.)

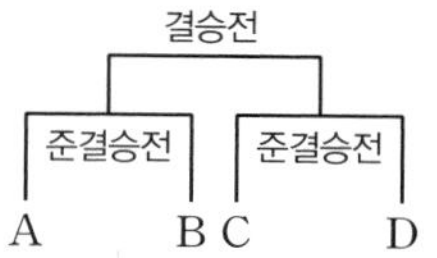

11 ı.ıl

어떤 문제를 지연, 우진, 민하가 맞힐 확률이 각각 $\frac{2}{5}$, $\frac{1}{2}$, $\frac{5}{6}$이다. 이 문제를 세 명 중에서 적어도 한 명이 맞힐 확률을 구하시오.

12 ı.ıl

정민이와 시원이가 팔씨름을 하려고 한다. 정민이가 이길 확률이 $\frac{2}{5}$일 때, 두 사람이 두 번 경기를 하여 각자 한 번씩 이길 확률은? (단, 비기는 경우는 없다.)

① $\frac{6}{25}$ ② $\frac{9}{25}$ ③ $\frac{12}{25}$

④ $\frac{3}{5}$ ⑤ $\frac{18}{25}$

13 ı.ıl

민주네 반은 쪽지를 뽑아 학습 도우미를 정하기로 하였다. 30장의 쪽지 중 학습 도우미가 적힌 3장의 쪽지가 들어 있는 상자에서 쪽지를 차례로 임의로 뽑을 때, 첫 번째에 뽑은 학생은 학습 도우미가 아니고 두 번째에 뽑은 학생은 학습 도우미일 확률을 구하시오. (단, 뽑은 쪽지는 다시 넣지 않는다.)

14 ı.ıl

두 개의 주사위 A, B를 동시에 던져서 나오는 눈의 수를 각각 a, b라 할 때, 좌표평면 위의 네 점 O(0, 0), P(a, 0), Q(a, b), R(0, b)로 이루어진 사각형 OPQR의 넓이가 4 또는 12일 확률은?

① $\frac{1}{36}$ ② $\frac{1}{12}$ ③ $\frac{5}{36}$

④ $\frac{7}{36}$ ⑤ $\frac{1}{4}$

15 ı.ıl

비가 온 날의 다음 날에 비가 올 확률이 $\frac{1}{4}$, 비가 오지 않은 날의 다음 날에 비가 올 확률이 $\frac{1}{6}$이라 한다. 월요일에 비가 왔을 때, 같은 주 수요일에도 비가 올 확률을 구하시오.

16 ı.ıl

어느 쇼핑몰에서 구매 고객에게 즉석 복권을 증정하는 사은 행사를 하고 있다. 행사 종료를 앞두고 1장의 당첨 복권이 포함되어 있는 5장의 즉석 복권이 남아 있다. 5명의 고객이 한 장씩 차례로 즉석 복권을 임의로 선택할 때, 선택하는 순서는 몇 번째가 당첨될 확률이 가장 높은지 구하시오. (단, 선택한 즉석 복권은 반납하지 않는다.)

사뿐

중학 사회
중학 역사

사회를 한 권으로
가뿐하게!

중 | 학 | 도 | 역 | 시 **EBS**

수학
마스터
중학 수학의 첫 유형 학습

유형 β
베타

정답과 풀이

중학 수학
2·2

Contents / 이 책의 차례

빠른 정답

1. 삼각형의 성질

01. 이등변삼각형의 성질
| 8~9쪽 |

이등변삼각형의 성질(1)
1 $\overline{AC}$, ∠CAD, $\overline{AD}$, SAS   2 35   3 56
4 90   5 119

이등변삼각형의 성질(2)
6 $\overline{AC}$, ∠CAD, $\overline{AD}$, SAS, $\overline{CD}$, 90
7 $x=6, y=90$ 8 $x=5, y=65$
9 $x=5, y=57$ 10 $x=8, y=29$

이등변삼각형이 되는 조건
11 ∠CAD, $\overline{AD}$, ∠ADC, ASA   12 3   13 10
14 4   15 7

소단원 유형 익히기
| 10~13쪽 |

1 ⑤   2 ④   3 39°   4 136°   5 ③
6 ③   7 15°   8 ②   9 ③   10 ⑤
11 (1) ∠B=2∠x (2) 36°   12 80°   13 64
14 8 cm   15 ③   16 (1) 90° (2) 수직이등분   17 11 cm
18 5 cm   19 (가) ∠ACB (나) ∠DCB (다) $\overline{DC}$
20 3 m   21 6 cm
22 (1) ∠ABC, ∠ACB (2) 이등변삼각형 (3) 3 cm
23 ④   24 $x=4, y=50$

02. 직각삼각형의 합동
| 14~15쪽 |

직각삼각형의 합동 조건(RHA 합동)
1 ∠E, ∠D, ASA   2 ㄹ   3 ㅁ   4 ㅂ

직각삼각형의 합동 조건(RHS 합동)
5 90, 이등변, ∠E, RHA   6 ㅂ   7 ㄹ   8 ㅁ

각의 이등분선의 성질
9 90, $\overline{OP}$, $\overline{PQ}$, RHS, ∠BOP   10 11   11 32
12 4   13 28

소단원 유형 익히기
| 16~18쪽 |

1 ④   2 ③   3 65   4 7
5 (가) 2 (나) 90° (다) $\overline{DN}$ (라) RHS   6 혜영
7 72   8 8 cm   9 72 cm²   10 ①   11 134°
12 12 cm   13 ⑤   14 ④   15 ①, ⑤   16 6 cm
17 30°   18 (1) 4 cm (2) 직각이등변삼각형 (3) 4 cm

03. 삼각형의 외심
| 19~20쪽 |

삼각형의 외심의 성질
1 $x=4, y=4$ 2 $x=5, y=42$
3 $x=3, y=130$

삼각형의 외심의 위치
4 $x=5, y=112$ 5 $x=9, y=35$

삼각형의 외심의 응용(1)
6 이등변, ∠OBA, ∠OCB, ∠OAC, 180, 180, 180, 180
7 10°   8 39°   9 45°   10 66°

삼각형의 외심의 응용(2)
11 이등변, ∠OBA, ∠OCA, 2, 2, 2, 2, 2   12 120°
13 25°   14 64°   15 35°

소단원 유형 익히기
| 21~23쪽 |

1 ②   2 (1) 5 cm (2) 3 cm   3 32 cm   4 36π cm²
5 ③   6 ②   7 풀이 16쪽 참조   8 ①
9 ②   10 64π cm²   11 ②   12 6 cm
13 (1) 41° (2) 21° (3) 20°   14 ④   15 ⑤   16 72°
17 ②   18 ③   19 ①

04. 삼각형의 내심
| 24~25쪽 |

삼각형의 내심의 응용(1)
1 2, 2, 2, 180, 180, 180, 180   2 24°   3 42°
4 15°   5 68°

삼각형의 내심의 응용(2)

6 $\frac{1}{2}$, $\frac{1}{2}$, $\frac{1}{2}$, $\frac{1}{2}$, ∠A 7 129° 8 138° 9 80°
10 92°

삼각형의 내접원의 응용

11 r, r, r, r 12 3 13 3 14 16

평행사변형이 되는 조건

6 ∠COD, SAS, ∠CDO, $\overline{DC}$, SAS, ∠OCB, $\overline{BC}$, 평행
7 ○, 두 쌍의 대변이 각각 평행하다. 8 ×
9 ○, 한 쌍의 대변이 평행하고 그 길이가 같다.
10 ○, 두 대각선이 서로 다른 것을 이등분한다.
11 ○, 두 쌍의 대각의 크기가 각각 같다.
12 ○, 두 쌍의 대변의 길이가 각각 같다.

평행사변형과 넓이

13 ○ 14 ○ 15 × 16 ○ 17 ×
18 ○ 19 ○ 20 × 21 × 22 ○

소단원 유형 익히기 | 26~30쪽 |

1 ③ 2 (1) 9 cm (2) 35° 3 ④ 4 ③, ④
5 ② 6 38° 7 ② 8 ③ 9 ④
10 60° 11 ② 12 ④ 13 118° 14 130°
15 ③ 16 7 cm 17 (1) $\overline{DB}$ (2) $\overline{EC}$ (3) 16 cm
18 30 cm 19 180 cm² 20 $\frac{16}{3}$ cm² 21 100π m²
22 ② 23 5 cm
24 (1) $\overline{BE}=(15-x)$ cm, $\overline{CE}=(13-x)$ cm (2) 5 cm
25 ④ 26 ② 27 (1) 38° (2) 32° (3) 6° 28 18
29 $\frac{325}{4}\pi$ cm² 30 9π cm

중단원 핵심유형 테스트 | 31~33쪽 |

1 ⑤ 2 ③ 3 12 cm 4 ②, ④ 5 ③
6 ⑤ 7 6 cm 8 ② 9 ① 10 54 cm²
11 ④ 12 ⑤ 13 ③ 14 ② 15 ④
16 ③ 17 ⑤ 18 5 cm 19 ④ 20 24°
21 110° 22 ⑤ 23 ③ 24 ①

소단원 유형 익히기 | 38~44쪽 |

1 ∠x=75°, ∠y=25° 2 ③ 3 ② 4 ④
5 ② 6 105°
7 (가) ∠CDO (나) $\overline{AB}$ (다) ∠DCO (라) ASA (마) $\overline{OC}$
(바) $\overline{OD}$
8 ② 9 ⑤ 10 ④ 11 ⑤ 12 3 cm
13 (1) △ABE≡△FCE(ASA 합동) (2) 8 cm
14 ④ 15 ⑤ 16 68° 17 ② 18 56°
19 ⑤ 20 17 cm 21 ③ 22 30 cm²
23 (가) $\overline{AB}$ (나) SSS (다) ∠DCA (라) $\overline{BC}$ (마) 평행
24 (가) ∠ACB (나) SAS (다) ∠DCA (라) // (마) 평행
25 ③ 26 x=3, y=65 27 ③ 28 ②
29 풀이 26쪽 참조 30 ②, ⑤ 31 풀이 26쪽 참조
32 ③ 33 ㅁ 34 35°
35 (1) 풀이 26쪽 참조 (2) 47 cm 36 23 cm² 37 ②
38 (1) △OAE≡△OCF(ASA 합동) (2) 32 cm²
39 ③ 40 ③ 41 48 cm²

---

2. 사각형의 성질

01. 평행사변형 | 36~37쪽 |

평행사변형의 성질

1 △CDA, ∠DCA, ∠CAD, $\overline{AC}$, △CDA, ASA, $\overline{CD}$, $\overline{DA}$,
∠D, ∠CAD, ∠DCA, ∠BCD
2 x=5, y=75 3 x=10, y=55
4 x=8, y=70 5 x=4, y=5

02. 여러 가지 사각형 | 45~46쪽 |

직사각형의 뜻과 성질

1 $\overline{DC}$, $\overline{BC}$, ∠DCB, SAS, $\overline{BD}$
2 x=15, y=55 3 x=7, y=25
4 x=20, y=64 5 x=6, y=52

마름모의 뜻과 성질

6 $\overline{AD}$, $\overline{BO}$, $\overline{AO}$, SSS, $\angle AOD$, $\angle AOD$, $\angle AOD$, $\overline{BD}$

7 $x=9$, $y=35$ 8 $x=7$, $y=90$

9 $x=8$, $y=60$ 10 $x=5$, $y=32$

정사각형의 뜻과 성질

11 $x=4$, $y=90$ 12 $x=12$, $y=90$

13 $x=5$, $y=45$

등변사다리꼴의 뜻과 성질

14 $x=6$, $y=55$ 15 $x=7$, $y=110$

16 $x=6$, $y=67$

여러 가지 사각형의 대각선의 성질

16

사각형 \ 성질	두 대각선이 서로 다른 것을 이등분한다.	두 대각선의 길이가 같다.	두 대각선이 직교한다.
등변사다리꼴	×	○	×
평행사변형	○	×	×
직사각형	○	○	×
마름모	○	×	○
정사각형	○	○	○

사각형의 각 변의 중점을 연결하여 만든 사각형

17 ㄱ   18 ㄱ   19 ㄷ   20 ㄴ   21 ㄹ

22 ㄷ

평행선과 넓이

23 △ACE   24 22 cm²   25 △DBC   26 △ABD

27 △DOC   28 35 cm²   29 14 cm²   30 5 : 2

소단원 유형 익히기 | 47~52쪽 |

1 ④   2 ①   3 ③   4 ②   5 60°

6 ④   7 ④

8 (가) $\overline{DC}$ (나) $\overline{BC}$ (다) SSS (라) $\angle DAB$ (마) 90

9 직사각형, 90°   10 ②   11 ④   12 ②

13 ④   14 62°   15 ⑤

16 (가) $\angle COB$ (나) $\overline{BO}$ (다) SAS (라) $\overline{DC}$ (마) $\overline{BC}$

17 ㄱ, ㄷ, ㄹ   18 ②   19 61   20 ②, ⑤   21 ⑤

22 73°   23 (1) △OQD (2) 49 cm²   24 5 cm

25 ③, ④   26 ㄷ, ㄹ   27 ④   28 ②   29 43

30 (가) $\angle DEC$ (나) $\angle C$ (다) 이등변 (라) $\overline{DC}$ (마) $\overline{AB}$

31 ⑤   32 84°   33 ①   34 ②   35 ⑤

36 ②, ④   37 28 cm

소단원 유형 익히기 | 55~58쪽 |

1 ①, ③   2 ③   3 ㄴ, ㄷ, ㅁ   4 ④, ⑤   5 7

6 지현, 재진

7 (가) 평행사변형 (나) $\angle C$ (다) SAS (라) $\overline{GF}$ (마) $\overline{GH}$

8 ②   9 ①   10 32 cm   11 72 cm²

12 (가) △ABE (나) // (다) △ACE (라) AC

13 32 cm²   14 24 cm²   15 풀이 33쪽 참조

16 ③   17 ④   18 ③   19 ③

20 (1) 16 cm² (2) 12 cm²

21 (가) △DBC (나) BC (다) 높이   22 ②

23 (1) 36 cm² (2) 36 cm² (3) 54 cm² (4) 150 cm²

---

03. 여러 가지 사각형 사이의 관계 | 53~54쪽 |

여러 가지 사각형 사이의 관계

1 직사각형   2 마름모   3 직사각형   4 직사각형   5 마름모

6 정사각형   7 정사각형   8 정사각형   9 정사각형   10 ○

11 ○   12 ×   13 ×   14 ×   15 ○

중단원 핵심유형 테스트 | 59~61쪽 |

1 ③   2 ②   3 ③   4 90°   5 ②, ③

6 ㄱ, ㄹ   7 ③   8 ④   9 ①   10 137°

11 ①   12 ⑤   13 ②   14 ④   15 ④

16 ③   17 ③   18 98 cm²   19 ④   20 ④

21 120°   22 ④

3. 도형의 닮음

01. 닮은 도형
| 64~65쪽 |

닮은 도형

1 점 D   2 $\overline{BC}$ 3 ∠F   4 점 F   5 $\overline{DC}$
6 ∠H   7 점 G   8 $\overline{EH}$ 9 면 FGH

항상 닮은 도형

10 ○   11 ○   12 ×   13 ×   14 ×
15 ○   16 ×

평면도형에서의 닮음의 성질

17 3 : 8   18 $\frac{16}{3}$ cm   19 40°   20 5 : 3   21 25 cm
22 75°

입체도형에서의 닮음의 성질

23 면 HKLI   24 3 : 4   25 20 cm
26 면 IJNM   27 2 : 3   28 8 cm

소단원 유형 익히기
| 66~68쪽 |

1 □ABCD∽□KJIH, △EFG∽△PQO, △LMN∽△RTS
2 ⑤   3 ④   4 ③   5 ㄱ, ㄷ, ㅂ
6 ②   7 ①   8 6 cm   9 ⑤   10 2 : 1
11 33 cm   12 직사각형 B   13 ③   14 26
15 150 cm   16 ⑤   17 9 cm   18 1, 4, 3 cm

02. 삼각형의 닮음 조건
| 69~70쪽 |

삼각형의 닮음 조건

1 △ABC∽△DEF(SSS 닮음)
 (✎ 2, 6, 2, 4, 2, △DEF, SSS)
2 △ABC∽△DEF(SAS 닮음)
3 △ABC∽△EFD(AA 닮음)
4 △ABC∽△EFD(SAS 닮음)
5 △ABC∽△FED(AA 닮음)

삼각형의 닮음 조건의 응용

6 △ABC∽△AED(SAS 닮음) (✎ 1, △AED, SAS)
7 △ABC∽△AED(SAS 닮음)
8 △ABC∽△EDC(AA 닮음)
9 △BCA∽△BDE(SAS 닮음)
10 △ABC∽△DBE(AA 닮음)

직각삼각형의 닮음의 응용

11 2 (✎ $\overline{BC}$, 18, 2)   12 25   13 8   14 12
15 20

소단원 유형 익히기
| 71~74쪽 |

1 ⑤
2 △ABC∽△NMO(SAS 닮음), △DEF∽△RQP(AA 닮음)
3 ⑤   4 가희: ∠B, ∠E, SAS, 현준: $\overline{CA}$, $\overline{FD}$, SSS
5 ④   6 8 cm   7 ④   8 9 cm   9 10 cm
10 6 cm   11 15 cm   12 ③   13 5 cm   14 ④
15 ④   16 14 cm   17 ②   18 ③   19 5 cm
20 21   21 15 cm   22 $\overline{BD}$, 3.6, $\overline{BD}$, 6.4, 2.8
23 $\frac{45}{2}$ cm

03. 닮음의 활용
| 75~76쪽 |

닮은 두 평면도형의 둘레의 길이의 비와 넓이의 비

1 2 : 3   2 2 : 3   3 4 : 9   4 18 cm²   5 3 : 5
6 3 : 5   7 50 cm   8 9 : 25   9 75 cm²

닮은 두 입체도형의 겉넓이의 비와 부피의 비

10 4 : 3   11 16 : 9   12 64 : 27   13 1 : 3   14 1 : 9
15 405 cm²   16 1 : 27   17 540 cm³

닮음의 활용

18 $\frac{1}{20000}$ (✎ 1, 100000, 20000)   19 $\frac{1}{100000}$
20 20 cm   21 1 km   22 △ABE∽△ACD(AA 닮음)
23 15 m

소단원 유형 익히기 | 77~79쪽 |

1 ④   2 18 cm²   3 (1) 4 : 9 (2) 45 cm²   4 1 : 3 : 5
5 ①   6 243 cm²   7 ③   8 36π cm²   9 ⑤
10 192 cm³   11 ③   12 324 cm²   13 104분   14 ⑤
15 35 m   16 (1) 30 m (2) 1 cm
17 (1) △ABE∽△DEF (2) 12 cm   18 (1) $\frac{9}{2}$ cm (2) $\frac{21}{2}$ cm

중단원 핵심유형 테스트 | 80~81쪽 |

1 ②   2 2개   3 ③   4 4 : 25, 8 : 125
5 27 cm   6 ④   7 10 cm   8 ②   9 ④
10 ⑤   11 6 m   12 ①   13 2.8 m   14 $\frac{65}{12}$ cm

4. 평행선 사이의 선분의 길이의 비

01. 삼각형과 평행선 | 84~85쪽 |

삼각형에서 평행선과 선분의 길이의 비

1 12   2 15   3 24   4 12   5 12
6 $x=10, y=6$ 7 $x=12, y=8$
8 $x=20, y=18$ 9 ○   10 ×

삼각형의 내각의 이등분선

11 12   12 6   13 12

삼각형의 외각의 이등분선

14 10   15 6

소단원 유형 익히기 | 86~89쪽 |

1 ⑤   2 16   3 24   4 ③   5 15 cm
6 3 cm   7 37 cm   8 16 cm   9 38   10 ④
11 ①   12 ⑤   13 7 cm   14 2 cm   15 ③
16 3 cm   17 ㄱ, ㄷ   18 ㄴ, ㄷ, ㄹ 19 ②   20 10 cm
21 3 : 5   22 ①   23 ④   24 1 : 3

02. 평행선 사이의 선분의 길이의 비 | 90~91쪽 |

평행선 사이의 선분의 길이의 비

1 15   2 3   3 8   4 2   5 5
6 $x=4, y=10$ 7 $x=\frac{24}{5}, y=\frac{20}{3}$

사다리꼴에서 평행선과 선분의 길이의 비

8 7 cm   9 8 cm   10 5 cm   11 7 cm   12 12 cm
13 7 cm   14 10 cm   15 4 : 5   16 8 cm   17 1 : 5
18 1 cm   19 9 cm   20 7 cm   21 $\frac{21}{4}$ cm

소단원 유형 익히기 | 92~93쪽 |

1 ⑤   2 ①   3 ④   4 ④   5 ③
6 5   7 11   8 12 cm   9 55 cm   10 3 cm
11 12 cm   12 6 cm

03. 삼각형의 두 변의 중점을 연결한 선분의 성질 | 94~95쪽 |

삼각형의 두 변의 중점을 연결한 선분의 성질

1 50°   2 75°   3 11 cm   4 10   5 34
6 3   7 10 cm   8 13 cm   9 5   10 12
11 5   12 14

다각형의 각 변의 중점을 연결한 도형의 성질

13 $\overline{FE}$, $\overline{FE}$, 5   14 $\overline{DF}$, $\overline{DF}$, 7
15 $\overline{ED}$, $\overline{ED}$, 6   16 18   17 $\overline{HG}$, $\overline{HG}$, 7
18 $\overline{FG}$, $\overline{FG}$, 6   19 26   20 평행사변형

소단원 유형 익히기 | 96~99쪽 |

1 26 cm   2 ④   3 9 cm   4 24 cm   5 ③
6 ③   7 8 cm   8 22 cm   9 ③   10 8 cm
11 ④   12 (1) $\overline{FG}$ (2) 3 (3) $\overline{FG}$ (4) 12 (5) 9
13 (1) △CEF (2) 5 cm (3) 10 cm   14 7 cm   15 12 cm
16 ⑤   17 ④   18 ③   19 21 cm   20 20 cm
21 32   22 11 cm   23 7 cm

04. 삼각형의 무게중심
| 100~101쪽 |

삼각형의 중선의 성질

1 중선　　2 5 cm² ($\triangle$ADC, $\frac{1}{2}$)　　3 12 cm²
4 26 cm²　　5 18 cm²

삼각형의 무게중심의 성질

6 무게중심　　7 4　　8 3　　9 6 ($\triangle$ 3)　　10 8

삼각형의 무게중심과 넓이

11 18 cm²　　12 9 cm²　　13 18 cm² ($\triangle$ $\frac{1}{3}$)　　14 36 cm²
15 27 cm²

소단원 유형 익히기
| 102~104쪽 |

1 ②　　2 ④　　3 10 cm²　　4 ③　　5 8
6 ④　　7 ②　　8 ③　　9 3 : 1
10 $x=4, y=6$　　11 9 cm　　12 ④　　13 ③
14 ②　　15 18 cm　　16 ②　　17 16 cm²　　18 45 cm²

중단원 핵심유형 테스트
| 105~107쪽 |

1 ③　　2 ⑤　　3 ③　　4 ③　　5 40 cm
6 6 cm　　7 ④　　8 ④　　9 ⑤　　10 ⑤
11 30 cm²　　12 4 cm　　13 3 cm　　14 ④　　15 ②
16 ②　　17 ①　　18 12 cm　　19 6 cm　　20 ③
21 4 cm²

5. 피타고라스 정리

01. 피타고라스 정리(1)
| 110~111쪽 |

피타고라스 정리

1 5　　2 12　　3 12　　4 17　　5 16

피타고라스 정리의 설명

6 21 cm²　　7 81 cm²　　8 8 cm²　　9 24 cm²　　10 25 cm²

직각삼각형이 되는 조건

11 ≠, 직각삼각형이 아니다　　12 =, 직각삼각형이다
13 ≠, 직각삼각형이 아니다

삼각형의 변의 길이와 각의 크기 사이의 관계

14 둔각삼각형　　15 예각삼각형
16 직각삼각형　　17 둔각삼각형

소단원 유형 익히기
| 112~115쪽 |

1 ③　　2 32　　3 ②　　4 13 cm　　5 2
6 23 cm　　7 ②　　8 20 cm　　9 78 cm²　　10 ②
11 ③　　12 ②　　13 $\frac{9}{5}$ cm　　14 54 cm²
15 50π cm²　　16 9 cm　　17 ④　　18 100 cm²　　19 ⑤
20 (1) 15 cm　(2) 90°　(3) 210 cm²　　21 25, 313
22 ②　　23 ③　　24 9

02. 피타고라스 정리(2)
| 116~117쪽 |

피타고라스 정리를 이용한 직각삼각형의 성질

1 32　　2 180　　3 274　　4 5　　5 91

두 대각선이 직교하는 사각형의 성질

6 34　　7 74　　8 22　　9 35　　10 42

직각삼각형과 세 반원 사이의 관계

11 40π cm^2 12 22π cm^2

히포크라테스의 원의 넓이

13 30 cm^2 14 18 cm^2 15 60 cm^2

소단원 유형 익히기 | 118~119쪽 |

1 ②	2 ①	3 180	4 26	5 ③
6 10 cm^2	7 ⑤	8 32π cm^2	9 48 cm^2	10 54 cm^2
11 ④	12 16 cm^2			

중단원 핵심유형 테스트 | 120~121쪽 |

1 ②	2 ③	3 ④	4 25 cm	5 ②
6 $\frac{60}{13}$ cm	7 $\frac{36}{5}$ cm	8 24 cm^2	9 ⑤	10 ③
11 26	12 ②	13 ③	14 ⑤	

6. 경우의 수

01. 경우의 수 | 124~125쪽 |

사건과 경우의 수

| 1 2 | 2 4 | 3 8 | 4 풀이 64쪽 참조 |
| 5 36 | 6 6 | 7 3 | |

사건 A 또는 사건 B가 일어나는 경우의 수

| 8 5 | 9 5 | 10 3 | 11 6 | 12 11 |
| 13 10 | 14 9 | | | |

사건 A와 사건 B가 동시에 일어나는 경우의 수

| 15 6 | 16 12 | 17 8 | 18 9 | 19 15 |
| 20 72 | | | | |

소단원 유형 익히기 | 126~129쪽 |

1 ③	2 3	3 4	4 ③	5 ①
6 7가지	7 ③	8 5	9 2	10 5
11 ④	12 7	13 ③	14 ④	15 9
16 (1) 4 (2) 5 (3) 20	17 8	18 18	19 10
20 ④	21 6	22 ⑤	23 ④	24 8

02. 여러 가지 경우의 수 | 130~131쪽 |

한 줄로 세우는 경우의 수

| 1 24 | 2 12 | 3 24 | 4 6 |

이웃하게 한 줄로 세우는 경우의 수

| 5 12 | 6 12 | 7 12 |

자연수를 만드는 경우의 수

| 8 12 | 9 24 | 10 8 | 11 12 | 12 9 |
| 13 18 | 14 6 | 15 8 | | |

대표를 뽑는 경우의 수

| 16 20 | 17 60 | 18 6 | 19 4 | 20 56 |
| 21 28 | 22 56 | 23 15 | | |

소단원 유형 익히기 | 132~135쪽 |

1 ②	2 ③	3 ⑤	4 ③	5 12
6 ①	7 ④	8 ⑤	9 36	10 2
11 6	12 36	13 ④	14 ⑤	15 21
16 ②	17 ③	18 55	19 ②	20 ③
21 20	22 15	23 ①	24 20	

중단원 핵심유형 테스트

| 136~137쪽 |

1 ④	2 ②	3 5	4 6	5 ⑤
6 ④	7 ②	8 240	9 ④	10 6
11 ④	12 ③	13 ③	14 27	15 108
16 ①				

7. 확률

01. 확률의 뜻과 성질

| 140~141쪽 |

확률의 뜻

1 $\frac{1}{3}$	2 $\frac{2}{3}$	3 $\frac{1}{2}$	4 $\frac{3}{20}$	5 $\frac{1}{4}$
6 $\frac{1}{2}$	7 $\frac{2}{5}$	8 $\frac{3}{8}$	9 $\frac{3}{8}$	10 $\frac{1}{8}$

확률의 성질

11 $\frac{3}{5}$	12 1	13 0

어떤 사건이 일어나지 않을 확률

14 $\frac{9}{10}$	15 $\frac{3}{5}$	16 $\frac{7}{8}$	17 $\frac{17}{18}$	18 $\frac{5}{6}$
19 $\frac{3}{4}$				

소단원 유형 익히기

| 142~144쪽 |

1 $\frac{1}{5}$	2 ①	3 ④	4 $\frac{3}{8}$	5 ③
6 $\frac{9}{25}$	7 ②	8 ②	9 1	10 1
11 $\frac{4}{9}$	12 ④	13 ⑤	14 ③	15 $\frac{3}{5}$
16 ⑤	17 $\frac{3}{4}$	18 ⑤	19 ④	20 $\frac{26}{27}$

02. 확률의 계산

| 145~146쪽 |

사건 A 또는 사건 B가 일어날 확률

1 $\frac{2}{9}$	2 $\frac{1}{3}$	3 $\frac{1}{12}$	4 $\frac{2}{5}$	5 $\frac{7}{15}$
6 $\frac{1}{2}$	7 $\frac{1}{2}$			

사건 A와 사건 B가 동시에 일어날 확률

8 $\frac{1}{3}$	9 $\frac{1}{2}$	10 $\frac{1}{6}$	11 $\frac{1}{4}$	12 $\frac{5}{9}$
13 $\frac{3}{5}$	14 $\frac{1}{3}$	15 $\frac{1}{6}$	16 $\frac{13}{15}$	

연속하여 뽑는 경우의 확률

17 $\frac{3}{10}$	18 $\frac{3}{10}$	19 $\frac{9}{100}$	20 $\frac{3}{10}$	21 $\frac{2}{9}$
22 $\frac{1}{15}$				

소단원 유형 익히기

| 147~149쪽 |

1 $\frac{1}{2}$	2 $\frac{17}{18}$	3 $\frac{1}{5}$	4 $\frac{16}{25}$	5 ④
6 $\frac{8}{21}$	7 $\frac{1}{45}$	8 $\frac{2}{7}$	9 ⑤	10 ⑤
11 $\frac{33}{35}$	12 $\frac{7}{10}$	13 $\frac{11}{28}$	14 $\frac{1}{4}$	15 $\frac{5}{6}$
16 ②	17 $\frac{1}{5}$	18 $\frac{17}{45}$		

중단원 핵심유형 테스트

| 150~151쪽 |

1 $\frac{1}{6}$	2 0	3 ⑤	4 6	5 ③
6 $\frac{2}{3}$	7 ④	8 ④	9 $\frac{1}{4}$	10 $\frac{3}{16}$
11 $\frac{19}{20}$	12 ③	13 $\frac{27}{290}$	14 ④	15 $\frac{3}{16}$

16 당첨될 확률은 모두 같다.

정답과 풀이

1. 삼각형의 성질

01. 이등변삼각형의 성질

| 8~9쪽 |

이등변삼각형의 성질(1)

1 $\overline{AC}$, $\angle CAD$, $\overline{AD}$, SAS   2 35   3 56
4 90   5 119

2   $\angle B = \angle C$이므로 $2x-5 = x+30$
따라서 $x=35$

3   $x = \dfrac{1}{2} \times (180-68) = 56$

4   $x = 180 - 2 \times 45 = 90$

5   $\angle ACB = \angle B = 61°$이므로
$x = 180 - 61 = 119$

이등변삼각형의 성질(2)

6 $\overline{AC}$, $\angle CAD$, $\overline{AD}$, SAS, $\overline{CD}$, 90
7 $x=6$, $y=90$ 8 $x=5$, $y=65$
9 $x=5$, $y=57$ 10 $x=8$, $y=29$

8   $\overline{AD}$는 $\overline{BC}$를 수직이등분하므로
$\overline{BD} = \overline{CD}$, 즉 $x=5$
$\overline{AD} \perp \overline{BC}$이므로 $\angle ADB = 90°$
$\angle BAD = \angle CAD = \dfrac{1}{2}\angle A = \dfrac{1}{2} \times 50° = 25°$
$\triangle ABD$에서 $\angle B = 180° - (25° + 90°) = 65°$, 즉 $y=65$

9   $\overline{AD}$는 $\overline{BC}$를 수직이등분하므로
$\overline{BD} = \dfrac{1}{2}\overline{BC} = \dfrac{1}{2} \times 10 = 5\,(\text{cm})$, 즉 $x=5$
$\overline{AD} \perp \overline{BC}$이므로 $\angle ADC = 90°$
$\triangle ADC$에서 $\angle C = 180° - (33° + 90°) = 57°$, 즉 $y=57$

10   $\overline{AD}$는 $\overline{BC}$를 수직이등분하므로
$\overline{BC} = 2\overline{CD} = 2 \times 4 = 8\,(\text{cm})$, 즉 $x=8$
$\overline{AD} \perp \overline{BC}$이므로 $\angle ADC = 90°$
또 $\overline{AB} = \overline{AC}$이므로 $\angle C = \angle B = 61°$
$\triangle ADC$에서 $\angle DAC = 180° - (61° + 90°) = 29°$, 즉 $y=29$

이등변삼각형이 되는 조건

11 $\angle CAD$, $\overline{AD}$, $\angle ADC$, ASA   12 3   13 10
14 4   15 7

12   $\overline{AB} = \overline{AC}$이므로 $x+4 = 2x+1$
따라서 $x=3$

13   $\triangle ABC$에서 $\angle C = 180° - (67° + 46°) = 67°$이므로
$\angle C = \angle A = 67°$
따라서 $\overline{BC} = \overline{AB} = 10\,\text{cm}$이므로 $x=10$

14   $\triangle ABC$에서 한 외각의 크기는 그와 이웃하지 않은 두 내각의 크기의 합과 같으므로
$\angle A = 56° - 28° = 28°$
$\triangle ABC$에서 $\angle A = \angle C = 28°$이므로
$\overline{BC} = \overline{BA} = 4\,\text{cm}$, 즉 $x=4$

15   $\triangle DCA$에서 $\angle DCA = \angle A = 40°$이므로
$\overline{DC} = \overline{DA} = 7\,\text{cm}$
또 $\triangle DBC$에서 $\angle B = \angle DCB = 50°$이므로
$\overline{DB} = \overline{DC} = 7\,\text{cm}$, 즉 $x=7$

소단원 유형 익히기

유형 1 이등변삼각형의 성질(1)-밑각의 크기 | 10쪽 |

1 ⑤   2 ④   3 39°

1   $\triangle ABC$에서 $\overline{AB} = \overline{AC}$이므로
$\angle C = \angle B = 4x° - 15°$
삼각형의 세 내각의 크기의 합은 $180°$이므로
$(x+30) + (4x-15) + (4x-15) = 180$
$9x = 180$
따라서 $x=20$

2   $\angle ACB = 180° - \angle BCD = 180° - 127° = 53°$
$\triangle ABC$에서 $\overline{AB} = \overline{AC}$이므로
$\angle B = \angle ACB = 53°$
따라서 $\angle A = 180° - 2 \times 53° = 74°$

3   $\triangle ABC$에서 $\overline{AB} = \overline{AC}$이므로
$\angle ACB = \dfrac{1}{2} \times (180° - 28°) = 76°$ ······ ❶
$\triangle DCE$에서 $\overline{DC} = \overline{DE}$이므로
$\angle DCE = \dfrac{1}{2} \times (180° - 50°) = 65°$ ······ ❷
따라서 $\angle ACD = 180° - (76° + 65°) = 39°$ ······ ❸

채점 기준	비율
❶ $\angle ACB$의 크기 구하기	40 %
❷ $\angle DCE$의 크기 구하기	40 %
❸ $\angle ACD$의 크기 구하기	20 %

그러므로 $\angle DBC = 180° - 2 \times 69° = 42°$
$\triangle ABC$에서 $\overline{AB} = \overline{AC}$이므로 $\angle ABC = \angle C = 69°$
따라서 $\angle ABD = \angle ABC - \angle DBC = 69° - 42° = 27°$

유형 2 이등변삼각형의 성질(1) – 각의 이등분선 | 10쪽 |

4 136°　　　**5** ③　　　**6** ③

4 $\triangle ABC$에서 $\overline{AB} = \overline{AC}$이므로 $\angle ACB = \angle B = 68°$

즉, $\angle x = \dfrac{1}{2}\angle ACB = \dfrac{1}{2} \times 68° = 34°$

$\triangle DBC$에서

$\angle y = \angle B + \angle DCB = 68° + 34° = 102°$

따라서 $\angle x + \angle y = 34° + 102° = 136°$

5 $\triangle ABC$에서 $\overline{AB} = \overline{AC}$이므로

$\angle ABC = \dfrac{1}{2} \times (180° - 80°) = 50°$

즉, $\angle ABD = \dfrac{1}{2}\angle ABC = \dfrac{1}{2} \times 50° = 25°$

$\triangle ABD$에서

$\angle BDC = \angle A + \angle ABD = 80° + 25° = 105°$

다른 풀이

$\triangle ABC$에서 $\overline{AB} = \overline{AC}$이므로

$\angle ABC = \angle C = \dfrac{1}{2} \times (180° - 80°) = 50°$

즉, $\angle DBC = \dfrac{1}{2}\angle ABC = \dfrac{1}{2} \times 50° = 25°$

$\triangle DBC$에서 $\angle BDC = 180° - (25° + 50°) = 105°$

6 $\triangle CDB$에서 $\overline{CB} = \overline{CD}$이므로 $\angle CBD = \angle D = 32°$

즉, $\angle DCE = 32° + 32° = 64°$이므로

$\angle ACB = 180° - (64° + 64°) = 52°$

따라서 $\triangle ABC$에서 $\angle ABC = \angle ACB = 52°$이므로

$\angle A = 180° - (52° + 52°) = 76°$

유형 3 이등변삼각형의 성질(1) – 길이가 같은 변 | 11쪽 |

7 15°　　　**8** ②　　　**9** ③

7 $\triangle ABC$에서 $\overline{AB} = \overline{AC}$이므로

$\angle ABC = \angle C = \dfrac{1}{2} \times (180° - 50°) = 65°$

$\triangle ABD$에서 $\overline{DA} = \overline{DB}$이므로 $\angle ABD = \angle A = 50°$

따라서 $\angle DBC = \angle ABC - \angle ABD = 65° - 50° = 15°$

8 $\triangle ABC$에서 $\overline{AB} = \overline{AC}$이므로

$\angle B = \dfrac{1}{2} \times (180° - 32°) = 74°$

$\triangle BCD$에서 $\overline{CB} = \overline{CD}$이므로

$\angle CDB = \angle B = 74°$

따라서 $\angle BCD = 180° - 2 \times 74° = 32°$

9 $\angle BDC = 180° - 111° = 69°$

$\triangle BCD$에서 $\overline{BC} = \overline{BD}$이므로 $\angle C = \angle BDC = 69°$

유형 4 이등변삼각형의 성질(1) – 한 변을 공유한 이등변삼각형 | 11쪽 |

10 ⑤　　　**11** (1) $\angle B = 2\angle x$ (2) 36°　　　**12** 80°

10 $\triangle ABD$에서 $\overline{AB} = \overline{AD}$이므로

$\angle x = \angle ADB = \dfrac{1}{2} \times (180° - 120°) = 30°$

$\triangle ADC$에서 $\overline{DA} = \overline{DC}$이므로 $\angle DAC = \angle y$

즉, $\angle y + \angle y = 30°$이므로 $\angle y = 15°$

따라서 $\angle x + \angle y = 30° + 15° = 45°$

11 (1) $\triangle ADC$에서 $\overline{DA} = \overline{DC}$이므로 $\angle ACD = \angle A = \angle x$

즉, $\angle BDC = \angle A + \angle ACD$
　　　$= \angle x + \angle x = 2\angle x$

$\triangle BCD$에서 $\overline{CB} = \overline{CD}$이므로 $\angle B = \angle BDC = 2\angle x$

(2) $\triangle ABC$에서 $\overline{AB} = \overline{AC}$이므로

$\angle ACB = \angle B = 2\angle x$

즉, $\angle x + 2\angle x + 2\angle x = 180°$이므로 $5\angle x = 180°$

따라서 $\angle x = 36°$이므로 $\angle A = 36°$

12 $\triangle ABC$에서 $\overline{BA} = \overline{BC}$이므로 $\angle ACB = \angle A = 20°$

$\angle CBD = \angle A + \angle ACB = 20° + 20° = 40°$

$\triangle CBD$에서 $\overline{CB} = \overline{CD}$이므로

$\angle CDB = \angle CBD = 40°$ …… ❶

$\triangle CAD$에서

$\angle DCE = \angle A + \angle CDA = 20° + 40° = 60°$

$\triangle CDE$에서 $\overline{DC} = \overline{DE}$이므로

$\angle DEC = \angle DCE = 60°$ …… ❷

따라서 $\triangle ADE$에서

$\angle EDF = \angle A + \angle DEA = 20° + 60° = 80°$ …… ❸

채점 기준	비율
❶ $\angle CDB$의 크기 구하기	40 %
❷ $\angle DEC$의 크기 구하기	30 %
❸ $\angle EDF$의 크기 구하기	30 %

유형 5 이등변삼각형의 성질(2) | 12쪽 |

13 64　　　**14** 8 cm　　　**15** ③　　　**16** (1) 90° (2) 수직이등분

13 $\overline{AD}$는 $\overline{BC}$를 수직이등분하므로

$\overline{BD} = \overline{CD} = \dfrac{1}{2}\overline{BC} = \dfrac{1}{2} \times 16 = 8$ (cm)

즉, $x=8$

또 $\angle ADC=90°$이므로 $\triangle ADC$에서

$\angle ACD=180°-(34°+90°)=56°$

즉, $y=56$

따라서 $x+y=8+56=64$

14 $\overline{AD}\perp\overline{BC}$이므로

$\triangle ABC=\dfrac{1}{2}\times10\times\overline{AD}=40\,(cm^2)$

따라서 $\overline{AD}=8\,(cm)$

15 ①, ② $\overline{AD}$는 $\overline{BC}$를 수직이등분하므로

$\qquad\angle ADB=\angle ADC=90°$, $\overline{BD}=\overline{CD}$

④, ⑤ $\triangle PBD$와 $\triangle PCD$에서

$\qquad\overline{PD}$는 공통, $\angle PDB=\angle PDC=90°$, $\overline{BD}=\overline{CD}$

이므로 $\triangle PBD\equiv\triangle PCD$(SAS 합동)

그러므로 $\angle PBD=\angle PCD$, $\overline{BP}=\overline{CP}$

따라서 옳지 않은 것은 ③이다.

16 (1) $\triangle ABM$과 $\triangle ACM$에서

$\qquad\overline{AB}=\overline{AC}$, $\overline{AM}$은 공통, $\overline{BM}=\overline{CM}$

이므로 $\triangle ABM\equiv\triangle ACM$(SSS 합동)

이때 $\angle AMB=\angle AMC$이고 $\angle AMB+\angle AMC=180°$

이므로 $\angle AMC=\angle AMB=90°$

(2) $\overline{BC}$와 지면은 항상 평행하고 $\triangle ABC$가 이등변삼각형이므로 추를 매달아 늘어뜨린 줄이 $\overline{BC}$의 중점을 지나면 줄과 지면은 수직이다.

따라서 추를 매달아 늘어뜨린 줄이 $\overline{BC}$의 중점 M을 지나면 지면은 수평이다.

유형 6 이등변삼각형이 되는 조건 | 12쪽 |

17 11 cm   **18** 5 cm

19 (가) $\angle ACB$ (나) $\angle DCB$ (다) $\overline{DC}$ **20** 3 m

21 6 cm

---

17 $\triangle ABC$에서 $\angle B=180°-(50°+80°)=50°$

따라서 $\angle A=\angle B$이므로

$\overline{AC}=\overline{BC}=11\,cm$

18 $\triangle DBC$에서 $\angle B=\angle DCB$이므로

$\overline{DB}=\overline{DC}$

또 $\triangle DBC$에서 $\angle ADC=\angle B+\angle DCB=40°+40°=80°$

$\triangle ADC$에서 $\angle ADC=\angle A$이므로

$\overline{CD}=\overline{CA}$

따라서 $\overline{BD}=\overline{CD}=\overline{CA}=5\,cm$

20 $\triangle ADB$에서 $\angle DBC=\angle A+\angle D$이므로

$\angle A=60°-30°=30°$

따라서 $\triangle ADB$에서 $\angle D=\angle A$이므로

$\overline{AB}=\overline{BD}=3\,m$

21 $\triangle ABC$에서 $\angle B=\angle C$이므로

$\overline{AC}=\overline{AB}=8\,cm$ ······ ❶

오른쪽 그림과 같이 $\overline{AP}$를 그으면

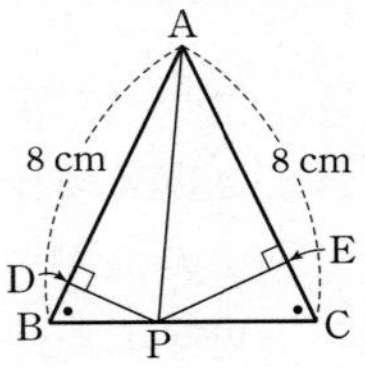

$\triangle ABC=\triangle ABP+\triangle ACP$

$\qquad=\dfrac{1}{2}\times8\times\overline{PD}+\dfrac{1}{2}\times8\times\overline{PE}$

$\qquad=4(\overline{PD}+\overline{PE})$ ······ ❷

$\triangle ABC$의 넓이가 24 cm²이므로

$4(\overline{PD}+\overline{PE})=24$

따라서 $\overline{PD}+\overline{PE}=6\,(cm)$ ······ ❸

채점 기준	비율
❶ $\overline{AC}$의 길이 구하기	30 %
❷ $\triangle ABC$의 넓이를 $\overline{PD}$, $\overline{PE}$에 대한 식으로 나타내기	40 %
❸ $\overline{PD}+\overline{PE}$의 길이 구하기	30 %

유형 7 이등변삼각형이 되는 조건 – 종이접기 | 13쪽 |

22 (1) $\angle ABC$, $\angle ACB$ (2) 이등변삼각형 (3) 3 cm

23 ④   **24** $x=4$, $y=50$

---

22 (1) $\angle ABC=\angle CBD$(접은 각)

$\overline{AC}/\!/\overline{BD}$이므로 $\angle ACB=\angle CBD$(엇각)

(2) $\angle ABC=\angle ACB$이므로 $\triangle ABC$는 $\overline{AB}=\overline{AC}$인 이등변삼각형이다.

(3) $\overline{AC}=\overline{AB}=3\,cm$

23 오른쪽 그림에서

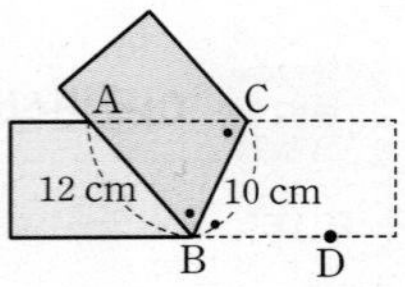

$\angle ABC=\angle DBC$(접은 각),

$\angle ACB=\angle DBC$(엇각)

이므로 $\angle ABC=\angle ACB$

따라서 $\triangle ABC$는 $\overline{AC}=\overline{AB}=12\,cm$인 이등변삼각형이므로

$\triangle ABC$의 둘레의 길이는

$12+10+12=34\,(cm)$

24 $\angle BAC=\angle DAC=65°$(접은 각),

$\angle ACB=\angle DAC=65°$(엇각)

이므로 $\angle BAC=\angle ACB=65°$ ······ ❶

그러므로 $\triangle ABC$는 $\overline{BA}=\overline{BC}$인 이등변삼각형이다. ······ ❷

따라서 $\overline{AB}=\overline{BC}=4\,cm$에서 $x=4$

$\angle ABC=180°-2\times65°=50°$에서 $y=50$ ······ ❸

채점 기준	비율
❶ $\angle BAC=\angle ACB$임을 설명하기	30 %
❷ $\triangle ABC$가 $\overline{BA}=\overline{BC}$인 이등변삼각형임을 알기	30 %
❸ x, y의 값 각각 구하기	40 %

02. 직각삼각형의 합동
| 14~15쪽 |

직각삼각형의 합동 조건(RHA 합동)

1 ∠E, ∠D, ASA　　2 ㄹ　　3 ㅁ　　4 ㅂ

2 ㄱ과 ㄹ은 직각삼각형의 빗변의 길이와 한 예각의 크기가 각각 같으므로 합동이다.

3 ㄴ에서 나머지 한 내각의 크기는 $90°-30°=60°$
따라서 ㄴ과 ㅁ은 직각삼각형의 빗변의 길이와 한 예각의 크기가 각각 같으므로 합동이다.

4 ㄷ에서 나머지 한 내각의 크기는 $90°-55°=35°$
따라서 ㄷ과 ㅂ은 직각삼각형의 빗변의 길이와 한 예각의 크기가 각각 같으므로 합동이다.

직각삼각형의 합동 조건(RHS 합동)

5 90, 이등변, ∠E, RHA　　6 ㅂ　　7 ㄹ　　8 ㅁ

6 ㄱ과 ㅂ은 직각삼각형의 빗변의 길이와 다른 한 변의 길이가 각각 같으므로 합동이다.

7 ㄴ과 ㄹ은 직각삼각형의 빗변의 길이와 다른 한 변의 길이가 각각 같으므로 합동이다.

8 ㄷ과 ㅁ은 직각삼각형의 빗변의 길이와 다른 한 변의 길이가 각각 같으므로 합동이다.

각의 이등분선의 성질

9 90, $\overline{OP}$, $\overline{PQ}$, RHS, ∠BOP　　10 11　　11 32
12 4　　13 28

10 ∠AOP＝∠BOP이므로 $\overline{PB}=\overline{PA}=11$ cm
따라서 $x=11$

11 △AOP에서 ∠AOP＝$90°-58°=32°$
이때 $\overline{PA}=\overline{PB}$이므로 ∠BOP＝∠AOP＝$32°$
따라서 $x=32$

12 ∠DAC＝∠DAE이므로 $\overline{DC}=\overline{DE}=4$ cm
따라서 $x=4$

13 $\overline{DC}=\overline{DE}$이므로 ∠DAC＝∠DAE
△ABC에서 ∠BAC＝$90°-34°=56°$이므로
∠DAC＝$\frac{1}{2}$∠BAC＝$\frac{1}{2}×56°=28°$
따라서 $x=28$

소단원 유형 익히기

유형 8 직각삼각형의 합동 조건
| 16쪽 |

1 ④　　2 ③　　3 65　　4 7
5 (가) 2 (나) 90° (다) $\overline{DN}$ (라) RHS　　6 혜영

1 ④ △ABC와 △EFD에서
∠B＝∠F＝$90°$, $\overline{CA}=\overline{DE}=6$ cm,
∠A＝$90°-35°=55°$＝∠E
이므로 △ABC≡△EFD(RHA 합동)

2 ① SAS 합동　　② RHS 합동
④ ASA 합동　　⑤ RHA 합동

3 △ABC와 △EDF에서
∠B＝∠D＝$90°$, $\overline{AC}=\overline{EF}$, $\overline{AB}=\overline{ED}$
이므로 △ABC≡△EDF(RHS 합동)
이때 ∠C＝∠F＝$90°-30°=60°$이므로 $x=60$
또 $\overline{DF}=\overline{BC}=5$ cm이므로 $y=5$
따라서 $x+y=60+5=65$

4 △ABC와 △DBC에서
∠A＝∠D＝$90°$, $\overline{BC}$는 공통, ∠ACB＝∠DCB
이므로 △ABC≡△DBC(RHA 합동)
이때 $\overline{AC}=\overline{DC}$이므로 $3x-2=x+12$
따라서 $x=7$

6 민지: 두 내각의 크기가 각각 같은 두 직각삼각형, 즉 세 내각의 크기가 각각 같은 두 직각삼각형은 서로 합동인지 아닌지 알 수 없다. (×)
혜영: 이등변삼각형에서 밑변의 수직이등분선으로 나누어 만든 두 직각삼각형은 빗변의 길이와 다른 한 변의 길이가 각각 같으므로 서로 합동이다. (○)
우진: 오른쪽 두 직각삼각형은 두 변의 길이가 각각 같지만 서로 합동이 아니다. (×)
경희: 오른쪽 두 직각삼각형은 빗변이 아닌 한 변의 길이와 한 예각의 크기가 같지만 서로 합동이 아니다. (×)

유형 9 직각삼각형의 합동 조건의 응용—RHA 합동
| 17쪽 |

7 72　　8 8 cm　　9 72 cm²

7 △AMC와 △BMD에서
∠C＝∠D＝$90°$, $\overline{AM}=\overline{BM}$,

1. 삼각형의 성질 ★ **13**

∠AMC=∠BMD(맞꼭지각)

이므로 △AMC≡△BMD(RHA 합동)

이때 $\overline{BD}=\overline{AC}=9$ cm이므로 $x=9$

또 ∠A=∠B=$90°-27°=63°$이므로 $y=63$

따라서 $x+y=9+63=72$

8 △ABC에서 $\overline{AB}=\overline{AC}$

△ABD와 △ACE에서

∠ADB=∠AEC=$90°$, $\overline{AB}=\overline{AC}$, ∠A는 공통

이므로 △ABD≡△ACE(RHA 합동)

따라서 $\overline{AE}=\overline{AD}=5$ cm이므로

$\overline{AB}=\overline{AE}+\overline{BE}=5+3=8$ (cm)

9 △ADB와 △CEA에서

∠D=∠E=$90°$, $\overline{AB}=\overline{CA}$,

∠DAB=$90°-$∠EAC=∠ECA

이므로 △ADB≡△CEA(RHA 합동) ...... ❶

이때 $\overline{DA}=\overline{EC}=5$ cm, $\overline{AE}=\overline{BD}=7$ cm이므로

$\overline{DE}=\overline{DA}+\overline{AE}=5+7=12$ (cm) ...... ❷

따라서 사각형 DBCE의 넓이는

$\frac{1}{2}×(5+7)×12=72$ (cm²) ...... ❸

채점 기준	비율
❶ △ADB≡△CEA임을 설명하기	40 %
❷ $\overline{DE}$의 길이 구하기	30 %
❸ 사각형 DBCE의 넓이 구하기	30 %

유형 **10** 직각삼각형의 합동 조건의 응용－RHS 합동 | 17쪽 |

10 ①	**11** 134°	**12** 12 cm

10 △ABD와 △AED에서

∠ABD=∠AED=$90°$, $\overline{AD}$는 공통, $\overline{AB}=\overline{AE}$

이므로 △ABD≡△AED(RHS 합동)

이때 $\overline{BD}=\overline{ED}=2$ cm이므로 $x=2$

또 △ABC에서 ∠BAC=$90°-62°=28°$이므로

$∠BAD=∠EAD=\frac{1}{2}∠BAC$

$=\frac{1}{2}×28°=14°$

즉, $y=14$

따라서 $x+y=2+14=16$

11 △AME와 △BMD에서

∠AEM=∠BDM=$90°$, $\overline{AM}=\overline{BM}$, $\overline{ME}=\overline{MD}$

이므로 △AME≡△BMD(RHS 합동)

즉, ∠B=∠A=$23°$

따라서 △ABC에서 ∠C=$180°-2×23°=134°$

12 △ADE와 △ACE에서

∠ADE=∠ACE=$90°$, $\overline{AE}$는 공통, $\overline{AD}=\overline{AC}$

이므로 △ADE≡△ACE(RHS 합동) ...... ❶

이때 $\overline{DE}=\overline{CE}$이므로

$\overline{BE}+\overline{DE}=\overline{BE}+\overline{CE}=\overline{BC}=8$ (cm)

또 $\overline{AD}=\overline{AC}=6$ cm이므로

$\overline{BD}=\overline{AB}-\overline{AD}=10-6=4$ (cm) ...... ❷

따라서 △BED의 둘레의 길이는

$\overline{BE}+\overline{DE}+\overline{BD}=8+4=12$ (cm) ...... ❸

채점 기준	비율
❶ △ADE≡△ACE임을 설명하기	40 %
❷ $\overline{BE}+\overline{DE}$와 $\overline{BD}$의 길이 각각 구하기	40 %
❸ △BED의 둘레의 길이 구하기	20 %

유형 **11** 각의 이등분선의 성질 | 18쪽 |

13 ⑤	**14** ④	**15** ①, ⑤	**16** 6 cm	**17** 30°

18 (1) 4 cm (2) 직각이등변삼각형 (3) 4 cm

13 사각형 QORP에서

∠QOR=$360°-(90°+∠QPR+90°)$

$=360°-90°-130°-90°$

$=50°$

$\overline{PQ}=\overline{PR}$이므로 ∠QOP=∠ROP

따라서 $∠POQ=\frac{1}{2}∠QOR$

$=\frac{1}{2}×50°=25°$

14 ④ 직각삼각형의 빗변의 길이와 한 예각의 크기가 각각 같으므로 RHA 합동이다.

15 △PAO와 △PBO에서

∠PAO=∠PBO=$90°$, $\overline{OP}$는 공통, $\overline{PA}=\overline{PB}$

이므로 △PAO≡△PBO(RHS 합동)

즉, $\overline{OA}=\overline{OB}$(①)

또 ∠AOP=∠BOP이므로

$∠BOP=\frac{1}{2}∠AOB$(⑤)

따라서 옳은 것은 ①, ⑤이다.

16 점 D에서 $\overline{AB}$에 내린 수선의 발을 E라 하자. ...... ❶

△ABD의 넓이가 60 cm²이므로

$\frac{1}{2}×20×\overline{DE}=60$에서

$\overline{DE}=6$ (cm) ...... ❷

또 △AED와 △ACD에서

∠AED=∠ACD=$90°$, $\overline{AD}$는 공통, ∠EAD=∠CAD

이므로 △AED≡△ACD(RHA 합동)

따라서 $\overline{DC}=\overline{DE}=6$ cm ...... ❸

채점 기준	비율
❶ 점 D에서 $\overline{AB}$에 내린 수선의 발을 E라 하기	20 %
❷ $\overline{DE}$의 길이 구하기	40 %
❸ $\overline{DC}$의 길이 구하기	40 %

17 △ADE와 △ADC에서

∠AED=∠C=90°, $\overline{AD}$는 공통, $\overline{DE}=\overline{DC}$

이므로 △ADE≡△ADC(RHS 합동)

이때 ∠DAC=∠x라 하면 ∠DAE=∠DAC=∠x

또 △ADE와 △BDE에서

$\overline{AE}=\overline{BE}$, ∠AED=∠BED=90°, $\overline{DE}$는 공통

이므로 △ADE≡△BDE(SAS 합동)

그러므로 ∠DBE=∠DAE=∠x

△ABC에서 ∠x+2∠x+90°=180°이므로

3∠x=90°에서 ∠x=30°

따라서 ∠DAC=∠x=30°

18 (1) △ABD와 △AED에서

∠B=∠AED=90°, $\overline{AD}$는 공통, ∠BAD=∠EAD

이므로 △ABD≡△AED(RHA 합동)

따라서 $\overline{ED}=\overline{BD}=4$ cm

(2) △ABC가 직각이등변삼각형이므로

∠C=$\dfrac{1}{2}$×(180°−90°)=45°

△EDC에서 ∠EDC=90°−45°=45°이므로 △EDC는 직각이등변삼각형이다.

(3) △EDC가 직각이등변삼각형이므로

$\overline{EC}=\overline{ED}=4$ cm

03. 삼각형의 외심

| 19~20쪽 |

삼각형의 외심의 성질

1 $x=4, y=4$ **2** $x=5, y=42$

3 $x=3, y=130$

1 삼각형의 외심은 삼각형의 세 변의 수직이등분선의 교점이므로

$\overline{BD}=\overline{AD}=4$ cm에서 $x=4$

또 $\overline{CE}=\overline{BE}=4$ cm에서 $y=4$

2 삼각형의 외심은 삼각형의 세 변의 수직이등분선의 교점이므로

$\overline{CD}=\overline{BD}=5$ cm에서 $x=5$

삼각형의 외심에서 세 꼭짓점에 이르는 거리가 같으므로

$\overline{OA}=\overline{OB}=\overline{OC}$

즉, △OCA는 $\overline{OC}=\overline{OA}$인 이등변삼각형이므로

∠OAC=∠OCA=42°에서 $y=42$

3 삼각형의 외심에서 세 꼭짓점에 이르는 거리는 같으므로

$\overline{OB}=\overline{OC}=3$ cm에서 $x=3$

또 △OAB는 $\overline{OA}=\overline{OB}$인 이등변삼각형이므로

∠AOB=180°−2×25°=130°에서 $y=130$

삼각형의 외심의 위치

4 $x=5, y=112$ **5** $x=9, y=35$

4 빗변의 중점 M이 직각삼각형 ABC의 외심이므로

$\overline{MA}=\overline{MB}=\overline{MC}=\dfrac{1}{2}\overline{BC}=\dfrac{1}{2}×10=5$ (cm)

즉, $x=5$

△MCA는 $\overline{MC}=\overline{MA}$인 이등변삼각형이므로

∠MAC=∠MCA=56°

△MCA에서 ∠AMB=56°+56°=112°이므로

$y=112$

5 빗변의 중점 M이 직각삼각형 ABC의 외심이므로

$\overline{MB}=\overline{MA}=\overline{MC}=9$ cm에서 $x=9$

△MBC는 $\overline{MB}=\overline{MC}$인 이등변삼각형이므로

∠MCB=∠MBC

△MBC에서 70°=2∠MBC이므로 ∠MBC=35°

즉, $y=35$

삼각형의 외심의 응용(1)

6 이등변, ∠OBA, ∠OCB, ∠OAC, 180, 180, 180, 180

7 10° **8** 39° **9** 45° **10** 66°

7 점 O가 △ABC의 외심이므로

∠x+30°+50°=90°

따라서 ∠x=10°

8 점 O가 △ABC의 외심이므로

∠x+18°+33°=90°

따라서 ∠x=39°

9 점 O가 △ABC의 외심이므로

∠x+25°+20°=90°

따라서 ∠x=45°

10 점 O가 △ABC의 외심이므로 $\overline{OA}=\overline{OC}$

즉, △OCA에서 ∠OAC=∠OCA=31°

또 ∠OAB+24°+31°=90°에서 ∠OAB=35°

따라서 ∠BAC=∠OAB+∠OAC=35°+31°=66°이므로

∠x=66°

삼각형의 외심의 응용(2)

12 점 O가 △ABC의 외심이므로

$\angle x = 2\angle A = 2 \times 60° = 120°$

13 점 O가 △ABC의 외심이므로

$\angle BOC = 2\angle A = 2 \times 65° = 130°$

△OBC는 $\overline{OB}=\overline{OC}$인 이등변삼각형이므로

$\angle x = \dfrac{1}{2} \times (180° - 130°) = 25°$

14 점 O가 △ABC의 외심이므로

$\angle BOC = 2\angle A$에서 $128° = 2\angle x$

따라서 $\angle x = 64°$

15 점 O가 △ABC의 외심이므로

$\overline{OA} = \overline{OB} = \overline{OC}$

즉, △OAB는 $\overline{OA}=\overline{OB}$인 이등변삼각형이므로

$\angle OAB = \angle OBA = \angle x$

△OCA는 $\overline{OC}=\overline{OA}$인 이등변삼각형이므로

$\angle OAC = \angle OCA = 20°$

이때 $\angle BAC = \angle OAB + \angle OAC$

$\qquad\qquad = \angle x + 20°$

따라서 $\angle BOC = 2\angle BAC$이므로

$2(\angle x + 20°) = 110°$에서 $\angle x = 35°$

> **다른 풀이**
>
> △OBC는 $\overline{OB}=\overline{OC}$인 이등변삼각형이므로
>
> $\angle OBC = \dfrac{1}{2} \times (180° - 110°) = 35°$
>
> 따라서 $\angle x + 35° + 20° = 90°$이므로
>
> $\angle x = 35°$

소단원 유형 익히기

유형 **12** 삼각형의 외심의 뜻과 성질 　　| 21~22쪽 |

1 ㄴ. 점 P가 △ABC의 세 변의 수직이등분선의 교점이므로 외심이다.

ㅁ. 점 P에서 △ABC의 세 꼭짓점에 이르는 거리가 모두 같으므로 외심이다.

따라서 점 P가 △ABC의 외심인 것은 ㄴ, ㅁ이다.

2 (1) 삼각형의 외심에서 세 꼭짓점에 이르는 거리는 같으므로

△ABC의 외접원의 반지름의 길이는

$\overline{OA} = 5$ cm

(2) 삼각형의 외심은 삼각형의 세 변의 수직이등분선의 교점이므로

$\overline{AE} = \overline{CE} = 3$ cm

3 삼각형의 외심은 삼각형의 세 변의 수직이등분선의 교점이므로

$\overline{BD} = \overline{AD} = 5$ cm, $\overline{CE} = \overline{BE} = 5$ cm,

$\overline{CF} = \overline{AF} = 6$ cm

따라서 △ABC의 둘레의 길이는

$2 \times (5+5+6) = 32$ (cm)

4 점 O가 △ABC의 외심이므로

$\overline{OA} = \overline{OB} = \overline{OC}$

△OBC는 $\overline{OB}=\overline{OC}$인 이등변삼각형이고 둘레의 길이가 21 cm이므로

$\overline{OB} + \overline{OC} + \overline{BC} = 21$ ······ ❶

$2\overline{OB} + 9 = 21$에서 $\overline{OB} = 6$ (cm)

즉, △ABC의 외접원의 반지름의 길이는 6 cm이다. ······ ❷

따라서 △ABC의 외접원의 넓이는

$\pi \times 6^2 = 36\pi$ (cm²) ······ ❸

채점 기준	비율
❶ △OBC의 둘레의 길이에 대한 식 세우기	40 %
❷ △ABC의 외접원의 반지름의 길이 구하기	30 %
❸ △ABC의 외접원의 넓이 구하기	30 %

5 ① $\overline{OA} = \overline{OB} = \overline{OC} = ($△ABC의 외접원의 반지름의 길이$)$

② 삼각형의 외심은 삼각형의 세 변의 수직이등분선의 교점이므로 $\overline{BE} = \overline{CE}$

④ $\overline{OA}=\overline{OB}$이므로 $\angle OAD = \angle OBD$

⑤ △OAF와 △OCF에서

$\angle OFA = \angle OFC = 90°$, $\overline{OA} = \overline{OC}$, $\overline{OF}$는 공통

이므로 △OAF ≡ △OCF (RHS 합동)

따라서 옳지 않은 것은 ③이다.

6 점 O가 △ABC의 외심이므로 오른쪽 그림과 같이 $\overline{OA}$를 그으면 $\overline{OA} = \overline{OB} = \overline{OC}$

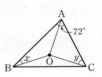

△OAB는 $\overline{OA}=\overline{OB}$인 이등변삼각형이므로

$\angle OAB = \angle OBA = \angle x$

△OCA는 $\overline{OC}=\overline{OA}$인 이등변삼각형이므로

$\angle OAC = \angle OCA = \angle y$

따라서 $\angle x + \angle y = \angle OAB + \angle OAC = \angle A = 72°$

7 삼각형의 외심은 세 꼭짓점에서 같은 거리에 있으므로 세 지점 A, B, C에서 같은 거리에 있는 곳에서 만나려면 오른쪽 그림과 같이 세 지점 A, B, C를 꼭짓점으로 하는 △ABC의 외심 O에서 만나면 된다.

유형 13 삼각형의 외심의 위치 | 22쪽 |

| 8 ① | 9 ② | 10 64π cm² | 11 ② | 12 6 cm |
| 13 (1) 41° (2) 21° (3) 20° |

8 외심 O가 $\overline{BC}$ 위에 있으므로 △ABC는 ∠BAC=90°인 직각
삼각형이다.
따라서 ∠C=90°−39°=51°

9 ② 예각삼각형의 외심은 삼각형의 내부, 직각삼각형의 외심은 빗
변의 중점, 둔각삼각형의 외심은 삼각형의 외부에 있다.
즉, 삼각형의 외심은 삼각형의 모양에 따라 위치가 다르다.
따라서 옳지 않은 것은 ②이다.

10 직각삼형의 외심은 빗변의 중점이므로 △ABC의 외접원의 반지
름의 길이는
$\frac{1}{2}\overline{AC}=\frac{1}{2}\times16=8$ (cm)
따라서 △ABC의 외접원의 넓이는
$\pi\times8^2=64\pi$ (cm²)

11 ①, ③ 점 M은 직각삼각형 ABC의 빗변의 중점이므로 △ABC
의 외심이다. 즉,
$\overline{MC}=\overline{MA}=\overline{MB}=\frac{1}{2}\overline{AB}=\frac{1}{2}\times14=7$ (cm)
② △MBC는 $\overline{MB}=\overline{MC}$인 이등변삼각형이므로
∠MCB=∠MBC=50°
즉, △MBC에서 ∠AMC=50°+50°=100°
④ △AMC는 $\overline{MC}=\overline{MA}$인 이등변삼각형이다.
⑤ △MBC의 둘레의 길이는
$\overline{MB}+\overline{BC}+\overline{MC}=7+10+7=24$ (cm)
따라서 옳지 않은 것은 ②이다.

12 점 M이 △ABC의 외심이므로 오른쪽
그림과 같이 $\overline{AM}$을 그으면   …… ❶ 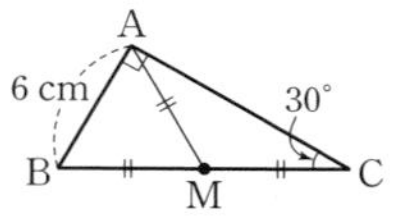
$\overline{MA}=\overline{MB}=\overline{MC}$

또 △ABC에서 ∠B=90°−30°=60°이고,
△ABM에서 $\overline{MA}=\overline{MB}$이므로 ∠MAB=∠B=60°
즉, △ABM은 정삼각형이다.   …… ❷
따라서 $\overline{MA}=\overline{AB}=6$ cm이므로 △ABC의 외접원의 반지름의
길이는 6 cm이다.   …… ❸

채점 기준	비율
❶ 점 M이 외심임을 알고 $\overline{AM}$을 긋기	30 %
❷ △ABM이 정삼각형임을 설명하기	50 %
❸ △ABC의 외접원의 반지름의 길이 구하기	20 %

13 점 O가 △ABC의 외심이므로
$\overline{OA}=\overline{OB}=\overline{OC}$
(1) △OAB는 $\overline{OA}=\overline{OB}$인 이등변삼각형이므로
∠OBA=$\frac{1}{2}\times(180°-98°)=41°$

(2) △OBC는 $\overline{OB}=\overline{OC}$인 이등변삼각형이므로
∠OBC=$\frac{1}{2}\times\{180°-(98°+40°)\}=21°$
(3) ∠ABC=∠OBA−∠OBC=41°−21°=20°

유형 14 삼각형의 외심의 응용(1) | 23쪽 |

| 14 ④ | 15 ⑤ | 16 72° |

14 점 O가 △ABC의 외심이므로
20°+∠OCB+40°=90°
따라서 ∠OCB=30°

15 점 O가 △ABC의 외심이므로
∠OAB+∠OBC+∠OCA=90°
이때 ∠OAB : ∠OBC : ∠OCA=2 : 3 : 5이므로
∠OCA=$90°\times\frac{5}{2+3+5}=45°$
따라서 △OCA는 $\overline{OC}=\overline{OA}$인 이등변삼각형이므로
∠AOC=180°−2×45°=90°

16 점 O가 △ABC의 외심이므로 오른쪽 그
림과 같이 $\overline{OB}$를 그으면 $\overline{OB}=\overline{OC}$
즉, △OBC는 $\overline{OB}=\overline{OC}$인 이등변삼각형
이므로 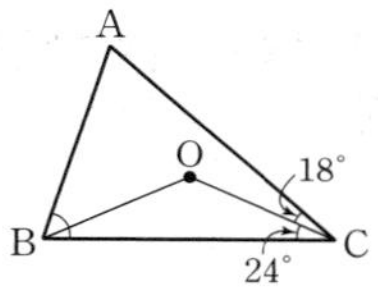
∠OBC=∠OCB=24°   …… ❶

또 ∠OBA+24°+18°=90°이므로
∠OBA=48°   …… ❷
따라서 ∠B=∠OBA+∠OBC=48°+24°=72°   …… ❸

채점 기준	비율
❶ $\overline{OB}$를 긋고 ∠OBC의 크기 구하기	40 %
❷ ∠OBA의 크기 구하기	40 %
❸ ∠B의 크기 구하기	20 %

유형 15 삼각형의 외심의 응용(2) | 23쪽 |

| 17 ② | 18 ③ | 19 ① |

17 점 O가 △ABC의 외심이므로
$\overline{OB}=\overline{OC}=\overline{OA}=9$ cm
△OCA는 $\overline{OC}=\overline{OA}$인 이등변삼각형이므로
∠OAC=∠OCA=25°
즉, ∠BAC=∠OAB+∠OAC=35°+25°=60°이므로
∠BOC=2∠BAC=2×60°=120°
따라서 부채꼴 BOC의 넓이는
$\pi\times9^2\times\frac{120}{360}=27\pi$ (cm²)

18 점 O가 △ABC의 외심이므로
$2\angle BAC = 160°$에서 $\angle BAC = 80°$
즉, $\angle OAB = \angle BAC - \angle OAC$
$\qquad\qquad\quad = 80° - 32° = 48°$
따라서 △OAB는 $\overline{OA} = \overline{OB}$인 이등변삼각형이므로
$\angle AOB = 180° - 2 \times 48° = 84°$

다른 풀이
△OBC는 $\overline{OB} = \overline{OC}$인 이등변삼각형이므로
$\angle OCB = \dfrac{1}{2} \times (180° - 160°) = 10°$
그러므로 $\angle OBA + 10° + 32° = 90°$에서
$\angle OBA = 48°$
따라서 △OAB는 $\overline{OA} = \overline{OB}$인 이등변삼각형이므로
$\angle AOB = 180° - 2 \times 48° = 84°$

19 점 O가 △ABC의 외심이므로 오른쪽 그림과 같이 $\overline{OA}$를 그으면
$\angle COA = 2\angle B = 2 \times 64° = 128°$
따라서 △OCA는 $\overline{OC} = \overline{OA}$인 이등변삼각형이므로
$\angle OCA = \dfrac{1}{2} \times (180° - 128°) = 26°$

04. 삼각형의 내심
| 24~25쪽 |

삼각형의 내심의 응용(1)

| 1 2, 2, 2, 180, 180, 180, 180 | | **2** 24° | **3** 42° |
| 4 15° | 5 68° | | |

2 점 I가 △ABC의 내심이므로
$\angle x + 34° + 32° = 90°$
따라서 $\angle x = 24°$

3 점 I가 △ABC의 내심이므로
$\angle x + 28° + 20° = 90°$
따라서 $\angle x = 42°$

4 점 I가 △ABC의 내심이므로
$40° + 35° + \angle x = 90°$
따라서 $\angle x = 15°$

5 점 I가 △ABC의 내심이므로
$\angle IAB + 32° + 24° = 90°$에서 $\angle IAB = 34°$
따라서 $\angle x = 2\angle IAB = 2 \times 34° = 68°$

삼각형의 내심의 응용(2)

| 6 $\dfrac{1}{2}$, $\dfrac{1}{2}$, $\dfrac{1}{2}$, $\dfrac{1}{2}$, $\angle A$ | **7** 129° | **8** 138° | **9** 80° |
| 10 92° | | | |

7 점 I가 △ABC의 내심이므로
$\angle x = 90° + \dfrac{1}{2}\angle A = 90° + \dfrac{1}{2} \times 78° = 129°$

8 점 I가 △ABC의 내심이므로
$\angle x = 90° + \dfrac{1}{2}\angle B = 90° + \dfrac{1}{2} \times 96° = 138°$

9 점 I가 △ABC의 내심이므로
$90° + \dfrac{1}{2}\angle x = 130°$, $\dfrac{1}{2}\angle x = 40°$
따라서 $\angle x = 80°$

10 △IBC에서
$\angle BIC = 180° - (16° + 28°) = 136°$
점 I가 △ABC의 내심이므로
$90° + \dfrac{1}{2}\angle x = 136°$, $\dfrac{1}{2}\angle x = 46°$
따라서 $\angle x = 92°$

삼각형의 내접원의 응용

| 11 r, r, r, r | **12** 3 | **13** 3 | **14** 16 |

12 $\overline{AF} = \overline{AD} = 3$ cm이므로 $x = 3$

13 $\overline{BE} = \overline{BD} = 5$ cm이므로
$\overline{EC} = \overline{BC} - \overline{BE} = 8 - 5 = 3$ (cm)
따라서 $x = 3$

14 $\overline{AD} = \overline{AF} = 10$ cm, $\overline{BD} = \overline{BE} = 6$ cm이므로
$\overline{AB} = \overline{AD} + \overline{BD} = 10 + 6 = 16$ (cm)
따라서 $x = 16$

소단원 유형 익히기

유형 16 삼각형의 내심의 뜻과 성질
| 26~27쪽 |

| 1 ③ | 2 (1) 9 cm (2) 35° | 3 ④ | 4 ③, ④ |
| 5 ② | 6 38° | | |

1 ㄷ. 점 P에서 △ABC의 세 변에 이르는 거리가 모두 같으므로 내심이다.
ㅂ. 점 P가 △ABC의 세 내각의 이등분선의 교점이므로 내심이다.
따라서 점 P가 △ABC의 내심인 것은 ㄷ, ㅂ이다.

2 (1) 삼각형의 내심에서 세 변에 이르는 거리는 같으므로 △ABC 의 내접원의 반지름의 길이는

$\overline{\text{ID}}=9$ cm

(2) 삼각형의 내심은 삼각형의 세 내각의 이등분선의 교점이므로

$\angle\text{IBD}=\angle\text{IBC}=35°$

3 점 I가 △ABC의 내심이므로

$\angle\text{IBC}=\angle\text{IBA}=24°$, $\angle\text{ICB}=\angle\text{ICA}=32°$

△IBC에서 $\angle\text{BIC}=180°-(24°+32°)=124°$

4 ③ $\overline{\text{ID}}=\overline{\text{IE}}=\overline{\text{IF}}=$(△ABC의 내접원의 반지름의 길이)

④ $\overline{\text{IA}}$는 ∠A의 이등분선이므로 $\angle\text{IAD}=\angle\text{IAF}$

따라서 옳은 것은 ③, ④이다.

5 ② (나) 수직이등분선

6 △ABC에서 $\angle\text{ABC}=180°-(58°+46°)=76°$ ...... ❶

점 I가 △ABC의 내심이므로

$\angle\text{IBA}=\dfrac{1}{2}\angle\text{ABC}=\dfrac{1}{2}\times76°=38°$ ...... ❷

채점 기준	비율
❶ ∠ABC의 크기 구하기	40 %
❷ ∠IBA의 크기 구하기	60 %

유형 17 삼각형의 내심의 응용 (1) | 27쪽 |

7 ②	8 ③	9 ④	10 60°

7 점 I가 △ABC의 내심이므로

$28°+35°+\angle\text{ICB}=90°$

따라서 $\angle\text{ICB}=27°$

8 점 I가 △ABC의 내심이므로

$\angle x+\angle y+34°=90°$

따라서 $\angle x+\angle y=90°-34°=56°$

9 점 I가 △ABC의 내심이므로 오른쪽 그림과 같이 $\overline{\text{IA}}$를 그으면

$\angle\text{IAB}=\dfrac{1}{2}\times98°=49°$

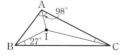

따라서 $49°+27°+\angle\text{ICA}=90°$이므로 $\angle\text{ICA}=14°$

10 점 I가 △ABC의 내심이므로 오른쪽 그림과 같이 $\overline{\text{IB}}$를 그으면

$28°+\angle\text{IBC}+32°=90°$

에서 $\angle\text{IBC}=30°$ ...... ❶

따라서 $\angle\text{B}=2\angle\text{IBC}=2\times30°=60°$ ...... ❷

채점 기준	비율
❶ $\overline{\text{IB}}$를 긋고 ∠IBC의 크기 구하기	60 %
❷ ∠B의 크기 구하기	40 %

유형 18 삼각형의 내심의 응용 (2) | 27~28쪽 |

11 ②	12 ④	13 118°	14 130°	15 ③

11 점 I가 ∠B와 ∠C의 이등분선의 교점이므로 점 I는 △ABC의 내심이다.

이때 $90°+\dfrac{1}{2}\angle\text{A}=126°$이므로 $\dfrac{1}{2}\angle\text{A}=36°$

따라서 $\angle\text{A}=72°$

12 점 I가 △ABC의 내심이므로

$\angle x=90°+\dfrac{1}{2}\angle\text{B}$

$\quad=90°+\dfrac{1}{2}\times64°=122°$

△ICA에서 $\angle\text{ICA}=\angle\text{ICB}=20°$이므로

$\angle y=180°-(122°+20°)=38°$

따라서 $\angle x-\angle y=122°-38°=84°$

13 △ABC가 $\overline{\text{AB}}=\overline{\text{AC}}$인 이등변삼각형이므로

$\angle\text{C}=\dfrac{1}{2}\times(180°-68°)=56°$ ...... ❶

따라서 점 I가 △ABC의 내심이므로

$\angle\text{AIB}=90°+\dfrac{1}{2}\angle\text{C}$

$\quad=90°+\dfrac{1}{2}\times56°=118°$ ...... ❷

채점 기준	비율
❶ ∠C의 크기 구하기	40 %
❷ ∠AIB의 크기 구하기	60 %

14 $\angle\text{A}=180°\times\dfrac{4}{4+2+3}=80°$

따라서 점 I가 △ABC의 내심이므로

$\angle\text{BIC}=90°+\dfrac{1}{2}\angle\text{A}$

$\quad=90°+\dfrac{1}{2}\times80°=130°$

15 점 I가 △ABC의 내심이므로

$\angle\text{AIB}=90°+\dfrac{1}{2}\angle\text{C}$, $131°=90°+\dfrac{1}{2}\angle\text{C}$

$\dfrac{1}{2}\angle\text{C}=41°$에서 $\angle\text{C}=82°$

$\angle\text{IEC}=180°-\angle x$, $\angle\text{DIE}=\angle\text{AIB}=131°$(맞꼭지각)이므로 사각형 IDCE에서

$131°+\angle y+82°+(180°-\angle x)=360°$

따라서 $\angle x-\angle y=33°$

유형 19 삼각형의 내심과 평행선 | 28쪽 |

16 7 cm	17 (1) $\overline{\text{DB}}$ (2) $\overline{\text{EC}}$ (3) 16 cm	18 30 cm

16 점 I가 △ABC의 내심이므로 ∠DBI=∠IBC
$\overline{DE}$∥$\overline{BC}$이므로 ∠DIB=∠IBC(엇각)
즉, ∠DBI=∠DIB이므로 △DBI에서
$\overline{DI}=\overline{DB}=3$ cm
점 I가 △ABC의 내심이므로 ∠ECI=∠ICB
$\overline{DE}$∥$\overline{BC}$이므로 ∠EIC=∠ICB(엇각)
즉, ∠ECI=∠EIC이므로 △EIC에서
$\overline{EI}=\overline{EC}=4$ cm
따라서 $\overline{DE}=\overline{DI}+\overline{EI}=3+4=7$ (cm)

17 (1) 점 I가 △ABC의 내심이므로 ∠DBI=∠IBC
$\overline{DE}$∥$\overline{BC}$이므로 ∠DIB=∠IBC(엇각)
즉, ∠DBI=∠DIB이므로 $\overline{DI}=\overline{DB}$
따라서 $\overline{DI}$와 길이가 같은 선분은 $\overline{DB}$이다.
(2) 점 I가 △ABC의 내심이므로 ∠ECI=∠ICB
$\overline{DE}$∥$\overline{BC}$이므로 ∠EIC=∠ICB(엇각)
즉, ∠ECI=∠EIC이므로 $\overline{EI}=\overline{EC}$
따라서 $\overline{EI}$와 길이가 같은 선분은 $\overline{EC}$이다.
(3) △ADE의 둘레의 길이는
$\overline{AD}+\overline{DE}+\overline{AE}=\overline{AD}+(\overline{DI}+\overline{EI})+\overline{AE}$
$=\overline{AD}+(\overline{DB}+\overline{EC})+\overline{AE}$
$=(\overline{AD}+\overline{DB})+(\overline{EC}+\overline{AE})$
$=\overline{AB}+\overline{AC}$
$=9+7=16$ (cm)

18 △ADE의 둘레의 길이가 21 cm이므로
$\overline{AB}+\overline{AC}=21$ (cm)
따라서 △ABC의 둘레의 길이는
$\overline{AB}+\overline{AC}+\overline{BC}=21+9=30$ (cm)

| 29쪽 |

유형 20 삼각형의 넓이와 내접원의 반지름의 길이

> **19** 180 cm² **20** $\frac{16}{3}$ cm² **21** 100π m²

19 △ABC=$\frac{1}{2}$×(△ABC의 내접원의 반지름의 길이)
×(△ABC의 둘레의 길이)
$=\frac{1}{2}×6×60=180$ (cm²)

20 내접원의 반지름의 길이를 r cm라 하면
$\frac{1}{2}×r×(5+8+5)=12$, $r=\frac{4}{3}$
따라서 △IBC=$\frac{1}{2}×8×\frac{4}{3}=\frac{16}{3}$ (cm²)

21 직각삼각형 모양의 잔디밭에 최대한 넓은 원 모양의 꽃밭을 만들
어야 하므로 꽃밭은 직각삼각형의 내접원 모양이어야 한다.
△ABC의 내접원의 반지름의 길이를 r m라 하면

△ABC=$\frac{1}{2}×30×40=600$ (m²)이므로
$600=\frac{1}{2}×r×(30+50+40)$, $r=10$
따라서 구하는 꽃밭의 넓이는
$π×10^2=100π$ (m²)

| 29쪽 |

유형 21 삼각형의 내접원과 접선의 길이

> **22** ② **23** 5 cm
> **24** (1) $\overline{BE}=(15-x)$ cm, $\overline{CE}=(13-x)$ cm (2) 5 cm

22 $\overline{AF}=\overline{AD}=2$ cm, $\overline{BD}=\overline{BE}=5$ cm,
$\overline{CE}=\overline{CF}=4$ cm
따라서 △ABC의 둘레의 길이는
$2×(2+5+4)=22$ (cm)

23 $\overline{CE}=\overline{CF}=4$ cm ⋯⋯ ❶
$\overline{BD}=\overline{BE}=\overline{BC}-\overline{CE}=10-4=6$ (cm) ⋯⋯ ❷
따라서 $\overline{AF}=\overline{AD}=\overline{AB}-\overline{BD}=11-6=5$ (cm) ⋯⋯ ❸

채점 기준	비율
❶ $\overline{CE}$의 길이 구하기	20 %
❷ $\overline{BD}$의 길이 구하기	40 %
❸ $\overline{AF}$의 길이 구하기	40 %

24 (1) $\overline{AD}=x$ cm라 하면 $\overline{AF}=\overline{AD}=x$ cm이므로
$\overline{BE}=\overline{BD}=(15-x)$ cm
$\overline{CE}=\overline{CF}=(13-x)$ cm
(2) $\overline{BC}=\overline{BE}+\overline{CE}=18$ (cm)이므로
$(15-x)+(13-x)=18$, $x=5$
따라서 $\overline{AD}=5$ cm

| 30쪽 |

유형 22 삼각형의 외심과 내심

> **25** ④ **26** ② **27** (1) 38° (2) 32° (3) 6°

25 점 O가 △ABC의 외심이므로
2∠A=140°에서 ∠A=70°
따라서 점 I가 △ABC의 내심이므로
∠BIC=90°+$\frac{1}{2}$∠A
$=90°+\frac{1}{2}×70°=125°$

26 점 I가 △ABC의 내심이므로
$90°+\frac{1}{2}$∠A=108°, $\frac{1}{2}$∠A=18°
즉, ∠A=36°
따라서 점 O가 △ABC의 외심이므로
∠BOC=2∠A=2×36°=72°

27 (1) 점 O가 △ABC의 외심이므로

$\angle BOC = 2\angle A = 2 \times 52° = 104°$

△OBC에서 $\overline{OB} = \overline{OC}$이므로

$\angle OBC = \frac{1}{2} \times (180° - 104°) = 38°$

(2) △ABC에서 $\overline{AB} = \overline{AC}$이므로

$\angle ABC = \frac{1}{2} \times (180° - 52°) = 64°$

점 I가 △ABC의 내심이므로

$\angle IBC = \frac{1}{2}\angle ABC = \frac{1}{2} \times 64° = 32°$

(3) $\angle OBI = \angle OBC - \angle IBC$

$= 38° - 32° = 6°$

유형 **23** 직각삼각형의 외접원과 내접원 | 30쪽 |

28 18	29 $\frac{325}{4}\pi$ cm²	30 9π cm

28 △ABC의 외접원의 반지름의 길이가 x cm이므로

$x = \frac{1}{2} \times (\text{빗변의 길이}) = \frac{1}{2}\overline{AB} = \frac{1}{2} \times 15 = \frac{15}{2}$

△ABC의 내접원의 반지름의 길이가 y cm이므로

$\frac{1}{2} \times 12 \times 9 = \frac{1}{2} \times y \times (15 + 12 + 9)$

$54 = 18y$에서 $y = 3$

따라서 $2x + y = 2 \times \frac{15}{2} + 3 = 18$

29 △ABC의 외접원의 반지름의 길이는

$\frac{1}{2} \times (\text{빗변의 길이}) = \frac{1}{2}\overline{BC} = \frac{1}{2} \times 17 = \frac{17}{2}$ (cm)

이때 △ABC의 외접원의 넓이는

$\pi \times \left(\frac{17}{2}\right)^2 = \frac{289}{4}\pi$ (cm²)

△ABC의 내접원의 반지름의 길이를 r cm라 하면

$\frac{1}{2} \times 15 \times 8 = \frac{1}{2} \times r \times (15 + 17 + 8)$

$60 = 20r$에서 $r = 3$

이때 △ABC의 내접원의 넓이는

$\pi \times 3^2 = 9\pi$ (cm²)

따라서 △ABC의 외접원과 내접원의 넓이의 합은

$\frac{289}{4}\pi + 9\pi = \frac{325}{4}\pi$ (cm²)

30 △ABC의 외접원의 반지름의 길이는

$\frac{1}{2} \times (\text{빗변의 길이}) = \frac{1}{2}\overline{AC} = \frac{1}{2} \times 13 = \frac{13}{2}$ (cm)

이때 △ABC의 외접원의 둘레의 길이는

$2\pi \times \frac{13}{2} = 13\pi$ (cm) ...... ❶

△ABC의 내접원의 반지름의 길이를 r cm라 하면

$\frac{1}{2} \times 12 \times 5 = \frac{1}{2} \times r \times (12 + 5 + 13)$

$30 = 15r$에서 $r = 2$

이때 △ABC의 내접원의 둘레의 길이는

$2\pi \times 2 = 4\pi$ (cm) ...... ❷

따라서 △ABC의 외접원과 내접원의 둘레의 길이의 차는

$13\pi - 4\pi = 9\pi$ (cm) ...... ❸

채점 기준	비율
❶ △ABC의 외접원의 둘레의 길이 구하기	40 %
❷ △ABC의 내접원의 둘레의 길이 구하기	40 %
❸ △ABC의 외접원과 내접원의 둘레의 길이의 차 구하기	20 %

중단원 핵심유형 테스트 | 31~33쪽 |

1 ⑤	2 ③	3 12 cm	4 ②, ④	5 ③
6 ⑤	7 6 cm	8 ②	9 ①	10 54 cm²
11 ④	12 ⑤	13 ③	14 ②	15 ④
16 ③	17 ⑤	18 5 cm	19 ④	20 24°
21 110°	22 ⑤	23 ③	24 ①	

1 △DBC에서 $\overline{DB} = \overline{DC}$이므로

$\angle DBC = \angle C = 65°$

그러므로 $\angle ABC = \angle ABD + \angle DBC$

$= 10° + 65° = 75°$

따라서 △ABC에서

$\angle A = 180° - (75° + 65°) = 40°$

2 △ABC는 정삼각형이므로

$\overline{BC} = \overline{AB} = 8$ cm

이때 △ABC에서 $\overline{AB} = \overline{AC}$이고 $\overline{AD}$가 $\angle A$의 이등분선이므로

$\overline{CD} = \frac{1}{2}\overline{BC} = \frac{1}{2} \times 8 = 4$ (cm)

3 $\angle ACB = 180° - 125° = 55°$이므로

△ABC에서 $\angle B = 180° - (70° + 55°) = 55°$

따라서 △ABC에서 $\angle B = \angle ACB = 55°$이므로

$\overline{AC} = \overline{AB} = 12$ cm

4 ② RHA 합동

④ RHS 합동

5 점 O는 △ABC의 외심이다.

따라서 $\overline{AD} = \overline{CD} = 5$ cm이므로

$\overline{AC} = 2\overline{CD} = 2 \times 5 = 10$ (cm)

6 $△ABC = \frac{1}{2} \times (△ABC의 내접원의 반지름의 길이)$

$\times (△ABC의 둘레의 길이)$

이므로 $\frac{1}{2} \times 4 \times (15 + \overline{BC} + \overline{CA}) = 90$

따라서 $\overline{BC} + \overline{CA} = 30$ (cm)

7 $\triangle ABC$에서 $\overline{BC} = \overline{BA}$이므로

$\angle ACB = \angle A = \frac{1}{2} \times (180° - 36°) = 72°$

이때 $\angle DCB = \frac{1}{2} \angle ACB = \frac{1}{2} \times 72° = 36°$

$\triangle DBC$에서 $\angle DCB = \angle B = 36°$이므로

$\overline{CD} = \overline{BD} = 6$ cm

$\triangle CAD$에서 $\angle ADC = \angle B + \angle DCB = 36° + 36° = 72°$

따라서 $\angle A = \angle ADC = 72°$이므로

$\overline{AC} = \overline{CD} = 6$ cm

8 오른쪽 그림에서
$\angle ABC = \angle CBD$(접은 각),
$\angle CBD = \angle ACB$(엇각)
이므로 $\angle ABC = \angle ACB$
따라서 $\triangle ABC$는 $\overline{AC} = \overline{AB} = 8$ cm인 이등변삼각형이므로
$\triangle ABC = \frac{1}{2} \times 8 \times 6 = 24$ (cm²)

9 $\triangle ABE$와 $\triangle ECD$에서
$\angle B = \angle C = 90°$, $\overline{AE} = \overline{ED}$,
$\angle BAE = 90° - \angle AEB = \angle CED$
이므로 $\triangle ABE \equiv \triangle ECD$(RHA 합동)
따라서 $\overline{EC} = \overline{AB} = 6$ cm이므로
$\overline{BC} = \overline{BE} + \overline{EC} = 10 + 6 = 16$ (cm)

10 $\triangle ABD$와 $\triangle CAE$에서
$\angle ADB = \angle CEA = 90°$, $\overline{BA} = \overline{AC}$,
$\angle ABD = 90° - \angle BAD = \angle CAE$
이므로 $\triangle ABD \equiv \triangle CAE$(RHA 합동) ...... ❶
따라서 $\overline{AD} = \overline{CE} = 9$ cm이므로 ...... ❷
$\triangle ABD = \frac{1}{2} \times 12 \times 9 = 54$ (cm²) ...... ❸

채점 기준	비율
❶ $\triangle ABD \equiv \triangle CAE$임을 설명하기	50 %
❷ $\overline{AD}$의 길이 구하기	20 %
❸ $\triangle ABD$의 넓이 구하기	30 %

11 $\triangle ABC$에서 $\angle ACB = 90° - 20° = 70°$
$\triangle ABC$와 $\triangle DBE$에서
$\angle B = 90°$, $\overline{AC} = \overline{DE}$, $\overline{AB} = \overline{DB}$
이므로 $\triangle ABC \equiv \triangle DBE$(RHS 합동)
즉, $\angle DEB = \angle ACB = 70°$
따라서 사각형 EBCF에서
$\angle CFE = 360° - (70° + 90° + 70°) = 130°$

12 $\overline{EC} = \overline{ED}$이므로 $\angle EBC = \angle EBD$

$\triangle ABC$에서 $\angle ABC = 90° - 50° = 40°$이므로

$\angle EBC = \frac{1}{2} \angle ABC = \frac{1}{2} \times 40° = 20°$

따라서 $\triangle EBC$에서
$\angle BEC = 90° - 20° = 70°$

13 점 O가 $\triangle ABC$의 외심이므로 $\overline{OA} = \overline{OB} = \overline{OC}$
즉, $\angle OBA = \angle OAB = 33°$이므로
$\angle OBD = \angle ABC - \angle OBA = 75° - 33° = 42°$
따라서 $\triangle OBD$에서
$\angle BOD = 90° - 42° = 48°$

14 점 O가 $\triangle ABC$의 외심이므로 $\overline{OA}$를 그으면
$\angle OAB + 47° + 23° = 90°$
에서 $\angle OAB = 20°$
$\triangle OCA$는 $\overline{OC} = \overline{OA}$인 이등변삼각형이므로
$\angle OAC = \angle OCA = 23°$
따라서 $\angle A = \angle OAB + \angle OAC = 20° + 23° = 43°$

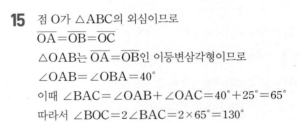

15 점 O가 $\triangle ABC$의 외심이므로
$\overline{OA} = \overline{OB} = \overline{OC}$
$\triangle OAB$는 $\overline{OA} = \overline{OB}$인 이등변삼각형이므로
$\angle OAB = \angle OBA = 40°$
이때 $\angle BAC = \angle OAB + \angle OAC = 40° + 25° = 65°$
따라서 $\angle BOC = 2\angle BAC = 2 \times 65° = 130°$

16 $\triangle ABC$는 $\overline{AB} = \overline{AC}$인 이등변삼각형이므로
$\angle ABC = \frac{1}{2} \times (180° - 48°) = 66°$
점 I가 $\triangle ABC$의 내심이므로
$\angle IBC = \frac{1}{2} \angle ABC = \frac{1}{2} \times 66° = 33°$

17 점 I가 $\triangle ABC$의 내심이므로
$37° + \angle IBC + 28° = 90°$
따라서 $\angle IBC = 25°$

18 점 I가 $\triangle ABC$의 내심이므로 $\angle ECI = \angle ICB$
$\overline{DE} /\!/ \overline{BC}$이므로 $\angle EIC = \angle ICB$(엇각)
즉, $\angle ECI = \angle EIC$이므로 $\triangle EIC$에서
$\overline{EI} = \overline{EC} = 8$ cm
그러므로 $\overline{DI} = \overline{DE} - \overline{EI} = 13 - 8 = 5$ (cm)
점 I가 $\triangle ABC$의 내심이므로 $\angle DBI = \angle IBC$
$\overline{DE} /\!/ \overline{BC}$이므로 $\angle DIB = \angle IBC$(엇각)
따라서 $\angle DBI = \angle DIB$이므로 $\triangle DBI$에서
$\overline{DB} = \overline{DI} = 5$ cm

19 $\overline{BE} = \overline{BD} = \overline{AB} - \overline{AD} = 13 - 5 = 8$ (cm)
$\overline{AF} = \overline{AD} = 5$ cm이므로
$\overline{CE} = \overline{CF} = \overline{AC} - \overline{AF} = 11 - 5 = 6$ (cm)
따라서 $\overline{BC} = \overline{BE} + \overline{CE} = 8 + 6 = 14$ (cm)

20 점 O가 △ABC의 외심이므로

　∠BOC=2∠A=2×44°=88°　　　…… ❶

점 I가 △ABC의 내심이므로

　∠BIC=90°+$\frac{1}{2}$∠A

　　　　=90°+$\frac{1}{2}$×44°=112°　　　…… ❷

따라서 ∠BIC−∠BOC=112°−88°=24°　…… ❸

채점 기준	비율
❶ ∠BOC의 크기 구하기	40 %
❷ ∠BIC의 크기 구하기	40 %
❸ ∠BIC−∠BOC의 크기 구하기	20 %

21 △DBC에서 $\overline{DB}=\overline{DC}$이므로 ∠B=∠DCB=∠$x$라 하면

∠ADC=∠B+∠DCB=∠x+∠x=2∠x

△CAD에서 $\overline{CA}=\overline{CD}$이므로

∠A=∠ADC=2∠x

△ABC에서 ∠ACE=∠A+∠B이므로

2∠x+∠x=105°, 3∠x=105°

즉, ∠x=35°

따라서 △DBC에서 ∠BDC=180°−2×35°=110°

22 ∠OAB=90°×$\frac{2}{2+1}$=60°

점 O가 직각삼각형 ABC의 빗변의 중점, 즉 외심이므로

$\overline{OA}=\overline{OB}=\overline{OC}$

△OAB에서 ∠B=∠OAB=60°이므로 △OAB는 정삼각형이다.

즉, $\overline{OA}=\overline{OB}=\overline{AB}$=5 cm

따라서 △ABC의 외접원의 반지름의 길이는 5 cm이다.

23 점 O가 △ABC의 외심이므로 $\overline{OA}=\overline{OB}=\overline{OC}$

△OBC에서 ∠OBC=∠OCB이므로

∠OCB=$\frac{1}{2}$×(180°−56°)=62°

△OCA에서 ∠OCA=∠OAC이므로

∠OCA=$\frac{1}{2}$×(180°−84°)=48°

따라서 ∠BCA=∠OCB+∠OCA=62°+48°=110°

24 △ABC가 직각삼각형이므로 원 O의 반지름의 길이는

$\frac{1}{2}$×(빗변의 길이)=$\frac{1}{2}\overline{AC}=\frac{1}{2}$×10=5 (cm)

원 O의 넓이는 π×5^2=25π (cm²)

원 I의 반지름의 길이를 r cm라 하면

$\frac{1}{2}$×8×6=$\frac{1}{2}$×r×(8+6+10)

24=12r에서 r=2

원 I의 넓이는 π×2^2=4π (cm²)

따라서 색칠한 부분의 넓이는

(원 O의 넓이)−(원 I의 넓이)=25π−4π=21π (cm²)

2. 사각형의 성질

01. 평행사변형

| 36~37쪽 |

평행사변형의 성질

1 $\overline{CDA}$, ∠DCA, ∠CAD, $\overline{AC}$, △CDA, ASA, $\overline{CD}$, $\overline{DA}$, ∠D, ∠CAD, ∠DCA, ∠BCD

2 x=5, y=75　　　**3** x=10, y=55

4 x=8, y=70　　　**5** x=4, y=5

3 $\overline{AB}=\overline{DC}$=10 cm이므로 x=10

∠A+∠B=180°이므로 y+125=180

따라서 y=55

4 $\overline{OA}=\frac{1}{2}\overline{AC}$이므로 $x=\frac{1}{2}$×16=8

∠B=∠D이므로 y=70

평행사변형이 되는 조건

6 ∠COD, SAS, ∠CDO, $\overline{DC}$, SAS, ∠OCB, $\overline{BC}$, 평행

7 ○, 두 쌍의 대변이 각각 평행하다.　　　**8** ×

9 ○, 한 쌍의 대변이 평행하고 그 길이가 같다.

10 ○, 두 대각선이 서로 다른 것을 이등분한다.

11 ○, 두 쌍의 대각의 크기가 각각 같다.

12 ○, 두 쌍의 대변의 길이가 각각 같다.

8 오른쪽 그림과 같이 ∠A=∠B=80°, ∠C=∠D=100°이면 □ABCD는 평행사변형이 아니다.

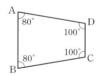

11 □ABCD에서

∠D=360°−(45°+135°+45°)=135°이므로 ∠B=∠D

따라서 두 쌍의 대각의 크기가 각각 같으므로 □ABCD는 평행사변형이다.

평행사변형과 넓이

13 ○	14 ○	15 ×	16 ○	17 ×
18 ○	19 ○	20 ×	21 ×	22 ○

15 △DAB=$\frac{1}{2}$□ABCD

17 □ABCD=2△CDA

21 △PAB+△PCD=$\frac{1}{2}$□ABCD

유형 1 평행사변형의 뜻 | 38쪽 |

1 $\angle x=75°$, $\angle y=25°$　　2 ③　　　3 ②

1 $\overline{AB}/\!/\overline{DC}$이므로 $\angle x=75°$(엇각)
$\overline{AD}/\!/\overline{BC}$이므로 $\angle y=25°$(엇각)

2 $\overline{AB}/\!/\overline{DC}$이므로 $\angle ACD=\angle BAC=54°$(엇각)
따라서 $\triangle OCD$에서
$\angle AOD=\angle OCD+\angle ODC=54°+32°=86°$

3 $\overline{AB}/\!/\overline{DC}$이므로 $\angle ABD=\angle BDC$(엇각)
$\triangle ABC$에서
$70°+(\angle x+\angle y)+38°=180°$
따라서 $\angle x+\angle y=72°$

유형 2 평행사변형의 성질 | 38~39쪽 |

4 ④　　　5 ②　　　6 $105°$
7 (가) $\angle CDO$ (나) $\overline{AB}$ (다) $\angle DCO$ (라) ASA (마) $\overline{OC}$
(바) $\overline{OD}$
8 ②　　　9 ⑤

4 $\overline{AB}=\overline{DC}$이므로 $x+2=3x-4$
$2x=6$, 즉 $x=3$
$\overline{AD}=\overline{BC}$이므로 $y+6=2y+1$, 즉 $y=5$
따라서 $x+y=3+5=8$

5 $\angle A=\angle C$이므로 $\angle y=60°$
$\angle A+\angle D=180°$이므로 $\angle x=180°-60°=120°$
따라서 $\angle x-\angle y=120°-60°=60°$

6 $\triangle BCD$에서
$31°+\angle C+44°=180°$
즉, $\angle C=105°$ ...... ❶
평행사변형에서 대각의 크기가 같으므로 $\angle A=\angle C$
따라서 $\angle A=105°$ ...... ❷

채점 기준	비율
❶ $\angle C$의 크기 구하기	50 %
❷ $\angle A$의 크기 구하기	50 %

8 $\overline{OB}=\overline{OD}$이므로 $x-3=12$
즉, $x=15$
$\overline{OA}=\overline{OC}$이므로 $2y+5=9$, $2y=4$
즉, $y=2$
따라서 $x+y=15+2=17$

9 ㄷ. $\overline{OC}=\dfrac{1}{2}\overline{AC}=\dfrac{1}{2}\times18=9$ (cm)
ㄹ. $\angle ADC=180°-74°=106°$
ㅂ. $\triangle AOD$와 $\triangle COB$에서
$\overline{OA}=\overline{OC}$, $\angle AOD=\angle COB$(맞꼭지각), $\overline{OD}=\overline{OB}$
이므로 $\triangle AOD\equiv\triangle COB$(SAS 합동)
따라서 옳은 것은 ㄷ, ㄹ, ㅂ이다.

다른 풀이

ㅂ. $\triangle AOD$와 $\triangle COB$에서
$\overline{AD}=\overline{BC}$, $\angle OAD=\angle OCB$(엇각),
$\angle ODA=\angle OBC$(엇각)
이므로 $\triangle AOD\equiv\triangle COB$(ASA 합동)

유형 3 평행사변형의 성질(1)의 응용 — 대변 | 39~40쪽 |

10 ④　　　11 ⑤　　　12 3 cm
13 (1) $\triangle ABE\equiv\triangle FCE$(ASA 합동) (2) 8 cm

10 $2(3+\overline{AD})=14$이므로 $3+\overline{AD}=7$
따라서 $\overline{AD}=4$ (cm)

11 $\overline{AD}/\!/\overline{BC}$이므로 $\angle DAE=\angle AEB$(엇각)
이때 $\angle BAE=\angle DAE$이므로
$\angle BAE=\angle AEB$
즉, $\triangle ABE$는 $\overline{AB}=\overline{BE}$인 이등변삼각형이므로
$\overline{BE}=\overline{AB}=10$ cm
따라서 $\overline{BC}=\overline{AD}=15$ cm이므로
$\overline{EC}=\overline{BC}-\overline{BE}=15-10=5$ (cm)

12 $\overline{AB}/\!/\overline{DC}$이므로
$\angle BEC=\angle ABE$(엇각)
이때 $\angle ABE=\angle EBC$이므로
$\angle BEC=\angle EBC$
즉, $\triangle BCE$는 $\overline{BC}=\overline{CE}$인 이등변삼각형이므로
$\overline{CE}=\overline{BC}=9$ cm ...... ❶
따라서 $\overline{DC}=\overline{AB}=6$ cm이므로 ...... ❷
$\overline{DE}=\overline{CE}-\overline{DC}=9-6=3$ (cm) ...... ❸

채점 기준	비율
❶ $\overline{CE}$의 길이 구하기	50 %
❷ $\overline{DC}$의 길이 구하기	30 %
❸ $\overline{DE}$의 길이 구하기	20 %

13 (1) $\triangle ABE$와 $\triangle FCE$에서
$\overline{BE}=\overline{CE}$, $\angle ABE=\angle FCE$(엇각),
$\angle AEB=\angle FEC$(맞꼭지각)
이므로 $\triangle ABE\equiv\triangle FCE$(ASA 합동)
(2) $\overline{CF}=\overline{AB}=4$ cm, $\overline{DC}=\overline{AB}=4$ cm이므로
$\overline{DF}=\overline{DC}+\overline{CF}=4+4=8$ (cm)

14 ④   15 ⑤   16 68°   17 ②   18 56°
19 ⑤

14 ∠B=∠D이므로
∠A : ∠D=∠A : ∠B=5 : 4
∠A+∠D=180°이므로
$∠D=180°×\dfrac{4}{5+4}=80°$

15 ∠BAD=∠C=100°이므로
∠BAE=∠BAD−∠DAE=100°−30°=70°
$\overline{AB}$∥$\overline{DC}$이므로 ∠AED=∠BAE=70°(엇각)

[다른 풀이]
∠C+∠D=180°이므로 ∠D=180°−100°=80°
△AED에서 30°+∠AED+80°=180°
따라서 ∠AED=70°

16 $\overline{AD}$∥$\overline{BC}$이므로 ∠DAE=∠AEB=56°(엇각)
∠BAE=∠DAE이므로
∠BAD=56°+56°=112°
∠BAD+∠D=180°이므로 ∠D=180°−112°=68°

17 ∠ABC=∠D=60°이므로
$∠EBC=60°×\dfrac{3}{1+3}=45°$
△EBC에서 ∠BCE=180°−(73°+45°)=62°

18 ∠ABC=∠D=68°이므로
$∠CBF=\dfrac{1}{2}∠ABC=\dfrac{1}{2}∠D=\dfrac{1}{2}×68°=34°$ ······ ❶
△BCF에서
∠BCF=180°−(34°+90°)=56° ······ ❷
이때 ∠BCD+∠D=180°이므로
(56°+∠FCD)+68°=180°
따라서 ∠FCD=56° ······ ❸

채점 기준	비율
❶ ∠CBF의 크기 구하기	30 %
❷ ∠BCF의 크기 구하기	30 %
❸ ∠FCD의 크기 구하기	40 %

19 ∠BAD+∠ADC=180°이고
$∠EAD=\dfrac{1}{2}∠BAD$, $∠EDA=\dfrac{1}{2}∠ADC$이므로
$∠EAD+∠EDA=\dfrac{1}{2}∠BAD+\dfrac{1}{2}∠ADC$
$=\dfrac{1}{2}(∠BAD+∠ADC)=90°$
따라서 △AED에서
∠AED=180°−90°=90°

20 17 cm   21 ③   22 30 cm²

20 $\overline{AD}=\overline{BC}=8$ cm
$\overline{OA}=\dfrac{1}{2}\overline{AC}=\dfrac{1}{2}×6=3$ (cm)
$\overline{OD}=\dfrac{1}{2}\overline{BD}=\dfrac{1}{2}×12=6$ (cm)
따라서 △AOD의 둘레의 길이는
$\overline{OA}+\overline{AD}+\overline{OD}=3+8+6=17$ (cm)

21 ㅂ. △OAE와 △OCF에서
$\overline{OA}=\overline{OC}$, ∠OAE=∠OCF(엇각),
∠AOE=∠COF(맞꼭지각)
이므로 △OAE≡△OCF(ASA 합동)
ㄱ, ㄴ. △OAE≡△OCF이므로
$\overline{AE}=\overline{CF}$, $\overline{OE}=\overline{OF}$
ㅁ. $\overline{AB}$∥$\overline{DC}$이므로 ∠OEB=∠OFD(엇각)
따라서 옳지 않은 것은 ㄷ, ㄹ이다.

22 △OBF와 △ODE에서
$\overline{OB}=\overline{OD}$, ∠OBF=∠ODE(엇각),
∠BOF=∠DOE(맞꼭지각)
이므로 △OBF≡△ODE(ASA 합동) ······ ❶
따라서 △OBF=△ODE
$=\dfrac{1}{2}×10×6=30$ (cm²) ······ ❷

채점 기준	비율
❶ △OBF≡△ODE임을 설명하기	70 %
❷ △OBF의 넓이 구하기	30 %

23 (가) $\overline{AB}$ (나) SSS (다) ∠DCA (라) $\overline{BC}$ (마) 평행
24 (가) ∠ACB (나) SAS (다) ∠DCA (라) ∥ (마) 평행

25 ③   26 $x=3, y=65$ 27 ③

25 □ABCD의 두 대각선이 서로 다른 것을 이등분해야 하므로
$\overline{OB}=\overline{OD}$에서
3x+1=7, 즉 x=2
$\overline{AC}=2\overline{OC}$에서 5x+2=2y이므로
2y=5×2+2=12, 즉 y=6
따라서 x+y=2+6=8

26 □ABCD의 한 쌍의 대변이 평행하고 그 길이가 같아야 하므로 $\overline{AD}=\overline{BC}$에서
$6x-1=3x+8$이므로 $x=3$
$\overline{AD}/\!/\overline{BC}$에서 ∠A+∠B=180°이므로
$115+y=180$, 즉 $y=65$

27 □ABCD의 두 쌍의 대변이 각각 평행해야 하므로 $\overline{AB}/\!/\overline{DC}$에서
∠$x=52°$(엇각)
$\overline{AD}/\!/\overline{BC}$에서
(∠$y+52°$)+86°=180°이므로 ∠$y=42°$
따라서 ∠$x-$∠$y=52°-42°=10°$

유형 8	평행사변형이 되는 조건 찾기		42~43쪽

| 28 ② | 29 풀이 참조 | 30 ②, ⑤ | 31 풀이 참조 |

28 ① 사각형의 나머지 한 내각의 크기는
$360°-(125°+125°+55°)=55°$
즉, 두 쌍의 대각의 크기가 각각 같으므로 평행사변형이다.
② 한 쌍의 대변이 평행하지만 그 길이가 같은지 알 수 없으므로 평행사변형이 아니다.
③ 두 대각선이 서로 다른 것을 이등분하므로 평행사변형이다.
④ 두 쌍의 대변의 길이가 각각 같으므로 평행사변형이다.
⑤ 두 쌍의 엇각의 크기가 각각 같으므로 두 쌍의 대변이 각각 평행하다. 즉, 평행사변형이다.
따라서 평행사변형이 아닌 것은 ②이다.

29 $\overline{AB}/\!/\overline{DC}$이고 $\overline{AB}=\overline{DC}$이므로 □ABCD는 평행사변형이다.
따라서 평행사변형 ABCD에서 $\overline{AD}/\!/\overline{BC}$이므로 이 놀이 기구는 어느 위치에 있더라도 항상 수평을 유지한다.

30 ① 오른쪽 그림과 같이 $\overline{AD}=10$ cm이면 $\overline{AB}=\overline{CD}=9$ cm이지만 $\overline{AD}$와 $\overline{BC}$의 길이가 같지 않으므로 □ABCD는 평행사변형이 아니다.
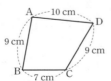
② ∠A=∠C=140°이고
□ABCD에서 ∠D=360°-(140°+40°+140°)=40°
이므로 ∠B=∠D=40°
즉, 두 쌍의 대각의 크기가 각각 같으므로 □ABCD는 평행사변형이다.
③ 오른쪽 그림과 같이 $\overline{AD}=9$ cm, $\overline{BC}=11$ cm이면 $\overline{AD}/\!/\overline{BC}$이지만 $\overline{AD}$와 $\overline{BC}$의 길이가 같지 않으므로 □ABCD는 평행사변형이 아니다.
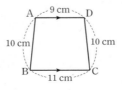

④ 오른쪽 그림과 같이 ∠A=95°, ∠C=145°이면 ∠B=∠D이지만 ∠A와 ∠C의 크기가 같지 않으므로 □ABCD는 평행사변형이 아니다.
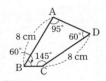
⑤ 두 대각선이 서로 다른 것을 이등분하므로 □ABCD는 평행사변형이다.
따라서 평행사변형이 되는 것은 ②, ⑤이다.

31 $\overline{AB}/\!/\overline{CD}$이고 $\overline{AB}=\overline{CD}$가 되도록 선분 CD를 긋거나 $\overline{AB}/\!/\overline{EC}$이고 $\overline{AB}=\overline{EC}$가 되도록 선분 EC를 그으면 오른쪽 그림과 같이 평행사변형 ACDB 또는 평행사변형 AECB를 그릴 수 있다.
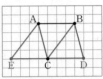

유형 9	새로운 사각형이 평행사변형이 되는 경우		43쪽

| 32 ③ | 33 □ | 34 35° | |
| 35 (1) 풀이 참조 (2) 47 cm | | | |

32 ③ (다) $\overline{EB}$

33 □ABCD가 평행사변형이므로 $\overline{OA}=\overline{OC}$이고 $\overline{OE}=\overline{OF}$이므로 두 대각선이 서로 다른 것을 이등분한다.
따라서 □AECF는 평행사변형이다.

34 △ABE와 △CDF에서
∠BEA=∠DFC=90°, $\overline{AB}=\overline{CD}$,
∠EAB=∠FCD(엇각)
이므로 △ABE≡△CDF(RHA 합동)
즉, $\overline{BE}=\overline{DF}$ …… ㉠ …… ❶
또 ∠BEF=∠DFE=90°(엇각)이므로
$\overline{BE}/\!/\overline{DF}$ …… ㉡ …… ❷
㉠, ㉡에서 한 쌍의 대변이 평행하고 그 길이가 같으므로
□EBFD는 평행사변형이다. …… ❸
△DEF에서 ∠EDF=90°-55°=35°이므로
∠EBF=∠EDF=35° …… ❹

채점 기준	비율
❶ $\overline{BE}=\overline{DF}$임을 설명하기	30 %
❷ $\overline{BE}/\!/\overline{DF}$임을 설명하기	20 %
❸ □EBFD가 평행사변형임을 설명하기	20 %
❹ ∠EBF의 크기 구하기	30 %

35 (1) □ABCD가 평행사변형이므로
∠ABC=∠ADC
즉, ∠EBF=$\frac{1}{2}$∠ABC=$\frac{1}{2}$∠ADC
$=$∠EDF …… ㉠

이고, $\overline{AD} /\!/ \overline{BC}$에서

∠AEB=∠EBF(엇각), ∠EDF=∠DFC(엇각)이므로

∠AEB=∠DFC

그러므로 ∠BED=180°-∠AEB

$\qquad\qquad\quad=180°-∠DFC$

$\qquad\qquad\quad=∠BFD$ ...... ㉡

㉠, ㉡에서 두 쌍의 대각의 크기가 각각 같으므로 □EBFD는 평행사변형이다.

(2) □EBFD가 평행사변형이므로

$\overline{EB}=\overline{DF}=21$ cm

또 ∠ABE=∠EBF=∠AEB이므로

△ABE는 $\overline{AB}=\overline{AE}$인 이등변삼각형이다.

즉, $\overline{AE}=\overline{AB}=13$ cm

따라서 △ABE의 둘레의 길이는

$\overline{AB}+\overline{EB}+\overline{AE}=13+21+13=47$ (cm)

유형 10 평행사변형과 넓이(1)
– 대각선에 의하여 나누어지는 경우
| 44쪽 |

36 23 cm² 37 ②

38 (1) △OAE≡△OCF(ASA 합동) (2) 32 cm²

36 △CDA=△ABD=23 cm²

37 □ABCD=4△OBC=4×18=72 (cm²)

38 (1) △OAE와 △OCF에서

$\overline{OA}=\overline{OC}$, ∠OAE=∠OCF(엇각),

∠AOE=∠COF(맞꼭지각)

이므로 △OAE≡△OCF(ASA 합동) ...... ❶

(2) △OAE≡△OCF이므로 △OAE=△OCF ...... ❷

따라서 색칠한 부분의 넓이는

△OAE+△OFD=△OCF+△OFD

$\qquad\qquad\quad=△OCD$

$\qquad\qquad\quad=\dfrac{1}{4}$□ABCD

$\qquad\qquad\quad=\dfrac{1}{4}×128$

$\qquad\qquad\quad=32$ (cm²) ...... ❸

	채점 기준	비율
(1)	❶ △OAE≡△OCF임을 설명하기	40 %
(2)	❷ △OAE≡△OCF임을 알기	20 %
	❸ 색칠한 부분의 넓이 구하기	40 %

유형 11 평행사변형과 넓이(2)
– 내부의 한 점 P가 주어진 경우
| 44쪽 |

39 ③   40 ③   41 48 cm²

39 △PAB+△PCD=$\dfrac{1}{2}$□ABCD

$\qquad\qquad\qquad\quad=\dfrac{1}{2}×56=28$ (cm²)

40 □ABCD=16×9=144 (cm²)

△PDA+△PBC=$\dfrac{1}{2}$□ABCD이므로

$26+△PBC=\dfrac{1}{2}×144$

따라서 △PBC=72-26=46 (cm²)

41 14 : △PDA=7 : 5이므로

△PDA=10 (cm²) ...... ❶

따라서 □ABCD=2(△PBC+△PDA) ...... ❷

$\qquad\qquad\qquad=2×(14+10)$

$\qquad\qquad\qquad=48$ (cm²) ...... ❸

채점 기준	비율
❶ △PDA의 넓이 구하기	30 %
❷ □ABCD=2(△PBC+△PDA)임을 알기	40 %
❸ □ABCD의 넓이 구하기	30 %

02. 여러 가지 사각형
| 45~46쪽 |

직사각형의 뜻과 성질
1 $\overline{DC}$, $\overline{BC}$, ∠DCB, SAS, $\overline{BD}$

2 $x=15$, $y=55$ 3 $x=7$, $y=25$

4 $x=20$, $y=64$ 5 $x=6$, $y=52$

2 $\overline{AC}=\overline{BD}=15$ cm이므로 $x=15$

△OCD에서 $\overline{CO}=\overline{DO}$이므로

∠ODC=∠OCD=55°, 즉 $y=55$

3 $\overline{DO}=\overline{AO}=7$ cm이므로 $x=7$

∠ABC=90°이므로 $65+y=90$

따라서 $y=25$

4 $\overline{AC}=2\overline{AO}=2×10=20$ (cm)이므로

$\overline{BD}=\overline{AC}=20$ cm, 즉 $x=20$

△ODA에서 $\overline{AO}=\overline{DO}$이므로 ∠ODA=∠OAD=32°

이때 ∠COD=∠OAD+∠ODA이므로

$y=32+32=64$

5 $\overline{AC}=\overline{BD}=12$ cm이므로

$\overline{CO}=\dfrac{1}{2}\overline{AC}=\dfrac{1}{2}×12=6$ (cm), 즉 $x=6$

∠B=90°이므로 △ABC에서

$y+90+38=180$, 즉 $y=52$

7 $\overline{BC}=\overline{BA}=9$ cm이므로 $x=9$
$\triangle ABD$에서 $\overline{AB}=\overline{AD}$이므로
$\angle ADB=\angle ABD=35°$
따라서 $y=35$

8 $\overline{DO}=\frac{1}{2}\overline{BD}=\frac{1}{2}\times14=7$ (cm)이므로 $x=7$
$\overline{AC}\perp\overline{BD}$이므로 $\angle AOB=90°$, 즉 $y=90$

9 $\overline{AD}=\overline{AB}=8$ cm이므로 $x=8$
$\triangle DAO$에서 $\angle AOD=90°$이므로
$\angle DAO=90°-30°=60°$
따라서 $\triangle DAC$에서 $\overline{DA}=\overline{DC}$이므로
$\angle DCA=\angle DAC=60°$, 즉 $y=60$

10 $\overline{CO}=\overline{AO}=5$ cm이므로 $x=5$
$\overline{AB}/\!/\overline{DC}$이므로
$\angle BAC=\angle ACD=58°$(엇각)
$\triangle ABO$에서 $\angle AOB=90°$이므로
$y=90-58=32$

11 $\overline{DC}=\overline{DA}=4$ cm이므로 $x=4$
$\overline{AC}\perp\overline{BD}$이므로 $\angle AOD=90°$, 즉 $y=90$

12 $\overline{BD}=2\overline{BO}=2\times6=12$ (cm)
정사각형은 두 대각선의 길이가 같으므로
$\overline{AC}=\overline{BD}=12$ cm, 즉 $x=12$
$\angle ADC=90°$, 즉 $y=90$

13 $\overline{DO}=\overline{AO}=5$ cm이므로 $x=5$
$\triangle BCD$는 $\angle BCD=90°$이고 $\overline{CB}=\overline{CD}$인 직각이등변삼각형이므로
$\angle DBC=\frac{1}{2}\times(180°-90°)=45°$, 즉 $y=45$

14 $\overline{DC}=\overline{AB}=6$ cm이므로 $x=6$
$\angle B=\angle C=55°$이므로 $y=55$

15 $\overline{AC}=\overline{BD}=7$ cm이므로 $x=7$
$\overline{AD}/\!/\overline{BC}$이므로 $70°+\angle ABC=180°$
그러므로 $\angle ABC=110°$
따라서 $\angle BCD=\angle ABC=110°$이므로 $y=110$

16 $\overline{AC}=\overline{BD}=9$ cm이므로 $3+x=9$
즉, $x=6$
$\overline{AD}/\!/\overline{BC}$이므로 $\angle DBC=\angle ADB=37°$(엇각)
따라서 $\angle DCB=\angle ABC=30°+37°=67°$이므로
$y=67$

소단원 유형 익히기

유형 **12** 직사각형의 뜻과 성질 | 47쪽 |

1 ④   2 ①   3 ③   4 ②   5 60°

1 ④는 마름모나 정사각형의 성질이다.

2 $\overline{DC}=\overline{AB}=6$ cm
$\overline{DO}=\frac{1}{2}\overline{BD}=\frac{1}{2}\times10=5$ (cm)
$\overline{CO}=\overline{DO}=5$ cm
따라서 $\triangle OCD$의 둘레의 길이는
$\overline{DO}+\overline{CO}+\overline{DC}=5+5+6=16$ (cm)

3 $\angle BOC=\angle AOD=128°$(맞꼭지각)이고
$\triangle OBC$에서 $\overline{OB}=\overline{OC}$이므로
$\angle x=\frac{1}{2}\times(180°-128°)=26°$
이때 $\angle BCD=90°$이고 $\angle OCB=26°$이므로
$\angle y=90°-26°=64°$
따라서 $\angle y-\angle x=64°-26°=38°$

4 □$OABC$가 직사각형이므로 두 대각선의 길이는 같다.
즉, $\overline{AC}=\overline{OB}$
한편 $\overline{OB}$는 원 O의 반지름이므로 $\overline{OB}=2$ cm
따라서 $\overline{AC}=2$ cm

5 $\overline{EA}=\overline{EC}$이므로 $\angle ECA=\angle EAC$
$\overline{AD}/\!/\overline{BC}$이므로 $\angle DAC=\angle ECA$(엇각)
즉, $\angle BAE=\angle EAC=\angle DAC$ ⋯⋯ ❶
이때 $\angle BAD=90°$이므로 $\angle BAE=\frac{1}{3}\times90°=30°$ ⋯⋯ ❷
따라서 $\triangle ABE$에서 $\angle AEB=90°-30°=60°$ ⋯⋯ ❸

채점 기준	비율
❶ ∠BAE=∠EAC=∠DAC임을 설명하기	50 %
❷ ∠BAE의 크기 구하기	20 %
❸ ∠AEB의 크기 구하기	30 %

유형 13 평행사변형이 직사각형이 되는 조건 | 47~48쪽 |

> **6** ④   **7** ④
> **8** (가) $\overline{DC}$ (나) $\overline{BC}$ (다) SSS (라) ∠DAB (마) 90
> **9** 직사각형, 90°

6 ① 두 대각선의 길이가 같으므로 평행사변형 ABCD는 직사각형이 된다.
② ∠BAD+∠ADC=180°이므로
∠BAD=∠ADC이면 ∠BAD=∠ADC=90°
즉, 한 내각이 직각이므로 평행사변형 ABCD는 직사각형이 된다.
③ ∠OCD=∠ODC이면 △OCD에서 $\overline{CO}=\overline{DO}$
즉, $\overline{AC}=\overline{BD}$이므로 평행사변형 ABCD는 직사각형이 된다.
⑤ 한 내각이 직각이므로 평행사변형 ABCD는 직사각형이 된다.
따라서 직사각형이 되는 조건이 아닌 것은 ④이다.

7 ㄴ. $\overline{BD}=\overline{AC}=14$ cm
즉, $\overline{BD}=14$ cm이면 두 대각선의 길이가 같으므로 평행사변형 ABCD는 직사각형이 된다.
ㄷ. $\overline{BD}=2\overline{BO}=2\times7=14$ (cm)이므로 $\overline{BD}=\overline{AC}$
즉, $\overline{BO}=7$ cm이면 두 대각선의 길이가 같으므로 평행사변형 ABCD는 직사각형이 된다.
ㅁ. ∠BCD=90°이면 한 내각이 직각이므로 평행사변형 ABCD는 직사각형이 된다.
따라서 평행사변형 ABCD가 직사각형이 되는 조건은 ㄴ, ㄷ, ㅁ이다.

9 ∠OAD=∠ODA이면 △ODA에서 $\overline{AO}=\overline{DO}$이므로
$\overline{AC}=\overline{BD}$ ······ ❶
즉, 평행사변형 ABCD의 두 대각선의 길이가 같으므로
□ABCD는 직사각형이다.   ······ ❷
따라서 ∠BCD=90°   ······ ❸

채점 기준	비율
❶ $\overline{AC}=\overline{BD}$임을 알기	30 %
❷ □ABCD가 직사각형임을 알기	40 %
❸ ∠BCD의 크기 구하기	30 %

유형 14 마름모의 뜻과 성질 | 48~49쪽 |

> **10** ②   **11** ④   **12** ②   **13** ④   **14** 62°

10 $\overline{AD}=\overline{DC}$이므로 $4x-6=10$
$4x=16$, 즉 $x=4$
또 $\overline{AB}=\overline{BC}$이므로 ∠BCA=∠BAC=33°
즉, $y=33$
따라서 $x+y=4+33=37$

11 △ABC에서 $\overline{BC}=\overline{BA}$이므로
∠BAC=∠BCA=∠x
△ABO에서 ∠AOB=90°이므로
∠x+∠y=180°-90°=90°

12 ①, ③ 마름모의 두 대각선은 서로 다른 것을 수직이등분하므로
$\overline{AC}\perp\overline{BD}$, $\overline{BO}=\overline{DO}$
④, ⑤ △BOA와 △BOC에서
$\overline{BA}=\overline{BC}$, $\overline{AO}=\overline{CO}$, $\overline{BO}$는 공통
이므로 △BOA≡△BOC(SSS 합동)
즉, ∠ABD=∠CBD
따라서 옳지 않은 것은 ②이다.

13 $\overline{AC}=2\overline{AO}=2\times4=8$ (cm)
$\overline{BD}=2\overline{DO}=2\times6=12$ (cm)
따라서 □ABCD$=\frac{1}{2}\times8\times12=48$ (cm²)

[다른풀이]
□ABCD$=4\triangle AOD=4\times\left(\frac{1}{2}\times4\times6\right)=48$ (cm²)

14 △BCD에서 $\overline{CB}=\overline{CD}$이므로
∠CDB$=\frac{1}{2}\times(180°-124°)=28°$ ······ ❶
△FED에서 ∠EFD=90°-28°=62°   ······ ❷
따라서 ∠AFB=∠EFD=62°(맞꼭지각)   ······ ❸

채점 기준	비율
❶ ∠CDB의 크기 구하기	50 %
❷ ∠EFD의 크기 구하기	30 %
❸ ∠AFB의 크기 구하기	20 %

유형 15 평행사변형이 마름모가 되는 조건 | 49쪽 |

> **15** ⑤
> **16** (가) ∠COB (나) $\overline{BO}$ (다) SAS (라) $\overline{DC}$ (마) $\overline{BC}$
> **17** ㄱ, ㄷ, ㄹ   **18** ②

15 평행사변형 ABCD에서 $\overline{AB}=\overline{DC}$이므로
$2x+1=7-x$, $3x=6$, $x=2$
평행사변형 ABCD가 마름모가 되려면 $\overline{AB}=\overline{BC}$이어야 하므로
$2x+1=2y-1$ ······ ㉠
$x=2$를 ㉠에 대입하면 $5=2y-1$, $2y=6$, $y=3$
따라서 $x+y=2+3=5$

17
ㄱ. $\overline{AB}=\overline{AD}$이면 이웃하는 두 변의 길이가 같으므로 평행사변형 ABCD는 마름모가 된다.
ㄷ, ㄹ. $\overline{AC}\perp\overline{BD}$이거나 $\angle AOB=90°$이면 두 대각선이 직교하므로 평행사변형 ABCD는 마름모가 된다.
따라서 마름모가 되는 조건은 ㄱ, ㄷ, ㄹ이다.

18 $\overline{AD}/\!/\overline{BC}$이므로 $\angle ADB=\angle DBC$(엇각)
이때 $\angle ABD=\angle DBC$이므로 $\angle ABD=\angle ADB$
즉, $\overline{AB}=\overline{AD}$
따라서 평행사변형 ABCD의 이웃하는 두 변의 길이가 같으므로 □ABCD는 마름모이다.

유형 16 정사각형의 뜻과 성질 | 50쪽 |

19 61   **20** ②, ⑤   **21** ⑤   **22** 73°
23 (1) △OQD   (2) 49 cm²

---

19 $\overline{AC}=2\overline{AO}=2\times 8=16\,(\text{cm})$
이때 $\overline{BD}=\overline{AC}=16\,\text{cm}$이므로 $x=16$
△ABD에서 $\angle DAB=90°$이고 $\overline{AB}=\overline{AD}$이므로
$\angle ABD=\dfrac{1}{2}\times(180°-90°)=45°$, 즉 $y=45$
따라서 $x+y=16+45=61$

20 ① 정사각형은 네 변의 길이가 모두 같으므로
$\overline{AB}=\overline{AD}$
③ 정사각형의 두 대각선은 서로 다른 것을 수직이등분하므로
$\angle AOD=90°$
④ 정사각형의 두 대각선은 길이가 같고, 서로 다른 것을 수직이등분하므로 $\overline{AO}=\overline{BO}$
△OAB에서 $\overline{AO}=\overline{BO}$이므로 $\angle OAB=\angle OBA$
⑤ △OCD는 $\angle DOC=90°$이고 $\overline{CO}=\overline{DO}$인 직각이등변삼각형이다.
따라서 옳지 않은 것은 ②, ⑤이다.

21 △ABE와 △CBE에서
$\overline{AB}=\overline{CB}$, $\angle ABE=\angle CBE=45°$, $\overline{BE}$는 공통
이므로 △ABE≡△CBE(SAS 합동)
△ABE에서 $\angle EAB+45°=84°$이므로
$\angle EAB=84°-45°=39°$
따라서 $\angle ECB=\angle EAB=39°$

22 $\overline{AB}=\overline{AD}=\overline{AE}$이므로 △ABE는 이등변삼각형이다.
즉, $\angle BAE=180°-2\times 28°=124°$ ······ ❶
그러므로 $\angle EAD=\angle BAE-\angle BAD$
$=124°-90°=34°$ ······ ❷
따라서 △ADE는 $\overline{AD}=\overline{AE}$인 이등변삼각형이므로
$\angle ADE=\dfrac{1}{2}\times(180°-34°)=73°$ ······ ❸

채점 기준	비율
❶ ∠BAE의 크기 구하기	40 %
❷ ∠EAD의 크기 구하기	40 %
❸ ∠ADE의 크기 구하기	20 %

23 (1) △OPC와 △OQD에서
$\overline{OC}=\overline{OD}$, $\angle OCP=\angle ODQ=45°$,
$\angle POC=90°-\angle COQ=\angle QOD$
이므로 △OPC≡△OQD(ASA 합동)
(2) □OPCQ$=$△OPC$+$△OCQ
$=$△OQD$+$△OCQ
$=$△OCD
$=\dfrac{1}{4}$□ABCD
$=\dfrac{1}{4}\times(14\times 14)=49\,(\text{cm}^2)$

유형 17 정사각형이 되는 조건 | 50~51쪽 |

24 5 cm   **25** ③, ④   **26** ㄷ, ㄹ   **27** ④

---

24 $\overline{AB}=\overline{AD}$이어야 하므로 $\overline{AB}=5\,\text{cm}$

25 ① 마름모   ② 직사각형   ⑤ 마름모
따라서 정사각형이 되는 것은 ③, ④이다.

26 ㄷ. $\overline{AC}=2\overline{AO}=2\times 5=10\,(\text{cm})$이므로
$\overline{BD}=\overline{AC}=10\,\text{cm}$
즉, $\overline{BD}=10\,\text{cm}$이면 두 대각선의 길이가 같으므로 마름모 ABCD는 정사각형이 된다.
ㄹ. $\angle BCD=90°$이면 한 내각이 직각이므로 마름모 ABCD는 정사각형이 된다.
따라서 정사각형이 되는 조건은 ㄷ, ㄹ이다.

27 ④ (라) ⊥

유형 18 등변사다리꼴의 뜻과 성질 | 51~52쪽 |

28 ②   **29** 43
30 (가) ∠DEC (나) ∠C (다) 이등변 (라) $\overline{DC}$ (마) $\overline{AB}$
31 ⑤   **32** 84°   **33** ①   **34** ②

---

28 $\overline{AC}=\overline{BD}$이므로 $16-2x=7+5$, $2x=4$
따라서 $x=2$

29 $\overline{AB}=\overline{DC}$이므로 $7x-2=5x+4$, $2x=6$, $x=3$
$\overline{AD}/\!/\overline{BC}$이므로 $\angle ACB=\angle DAC$(엇각)
한편 $\angle B=\angle BCD$이므로 $75=y+35$, $y=40$
따라서 $x+y=3+40=43$

31 ① 등변사다리꼴의 두 대각선의 길이는 같다.

③, ④ △ABD와 △DCA에서

$\overline{AB}=\overline{DC}$, $\overline{BD}=\overline{CA}$, $\overline{AD}$는 공통

이므로 △ABD≡△DCA(SSS 합동)

그러므로 ∠BAD=∠CDA, ∠ABD=∠DCA

② △ABD≡△DCA에서

∠ADB=∠DAC이므로 $\overline{AO}=\overline{DO}$

따라서 옳지 않은 것은 ⑤이다.

32 $\overline{AD}/\!/\overline{BC}$이므로

∠ADB=∠DBC=32°(엇각) ‥‥‥ ❶

△ABD에서 $\overline{AB}=\overline{AD}$이므로

∠ABD=∠ADB=32° ‥‥‥ ❷

이때 □ABCD는 등변사다리꼴이므로

∠C=∠ABC=32°+32°=64° ‥‥‥ ❸

따라서 △DBC에서

∠BDC=180°−(32°+64°)=84° ‥‥‥ ❹

채점 기준	비율
❶ ∠ADB의 크기 구하기	20 %
❷ ∠ABD의 크기 구하기	20 %
❸ ∠C의 크기 구하기	30 %
❹ ∠BDC의 크기 구하기	30 %

33 오른쪽 그림과 같이 꼭짓점 D에서 $\overline{BC}$
에 내린 수선의 발을 F라 하면
△ABE와 △DCF에서

∠AEB=∠DFC=90°,

$\overline{AB}=\overline{DC}$, ∠B=∠C

이므로 △ABE≡△DCF(RHA 합동)

그러므로 $\overline{CF}=\overline{BE}=4$ cm

이때 □AEFD는 직사각형이므로

$\overline{AD}=\overline{EF}=\overline{EC}-\overline{FC}$

$\quad=10-4=6$ (cm)

34 꼭짓점 D를 지나고 $\overline{AB}$에 평행한 직선
을 그어 $\overline{BC}$와 만나는 점을 E라 하면
□ABED는 평행사변형이므로

$\overline{DE}=\overline{AB}=10$ cm

∠A+∠B=180°이므로

∠B=180°−120°=60°

이때 ∠C=∠B=60°, ∠DEC=∠B=60°(동위각)이므로

△DEC에서

∠EDC=180°−(60°+60°)=60°

즉, △DEC는 정삼각형이므로

$\overline{EC}=\overline{DE}=10$ cm

따라서 $\overline{AD}=\overline{BE}=\overline{BC}-\overline{EC}$

$\qquad=17-10=7$ (cm)

유형 19 여러 가지 사각형의 판별 | 52쪽 |

35 ⑤　　　**36** ②, ④　　　**37** 28 cm

35 직사각형 ABCD는 평행사변형이므로 $\overline{MD}/\!/\overline{BN}$

또 $\overline{AD}=\overline{BC}$이고 두 점 M, N은 각각 $\overline{AD}$, $\overline{BC}$의 중점이므로

$\overline{MD}=\overline{BN}$

따라서 □MBND는 한 쌍의 대변이 평행하고 그 길이가 같으므로 평행사변형이다.

36 ∠BAD+∠ADC=180°이므로

∠FAD+∠FDA$=\dfrac{1}{2}$∠BAD$+\dfrac{1}{2}$∠ADC

$\qquad=\dfrac{1}{2}\times180°=90°$

△AFD에서

∠AFD=180°−(∠FAD+∠FDA)

$\qquad=180°-90°=90°$

같은 방법으로 △HBC에서 ∠BHC=90°

또 △ABE에서

∠EAB+∠EBA$=\dfrac{1}{2}$∠BAD$+\dfrac{1}{2}$∠ABC

$\qquad=\dfrac{1}{2}\times180°=90°$

△ABE에서

∠AEB=180°−(∠EAB+∠EBA)

$\qquad=180°-90°=90°$

그러므로 ∠HEF=∠AEB=90°(맞꼭지각)

같은 방법으로 △DGC에서 ∠DGC=90°이므로

∠HGF=90°

즉, □EFGH는 직사각형이다.

따라서 직사각형 EFGH에 대한 설명으로 옳지 않은 것은 ②, ④이다.

37 △EAO와 △FCO에서

∠EAO=∠FCO(엇각), $\overline{AO}=\overline{CO}$,

∠AOE=∠COF=90°

이므로 △EAO≡△FCO(ASA 합동) ‥‥‥ ❶

즉, $\overline{AE}=\overline{CF}$이고 $\overline{AE}/\!/\overline{CF}$이므로 □AFCE는 평행사변형이다.

또 $\overline{AC}\perp\overline{EF}$이므로 평행사변형 AFCE는 마름모이다.

그러므로 $\overline{AE}=\overline{AD}-\overline{ED}$

$\qquad=\overline{BC}-\overline{ED}$

$\qquad=12-5=7$ (cm) ‥‥‥ ❷

따라서 □AFCE의 둘레의 길이는

$4\times7=28$ (cm) ‥‥‥ ❸

채점 기준	비율
❶ △EAO≡△FCO임을 설명하기	40 %
❷ $\overline{AE}$의 길이 구하기	30 %
❸ □AFCE의 둘레의 길이 구하기	30 %

03. 여러 가지 사각형 사이의 관계 | 53~54쪽 |

여러 가지 사각형 사이의 관계

1 직사각형	2 마름모	3 직사각형	4 직사각형	5 마름모
6 정사각형	7 정사각형	8 정사각형	9 정사각형	10 ○
11 ○	12 ×	13 ×	14 ×	15 ○

12 오른쪽 그림과 같은 등변사다리꼴은 평행사
변형이 아니다.

13 오른쪽 그림과 같은 마름모는 직사각형이
아니다.

14 오른쪽 그림과 같은 직사각형은 마름모가
아니다.

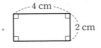

여러 가지 사각형의 대각선의 성질

16 성질 / 사각형	두 대각선이 서로 다른 것을 이등분한다.	두 대각선의 길이가 같다.	두 대각선이 직교한다.
등변사다리꼴	×	○	×
평행사변형	○	×	×
직사각형	○	○	×
마름모	○	×	○
정사각형	○	○	○

사각형의 각 변의 중점을 연결하여 만든 사각형

17 ㄱ	18 ㄱ	19 ㄷ	20 ㄴ	21 ㄹ
22 ㄷ				

평행선과 넓이

23 △ACE 24 22 cm² 25 △DBC 26 △ABD
27 △DOC 28 35 cm² 29 14 cm² 30 5 : 2

24 □ABCD=△ABC+△ACD
　　　　=△ABC+△ACE
　　　　=△ABE=22 (cm²)

25 밑변 BC가 공통이고 높이가 같으므로
△ABC=△DBC

26 밑변 AD가 공통이고 높이가 같으므로
△ACD=△ABD

27 △ABC=△DBC이므로
△ABO=△ABC−△OBC
　　　=△DBC−△OBC
　　　=△DOC

28 △ABD=$\frac{5}{5+2}$△ABC
　　　　=$\frac{5}{7}$×49=35 (cm²)

29 △ADC=$\frac{2}{5+2}$△ABC
　　　　=$\frac{2}{7}$×49=14 (cm²)

30 △ABD : △ADC=35 : 14=5 : 2

소단원 유형 익히기

유형 20 여러 가지 사각형 사이의 관계 | 55쪽 |

1 ①, ③　　2 ③　　3 ㄴ, ㄷ, ㅁ

1 ① 오른쪽 그림과 같은 평행사변형은 마름
모가 아니다.

③ 오른쪽 그림과 같은 직사각형은 정사각형
이 아니다.

따라서 옳지 않은 것은 ①, ③이다.

2 ① 한 쌍의 대변이 평행하다.
② 다른 한 쌍의 대변이 평행하다.
③ 평행사변형에서 이웃하는 두 내각의 크기의 합은 180°이다.
그러므로 그 크기가 같으면 한 내각이 직각이므로 직사각형이
된다.
④ 이웃하는 두 변의 길이가 같거나 두 대각선이 직교한다.
⑤ 한 내각이 직각이거나 두 대각선의 길이가 같다.
따라서 옳은 것은 ③이다.

3 ㄱ. $\overline{AB}=\overline{BC}$이면 이웃하는 두 변의 길이가 같으므로 □ABCD
는 마름모가 된다.
ㄴ. ∠AOD=∠COD이면 $\overline{AC}⊥\overline{BD}$이다.
즉, 두 대각선이 직교하므로 □ABCD는 마름모가 된다.

ㄷ. $\overline{AO}=\overline{DO}$이면 $\overline{AC}=\overline{BD}$이다.

즉, 두 대각선의 길이가 같으므로 □ABCD는 직사각형이 된다.

ㄹ. ∠ABC=90°이면 한 내각이 직각이므로 □ABCD는 직사각형이 된다.

ㅁ. 평행사변형에서 이웃하는 두 내각의 크기의 합은 180°이므로 ∠BAD=∠ADC이면 ∠BAD=90°

즉, 한 내각이 직각이고 두 대각선이 직교하므로 □ABCD 는 정사각형이 된다.

따라서 옳은 것은 ㄴ, ㄷ, ㅁ이다.

유형 21 여러 가지 사각형의 대각선의 성질 | 55~56쪽 |

4 ④, ⑤   5 7   6 지현, 재진

---

5 두 대각선의 길이가 같은 사각형은 ㄴ, ㄹ, ㅁ의 3개이므로

$x=3$ ⋯⋯ ❶

두 대각선이 서로 다른 것을 이등분하는 사각형은 ㄱ, ㄴ, ㄷ, ㄹ의 4개이므로 $y=4$ ⋯⋯ ❷

따라서 $x+y=3+4=7$ ⋯⋯ ❸

채점 기준	비율
❶ x의 값 구하기	40 %
❷ y의 값 구하기	40 %
❸ $x+y$의 값 구하기	20 %

---

6 지현: 오른쪽 그림과 같은 사각형은 두 대각 선이 직교하지만 마름모가 아니다.

재진: 오른쪽 그림과 같은 사각형은 두 대각 선의 길이가 같고 한 대각선이 다른 대각선을 수직이등분하지만 정사각형이 아니다.

유형 22 사각형의 각 변의 중점을 연결하여 만든 사각형 | 56쪽 |

7 (가) 평행사변형 (나) ∠C (다) SAS (라) $\overline{GF}$ (마) $\overline{GH}$

8 ②   9 ①   10 32 cm   11 72 cm²

---

8 ② 마름모 – 직사각형

따라서 옳지 않은 것은 ②이다.

---

9 마름모의 각 변의 중점을 연결하여 만든 사각형은 직사각형이다.

따라서 직사각형에 대한 성질이 아닌 것은 ㄱ, ㄹ이다.

---

10 사각형의 각 변의 중점을 연결하여 만든 사각형은 평행사변형이다.

즉, □EFGH는 평행사변형이므로

$\overline{HG}=\overline{EF}=7$ cm, $\overline{EH}=\overline{FG}=9$ cm

따라서 □EFGH의 둘레의 길이는

$2\times(7+9)=32$ (cm)

---

11 정사각형의 각 변의 중점을 연결하여 만든 사각형은 정사각형이다.

즉, □EFGH는 정사각형이므로   ⋯⋯ ❶

□EFGH=6×6=36 (cm²)   ⋯⋯ ❷

따라서 □ABCD=2□EFGH

＝2×36=72 (cm²)   ⋯⋯ ❸

채점 기준	비율
❶ □EFGH가 정사각형임을 알기	40 %
❷ □EFGH의 넓이 구하기	30 %
❸ □ABCD의 넓이 구하기	30 %

유형 23 평행선과 삼각형의 넓이 | 57쪽 |

12 (가) △ABE (나) // (다) △ACE (라) AC

13 32 cm²   14 24 cm²   15 풀이 참조

---

13 $\overline{AE}/\!/\overline{DB}$이므로 △DEB=△DAB

따라서 △DEC=△DEB+△DBC

＝△DAB+△DBC

＝14+18=32 (cm²)

---

14 $\overline{AE}/\!/\overline{DC}$이므로 △AED=△AEC   ⋯⋯ ❶

따라서 □ABED=△ABE+△AED

＝△ABE+△AEC

＝△ABC   ⋯⋯ ❷

$=\dfrac{1}{2}\times(4+4)\times6$

＝24 (cm²)   ⋯⋯ ❸

채점 기준	비율
❶ △AED=△AEC임을 알기	30 %
❷ □ABED=△ABC임을 알기	40 %
❸ □ABED의 넓이 구하기	30 %

---

15 오른쪽 그림과 같이 $\overline{AC}$를 긋고 점 B를 지나면서 $\overline{AC}$에 평행한 직선을 그어 두 점 D, E를 잡는다.

이때 △ABC=△AEC이므로 $\overline{AE}$를 새 경계선으로 정하면 원래의 두 땅의 넓이 는 변하지 않는다.

마찬가지로 △ABC=△ADC이므로 $\overline{DC}$를 새 경계선으로 정 할 수도 있다.

유형 24 높이가 같은 삼각형의 넓이의 비 | 57~58쪽 |

16 ③   17 ④   18 ③

---

16 △ABD : △DBC=$\overline{AD}$: $\overline{DC}$=1 : 3이므로

$\triangle DBC=\dfrac{3}{1+3}\triangle ABC=\dfrac{3}{4}\times64=48$ (cm²)

17 $\triangle ADC = \dfrac{1}{2}\triangle ABC = \dfrac{1}{2}\times 48 = 24\ (\text{cm}^2)$

이때 $\triangle AEC : \triangle EDC = \overline{AE} : \overline{ED} = 5 : 3$이므로

$\triangle EDC = \dfrac{3}{5+3}\triangle ADC = \dfrac{3}{8}\times 24 = 9\ (\text{cm}^2)$

18 $\triangle ABD : \triangle ADC = \overline{BD} : \overline{DC} = 2 : 3$이므로

$\triangle ABD = \dfrac{2}{2+3}\triangle ABC = \dfrac{2}{5}\times 60 = 24\ (\text{cm}^2)$

이때 $\triangle AED : \triangle EBD = \overline{AE} : \overline{EB} = 2 : 1$이므로

$\triangle AED = \dfrac{2}{2+1}\triangle ABD = \dfrac{2}{3}\times 24 = 16\ (\text{cm}^2)$

유형 25 평행사변형에서 높이가 같은 두 삼각형의 넓이 | 58쪽 |

19 ③   **20** (1) 16 cm² (2) 12 cm²

19 $\overline{AD}/\!/\overline{BC}$이므로

$\triangle DBC = \triangle EBC = 23\ \text{cm}^2$

20 오른쪽 그림과 같이 $\overline{AC}$를 그으면

(1) $\triangle AED = \triangle ACD = \dfrac{1}{2}\square ABCD$

$\qquad\qquad = \dfrac{1}{2}\times 32 = 16\ (\text{cm}^2)$

(2) $\triangle ABC = \triangle AED = 16\ \text{cm}^2$

$\overline{BE} : \overline{EC} = 3 : 1$이므로

$\triangle ABE : \triangle AEC = \overline{BE} : \overline{EC} = 3 : 1$

따라서 $\triangle ABE = \dfrac{3}{3+1}\triangle ABC$

$\qquad\qquad\quad = \dfrac{3}{4}\times 16 = 12\ (\text{cm}^2)$

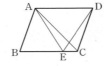

유형 26 사다리꼴에서 높이가 같은 두 삼각형의 넓이 | 58쪽 |

21 (가) △DBC (나) BC (다) 높이   **22** ②
23 (1) 36 cm² (2) 36 cm² (3) 54 cm² (4) 150 cm²

22 $\triangle ACD = \triangle ABD$이므로

$\triangle DOC = \triangle ACD - \triangle AOD$

$\qquad\quad = \triangle ABD - \triangle AOD$

$\qquad\quad = 35 - 11 = 24\ (\text{cm}^2)$

23 (1) $\triangle AOD : \triangle OCD = \overline{AO} : \overline{OC}$이므로

$24 : \triangle OCD = 2 : 3,\ 2\triangle OCD = 72$

따라서 $\triangle OCD = 36\ (\text{cm}^2)$ ······ ❶

(2) $\triangle ABD = \triangle ACD$이므로

$\triangle ABO = \triangle ABD - \triangle AOD$

$\qquad\quad = \triangle ACD - \triangle AOD$

$\qquad\quad = \triangle OCD = 36\ (\text{cm}^2)$ ······ ❷

---

(3) $\triangle ABO : \triangle BCO = \overline{AO} : \overline{OC}$이므로

$36 : \triangle BCO = 2 : 3,\ 2\triangle BCO = 108$

따라서 $\triangle BCO = 54\ (\text{cm}^2)$ ······ ❸

(4) $\square ABCD = \triangle ABO + \triangle AOD + \triangle OCD + \triangle BCO$

$\qquad\qquad = 36 + 24 + 36 + 54$

$\qquad\qquad = 150\ (\text{cm}^2)$ ······ ❹

	채점 기준	비율
(1)	❶ △OCD의 넓이 구하기	30 %
(2)	❷ △ABO의 넓이 구하기	30 %
(3)	❸ △BCO의 넓이 구하기	30 %
(4)	❹ □ABCD의 넓이 구하기	10 %

중단원 핵심유형 테스트 | 59~61쪽 |

1 ③	2 ②	3 ③	4 90°	5 ②, ③
6 ㄱ, ㄹ	7 ③	8 ④	9 ①	10 137°
11 ①	12 ⑤	13 ②	14 ④	15 ④
16 ③	17 ③	18 98 cm²	19 ④	20 ④
21 120°	22 ④			

1 ⑤ △OAB와 △OCD에서

$\overline{OA}=\overline{OC}$, ∠AOB＝∠COD(맞꼭지각), $\overline{OB}=\overline{OD}$

이므로 △OAB≡△OCD(SAS 합동)

따라서 옳지 않은 것은 ③이다.

2 ② $\overline{BC}=6\ \text{cm}$이면 $\overline{AD}=\overline{BC}$

∠DAC＝∠ACB＝50°(엇각)이면 $\overline{AD}/\!/\overline{BC}$

즉, 한 쌍의 대변이 평행하고 그 길이가 같으므로 □ABCD 는 평행사변형이다.

따라서 □ABCD가 평행사변형이 되는 조건은 ②이다.

3 $\triangle PAB + \triangle PCD = \dfrac{1}{2}\square ABCD$이므로

$\triangle PAB + 10 = \dfrac{1}{2}\times 60$

따라서 $\triangle PAB = 30 - 10 = 20\ (\text{cm}^2)$

4 두 대각선의 길이가 같고 두 대각선이 서로 다른 것을 이등분하 는 사각형 ABCD는 직사각형이다.

따라서 ∠ABC＝90°

5 ① 마름모   ④ 평행사변형의 성질   ⑤ 마름모

따라서 평행사변형이 직사각형이 되는 조건은 ②, ③이다.

6 ㄴ. 직사각형의 두 대각선은 서로 다른 것을 이등분한다.

ㄷ. 마름모의 두 대각선은 서로 다른 것을 수직이등분한다.

ㅁ. 등변사다리꼴의 두 대각선의 길이는 같다.

따라서 옳은 것은 ㄱ, ㄹ이다.

7 $\overline{AB}=\overline{DC}$, $\overline{AD}=\overline{BC}$이고 평행사변형 ABCD의 둘레의 길이
가 54 cm이므로

$\overline{AB}+\overline{BC}=\dfrac{1}{2}\times54=27$ (cm)

따라서 $\overline{AB}:\overline{BC}=4:5$이므로

$\overline{AD}=\overline{BC}=\dfrac{5}{4+5}\times27=15$ (cm)

8 $\angle ABC+\angle C=180°$이므로

$\angle ABC=180°-128°=52°$

그러므로 $\angle ABP=\dfrac{1}{2}\angle ABC=\dfrac{1}{2}\times52°=26°$

△ABP에서

$\angle BAP=180°-(26°+90°)=64°$

이때 $\angle BAD=\angle C=128°$이므로

$\angle DAP=128°-64°=64°$

9 $\overline{OC}=\dfrac{1}{2}\overline{AC}=\dfrac{1}{2}\times16=8$ (cm)

$\overline{OD}=\dfrac{1}{2}\overline{BD}=\dfrac{1}{2}\times20=10$ (cm)

따라서 평행사변형 OCED의 둘레의 길이는

$2\times(8+10)=36$ (cm)

10 $\overline{AB}/\!/\overline{DC}$이어야 하므로 $\angle A+\angle ADC=180°$에서

$\angle ADC=180°-94°=86°$

그러므로 $\angle ADE=\dfrac{1}{2}\angle ADC=\dfrac{1}{2}\times86°=43°$ ...... ❶

또 $\overline{AD}/\!/\overline{BC}$이어야 하므로

$\angle DEC=\angle ADE=43°$(엇각) ...... ❷

따라서 $\angle BED=180°-43°=137°$ ...... ❸

채점 기준	비율
❶ $\angle ADE$의 크기 구하기	40 %
❷ $\angle DEC$의 크기 구하기	40 %
❸ $\angle BED$의 크기 구하기	20 %

11 $\overline{AD}/\!/\overline{BC}$이므로 $\overline{AM}/\!/\overline{BN}$

또 $\overline{AD}=\overline{BC}$이므로 $\overline{AM}=\dfrac{1}{2}\overline{AD}=\dfrac{1}{2}\overline{BC}=\overline{BN}$

즉, 한 쌍의 대변이 평행하고 그 길이가 같으므로 □ABNM은
평행사변형이다.

마찬가지로 $\overline{MD}/\!/\overline{NC}$, $\overline{MD}=\overline{NC}$이므로 □MNCD도 평행사
변형이다.

따라서 □MPNQ $=△PNM+△MNQ$

$=\dfrac{1}{4}$□ABNM$+\dfrac{1}{4}$□MNCD

$=\dfrac{1}{4}($□ABNM$+$□MNCD$)$

$=\dfrac{1}{4}$□ABCD

$=\dfrac{1}{4}\times40=10$ (cm^2)

12 평행사변형 ABCD에서 $\overline{AB}=\overline{AD}$이면 □ABCD는 마름모이다.

ㅁ. $\angle AOB+\angle AOD=180°$이므로 $\angle AOB=\angle AOD$이면

$\angle AOB=\angle AOD=90°$, 즉 $\overline{AC}\perp\overline{BD}$

따라서 옳은 것은 ㄷ, ㄹ, ㅁ이다.

13 △ABE와 △ADE에서

$\overline{AB}=\overline{AD}$, $\angle BAE=\angle DAE=45°$, $\overline{AE}$는 공통

이므로 △ABE≡△ADE(SAS 합동)

따라서 $\angle ADE=\angle ABE=12°$이므로 △AED에서

$\angle DEC=\angle DAE+\angle ADE$

$=45°+12°=57°$

14 ㄱ. $\angle BAD=90°$, $\overline{AC}=\overline{BD}$이면 평행사변형 ABCD는 직사
각형이 된다.

ㄷ. $\overline{AC}\perp\overline{BD}$, $\overline{AB}=\overline{AD}$이면 평행사변형 ABCD는 마름모가
된다.

따라서 평행사변형이 정사각형이 되는 조건은 ㄴ, ㄹ이다.

15 ④ 두 대각선이 직교하는 직사각형은 정사각형이다.

따라서 옳지 않은 것은 ④이다.

16 등변사다리꼴의 각 변의 중점을 연결하여 만든 사각형은 마름모
이다.

따라서 마름모 EFGH의 둘레의 길이는

$4\times7=28$ (cm)

17 △ACD $=\dfrac{1}{2}$□ABCD$=\dfrac{1}{2}\times80=40$ (cm^2)

따라서 △DAE : △DEC$=\overline{AE}:\overline{EC}=3:2$이므로

△DEC $=\dfrac{2}{3+2}$△ACD

$=\dfrac{2}{5}\times40=16$ (cm^2)

18 △DBC $=$△ABC이므로

△DOC $=$△DBC$-$△OBC

$=$△ABC$-$△OBC

$=$△ABO$=24$ (cm^2) ...... ❶

△ABO : △OBC$=24:32=3:4$이므로

$\overline{AO}:\overline{OC}=3:4$

즉, △DAO : △DOC$=\overline{AO}:\overline{OC}=3:4$이므로

△DAO : $24=3:4$에서

△DAO $=18$ (cm^2) ...... ❷

따라서 □ABCD $=$△ABO$+$△OBC$+$△DOC$+$△DAO

$=24+32+24+18$

$=98$ (cm^2) ...... ❸

채점 기준	비율
❶ △DOC의 넓이 구하기	40 %
❷ △DAO의 넓이 구하기	40 %
❸ □ABCD의 넓이 구하기	20 %

19 □ABCD가 평행사변형이므로
$\overline{OA}=\overline{OC}$
또 $\overline{OB}=\overline{OD}$이고 $\overline{BE}=\overline{DF}$이므로
$\overline{OE}=\overline{OF}$
즉, 두 대각선이 서로 다른 것을 이등분하므로 □AECF는 평행
사변형이다.
△AEC에서
∠AEC=180°−(35°+30°)=115°
따라서 평행사변형의 두 쌍의 대각의 크기는 각각 같으므로
∠AFC=∠AEC=115°

20 □ABCD가 마름모이므로 $\overline{AB}=\overline{AD}$
즉, △ABD에서 $\overline{AB}=\overline{AD}$이므로 ∠ABE=∠ADF
한편, △ABE와 △ADF에서
$\overline{AB}=\overline{AD}$, ∠ABE=∠ADF, $\overline{BE}=\overline{DF}$
이므로 △ABE≡△ADF(SAS 합동)
이때 $\overline{AE}=\overline{EF}=\overline{AF}$이므로 △AEF는 정삼각형이다.
즉, 이등변삼각형 ABE에서
∠BAE+∠ABE=∠AEF, ∠BAE+∠ABE=60°
따라서 ∠BAE=$\frac{1}{2}$×60°=30°

21 꼭짓점 D를 지나고 $\overline{AB}$에 평행한 직선
을 그어 $\overline{BC}$와 만나는 점을 E라 하면
□ABED는 평행사변형이므로
$\overline{AD}=\overline{BE}$, $\overline{AB}=\overline{DE}$
이때 $\overline{BC}=2\overline{AD}$이므로 $\overline{BE}=\overline{EC}$
또 $\overline{AB}=\overline{DC}$이므로 $\overline{DE}=\overline{EC}=\overline{CD}$
즉, △DEC는 정삼각형이므로 ∠C=60°
□ABCD가 등변사다리꼴이므로 ∠B=∠C=60°
□ABED가 평행사변형이므로
∠A=180°−∠B=180°−60°=120°

22 ① 밑변 AC가 공통이고 높이가 같으므로
　△ACD=△ACE
② 밑변 DE가 공통이고 높이가 같으므로
　△AED=△CED
③ △ACD=△ACE이므로
　△APD=△ACD−△ACP
　　　　=△ACE−△ACP
　　　　=△PCE
⑤ △ACD=△ACE이므로
　□ABCD=△ABC+△ACD
　　　　　=△ABC+△ACE
　　　　　=△ABE
따라서 옳지 않은 것은 ④이다.

3. 도형의 닮음

닮은 도형

| 1 점 D | 2 $\overline{BC}$ | 3 ∠F | 4 점 F | 5 $\overline{DC}$ |
| 6 ∠H | 7 점 G | 8 $\overline{EH}$ | 9 면 FGH | |

항상 닮은 도형

| 10 ○ | 11 ○ | 12 × | 13 × | 14 × |
| 15 ○ | 16 × | | | |

12 오른쪽 그림과 같은 두 직각삼각형은 닮은
도형이 아니다.

13 오른쪽 그림과 같은 두 직사각
형은 닮은 도형이 아니다.

14 오른쪽 그림과 같은 두 사면체는 닮
은 도형이 아니다.

16 오른쪽 그림과 같은 두 원기둥은
닮은 도형이 아니다.

평면도형에서의 닮음의 성질

| 17 3:8 | 18 $\frac{16}{3}$ cm | 19 40° | 20 5:3 | 21 25 cm |
| 22 75° | | | | |

17 $\overline{BC}$의 대응변이 $\overline{EF}$이므로 △ABC와 △DEF의 닮음비는
$\overline{BC}:\overline{EF}=3:8$

18 닮음비가 3:8이므로 $\overline{AC}:\overline{DF}=3:8$에서 2:$\overline{DF}=3:8$
따라서 $\overline{DF}=\frac{16}{3}$ (cm)

19 ∠C의 대응각이 ∠F이므로 ∠C=∠F=60°
따라서 △ABC에서 ∠B=180°−(80°+60°)=40°

20 $\overline{AD}$의 대응변이 $\overline{EH}$이므로 □ABCD와 □EFGH의 닮음비는
$\overline{AD}:\overline{EH}=10:6=5:3$

21 $\overline{BC}:\overline{FG}=5:3$이므로 $\overline{BC}:15=5:3$
따라서 $\overline{BC}=25$ (cm)

입체도형에서의 닮음의 성질

23 면 HKLI	24 3 : 4	25 20 cm
26 면 IJNM	27 2 : 3	28 8 cm

24 $\overline{EF}$에 대응하는 모서리는 $\overline{KL}$이므로 두 삼각기둥의 닮음비는
$\overline{EF} : \overline{KL} = 9 : 12 = 3 : 4$

25 $\overline{CF} : \overline{IL} = 3 : 4$이므로 $15 : \overline{IL} = 3 : 4$
따라서 $\overline{IL} = 20$ (cm)

27 $\overline{DH}$에 대응하는 모서리는 $\overline{LP}$이므로 두 직육면체의 닮음비는
$\overline{DH} : \overline{LP} = 4 : 6 = 2 : 3$

28 $\overline{FG} : \overline{NO} = 2 : 3$이므로 $\overline{FG} : 12 = 2 : 3$
따라서 $\overline{FG} = 8$ (cm)

소단원 유형 익히기

유형 1 닮은 도형 | 66쪽 |

1 □ABCD∽□KJIH, △EFG∽△PQO, △LMN∽△RTS
2 ⑤   3 ④

3 ④ 면 ABD에 대응하는 면은 면 EFH이다.
따라서 옳지 않은 것은 ④이다.

유형 2 항상 닮은 도형 | 66~67쪽 |

4 ③   5 ㄱ, ㄷ, ㅂ   6 ②

4 다음 각 경우의 두 도형은 닮은 도형이 아니다.

①   ②

④   ⑤

따라서 항상 닮은 도형인 것은 ③이다.

5 다음 각 경우의 두 도형은 닮은 도형이 아니다.

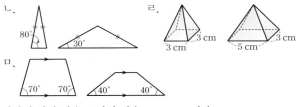

따라서 항상 닮은 도형인 것은 ㄱ, ㄷ, ㅂ이다.

6 ② 오른쪽 그림과 같은 두 마름모는 닮은 도형이 아니다.

유형 3 평면도형에서의 닮음의 성질 | 67쪽 |

7 ①   8 6 cm   9 ⑤   10 2 : 1   11 33 cm
12 직사각형 B

7 ①, ④ 대응각의 크기가 각각 같으므로
$\angle A' = \angle A = 50°$, $\angle C = \angle C'$
⑤ △ABC와 △A′B′C′의 닮음비는 $\overline{AC} : \overline{A'C'} = 4 : 8 = 1 : 2$
② $\overline{BC} : \overline{B'C'} = 1 : 2$이므로 $5 : \overline{B'C'} = 1 : 2$
즉, $\overline{B'C'} = 10$ (cm)
③ $\overline{AB} : \overline{A'B'} = 1 : 2$
따라서 옳은 것은 ①이다.

8 14 : (원 O′의 지름의 길이) = 7 : 3
따라서 (원 O′의 지름의 길이) = 6 (cm)

9 ① $\angle C = \angle G = 60°$
② □ABCD에서
$\angle D = 360° - (75° + 90° + 60°) = 135°$
③ $\angle E = \angle A = 75°$
④ $\overline{AB} : \overline{EF} = \overline{BC} : \overline{FG} = 9 : 6 = 3 : 2$
⑤ $\overline{CD} : \overline{GH} = 3 : 2$, $8 : \overline{GH} = 3 : 2$이므로 $\overline{GH} = \frac{16}{3}$ (cm)
따라서 옳지 않은 것은 ⑤이다.

10 원 O의 반지름의 길이를 r라 하면 원 O′의 반지름의 길이는 $\frac{1}{2}r$
이므로 원 O와 원 O′의 닮음비는 $r : \frac{1}{2}r = 2 : 1$

11 △ABC와 △DEF의 닮음비는
$\overline{AB} : \overline{DE} = 6 : 9 = 2 : 3$ …… ❶
$\overline{BC} : \overline{EF} = 2 : 3$이므로
$8 : \overline{EF} = 2 : 3$, 즉 $\overline{EF} = 12$ (cm) …… ❷
따라서 △DEF의 세 변의 길이의 합은
$9 + 12 + 12 = 33$ (cm) …… ❸

채점 기준	비율
❶ △ABC와 △DEF의 닮음비 구하기	40 %
❷ $\overline{EF}$의 길이 구하기	40 %
❸ △DEF의 세 변의 길이의 합 구하기	20 %

12 원래 색도화지와 직사각형 A에서
긴 변의 길이의 비는 $16 : 12 = 4 : 3$,
짧은 변의 길이의 비는 $12 : 8 = 3 : 2$
또 원래 색도화지와 직사각형 B에서
긴 변의 길이의 비는 $16 : 8 = 2 : 1$,
짧은 변의 길이의 비는 $12 : 6 = 2 : 1$

따라서 원래 색도화지와 직사각형 B는 대응변의 길이의 비가 일정하므로 닮음비가 2 : 1인 닮은 도형이다.

---

13 ③	14 26	15 150 cm

13 ③ 두 직육면체의 닮음비는 $\overline{GH} : \overline{OP} = 4 : 6 = 2 : 3$
④ $\overline{FG} : \overline{NO} = 2 : 3$이므로 $\overline{FG} : 9 = 2 : 3$, 즉 $\overline{FG} = 6$ (cm)
⑤ $\overline{DH} : \overline{LP} = 2 : 3$이므로 $8 : \overline{LP} = 2 : 3$, 즉 $\overline{LP} = 12$ (cm)
따라서 옳지 않은 것은 ③이다.

14 두 삼각뿔의 닮음비는 $\overline{BC} : \overline{B'C'} = 9 : 12 = 3 : 4$ ...... ❶
$\overline{AB} : \overline{A'B'} = 3 : 4$이므로 $x : 24 = 3 : 4$, 즉 $x = 18$
$\overline{CD} : \overline{C'D'} = 3 : 4$이므로 $6 : y = 3 : 4$, 즉 $y = 8$ ...... ❷
따라서 $x + y = 18 + 8 = 26$ ...... ❸

채점 기준	비율
❶ 두 삼각뿔의 닮음비 구하기	30 %
❷ x, y의 값 각각 구하기	60 %
❸ $x+y$의 값 구하기	10 %

15 정사면체 B의 한 모서리의 길이를 x cm라 하면
$10 : x = 2 : 5$에서 $x = 25$
따라서 정사면체 B의 모든 모서리의 길이의 합은
$6 \times 25 = 150$ (cm)

---

16 ⑤	17 9 cm	18 1, 4, 3 cm

16 두 원기둥 P, Q의 닮음비는 밑면인 원의 반지름의 길이의 비와 같으므로 $6 : 10 = 3 : 5$

17 원뿔 A의 밑면인 원의 반지름의 길이를 r cm라 하면
$2\pi r = 4\pi$에서 $r = 2$ ...... ❶
두 원뿔 A, B의 닮음비는 밑면인 원의 반지름의 길이의 비와 같으므로 $2 : 3$이다. ...... ❷
원뿔 B의 높이를 h cm라 하면
$6 : h = 2 : 3$에서 $h = 9$
따라서 원뿔 B의 높이는 9 cm이다. ...... ❸

채점 기준	비율
❶ 원뿔 A의 밑면인 원의 반지름의 길이 구하기	30 %
❷ 두 원뿔 A, B의 닮음비 구하기	30 %
❸ 원뿔 B의 높이 구하기	40 %

18 구슬 A를 4배 확대하여 구슬 B를 만들었으므로 두 구슬 A, B의 닮음비는 1 : 4이다.

구슬 B의 반지름의 길이가 12 cm이므로 구슬 A의 반지름의 길이를 r cm라 하면 $r : 12 = 1 : 4$에서 $r = 3$
따라서 구슬 A의 반지름의 길이는 3 cm이다.

---

02. 삼각형의 닮음 조건 | 69~70쪽 |

삼각형의 닮음 조건

1 $\triangle ABC \backsim \triangle DEF$(SSS 닮음)
(✏ 2, 6, 2, 4, 2, $\triangle DEF$, SSS)
2 $\triangle ABC \backsim \triangle DEF$(SAS 닮음)
3 $\triangle ABC \backsim \triangle EFD$(AA 닮음)
4 $\triangle ABC \backsim \triangle EFD$(SAS 닮음)
5 $\triangle ABC \backsim \triangle FED$(AA 닮음)

2 $\triangle ABC$와 $\triangle DEF$에서
$\overline{AB} : \overline{DE} = 8 : 6 = 4 : 3$, $\overline{AC} : \overline{DF} = 12 : 9 = 4 : 3$,
$\angle A = \angle D = 75°$
이므로 $\triangle ABC \backsim \triangle DEF$(SAS 닮음)

3 $\triangle ABC$와 $\triangle EFD$에서
$\angle A = \angle E = 80°$, $\angle C = \angle D = 35°$
이므로 $\triangle ABC \backsim \triangle EFD$(AA 닮음)

4 $\triangle ABC$와 $\triangle EFD$에서
$\overline{AB} : \overline{EF} = 10 : 15 = 2 : 3$, $\overline{CA} : \overline{DE} = 6 : 9 = 2 : 3$,
$\angle A = \angle E = 50°$
이므로 $\triangle ABC \backsim \triangle EFD$(SAS 닮음)

5 $\triangle ABC$에서 $\angle B = 180° - (75° + 60°) = 45°$이므로
$\triangle ABC$와 $\triangle FED$에서 $\angle B = \angle E$, $\angle C = \angle D$
이므로 $\triangle ABC \backsim \triangle FED$(AA 닮음)

삼각형의 닮음 조건의 응용

6 $\triangle ABC \backsim \triangle AED$(SAS 닮음) (✏ 1, $\triangle AED$, SAS)
7 $\triangle ABC \backsim \triangle AED$(SAS 닮음)
8 $\triangle ABC \backsim \triangle EDC$(AA 닮음)
9 $\triangle BCA \backsim \triangle BDE$(SAS 닮음)
10 $\triangle ABC \backsim \triangle DBE$(AA 닮음)

7 $\triangle ABC$와 $\triangle AED$에서
$\overline{AB} : \overline{AE} = \overline{AC} : \overline{AD} = 3 : 2$, $\angle A$는 공통
이므로 $\triangle ABC \backsim \triangle AED$(SAS 닮음)

8 $\triangle ABC$와 $\triangle EDC$에서
$\angle ABC = \angle EDC = 80°$, $\angle C$는 공통
이므로 $\triangle ABC \backsim \triangle EDC$(AA 닮음)

9 △BCA와 △BDE에서
$\overline{BC}:\overline{BD}=\overline{BA}:\overline{BE}=1:3$, ∠ABC=∠EBD(맞꼭지각)
이므로 △BCA∽△BDE(SAS 닮음)

10 △ABC와 △DBE에서
∠BAC=∠BDE=65°, ∠B는 공통
이므로 △ABC∽△DBE(AA 닮음)

12 $\overline{AC}^2=\overline{CD}\times\overline{CB}$이므로
$15^2=9\times x$, 즉 $x=25$

13 $\overline{AD}^2=\overline{DB}\times\overline{DC}$이므로
$4^2=2\times x$, 즉 $x=8$

14 $\overline{AC}^2=\overline{CD}\times\overline{CB}$이므로
$8^2=4\times(4+x)$, 즉 $x=12$

15 $\overline{BD}^2=\overline{DC}\times\overline{DA}$이므로
$10^2=x\times 5$, 즉 $x=20$

소단원 유형 익히기

유형 6 삼각형의 닮음 조건 | 71쪽 |

1 ⑤ △ABC와 두 쌍의 대응변의 길이의 비가 2 : 3으로 같고, 그 끼인각의 크기가 50°로 같으므로 SAS 닮음이다.

2 △ABC와 △NMO에서
$\overline{AB}:\overline{NM}=4:6=2:3$, $\overline{BC}:\overline{MO}=8:12=2:3$,
∠B=∠M=60°
이므로 △ABC∽△NMO(SAS 닮음)
또, △DEF와 △RQP에서
∠E=∠Q=60°, ∠F=∠P=40°
이므로 △DEF∽△RQP(AA 닮음)

유형 7 두 삼각형이 닮은 도형이 되기 위한 조건 | 71~72쪽 |

3 ⑤ $\overline{AC}=2$ cm, $\overline{DF}=3$ cm이면
$\overline{AC}:\overline{DF}=\overline{BC}:\overline{EF}=2:3$, ∠C=∠F=80°
이므로 △ABC∽△DEF(SAS 닮음)

5 ④ △ABC와 △DEF에서
∠A=∠D=70°이면
∠C=180°−(50°+70°)=60°=∠F
이므로 △ABC∽△DEF(AA 닮음)

유형 8 삼각형의 닮음을 이용하여 변의 길이 구하기 −SAS 닮음 | 72쪽 |

6 △BCA와 △BDE에서
$\overline{BC}:\overline{BD}=1:2$, $\overline{BA}:\overline{BE}=1:2$,
∠ABC=∠EBD(맞꼭지각)
이므로 △BCA∽△BDE(SAS 닮음)
즉, $\overline{CA}:\overline{DE}=1:2$이므로 $4:\overline{DE}=1:2$
따라서 $\overline{DE}=8$ (cm)

7 △ABC와 △AED에서
$\overline{AB}:\overline{AE}=2:1$, $\overline{AC}:\overline{AD}=2:1$, ∠A는 공통
이므로 △ABC∽△AED(SAS 닮음)
즉, $\overline{BC}:\overline{ED}=2:1$이므로 $\overline{BC}:5=2:1$
따라서 $\overline{BC}=10$ (cm)

8 △ABC와 △CBD에서
$\overline{AC}:\overline{CD}=3:4$, $\overline{BC}:\overline{BD}=3:4$, ∠ACB=∠D
이므로 △ABC∽△CBD(SAS 닮음) ······ ❶
즉, $\overline{AB}:\overline{CB}=3:4$이므로 $\overline{AB}:12=3:4$ ······ ❷
따라서 $\overline{AB}=9$ (cm) ······ ❸

채점 기준	비율
❶ 닮은 삼각형 찾기	50 %
❷ 닮음비를 이용하여 비례식 세우기	30 %
❸ $\overline{AB}$의 길이 구하기	20 %

9 △ABC와 △DBA에서
$\overline{AB}:\overline{DB}=3:2$, $\overline{BC}:\overline{BA}=3:2$, ∠B는 공통
이므로 △ABC∽△DBA(SAS 닮음)
즉, $\overline{CA}:\overline{AD}=3:2$이므로 $15:\overline{AD}=3:2$
따라서 $\overline{AD}=10$ (cm)

10 △ABC와 △EBD에서
$\overline{AB}:\overline{EB}=4:3$, $\overline{BC}:\overline{BD}=4:3$, ∠B는 공통
이므로 △ABC∽△EBD(SAS 닮음)
즉, $\overline{CA}:\overline{DE}=4:3$이므로 $8:\overline{DE}=4:3$
따라서 $\overline{DE}=6$ (cm)

11 △ABC와 △CBD에서

$\overline{AB}:\overline{CB}=4:5$, $\overline{CB}:\overline{DB}=4:5$, $\angle ABC=\angle CBD$

이므로 △ABC∽△CBD(SAS 닮음)

즉, $\overline{AC}:\overline{CD}=4:5$이므로 $12:\overline{CD}=4:5$

따라서 $\overline{CD}=15$ (cm)

유형 9 삼각형의 닮음을 이용하여 변의 길이 구하기 −AA 닮음 | 73쪽 |

12 ③　　　**13** 5 cm　　　**14** ④

12 △ABC와 △AED에서

$\angle A$는 공통, $\angle C=\angle ADE$

이므로 △ABC∽△AED(AA 닮음)

즉, $\overline{AB}:\overline{AE}=\overline{AC}:\overline{AD}$이므로

$\overline{AB}:4=(4+8):6$에서 $\overline{AB}=8$ (cm)

따라서 $\overline{DB}=\overline{AB}-\overline{AD}=8-6=2$ (cm)

13 △ABC와 △DAC에서

$\angle B=\angle CAD$, $\angle C$는 공통

이므로 △ABC∽△DAC(AA 닮음) ······ ❶

즉, $\overline{BC}:\overline{AC}=\overline{AC}:\overline{DC}$이므로

$9:6=6:\overline{DC}$에서 $\overline{DC}=4$ (cm) ······ ❷

따라서 $\overline{BD}=\overline{BC}-\overline{DC}=9-4=5$ (cm) ······ ❸

채점 기준	비율
❶ 닮은 삼각형 찾기	40 %
❷ $\overline{DC}$의 길이 구하기	40 %
❸ $\overline{BD}$의 길이 구하기	20 %

14 △ABC와 △CBD에서

$\angle A=\angle DCB$, $\angle B$는 공통

이므로 △ABC∽△CBD(AA 닮음)

즉, $\overline{AB}:\overline{CB}=\overline{BC}:\overline{BD}$이므로

$\overline{AB}:8=8:4$에서 $\overline{AB}=16$ (cm)

따라서 $\overline{AD}=\overline{AB}-\overline{DB}=16-4=12$ (cm)

유형 10 직각삼각형의 닮음 | 73쪽 |

15 ④　　　**16** 14 cm　　　**17** ②

15 △ACD와 △BED에서

$\angle ACD=\angle BED=90°$, $\angle D$는 공통

이므로 △ACD∽△BED(AA 닮음)

이때 $\overline{CD}=\overline{BC}=7$ cm이고 $\overline{CD}:\overline{ED}=\overline{AD}:\overline{BD}$이므로

$7:\overline{ED}=12:(7+7)$, 즉 $\overline{ED}=\dfrac{49}{6}$ (cm)

16 △ADC와 △BEC에서

$\angle ADC=\angle BEC=90°$, $\angle C$는 공통

이므로 △ADC∽△BEC(AA 닮음)

이때 $\overline{DC}:\overline{EC}=\overline{AC}:\overline{BC}$이므로

$10:12=(8+12):\overline{BC}$에서 $\overline{BC}=24$ (cm)

따라서 $\overline{BD}=\overline{BC}-\overline{DC}=24-10=14$ (cm)

17 △ABD와 △CBE에서

$\angle ADB=\angle CEB=90°$, $\angle B$는 공통

이므로 △ABD∽△CBE(AA 닮음)

△ABD와 △AFE에서

$\angle ADB=\angle AEF=90°$, $\angle BAD$는 공통

이므로 △ABD∽△AFE(AA 닮음)

△AFE와 △CFD에서

$\angle AEF=\angle CDF=90°$, $\angle AFE=\angle CFD$(맞꼭지각)

이므로 △AFE∽△CFD(AA 닮음)

따라서 △CBE∽△ABD∽△AFE∽△CFD이므로 나머지 넷과 닮음이 아닌 하나는 ②이다.

유형 11 직각삼각형의 닮음의 응용 | 74쪽 |

18 ③　　　**19** 5 cm　　　**20** 21

18 ① △ABC와 △DBA에서

$\angle CAB=\angle ADB=90°$, $\angle B$는 공통

이므로 △ABC∽△DBA(AA 닮음)

② △DBA와 △DAC에서

$\angle ADB=\angle CDA=90°$,

$\angle B=90°-\angle BAD=\angle DAC$

이므로 △DBA∽△DAC(AA 닮음)

③ $\overline{AB}^2=\overline{BD}\times\overline{BC}$

따라서 옳지 않은 것은 ③이다.

19 $\overline{AC}^2=\overline{AD}\times\overline{AB}$이므로

$6^2=4\times\overline{AB}$에서 $\overline{AB}=9$ (cm)

따라서 $\overline{BD}=\overline{AB}-\overline{AD}=9-4=5$ (cm)

20 $\overline{AB}^2=\overline{BD}\times\overline{BC}$이므로

$20^2=16\times(16+x)$, $400=256+16x$

$16x=144$에서 $x=9$ ······ ❶

또 $\overline{AD}^2=\overline{DB}\times\overline{DC}$이므로

$y^2=16\times9=144$

이때 $y>0$이므로 $y=12$ ······ ❷

따라서 $x+y=9+12=21$ ······ ❸

채점 기준	비율
❶ x의 값 구하기	40 %
❷ y의 값 구하기	40 %
❸ $x+y$의 값 구하기	20 %

유형 12 사각형에서의 직각삼각형의 닮음 | 74쪽 |

21 15 cm **22** $\overline{BD}$, 3.6, $\overline{BD}$, 6.4, 2.8 **23** $\dfrac{45}{2}$ cm

21 △ABE와 △ADF에서
∠B=∠D(평행사변형의 성질), ∠AEB=∠AFD=90°
이므로 △ABE∽△ADF(AA 닮음)
즉, $\overline{AB}:\overline{AD}=\overline{AE}:\overline{AF}=2:3$이므로
$10:\overline{AD}=2:3$에서 $\overline{AD}=15$ (cm)
따라서 $\overline{BC}=\overline{AD}=15$ cm

22 △ABD에서 $\overline{AB}^2=\overline{BE}\times\overline{BD}$이므로
$6^2=\overline{BE}\times10$에서 $\overline{BE}=3.6$ (cm)
△BCD에서 $\overline{BC}^2=\overline{BF}\times\overline{BD}$이므로
$8^2=\overline{BF}\times10$에서 $\overline{BF}=6.4$ (cm)
따라서 $\overline{EF}=\overline{BF}-\overline{BE}=6.4-3.6=2.8$ (cm)

23 △ABC와 △FOC에서
∠ABC=∠FOC=90°, ∠ACB는 공통
이므로 △ABC∽△FOC(AA 닮음) ······ ❶
즉, $\overline{AB}:\overline{FO}=\overline{BC}:\overline{OC}$이므로
$18:\overline{FO}=24:15$에서 $\overline{FO}=\dfrac{45}{4}$ (cm) ······ ❷
△EOA와 △FOC에서
∠AOE=∠COF=90°, $\overline{AO}=\overline{CO}$,
∠EAO=∠FCO(엇각)
이므로 △EOA≡△FOC(ASA 합동) ······ ❸
따라서 $\overline{EO}=\overline{FO}$이므로 $\overline{EF}=2\times\dfrac{45}{4}=\dfrac{45}{2}$ (cm) ······ ❹

채점 기준	비율
❶ △ABC∽△FOC임을 설명하기	30 %
❷ $\overline{FO}$의 길이 구하기	20 %
❸ △EOA≡△FOC임을 설명하기	30 %
❹ $\overline{EF}$의 길이 구하기	20 %

03. 닮음의 활용 | 75~76쪽 |

닮은 두 평면도형의 둘레의 길이의 비와 넓이의 비

1 2:3 **2** 2:3 **3** 4:9 **4** 18 cm² **5** 3:5
6 3:5 **7** 50 cm **8** 9:25 **9** 75 cm²

3 △ABC와 △DEF의 닮음비가 2:3이므로 넓이의 비는
$2^2:3^2=4:9$

4 8:△DEF=4:9이므로 △DEF=18 (cm²)

7 30:(□EFGH의 둘레의 길이)=3:5이므로
(□EFGH의 둘레의 길이)=50 (cm)

8 □ABCD와 □EFGH의 닮음비가 3:5이므로 넓이의 비는
$3^2:5^2=9:25$

9 27:□EFGH=9:25이므로 □EFGH=75 (cm²)

닮은 두 입체도형의 겉넓이의 비와 부피의 비

10 4:3 **11** 16:9 **12** 64:27 **13** 1:3 **14** 1:9
15 405 cm² **16** 1:27 **17** 540 cm³

11 두 구 A, B의 닮음비가 4:3이므로 겉넓이의 비는
$4^2:3^2=16:9$

12 두 구 A, B의 닮음비가 4:3이므로 부피의 비는
$4^3:3^3=64:27$

14 두 삼각기둥 P, Q의 닮음비가 1:3이므로 옆넓이의 비는
$1^2:3^2=1:9$

15 45:(삼각기둥 Q의 옆넓이)=1:9이므로
(삼각기둥 Q의 옆넓이)=405 (cm²)

16 두 삼각기둥 P, Q의 닮음비가 1:3이므로 부피의 비는
$1^3:3^3=1:27$

17 20:(삼각기둥 Q의 부피)=1:27이므로
(삼각기둥 Q의 부피)=540 (cm³)

닮음의 활용

18 $\dfrac{1}{20000}$ (✏ 1, 100000, 20000) **19** $\dfrac{1}{100000}$
20 20 cm **21** 1 km **22** △ABE∽△ACD(AA 닮음)
23 15 m

19 (축척)$=\dfrac{1\text{ cm}}{1\text{ km}}=\dfrac{1\text{ cm}}{100000\text{ cm}}=\dfrac{1}{100000}$

20 (축도에서의 길이)$=2\text{ km}\times\dfrac{1}{10000}$
$=200000\text{ cm}\times\dfrac{1}{10000}=20\text{ cm}$

21 (실제 거리)$=10\text{ cm}\times10000=100000\text{ cm}=1\text{ km}$

22 △ABE와 △ACD에서
∠A는 공통, ∠ABE=∠C=90°
이므로 △ABE∽△ACD(AA 닮음)

23 △ABE와 △ACD의 닮음비는 $\overline{BE}:\overline{CD}=6:8=3:4$
즉, $\overline{AB}:\overline{AC}=3:4$이므로
$\overline{AB}:(\overline{AB}+5)=3:4$에서 $\overline{AB}=15$ (m)
따라서 강의 폭인 $\overline{AB}$의 길이는 15 m이다.

소단원 유형 익히기

유형 13 닮은 두 평면도형의 넓이의 비 | 77쪽 |

| 1 ④ | 2 18 cm^2 | 3 (1) $4:9$ (2) 45 cm^2 | 4 $1:3:5$ |

1 두 원 O, O′의 닮음비가 $10:8=5:4$이므로
넓이의 비는 $5^2:4^2=25:16$

2 △ABC와 △DEF의 닮음비가 $\overline{BC}:\overline{EF}=6:8=3:4$이므로
넓이의 비는 $3^2:4^2=9:16$
이때 △DEF의 넓이가 32 cm^2이므로
$\triangle ABC:32=9:16$
따라서 $\triangle ABC=18 \ (\text{cm}^2)$

3 (1) △AOD와 △COB에서
$\angle DAO=\angle BCO$(엇각), $\angle ADO=\angle CBO$(엇각)
이므로 $\triangle AOD \backsim \triangle COB$(AA 닮음)
△AOD와 △COB의 닮음비는
$\overline{AD}:\overline{CB}=8:12=2:3$ ⋯⋯ ❶
따라서 넓이의 비는 $2^2:3^2=4:9$ ⋯⋯ ❷
(2) △AOD의 넓이가 20 cm^2이므로
$20:\triangle COB=4:9$
따라서 $\triangle COB=45 \ (\text{cm}^2)$ ⋯⋯ ❸

	채점 기준	비율
(1)	❶ △AOD와 △COB가 닮은 도형임을 알고, 닮음비 구하기	50 %
	❷ △AOD와 △COB의 넓이의 비 구하기	30 %
(2)	❸ △COB의 넓이 구하기	20 %

4 반지름의 길이가 $\overline{OP}$, $\overline{OQ}$, $\overline{OR}$인 세 원의 닮음비는
반지름의 길이의 비인 $1:2:3$
그러므로 넓이의 비는 $1^2:2^2:3^2=1:4:9$
따라서 노란색, 빨간색, 파란색으로 칠해져 있는 세 부분의 넓이의 비는 $1:(4-1):(9-4)=1:3:5$

유형 14 닮은 두 입체도형의 겉넓이의 비 | 77~78쪽 |

| 5 ① | 6 243 cm^2 | 7 ③ | 8 $36\pi \text{ cm}^2$ |

5 두 삼각기둥의 겉넓이의 비가 $64:25=8^2:5^2$이므로
닮음비는 $8:5$

6 두 직육면체 A, B의 닮음비가 $6:9=2:3$이므로
겉넓이의 비는 $2^2:3^2=4:9$
직육면체 A의 겉넓이가 108 cm^2이므로
$108:$(직육면체 B의 겉넓이)$=4:9$
따라서 (직육면체 B의 겉넓이)$=243 \ (\text{cm}^2)$

7 두 원뿔 A, B의 닮음비는 밑면인 원의 반지름의 길이의 비와 같으므로 $10:6=5:3$
옆넓이의 비는 $5^2:3^2=25:9$
원뿔 B의 옆넓이가 $72\pi \text{ cm}^2$이므로
(원뿔 A의 옆넓이)$:72\pi=25:9$
따라서 (원뿔 A의 옆넓이)$=200\pi \ (\text{cm}^2)$

8 두 원기둥 A, B의 닮음비는 높이의 비와 같으므로
$8:12=2:3$
밑넓이의 비는 $2^2:3^2=4:9$
이때 (원기둥 A의 밑넓이)$=\pi \times 4^2=16\pi \ (\text{cm}^2)$이므로
$16\pi:$(원기둥 B의 밑넓이)$=4:9$
따라서 (원기둥 B의 밑넓이)$=36\pi \ (\text{cm}^2)$

유형 15 닮은 두 입체도형의 부피의 비 | 78쪽 |

| 9 ⑤ | 10 192 cm^3 | 11 ③ | 12 324 cm^2 | 13 104분 |

9 배구공과 농구공의 닮음비는 지름의 길이의 비와 같으므로
$20:25=4:5$
따라서 부피의 비는 $4^3:5^3=64:125$

10 두 사각뿔 A, B의 닮음비는 $6:8=3:4$이므로
부피의 비는 $3^3:4^3=27:64$
사각뿔 A의 부피가 81 cm^3이므로
$81:$(사각뿔 B의 부피)$=27:64$
따라서 (사각뿔 B의 부피)$=192 \ (\text{cm}^3)$

11 두 직육면체 A, B의 부피의 비가
$48:162=8:27=2^3:3^3$
이므로 닮음비는 $2:3$
직육면체 B의 높이가 9 cm이므로
(직육면체 A의 높이)$:9=2:3$
따라서 (직육면체 A의 높이)$=6 \ (\text{cm})$

12 두 삼각기둥 A, B의 부피의 비가
$486:18=27:1=3^3:1^3$
이므로 닮음비는 $3:1$ ⋯⋯ ❶
두 삼각기둥 A, B의 닮음비가 $3:1$이므로
겉넓이의 비는 $3^2:1^2=9:1$ ⋯⋯ ❷
삼각기둥 B의 겉넓이가 36 cm^2이므로
(삼각기둥 A의 겉넓이)$:36=9:1$
따라서 (삼각기둥 A의 겉넓이)$=324 \ (\text{cm}^2)$ ⋯⋯ ❸

채점 기준	비율
❶ 두 삼각기둥 A, B의 닮음비 구하기	60 %
❷ 두 삼각기둥 A, B의 겉넓이의 비 구하기	20 %
❸ 삼각기둥 A의 겉넓이 구하기	20 %

13 그릇에 채운 물과 그릇의 높이의 비는 $\frac{1}{3}:1=1:3$이므로

부피의 비는 $1^3:3^3=1:27$

물을 일정한 속력으로 채우므로 그릇에 물을 가득 채우는 데 걸리는 시간을 x분이라 하면

$4:x=1:27$에서 $x=108$

따라서 효리가 그릇에 물을 가득 채우려면 $108-4=104$(분) 동안 물을 더 넣어야 한다.

유형 16 닮음의 활용 | 79쪽 |

| **14** ⑤ | **15** 35 m | **16** (1) 30 m (2) 1 cm |

14 축척이 $\frac{1}{20000}$인 축도에서 $\overline{AB}=3$ cm이므로

(실제 길이)$=3$ cm $\times 20000=60000$ cm $=600$ m

15 같은 날, 같은 시각에 태양이 건물과 막대를 비추는 각의 크기는 같다.

즉, $\triangle ABC$와 $\triangle DEF$에서

$\angle B=\angle E$, $\angle C=\angle F=90°$

이므로 $\triangle ABC\backsim\triangle DEF$(AA 닮음) ······ ❶

$\triangle ABC$와 $\triangle DEF$의 닮음비는

$\overline{BC}:\overline{EF}=21:1.2=7:0.4=70:4=35:2$ ······ ❷

$\overline{AC}:\overline{DF}=35:2$이므로 $\overline{AC}:2=35:2$

즉, $\overline{AC}=35$ (m)

따라서 건물의 높이는 35 m이다. ······ ❸

채점 기준	비율
❶ 닮은 삼각형 찾기	40 %
❷ 닮은 삼각형의 닮음비 구하기	30 %
❸ 건물의 높이 구하기	30 %

16 (1) $\triangle ABE$와 $\triangle DCE$에서

$\angle A=\angle D=90°$, $\angle BEA=\angle CED$(맞꼭지각)

이므로 $\triangle ABE\backsim\triangle DCE$(AA 닮음)

$\overline{AB}:\overline{DC}=\overline{AE}:\overline{DE}$이므로 $\overline{AB}:10=15:5$

따라서 $\overline{AB}=30$ (m)

(2) 두 지점 A, B 사이의 거리가 30 m이므로 축척이 $\frac{1}{3000}$인

지도에서의 $\overline{AB}$의 길이는

30 m $\times \frac{1}{3000}=3000$ cm $\times \frac{1}{3000}=1$ cm

---

유형 17 접은 도형에서의 닮음 | 79쪽 |

| **17** (1) $\triangle ABE\backsim\triangle DEF$ (2) 12 cm | **18** (1) $\frac{9}{2}$ cm (2) $\frac{21}{2}$ cm |

---

17 (1) $\triangle ABE$와 $\triangle DEF$에서

$\angle A=\angle D=90°$,

$\angle ABE=90°-\angle AEB=\angle DEF$

이므로 $\triangle ABE\backsim\triangle DEF$(AA 닮음)

(2) $\triangle ABE$와 $\triangle DEF$의 닮음비는

$\overline{AB}:\overline{DE}=9:3=3:1$이므로

$\overline{AE}:\overline{DF}=3:1$, $\overline{AE}:4=3:1$

따라서 $\overline{AE}=12$ (cm)

18 (1) $\triangle ADF$와 $\triangle BED$에서

$\angle A=\angle B=60°$,

$\angle AFD=180°-(\angle A+\angle ADF)$

$\qquad\quad =180°-(\angle EDF+\angle ADF)$

$\qquad\quad =\angle BDE$

이므로 $\triangle ADF\backsim\triangle BED$(AA 닮음)

즉, $\overline{AD}:\overline{BE}=\overline{FA}:\overline{DB}$이므로 $3:\overline{BE}=8:12$

$3:\overline{BE}=2:3$에서 $\overline{BE}=\frac{9}{2}$ (cm)

(2) 정삼각형 ABC의 한 변의 길이는 $3+12=15$ (cm)

따라서 $\overline{CE}=15-\overline{BE}=15-\frac{9}{2}=\frac{21}{2}$ (cm)

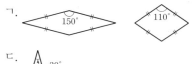

중단원 핵심유형 테스트 | 80~81쪽 |

1 ②	**2** 2개	**3** ③	**4** 4 : 25, 8 : 125
5 27 cm	**6** ④	**7** 10 cm	**8** ②	**9** ④
10 ⑤	**11** 6 m	**12** ①	**13** 2.8 m	**14** $\frac{65}{12}$ cm

1 ② $\angle D=\angle H=90°$이므로 □ABCD에서

$\angle A=360°-(75°+50°+90°)=145°$

⑤ □ABCD와 □EFGH의 닮음비는

$\overline{BC}:\overline{FG}=15:9=5:3$

④ $\overline{AB}:\overline{EF}=5:3$이므로 $\overline{AB}:6=5:3$에서 $\overline{AB}=10$ (cm)

따라서 옳지 않은 것은 ②이다.

2 다음 각 경우의 두 도형은 닮은 도형이 아니다.

ㄱ.

ㄷ.

ㄹ.

3. 도형의 닮음 ★ **43**

ㅂ.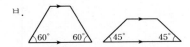

따라서 항상 닮은 도형인 것은 ㄴ, ㅁ의 2개이다.

3 ③ △ABC와 △DEF에서

∠A=∠D=60°이면

∠C=180°−(60°+68°)=52°=∠F

이므로 △ABC∽△DEF(AA 닮음)

4 닮음비가 2 : 5인 닮은 두 삼각기둥의

옆넓이의 비는 $2^2 : 5^2 = 4 : 25$

부피의 비는 $2^3 : 5^3 = 8 : 125$

5 △ABC∽△DEF이고 닮음비가 2 : 3이므로

$\overline{AB} : \overline{DE} = 2 : 3$에서 $4 : \overline{DE} = 2 : 3$

즉, $\overline{DE} = 6$ (cm)

$\overline{BC} : \overline{EF} = 2 : 3$에서 $6 : \overline{EF} = 2 : 3$

즉, $\overline{EF} = 9$ (cm)

따라서 △DEF의 세 변의 길이의 합은

$12 + 9 + 6 = 27$ (cm)

6 두 원뿔 A, B의 닮음비는 높이의 비와 같으므로

$12 : 16 = 3 : 4$

이때 원뿔 A의 밑면인 원의 반지름의 길이가 5 cm이므로

원뿔 B의 밑면인 원의 반지름의 길이를 r cm라 하면

$5 : r = 3 : 4$에서 $r = \dfrac{20}{3}$

따라서

(원뿔 B의 밑면인 원의 둘레의 길이) $= 2\pi \times \dfrac{20}{3} = \dfrac{40}{3}\pi$ (cm)

7 △ABC와 △EDC에서

$\overline{BC} : \overline{DC} = (3+12) : 9 = 5 : 3$,

$\overline{AC} : \overline{EC} = (11+9) : 12 = 5 : 3$, ∠C는 공통

이므로 △ABC∽△EDC(SAS 닮음) ⋯⋯ ❶

△ABC와 △EDC의 닮음비가 5 : 3이므로 ⋯⋯ ❷

$\overline{AB} : \overline{ED} = 5 : 3$에서 $\overline{AB} : 6 = 5 : 3$

따라서 $\overline{AB} = 10$ (cm) ⋯⋯ ❸

채점 기준	비율
❶ 닮은 삼각형 찾기	40 %
❷ 닮은 삼각형의 닮음비 구하기	30 %
❸ $\overline{AB}$의 길이 구하기	30 %

8 △ABE와 △FDA에서

∠BAE=∠DFA(엇각),

∠B=∠D(평행사변형의 성질)

이므로 △ABE∽△FDA(AA 닮음)

$\overline{AB} : \overline{FD} = \overline{BE} : \overline{DA}$이므로 $8 : (6+8) = \overline{BE} : 16$

따라서 $\overline{BE} = \dfrac{64}{7}$ (cm)

9 △ABD와 △ACE에서

∠A는 공통, ∠ADB=∠AEC=90°

이므로 △ABD∽△ACE(AA 닮음)

$\overline{AB} : \overline{AC} = \overline{AD} : \overline{AE}$이므로

$10 : 8 = (8-2) : \overline{AE}$에서 $\overline{AE} = \dfrac{24}{5}$ (cm)

따라서 $\overline{BE} = \overline{AB} - \overline{AE} = 10 - \dfrac{24}{5} = \dfrac{26}{5}$ (cm)

10 ③ $\overline{AB}^2 = \overline{BH} \times \overline{BC}$이므로

$6^2 = \overline{BH} \times 12$, 즉 $\overline{BH} = 3$ (cm)

④ $\overline{HC} = \overline{BC} - \overline{BH} = 12 - 3 = 9$ (cm)이고

$\overline{AH}^2 = \overline{HB} \times \overline{HC}$이므로

$\overline{AH}^2 = 3 \times 9 = 27$

⑤ $\overline{AC}^2 = \overline{CH} \times \overline{CB}$이므로

$\overline{AC}^2 = 9 \times 12 = 108$

따라서 옳지 않은 것은 ⑤이다.

11 △ABC와 △DEC에서

∠B=∠E=90°,

거울의 입사각과 반사각의

크기가 같으므로

∠ACB=∠DCE

즉, △ABC∽△DEC(AA 닮음)

$\overline{AB} : \overline{DE} = \overline{BC} : \overline{EC}$이므로

$1.5 : \overline{DE} = 2.5 : 10$, 즉 $\overline{DE} = 6$ (m)

따라서 탑의 높이는 6 m이다.

12 원뿔을 밑면에 평행한 평면으로 잘라 원뿔 P를 만들었으므로 처음 원뿔과 원뿔 P는 닮은 도형이고, 처음 원뿔과 원뿔 P의 닮음비는 $\overline{AB} : \overline{AC} = (6+3) : 6 = 3 : 2$이므로

부피의 비는 $3^3 : 2^3 = 27 : 8$

13 △ABC와 △A′B′C′에서

(축척) $= \dfrac{2\ cm}{3\ m} = \dfrac{2\ cm}{300\ cm} = \dfrac{1}{150}$

이때 $\overline{AC} = 0.8\ cm \times 150 = 120\ cm = 1.2\ m$

따라서 (나무의 실제 높이) $= 1.2 + 1.6 = 2.8$ (m)

14 △EBD에서

∠EBD=∠DBC(접은 각), ∠DBC=∠EDB(엇각)

이므로 ∠EBD=∠EDB

즉, △EBD가 이등변삼각형이므로

$\overline{BF} = \dfrac{1}{2}\overline{BD} = \dfrac{1}{2} \times 26 = 13$ (cm)

△EBF와 △DBC에서

∠EBF=∠DBC(접은 각), ∠BFE=∠BCD=90°

이므로 △EBF∽△DBC(AA 닮음)

$\overline{BF} : \overline{BC} = \overline{EF} : \overline{DC}$이므로 $13 : 24 = \overline{EF} : 10$

따라서 $\overline{EF} = \dfrac{65}{12}$ (cm)

4. 평행선 사이의 선분의 길이의 비

01. 삼각형과 평행선

| 84~85쪽 |

삼각형에서 평행선과 선분의 길이의 비

1 12	**2** 15	**3** 24	**4** 12	**5** 12
6 $x=10$, $y=6$		**7** $x=12$, $y=8$		
8 $x=20$, $y=18$		**9** ○	**10** ×	

1 $2:6=4:x$이므로 $1:3=4:x$
따라서 $x=12$

2 $12:15=12:x$이므로 $x=15$

3 $x:18=12:9$이므로 $x:18=4:3$, $3x=72$
따라서 $x=24$

4 $10:5=x:6$이므로 $2:1=x:6$
따라서 $x=12$

5 $20:5=x:3$이므로 $4:1=x:3$
따라서 $x=12$

6 $4:8=5:x$이므로 $1:2=5:x$
즉, $x=10$
$4:8=3:y$이므로 $1:2=3:y$
즉, $y=6$

7 $x:3=8:2$이므로 $x:3=4:1$
즉, $x=12$
$8:(8+2)=y:10$이므로 $8:10=y:10$
즉, $y=8$

8 $8:(24-8)=10:x$이므로 $8:16=10:x$, $1:2=10:x$
즉, $x=20$
$8:24=(27-y):27$이므로 $1:3=(27-y):27$
$3(27-y)=27$, $81-3y=27$, $3y=54$
즉, $y=18$

9 $\overline{AB}:\overline{AD}=8:6=4:3$
$\overline{AC}:\overline{AE}=12:9=4:3$
따라서 $\overline{AB}:\overline{AD}=\overline{AC}:\overline{AE}$이므로 $\overline{BC}\,/\!/\,\overline{DE}$

10 $\overline{AD}:\overline{DB}=11:8$, $\overline{AE}:\overline{EC}=9:7$
따라서 $\overline{AD}:\overline{DB}\neq\overline{AE}:\overline{EC}$이므로 $\overline{BC}$와 $\overline{DE}$는 평행하지 않다.

삼각형의 내각의 이등분선

| **11** 12 | **12** 6 | **13** 12 |

11 $10:x=5:6$이므로 $5x=60$
따라서 $x=12$

12 $8:12=x:9$이므로
$2:3=x:9$, $3x:18$
따라서 $x=6$

13 $x:16=9:12$이므로
$x:16=3:4$, $4x=48$
따라서 $x=12$

삼각형의 외각의 이등분선

| **14** 10 | **15** 6 |

14 $8:5=16:x$이므로 $8x=80$
따라서 $x=10$

15 $\overline{AC}:\overline{AB}=\overline{CD}:\overline{BD}$이므로
$6:4=9:x$, $3:2=9:x$, $3x=18$
따라서 $x=6$

소단원 유형 익히기

유형 1 삼각형에서 평행선과 선분의 길이의 비 (1)-1 | 86쪽 |

| **1** ⑤ | **2** 16 | **3** 24 | **4** ③ | **5** 15 cm |
| **6** 3 cm | **7** 37 cm | | | |

1 ⑤ $\overline{AE}:\overline{EC}\neq\overline{DE}:\overline{BC}$
따라서 옳지 않은 것은 ⑤이다.

2 $3:9=x:12$이므로 $1:3=x:12$, $3x=12$
즉, $x=4$
$4:y=3:9$이므로 $4:y=1:3$
즉, $y=12$
따라서 $x+y=4+12=16$

3 $\overline{BA}:\overline{DA}=\overline{BC}:\overline{EC}$이므로 $x:5=12:4$, $x:5=3:1$
즉, $x=15$
$\overline{BE}:\overline{BC}=\overline{DE}:\overline{AC}$이므로 $(12-4):12=6:y$
$8:12=6:y$, $2:3=6:y$, $2y=18$
즉, $y=9$
따라서 $x+y=15+9=24$

4 $\overline{DB}=x$ cm라 하면 $(18-x):x=5:4$
$5x=4(18-x),\ 5x=72-4x,\ 9x=72,\ x=8$
따라서 $\overline{DB}=8$ cm

5 $\triangle ACE$에서 $\overline{AB}:\overline{AC}=\overline{BF}:\overline{CE}$이므로
$8:(8+12)=10:\overline{CE},\ 2:5=10:\overline{CE},\ 2\overline{CE}=50$
$\overline{CE}=25$ (cm)
□BCDF는 평행사변형이므로
$\overline{CD}=\overline{BF}=10$ cm
따라서 $\overline{DE}=\overline{CE}-\overline{CD}=25-10=15$ (cm)

6 $\triangle ABC$에서 $\overline{BC}\,/\!/\,\overline{DE}$이므로 $\overline{EC}=x$ cm라 하면
$(9+3):3=12:x,\ 12:3=12:x$
즉, $x=3$
따라서 C 지점에서 E 지점까지의 길이는 3 cm이다.

7 $12:(12+9)=\overline{DE}:14$이므로 $12:21=\overline{DE}:14$
$4:7=\overline{DE}:14,\ 7\overline{DE}=56$
즉, $\overline{DE}=8$ (cm) $\quad\cdots\cdots$ ❶
$12:9=8:\overline{EC}$이므로 $4:3=8:\overline{EC},\ 4\overline{EC}=24$
즉, $\overline{EC}=6$ (cm) $\quad\cdots\cdots$ ❷
따라서 □DBCE의 둘레의 길이는
$\overline{DB}+\overline{BC}+\overline{EC}+\overline{DE}=9+14+6+8=37$ (cm) $\quad\cdots\cdots$ ❸

채점 기준	비율
❶ $\overline{DE}$의 길이 구하기	40 %
❷ $\overline{EC}$의 길이 구하기	40 %
❸ □DBCE의 둘레의 길이 구하기	20 %

유형 2 삼각형에서 평행선과 선분의 길이의 비(1)-2 | 87쪽 |

8 16 cm	9 38	10 ④	11 ①	12 ⑤
13 7 cm				

8 $15:(15+9)=10:\overline{EC}$이므로 $5:8=10:\overline{EC},\ 5\overline{EC}=80$
따라서 $\overline{EC}=16$ (cm)

9 $10:15=16:x$이므로 $2:3=16:x,\ 2x=48$
즉, $x=24$
$10:(10+15)=y:35$이므로 $2:5=y:35,\ 5y=70$
즉, $y=14$
따라서 $x+y=24+14=38$

10 $x:(4+6)=5:10$이므로 $x:10=5:10$
즉, $x=5$
$4:(4+6)=y:10$이므로 $4:10=y:10$
즉, $y=4$
따라서 $x+y=5+4=9$

11 $2:4=\overline{BC}:10$이므로 $1:2=\overline{BC}:10,\ 2\overline{BC}=10$
즉, $\overline{BC}=5$ (cm)
$2:4=\overline{CA}:8$이므로 $1:2=\overline{CA}:8,\ 2\overline{CA}=8$
즉, $\overline{CA}=4$ (cm)
따라서 $\triangle ABC$의 둘레의 길이는
$\overline{AB}+\overline{BC}+\overline{CA}=2+5+4=11$ (cm)

12 $\angle C=\angle E=40°$(엇각)이므로 $\overline{BC}\,/\!/\,\overline{DE}$
즉, $\overline{AB}:\overline{AD}=\overline{BC}:\overline{DE}$이므로 $11:7=y:x,\ 11x=7y$
따라서 $x=\dfrac{7}{11}y$

13 $3\overline{AC}=4\overline{AE}$에서 $\overline{AC}:\overline{AE}=4:3$ $\quad\cdots\cdots$ ❶
$\overline{BC}\,/\!/\,\overline{DE}$이므로 $\overline{BC}:\overline{ED}=\overline{AC}:\overline{AE},\ \overline{BC}:3=4:3$
즉, $\overline{BC}=4$ (cm) $\quad\cdots\cdots$ ❷
□EFBD는 평행사변형이므로 $\overline{FB}=\overline{ED}=3$ cm
따라서 $\overline{FC}=\overline{FB}+\overline{BC}=3+4=7$ (cm) $\quad\cdots\cdots$ ❸

채점 기준	비율
❶ $\overline{AC}:\overline{AE}$를 가장 간단한 자연수의 비로 나타내기	30 %
❷ $\overline{BC}$의 길이 구하기	40 %
❸ $\overline{FC}$의 길이 구하기	30 %

유형 3 삼각형에서 평행선과 선분의 길이의 비(1)의 응용 | 88쪽 |

14 2 cm	15 ③	16 3 cm

14 $\triangle AFC$에서 $\overline{AG}:\overline{AF}=\overline{GE}:\overline{FC}=3:6=1:2$
또 $\triangle ABF$에서 $\overline{DG}:\overline{BF}=\overline{AG}:\overline{AF}$이므로
$\overline{DG}:4=1:2,\ 2\overline{DG}=4$
따라서 $\overline{DG}=2$ (cm)

15 $\triangle ABF$에서 $\overline{AG}:\overline{AF}=\overline{DG}:\overline{BF}=4:6=2:3$
또 $\triangle AFC$에서 $\overline{GE}:\overline{FC}=\overline{AG}:\overline{AF}$이므로
$6:x=2:3,\ 2x=18$
즉, $x=9$
또 $\triangle ABF$에서 $\overline{AD}:\overline{AB}=\overline{DG}:\overline{BF}$이므로
$8:(8+y)=2:3,\ 2(8+y)=24,\ 16+2y=24,\ 2y=8$
즉, $y=4$
따라서 $x+y=9+4=13$

16 $\overline{GE}=x$ cm라 하면 $\triangle ABF$에서
$\overline{AG}:\overline{AF}=\overline{DG}:\overline{BF}=(9-x):10$ $\quad\cdots\cdots$ ㉠ $\quad\cdots\cdots$ ❶
또 $\triangle AFC$에서
$\overline{AG}:\overline{AF}=\overline{GE}:\overline{FC}=x:5$ $\quad\cdots\cdots$ ㉡ $\quad\cdots\cdots$ ❷
㉠, ㉡에서 $(9-x):10=x:5$
$10x=5(9-x),\ 10x=45-5x,\ 15x=45,\ x=3$
따라서 $\overline{GE}$의 길이는 3 cm이다. $\quad\cdots\cdots$ ❸

채점 기준	비율
❶ $\overline{GE}=x$ cm라 하고 $\triangle ABF$에서 $\overline{AG}:\overline{AF}$ 구하기	30 %
❷ $\triangle AFC$에서 $\overline{AG}:\overline{AF}$ 구하기	30 %
❸ $\overline{GE}$의 길이 구하기	40 %

유형 4 삼각형에서 평행선과 선분의 길이의 비(2)
－삼각형에서 평행선 찾기 | 88쪽 |

17 ㄱ, ㄷ	18 ㄴ, ㄷ, ㄹ

17 ㄱ. $\overline{AB}:\overline{AD}=(2+3):2=5:2$, $\overline{BC}:\overline{DE}=5:2$
　　즉, $\overline{AB}:\overline{AD}=\overline{BC}:\overline{DE}$이므로 $\overline{BC}/\!/\overline{DE}$
　ㄴ. $\overline{AB}:\overline{AD}=15:12=5:4$, $\overline{AC}:\overline{AE}=14:10=7:5$
　　즉, $\overline{AB}:\overline{AD}\neq\overline{AC}:\overline{AE}$이므로 $\overline{BC}$와 $\overline{DE}$는 평행하지 않다.
　ㄷ. $\overline{AE}:\overline{EC}=4:6=2:3$, $\overline{AD}:\overline{DB}=6:(6+3)=2:3$
　　즉, $\overline{AE}:\overline{EC}=\overline{AD}:\overline{DB}$이므로 $\overline{BC}/\!/\overline{DE}$
　ㄹ. $\overline{AE}:\overline{EC}=5:3$, $\overline{AD}:\overline{DB}=4:2=2:1$
　　즉, $\overline{AE}:\overline{EC}\neq\overline{AD}:\overline{DB}$이므로 $\overline{BC}$와 $\overline{DE}$는 평행하지 않다.
따라서 $\overline{BC}/\!/\overline{DE}$인 것은 ㄱ, ㄷ이다.

18 ㄱ. $\overline{AD}:\overline{DB}=8:12=2:3$, $\overline{AF}:\overline{FC}=10:12=5:6$
　　즉, $\overline{AD}:\overline{DB}\neq\overline{AF}:\overline{FC}$이므로 $\overline{BC}$와 $\overline{DF}$는 평행하지 않다.
　ㄴ. $\overline{BD}:\overline{DA}=12:8=3:2$, $\overline{BE}:\overline{EC}=15:10=3:2$
　　즉, $\overline{BD}:\overline{DA}=\overline{BE}:\overline{EC}$이므로 $\overline{AC}/\!/\overline{DE}$
　ㄷ. $\overline{AC}/\!/\overline{DE}$이므로 $\angle A=\angle BDE$(동위각)
　ㄹ. $\triangle ABC$와 $\triangle DBE$에서 $\angle B$는 공통, $\angle A=\angle BDE$이므로
　　$\triangle ABC \backsim \triangle DBE$(AA 닮음)
따라서 옳은 것은 ㄴ, ㄷ, ㄹ이다.

유형 5 삼각형의 내각의 이등분선 | 89쪽 |

19 ②	20 10 cm	21 3:5

19 $\overline{AB}:\overline{AC}=\overline{BD}:\overline{CD}$이므로
　$8:10=2:\overline{CD}$, $4:5=2:\overline{CD}$, $4\overline{CD}=10$
따라서 $\overline{CD}=\dfrac{10}{4}=\dfrac{5}{2}$ (cm)

20 $\overline{BD}=x$ cm라 하면 $\overline{CD}=(18-x)$ cm이므로
　$15:12=x:(18-x)$, $5:4=x:(18-x)$
　$4x=5(18-x)$, $4x=90-5x$, $9x=90$, $x=10$
따라서 $\overline{BD}$의 길이는 10 cm이다.

21 $\overline{BD}:\overline{CD}=\overline{AB}:\overline{AC}=12:20=3:5$
따라서 $\triangle ABD:\triangle ADC=\overline{BD}:\overline{CD}=3:5$

유형 6 삼각형의 외각의 이등분선 | 89쪽 |

22 ①	23 ④	24 1:3

22 $\overline{BC}=x$ cm라 하면
　$10:6=(x+9):9$, $5:3=(x+9):9$
　$3(x+9)=45$, $3x+27=45$, $3x=18$, $x=6$
따라서 $\overline{BC}$의 길이는 6 cm이다.

23 $\overline{AC}:\overline{AB}=\overline{CD}:\overline{BD}$이므로
　$6:\overline{AB}=(4+8):8$, $6:\overline{AB}=3:2$, $3\overline{AB}=12$
따라서 $\overline{AB}=4$ (cm)

24 $\overline{BD}:\overline{CD}=\overline{AB}:\overline{AC}=12:9=4:3$이므로 ······ ❶
　$\overline{BC}:\overline{CD}=1:3$ ······ ❷
따라서 $\triangle ABC:\triangle ACD=\overline{BC}:\overline{CD}=1:3$ ······ ❸

채점 기준	비율
❶ $\overline{BD}:\overline{CD}$를 가장 간단한 자연수의 비로 나타내기	40 %
❷ $\overline{BC}:\overline{CD}$를 가장 간단한 자연수의 비로 나타내기	30 %
❸ $\triangle ABC:\triangle ACD$를 가장 간단한 자연수의 비로 나타내기	30 %

---

02. 평행선 사이의 선분의 길이의 비 | 90~91쪽 |

평행선 사이의 선분의 길이의 비

1 15	2 3	3 8	4 2	5 5
6 $x=4, y=10$		7 $x=\dfrac{24}{5}, y=\dfrac{20}{3}$		

1 $x:9=10:6$이므로 $x:9=5:3$, $3x=45$
따라서 $x=15$

2 $4:2=6:x$이므로 $2:1=6:x$, $2x=6$
따라서 $x=3$

3 $12:9=x:6$이므로 $4:3=x:6$, $3x=24$
따라서 $x=8$

4 $x:6=3:9$이므로 $x:6=1:3$, $3x=6$
따라서 $x=2$

5 $4:8=x:10$이므로 $1:2=x:10$, $2x=10$
따라서 $x=5$

6 $x:8=6:12$이므로 $x:8=1:2$, $2x=8$
즉, $x=4$
$5:y=6:12$이므로 $5:y=1:2$
즉, $y=10$

7 $5:3=8:x$이므로 $5x=24$

즉, $x=\dfrac{24}{5}$

$5:3=y:4$이므로 $3y=20$

즉, $y=\dfrac{20}{3}$

사다리꼴에서 평행선과 선분의 길이의 비

8 7 cm	**9** 8 cm	**10** 5 cm	**11** 7 cm	**12** 12 cm
13 7 cm	**14** 10 cm	**15** 4 : 5	**16** 8 cm	**17** 1 : 5
18 1 cm	**19** 9 cm	**20** 7 cm	**21** $\dfrac{21}{4}$ cm	

---

8 □AHCD는 평행사변형이므로 $\overline{HC}=\overline{AD}=7$ cm

9 $\overline{BH}=\overline{BC}-\overline{HC}=15-7=8$ (cm)

10 △ABH에서 $\overline{AE}:\overline{AB}=\overline{EG}:\overline{BH}$이므로

$10:(10+6)=\overline{EG}:8$, $5:8=\overline{EG}:8$

따라서 $\overline{EG}=5$ (cm)

11 □AGFD는 평행사변형이므로 $\overline{GF}=\overline{AD}=7$ cm

12 $\overline{EF}=\overline{EG}+\overline{GF}=5+7=12$ (cm)

13 □ABHD는 평행사변형이므로 $\overline{BH}=\overline{EG}=\overline{AD}=6$ cm

그러므로 $\overline{HC}=\overline{BC}-\overline{BH}=9-6=3$ (cm)

△DHC에서 $\overline{DF}:\overline{DC}=\overline{GF}:\overline{HC}$이므로

$2:(2+4)=\overline{GF}:3$, $1:3=\overline{GF}:3$

즉, $\overline{GF}=1$ (cm)

따라서 $\overline{EF}=\overline{EG}+\overline{GF}=6+1=7$ (cm)

14 □ABHD는 평행사변형이므로 $\overline{BH}=\overline{EG}=\overline{AD}=8$ cm

그러므로 $\overline{HC}=\overline{BC}-\overline{BH}=13-8=5$ (cm)

△DHC에서 $\overline{DF}:\overline{DC}=\overline{GF}:\overline{HC}$이므로

$2:(2+3)=\overline{GF}:5$, $2:5=\overline{GF}:5$

즉, $\overline{GF}=2$ (cm)

따라서 $\overline{EF}=\overline{EG}+\overline{GF}=8+2=10$ (cm)

15 △ABC에서 $\overline{EG}:\overline{BC}=\overline{AE}:\overline{AB}=8:(8+2)=4:5$

16 $\overline{EG}:10=4:5$이므로 $5\overline{EG}=40$

따라서 $\overline{EG}=8$ (cm)

17 △CDA에서

$\overline{GF}:\overline{AD}=\overline{CF}:\overline{CD}=\overline{BE}:\overline{BA}=2:(2+8)=1:5$

18 $\overline{GF}:5=1:5$이므로 $\overline{GF}=1$ (cm)

19 $\overline{EF}=\overline{EG}+\overline{GF}=8+1=9$ (cm)

20 △BDA에서 $\overline{EG}:\overline{AD}=\overline{BE}:\overline{BA}=4:(4+2)=2:3$이므로

$\overline{EG}:6=2:3$, $3\overline{EG}=12$

즉, $\overline{EG}=4$ (cm)

△DBC에서

$\overline{GF}:\overline{BC}=\overline{DF}:\overline{DC}=\overline{AE}:\overline{AB}=2:(2+4)=1:3$이므로

$\overline{GF}:9=1:3$, $3\overline{GF}=9$

즉, $\overline{GF}=3$ (cm)

따라서 $\overline{EF}=\overline{EG}+\overline{GF}=4+3=7$ (cm)

21 △DBC에서 $\overline{GF}:\overline{BC}=\overline{DF}:\overline{DC}=2:(2+6)=1:4$이므로

$\overline{GF}:12=1:4$, $4\overline{GF}=12$

즉, $\overline{GF}=3$ (cm)

△BDA에서

$\overline{EG}:\overline{AD}=\overline{BE}:\overline{BA}=\overline{CF}:\overline{CD}=6:(6+2)=3:4$이므로

$\overline{EG}:3=3:4$, $4\overline{EG}=9$

즉, $\overline{EG}=\dfrac{9}{4}$ (cm)

따라서 $\overline{EF}=\overline{EG}+\overline{GF}=\dfrac{9}{4}+3=\dfrac{21}{4}$ (cm)

소단원 유형 익히기

유형 7 평행선 사이의 선분의 길이의 비 |92쪽|

1 ⑤	2 ①	3 ④	4 ④	5 ③
6 5				

---

1 $4:(x-4)=6:9$이므로 $4:(x-4)=2:3$

$2(x-4)=12$, $x-4=6$

따라서 $x=10$

2 $(3+6):6=12:x$이므로 $3:2=12:x$, $3x=24$

따라서 $x=8$

> **다른 풀이**
>
> $3:6=(12-x):x$이므로 $1:2=(12-x):x$
>
> $x=2(12-x)$, $x=24-2x$, $3x=24$
>
> 따라서 $x=8$

3 $5:y=x:2$이므로 $xy=10$

따라서 $y=\dfrac{10}{x}$

4 $6:3=x:2$이므로 $2:1=x:2$

즉, $x=4$

$2:y=3:9$이므로 $2:y=1:3$

즉, $y=6$

따라서 $x+y=4+6=10$

5 $\overline{AB}\,/\!/\,\overline{CD}\,/\!/\,\overline{EF}$이므로 평행선 사이의 선분의 길이의 비에 의하여 $\dfrac{9}{2}:\overline{DF}=4:3$, $4\overline{DF}=\dfrac{27}{2}$

따라서 $\overline{DF}=\dfrac{27}{8}$ (cm)

6 $2:5=3:x$이므로 $2x=15$

즉, $x=\dfrac{15}{2}$ ...... ❶

$2:5=5:y$이므로 $2y=25$

즉, $y=\dfrac{25}{2}$ ...... ❷

따라서 $y-x=\dfrac{25}{2}-\dfrac{15}{2}=\dfrac{10}{2}=5$ ...... ❸

채점 기준	비율
❶ x의 값 구하기	40 %
❷ y의 값 구하기	40 %
❸ $y-x$의 값 구하기	20 %

8 사다리꼴에서 평행선과 선분의 길이의 비 | 93쪽 |

7 11   **8** 12 cm   **9** 55 cm

7 △BDA에서 $\overline{BE}:\overline{BA}=\overline{EG}:\overline{AD}$이므로
$2:(2+3)=2:x$, $2:5=2:x$
즉, $x=5$
△DBC에서
$\overline{GF}:\overline{BC}=\overline{DF}:\overline{DC}=\overline{AE}:\overline{AB}=3:(3+2)=3:5$이므로
$y:10=3:5$, $5y=30$
즉, $y=6$
따라서 $x+y=5+6=11$

8 오른쪽 그림과 같이 점 A를 지나고 $\overline{DC}$에 평행한 직선이 $\overline{EF}$, $\overline{BC}$와 만나는 점을 각각 G, H라 하면
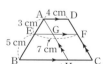
$\overline{GF}=\overline{HC}=\overline{AD}=4$ cm이므로
$\overline{EG}=\overline{EF}-\overline{GF}=7-4=3$ (cm)
△ABH에서 $\overline{AE}:\overline{AB}=\overline{EG}:\overline{BH}$이므로
$3:(3+5)=3:\overline{BH}$, $3:8=3:\overline{BH}$
즉, $\overline{BH}=8$ (cm)
따라서 $\overline{BC}=\overline{BH}+\overline{HC}=8+4=12$ (cm)

[다른 풀이]

오른쪽 그림과 같이 대각선 DB를 그어 $\overline{EF}$와 만나는 점을 I라 하면 △ABD에서 $\overline{BE}:\overline{BA}=\overline{EI}:\overline{AD}$이므로

$5:(5+3)=\overline{EI}:4$, $5:8=\overline{EI}:4$
$8\overline{EI}=20$, 즉 $\overline{EI}=\dfrac{20}{8}=\dfrac{5}{2}$ (cm)
이때 $\overline{IF}=\overline{EF}-\overline{EI}=7-\dfrac{5}{2}=\dfrac{9}{2}$ (cm)

△DBC에서
$\overline{IF}:\overline{BC}=\overline{DF}:\overline{DC}=\overline{AE}:\overline{AB}=3:(3+5)=3:8$이므로
$\dfrac{9}{2}:\overline{BC}=3:8$, $3\overline{BC}=36$
따라서 $\overline{BC}=12$ (cm)

9 오른쪽 그림과 같이 점 A~H를 정한다.
점 A를 지나고 $\overline{EH}$에 평행한 직선이 $\overline{BF}$, $\overline{CG}$, $\overline{DH}$와 만나는 점을 각각 I, J, K라 하면 □AKHE, □AJGE는 모두 평행사변형이다.
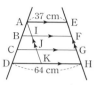
$\overline{KH}=\overline{JG}=\overline{AE}=37$ cm이므로
$\overline{DK}=\overline{DH}-\overline{KH}=64-37=27$ (cm)
△ADK에서 $\overline{CJ}\,/\!/\,\overline{DK}$이므로
$\overline{AC}:\overline{AD}=\overline{CJ}:\overline{DK}$, $2:3=\overline{CJ}:27$, $3\overline{CJ}=54$
즉, $\overline{CJ}=18$ (cm)
따라서 필요한 다리의 길이는
$\overline{CG}=\overline{CJ}+\overline{JG}=18+37=55$ (cm)

9 평행선 사이의 선분의 길이의 비의 응용 | 93쪽 |

10 3 cm   **11** 12 cm   **12** 6 cm

10 △ABC에서
$\overline{CF}:\overline{CB}=\overline{EF}:\overline{AB}=2:6=1:3$이므로 $\overline{BF}:\overline{BC}=2:3$
△BCD에서 $\overline{EF}:\overline{DC}=\overline{BF}:\overline{BC}$이므로
$2:\overline{DC}=2:3$
따라서 $\overline{DC}=3$ (cm)

11 △ABE∽△CDE(AA 닮음)이므로
$\overline{BE}:\overline{DE}=\overline{AB}:\overline{CD}=21:28=3:4$
△BCD에서 $\overline{EF}:\overline{DC}=\overline{BE}:\overline{BD}$이므로
$\overline{EF}:28=3:(3+4)$, $\overline{EF}:28=3:7$, $7\overline{EF}=84$
따라서 $\overline{EF}=12$ (cm)

12 동위각의 크기가 $90°$로 같으므로 $\overline{AB}\,/\!/\,\overline{PH}\,/\!/\,\overline{DC}$ ...... ❶
△ABP∽△CDP(AA 닮음)이므로
$\overline{BP}:\overline{DP}=\overline{AB}:\overline{CD}=9:18=1:2$ ...... ❷
△BCD에서 $\overline{PH}:\overline{DC}=\overline{BP}:\overline{BD}=1:(1+2)=1:3$ ...... ❸
이므로 $\overline{PH}:18=1:3$, $3\overline{PH}=18$
따라서 $\overline{PH}=6$ (cm) ...... ❹

채점 기준	비율
❶ $\overline{AB}\,/\!/\,\overline{PH}\,/\!/\,\overline{DC}$임을 설명하기	20 %
❷ $\overline{BP}:\overline{DP}$를 가장 간단한 자연수의 비로 나타내기	30 %
❸ $\overline{PH}:\overline{DC}$를 가장 간단한 자연수의 비로 나타내기	30 %
❹ $\overline{PH}$의 길이 구하기	20 %

4. 평행선 사이의 선분의 길이의 비 ★ **49**

정답과 풀이

03. 삼각형의 두 변의 중점을 연결한 선분의 성질

| 94~95쪽 |

삼각형의 두 변의 중점을 연결한 선분의 성질

1 $50°$	2 $75°$	3 11 cm	4 10	5 34
6 3	7 10 cm	8 13 cm	9 5	10 12
11 5	12 14			

1 $\overline{AM}=\overline{MB}$, $\overline{AN}=\overline{NC}$이므로 $\overline{MN}/\!/\overline{BC}$

따라서 $\angle AMN=\angle B=50°$(동위각)

2 $\overline{AM}=\overline{MB}$, $\overline{AN}=\overline{NC}$이므로 $\overline{MN}/\!/\overline{BC}$

따라서 $\angle ANM=\angle C=75°$(동위각)

3 $\overline{AM}=\overline{MB}$, $\overline{AN}=\overline{NC}$이므로

$\overline{MN}=\frac{1}{2}\overline{BC}=\frac{1}{2}\times22=11$ (cm)

4 $\overline{AM}=\overline{MB}$, $\overline{AN}=\overline{NC}$이므로 $\overline{MN}=\frac{1}{2}\overline{BC}$

따라서 $x=\frac{1}{2}\times20=10$

5 $\overline{AM}=\overline{MB}$, $\overline{AN}=\overline{NC}$이므로 $\overline{BC}=2\overline{MN}$

따라서 $x=2\times17=34$

6 $\overline{AM}=\overline{MB}$, $\overline{AN}=\overline{NC}$이므로 $\overline{MN}=\frac{1}{2}\overline{BC}$

따라서 $x=\frac{1}{2}\times6=3$

7 $\overline{AM}=\overline{MB}$, $\overline{MN}/\!/\overline{BC}$이므로 $\overline{AN}=\overline{NC}$

따라서 $\overline{NC}=\overline{AN}=10$ cm

8 $\overline{AM}=\overline{MB}$, $\overline{AN}=\overline{NC}$이므로

$\overline{MN}=\frac{1}{2}\overline{BC}=\frac{1}{2}\times26=13$ (cm)

9 $\overline{AM}=\overline{MB}$, $\overline{MN}/\!/\overline{BC}$이므로 $\overline{AN}=\overline{NC}$

따라서 $x=5$

10 $\overline{AM}=\overline{MB}$, $\overline{MN}/\!/\overline{BC}$이므로 $\overline{AN}=\overline{NC}$

따라서 $2x=24$이므로 $x=12$

11 $\overline{AM}=\overline{MB}$, $\overline{MN}/\!/\overline{BC}$이므로 $\overline{AN}=\overline{NC}$

즉, $\overline{AM}=\overline{MB}$, $\overline{AN}=\overline{NC}$이므로 $\overline{MN}=\frac{1}{2}\overline{BC}$

따라서 $x=\frac{1}{2}\times10=5$

12 $\overline{AM}=\overline{MB}$, $\overline{MN}/\!/\overline{BC}$이므로 $\overline{AN}=\overline{NC}$

즉, $\overline{AM}=\overline{MB}$, $\overline{AN}=\overline{NC}$이므로 $\overline{BC}=2\overline{MN}$

따라서 $x=2\times7=14$

다각형의 각 변의 중점을 연결한 도형의 성질

13 $\overline{FE}$, $\overline{FE}$, 5	14 $\overline{DF}$, $\overline{DF}$, 7
15 $\overline{ED}$, $\overline{ED}$, 6	16 18 17 $\overline{HG}$, $\overline{HG}$, 7
18 $\overline{FG}$, $\overline{FG}$, 6	19 26 20 평행사변형

13 $\overline{CF}=\overline{FA}$, $\overline{CE}=\overline{EB}$이므로 $\overline{AB}/\!/\overline{FE}$이고

$\overline{FE}=\frac{1}{2}\overline{AB}=\frac{1}{2}\times10=5$ (cm)

14 $\overline{AD}=\overline{DB}$, $\overline{AF}=\overline{FC}$이므로 $\overline{BC}/\!/\overline{DF}$이고

$\overline{DF}=\frac{1}{2}\overline{BC}=\frac{1}{2}\times14=7$ (cm)

15 $\overline{BD}=\overline{DA}$, $\overline{BE}=\overline{EC}$이므로 $\overline{CA}/\!/\overline{ED}$이고

$\overline{ED}=\frac{1}{2}\overline{CA}=\frac{1}{2}\times12=6$ (cm)

16 (△DEF의 둘레의 길이)$=\overline{FE}+\overline{DF}+\overline{ED}$

$=5+7+6=18$ (cm)

17 △ABC에서 $\overline{BE}=\overline{EA}$, $\overline{BF}=\overline{FC}$이므로

$\overline{AC}/\!/\overline{EF}$, $\overline{EF}=\frac{1}{2}\overline{AC}$

△ACD에서 $\overline{DH}=\overline{HA}$, $\overline{DG}=\overline{GC}$이므로

$\overline{AC}/\!/\overline{HG}$, $\overline{HG}=\frac{1}{2}\overline{AC}$

따라서 $\overline{AC}/\!/\overline{EF}/\!/\overline{HG}$,

$\overline{EF}=\overline{HG}=\frac{1}{2}\overline{AC}=\frac{1}{2}\times14=7$ (cm)

18 △ABD에서 $\overline{AE}=\overline{EB}$, $\overline{AH}=\overline{HD}$이므로

$\overline{BD}/\!/\overline{EH}$, $\overline{EH}=\frac{1}{2}\overline{BD}$

△BCD에서 $\overline{CF}=\overline{FB}$, $\overline{CG}=\overline{GD}$이므로

$\overline{BD}/\!/\overline{FG}$, $\overline{FG}=\frac{1}{2}\overline{BD}$

따라서 $\overline{BD}/\!/\overline{EH}/\!/\overline{FG}$,

$\overline{EH}=\overline{FG}=\frac{1}{2}\overline{BD}=\frac{1}{2}\times12=6$ (cm)

19 (□EFGH의 둘레의 길이)$=\overline{EF}+\overline{FG}+\overline{HG}+\overline{EH}$

$=7+6+7+6=26$ (cm)

20 $\overline{EF}/\!/\overline{HG}$, $\overline{EH}/\!/\overline{FG}$이므로 □EFGH는 두 쌍의 대변이 각각 평행하다. 따라서 □EFGH는 평행사변형이다.

소단원 유형 익히기

유형 10 삼각형의 두 변의 중점을 연결한 선분의 성질(1) | 96쪽 |

1 26 cm	2 ④	3 9 cm	4 24 cm	5 ③
6 ③				

1 $\overline{\mathrm{CM}}=\overline{\mathrm{MA}}$, $\overline{\mathrm{CN}}=\overline{\mathrm{NB}}$이므로 $\overline{\mathrm{AB}}=2\overline{\mathrm{MN}}$
따라서 $\overline{\mathrm{AB}}=2\times13=26$ (cm)

2 $\overline{\mathrm{AM}}=\overline{\mathrm{MB}}$, $\overline{\mathrm{AN}}=\overline{\mathrm{NC}}$이므로 $\overline{\mathrm{MN}}/\!/\overline{\mathrm{BC}}$
즉, $\angle\mathrm{AMN}=\angle\mathrm{B}$(동위각)이므로 $x=60$
또 $\overline{\mathrm{BC}}=2\overline{\mathrm{MN}}$이므로 $y=2\times2=4$
따라서 $x+y=60+4=64$

3 $\overline{\mathrm{AM}}=\dfrac{1}{2}\overline{\mathrm{AB}}=\dfrac{1}{2}\times5=\dfrac{5}{2}$ (cm)

$\overline{\mathrm{AN}}=\dfrac{1}{2}\overline{\mathrm{AC}}=\dfrac{1}{2}\times7=\dfrac{7}{2}$ (cm)

또 $\overline{\mathrm{AM}}=\overline{\mathrm{MB}}$, $\overline{\mathrm{AN}}=\overline{\mathrm{NC}}$이므로

$\overline{\mathrm{MN}}=\dfrac{1}{2}\overline{\mathrm{BC}}=\dfrac{1}{2}\times6=3$ (cm)

따라서 △AMN의 둘레의 길이는

$\overline{\mathrm{AM}}+\overline{\mathrm{MN}}+\overline{\mathrm{AN}}=\dfrac{5}{2}+3+\dfrac{7}{2}=9$ (cm)

4 △ABC에서 $\overline{\mathrm{AM}}=\overline{\mathrm{MB}}$, $\overline{\mathrm{AN}}=\overline{\mathrm{NC}}$이므로
$\overline{\mathrm{BC}}=2\overline{\mathrm{MN}}=2\times8=16$ (cm) ...... ❶
△DBC에서 $\overline{\mathrm{DP}}=\overline{\mathrm{PB}}$, $\overline{\mathrm{DQ}}=\overline{\mathrm{QC}}$이므로

$\overline{\mathrm{PQ}}=\dfrac{1}{2}\overline{\mathrm{BC}}=\dfrac{1}{2}\times16=8$ (cm) ...... ❷

따라서 $\overline{\mathrm{BC}}+\overline{\mathrm{PQ}}=16+8=24$ (cm) ...... ❸

채점 기준	비율
❶ $\overline{\mathrm{BC}}$의 길이 구하기	40 %
❷ $\overline{\mathrm{PQ}}$의 길이 구하기	40 %
❸ $\overline{\mathrm{BC}}+\overline{\mathrm{PQ}}$의 길이 구하기	20 %

5 △ABC에서 $\overline{\mathrm{AE}}=\overline{\mathrm{EB}}$, $\overline{\mathrm{AF}}=\overline{\mathrm{FC}}$이므로

$\overline{\mathrm{EF}}=\dfrac{1}{2}\overline{\mathrm{BC}}=\dfrac{1}{2}\times20=10$ (cm)

△ACD에서 $\overline{\mathrm{AF}}=\overline{\mathrm{FC}}$, $\overline{\mathrm{AG}}=\overline{\mathrm{GD}}$이므로

$\overline{\mathrm{FG}}=\dfrac{1}{2}\overline{\mathrm{CD}}=\dfrac{1}{2}\times20=10$ (cm)

△ADB에서 $\overline{\mathrm{AG}}=\overline{\mathrm{GD}}$, $\overline{\mathrm{AE}}=\overline{\mathrm{EB}}$이므로

$\overline{\mathrm{EG}}=\dfrac{1}{2}\overline{\mathrm{BD}}=\dfrac{1}{2}\times20=10$ (cm)

따라서 필요한 띠의 길이는

$\overline{\mathrm{EF}}+\overline{\mathrm{FG}}+\overline{\mathrm{EG}}=10+10+10=30$ (cm)

6 $\overline{\mathrm{AM}}=\overline{\mathrm{MB}}$, $\overline{\mathrm{AN}}=\overline{\mathrm{NC}}$이므로

$\overline{\mathrm{MN}}=\dfrac{1}{2}\overline{\mathrm{BC}}=\dfrac{1}{2}\times14=7$ (cm)

따라서 $\overline{\mathrm{EN}}=\overline{\mathrm{MN}}-\overline{\mathrm{ME}}=7-4=3$ (cm)

7 $\overline{\mathrm{AM}}=\overline{\mathrm{MB}}$, $\overline{\mathrm{MN}}/\!/\overline{\mathrm{BC}}$이므로

$\overline{\mathrm{AN}}=\overline{\mathrm{NC}}=\dfrac{1}{2}\overline{\mathrm{AC}}=\dfrac{1}{2}\times16=8$ (cm)

8 $\overline{\mathrm{AM}}=\overline{\mathrm{MB}}$, $\overline{\mathrm{MN}}/\!/\overline{\mathrm{BC}}$이므로 $\overline{\mathrm{AN}}=\overline{\mathrm{NC}}$
따라서 $\overline{\mathrm{BC}}=2\overline{\mathrm{MN}}=2\times11=22$ (cm)

9 $\overline{\mathrm{BM}}=\overline{\mathrm{MC}}$, $\overline{\mathrm{MN}}/\!/\overline{\mathrm{CA}}$이므로 $\overline{\mathrm{BN}}=\overline{\mathrm{NA}}$
즉, $\overline{\mathrm{AB}}=2\overline{\mathrm{AN}}$이므로 $x=2\times7=14$

또 $\overline{\mathrm{MN}}=\dfrac{1}{2}\overline{\mathrm{CA}}$이므로 $y=\dfrac{1}{2}\times18=9$

따라서 $x+y=14+9=23$

10 $\overline{\mathrm{AD}}=\overline{\mathrm{DB}}$, $\overline{\mathrm{DE}}/\!/\overline{\mathrm{BC}}$이므로 $\overline{\mathrm{AE}}=\overline{\mathrm{EC}}$
즉, $\overline{\mathrm{BC}}=2\overline{\mathrm{DE}}=2\times8=16$ (cm) ...... ❶
한편 □DBFE는 평행사변형이므로
$\overline{\mathrm{BF}}=\overline{\mathrm{DE}}=8$ cm ...... ❷
따라서 $\overline{\mathrm{FC}}=\overline{\mathrm{BC}}-\overline{\mathrm{BF}}=16-8=8$ (cm) ...... ❸

채점 기준	비율
❶ $\overline{\mathrm{BC}}$의 길이 구하기	40 %
❷ $\overline{\mathrm{BF}}$의 길이 구하기	40 %
❸ $\overline{\mathrm{FC}}$의 길이 구하기	20 %

[다른 풀이]

$\overline{\mathrm{AD}}=\overline{\mathrm{DB}}$, $\overline{\mathrm{DE}}/\!/\overline{\mathrm{BC}}$이므로
$\overline{\mathrm{AE}}=\overline{\mathrm{EC}}$ ...... ❶
□DBFE는 평행사변형이므로
$\overline{\mathrm{BF}}=\overline{\mathrm{DE}}=8$ cm ...... ❷
또 $\overline{\mathrm{CE}}=\overline{\mathrm{EA}}$, $\overline{\mathrm{EF}}/\!/\overline{\mathrm{AB}}$이므로
$\overline{\mathrm{FC}}=\overline{\mathrm{BF}}=8$ cm ...... ❸

채점 기준	비율
❶ $\overline{\mathrm{AE}}=\overline{\mathrm{EC}}$임을 설명하기	40 %
❷ $\overline{\mathrm{BF}}$의 길이 구하기	20 %
❸ $\overline{\mathrm{FC}}$의 길이 구하기	40 %

11 $\overline{\mathrm{EC}}=\overline{\mathrm{BC}}-\overline{\mathrm{BE}}=12-8=4$ (cm)
△ABE에서 $\overline{\mathrm{AM}}=\overline{\mathrm{MB}}$, $\overline{\mathrm{MD}}/\!/\overline{\mathrm{BE}}$이므로 $\overline{\mathrm{AD}}=\overline{\mathrm{DE}}$
△AEC에서 $\overline{\mathrm{AD}}=\overline{\mathrm{DE}}$, $\overline{\mathrm{DN}}/\!/\overline{\mathrm{EC}}$이므로 $\overline{\mathrm{AN}}=\overline{\mathrm{NC}}$

따라서 $\overline{\mathrm{DN}}=\dfrac{1}{2}\overline{\mathrm{EC}}=\dfrac{1}{2}\times4=2$ (cm)

12 (1) △ADG에서 $\overline{\mathrm{AE}}=\overline{\mathrm{ED}}$, $\overline{\mathrm{EF}}/\!/\overline{\mathrm{DG}}$이므로 $\overline{\mathrm{AF}}=\overline{\mathrm{FG}}$
(2) $\overline{\mathrm{AE}}=\overline{\mathrm{ED}}$, $\overline{\mathrm{AF}}=\overline{\mathrm{FG}}$이므로

$\overline{\mathrm{EF}}=\dfrac{1}{2}\overline{\mathrm{DG}}=\dfrac{1}{2}\times6=3$ (cm)

(3) △BCF에서 $\overline{\mathrm{BD}}=\overline{\mathrm{DC}}$, $\overline{\mathrm{BF}}/\!/\overline{\mathrm{DG}}$이므로 $\overline{\mathrm{FG}}=\overline{\mathrm{GC}}$
(4) $\overline{\mathrm{BD}}=\overline{\mathrm{DC}}$, $\overline{\mathrm{FG}}=\overline{\mathrm{GC}}$이므로

$\overline{\mathrm{BF}}=2\overline{\mathrm{DG}}=2\times6=12$ (cm)

(5) $\overline{\mathrm{BE}}=\overline{\mathrm{BF}}-\overline{\mathrm{EF}}=12-3=9$ (cm)

유형 12 삼각형의 두 변의 중점을 연결한 선분의 성질의 응용

| 98쪽 |

13 (1) △CEF (2) 5 cm (3) 10 cm   14 7 cm   15 12 cm

13 (1) △AEG와 △CEF에서
$\overline{AE}=\overline{CE}$, ∠GAE=∠C(엇각),
∠AEG=∠CEF(맞꼭지각)
이므로 △AEG≡△CEF(ASA 합동)
(2) (1)에서 △AEG≡△CEF이므로
$\overline{AG}=\overline{CF}=5$ cm
(3) △DBF에서 $\overline{DA}=\overline{AB}$, $\overline{AG}/\!/\overline{BF}$이므로 $\overline{DG}=\overline{GF}$
따라서 $\overline{BF}=2\overline{AG}=2\times5=10$ (cm)

14 오른쪽 그림과 같이 꼭짓점 A를 지나고
$\overline{BC}$에 평행한 직선과 $\overline{DF}$가 만나는 점을
G라 하면 △DBF에서
$\overline{DA}=\overline{AB}$, $\overline{AG}/\!/\overline{BF}$이므로 $\overline{DG}=\overline{GF}$
즉, $\overline{AG}=\frac{1}{2}\overline{BF}=\frac{1}{2}\times14=7$ (cm)
△AEG≡△CEF(ASA 합동)이므로 $\overline{CF}=\overline{AG}=7$ cm

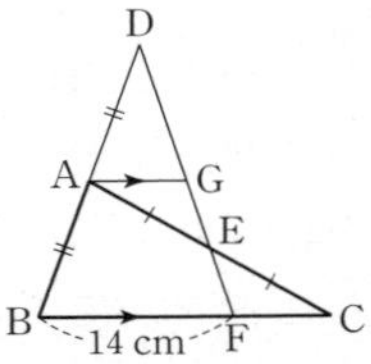

15 오른쪽 그림과 같이 꼭짓점 A를 지나고
$\overline{BC}$에 평행한 직선과 $\overline{DF}$가 만나는 점을
G라 하면
△AEG≡△CEF(ASA 합동)이므로
$\overline{EG}=\overline{EF}=3$ cm   ······ ❶
△DBF에서 $\overline{DA}=\overline{AB}$, $\overline{AG}/\!/\overline{BF}$이므로
$\overline{DG}=\overline{GF}=\overline{GE}+\overline{EF}=3+3=6$ (cm)   ······ ❷
따라서 $\overline{DF}=2\overline{DG}=2\times6=12$ (cm)   ······ ❸

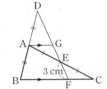

채점 기준	비율
❶ $\overline{EG}$의 길이 구하기	40 %
❷ $\overline{DG}$의 길이 구하기	40 %
❸ $\overline{DF}$의 길이 구하기	20 %

유형 13 삼각형의 각 변의 중점을 연결한 삼각형

| 98쪽 |

16 ⑤   17 ④

16 $\overline{AD}=\overline{DB}$, $\overline{AF}=\overline{FC}$이므로
$\overline{DF}=\frac{1}{2}\overline{BC}=\frac{1}{2}\times11=\frac{11}{2}$ (cm)
$\overline{BD}=\overline{DA}$, $\overline{BE}=\overline{EC}$이므로
$\overline{ED}=\frac{1}{2}\overline{CA}=\frac{1}{2}\times10=5$ (cm)
$\overline{CF}=\overline{FA}$, $\overline{CE}=\overline{EB}$이므로
$\overline{FE}=\frac{1}{2}\overline{AB}=\frac{1}{2}\times9=\frac{9}{2}$ (cm)

따라서 △DEF의 둘레의 길이는
$\overline{DF}+\overline{ED}+\overline{FE}=\frac{11}{2}+5+\frac{9}{2}=15$ (cm)

17 $\overline{AD}=\overline{DB}$, $\overline{AF}=\overline{FC}$이므로 $\overline{DF}=\frac{1}{2}\overline{BC}$
$\overline{BD}=\overline{DA}$, $\overline{BE}=\overline{EC}$이므로 $\overline{ED}=\frac{1}{2}\overline{CA}$
$\overline{CF}=\overline{FA}$, $\overline{CE}=\overline{EB}$이므로 $\overline{FE}=\frac{1}{2}\overline{AB}$
따라서 설치한 울타리의 길이의 합은
$\overline{DF}+\overline{ED}+\overline{FE}=\frac{1}{2}(\overline{BC}+\overline{CA}+\overline{AB})=\frac{1}{2}\times36=18$ (m)

유형 14 사각형의 각 변의 중점을 연결한 사각형

| 99쪽 |

18 ③   19 21 cm   20 20 cm

18 △ABC에서 $\overline{BE}=\overline{EA}$, $\overline{BF}=\overline{FC}$이므로
$\overline{EF}=\frac{1}{2}\overline{AC}=\frac{1}{2}\times13=\frac{13}{2}$ (cm)
△ACD에서 $\overline{DH}=\overline{HA}$, $\overline{DG}=\overline{GC}$이므로
$\overline{HG}=\frac{1}{2}\overline{AC}=\frac{1}{2}\times13=\frac{13}{2}$ (cm)
△ABD에서 $\overline{AE}=\overline{EB}$, $\overline{AH}=\overline{HD}$이므로
$\overline{EH}=\frac{1}{2}\overline{BD}=\frac{1}{2}\times18=9$ (cm)
△BCD에서 $\overline{CF}=\overline{FB}$, $\overline{CG}=\overline{GD}$이므로
$\overline{FG}=\frac{1}{2}\overline{BD}=\frac{1}{2}\times18=9$ (cm)
따라서 □EFGH의 둘레의 길이는
$\overline{EF}+\overline{FG}+\overline{HG}+\overline{EH}=\frac{13}{2}+9+\frac{13}{2}+9=31$ (cm)

19 △ABC와 △ACD에서 $\overline{EF}=\overline{HG}=\frac{1}{2}\overline{AC}$
△ABD와 △BCD에서 $\overline{EH}=\overline{FG}=\frac{1}{2}\overline{BD}$
□EFGH의 둘레의 길이가 21 cm이므로
$\overline{EF}+\overline{FG}+\overline{HG}+\overline{EH}=21$ (cm)
즉, $\frac{1}{2}\overline{AC}+\frac{1}{2}\overline{BD}+\frac{1}{2}\overline{AC}+\frac{1}{2}\overline{BD}=21$ (cm)
따라서 $\overline{AC}+\overline{BD}=21$ (cm)

20 직사각형은 두 대각선의 길이가 같으므로
$\overline{BD}=\overline{AC}=10$ cm
△ABC와 △ACD에서
$\overline{EF}=\overline{HG}=\frac{1}{2}\overline{AC}=\frac{1}{2}\times10=5$ (cm)
△ABD와 △BCD에서
$\overline{EH}=\overline{FG}=\frac{1}{2}\overline{BD}=\frac{1}{2}\times10=5$ (cm)
따라서 □EFGH의 둘레의 길이는
$\overline{EF}+\overline{FG}+\overline{HG}+\overline{EH}=5+5+5+5=20$ (cm)

유형 15 사다리꼴에서 두 변의 중점을 연결한 선분의 성질 | 99쪽 |

21 32   22 11 cm   23 7 cm

21 $\overline{AD} /\!/ \overline{BC}$, $\overline{AM}=\overline{MB}$, $\overline{DN}=\overline{NC}$이므로 $\overline{AD} /\!/ \overline{MN} /\!/ \overline{BC}$
△BDA에서 $\overline{BM}=\overline{MA}$, $\overline{MP} /\!/ \overline{AD}$이므로 $\overline{BP}=\overline{PD}$
즉, $\overline{MP}=\dfrac{1}{2}\overline{AD}$이므로 $x=\dfrac{1}{2}\times16=8$
△DBC에서 $\overline{DN}=\overline{NC}$, $\overline{PN} /\!/ \overline{BC}$이므로 $\overline{DP}=\overline{PB}$
즉, $\overline{BC}=2\overline{PN}$이므로 $y=2\times12=24$
따라서 $x+y=8+24=32$

22 $\overline{AD} /\!/ \overline{BC}$, $\overline{AM}=\overline{MB}$, $\overline{DN}=\overline{NC}$이므로 $\overline{AD} /\!/ \overline{MN} /\!/ \overline{BC}$
오른쪽 그림과 같이 $\overline{AC}$를 긋고 $\overline{MN}$과
$\overline{AC}$가 만나는 점을 P라 하면 △ABC에
서 $\overline{AM}=\overline{MB}$, $\overline{MP} /\!/ \overline{BC}$이므로
$\overline{AP}=\overline{PC}$
즉, $\overline{MP}=\dfrac{1}{2}\overline{BC}=\dfrac{1}{2}\times14=7$ (cm)
△CDA에서 $\overline{CN}=\overline{ND}$, $\overline{PN} /\!/ \overline{AD}$이므로 $\overline{CP}=\overline{PA}$
즉, $\overline{PN}=\dfrac{1}{2}\overline{AD}=\dfrac{1}{2}\times8=4$ (cm)
따라서 $\overline{MN}=\overline{MP}+\overline{PN}=7+4=11$ (cm)

23 $\overline{AD} /\!/ \overline{BC}$, $\overline{AM}=\overline{MB}$, $\overline{DN}=\overline{NC}$이므로
$\overline{AD} /\!/ \overline{MN} /\!/ \overline{BC}$ ⋯⋯ ❶
△ABC에서 $\overline{AM}=\overline{MB}$, $\overline{MQ} /\!/ \overline{BC}$이므로 $\overline{AQ}=\overline{QC}$
즉, $\overline{MQ}=\dfrac{1}{2}\overline{BC}=\dfrac{1}{2}\times26=13$ (cm) ⋯⋯ ❷
△BDA에서 $\overline{BM}=\overline{MA}$, $\overline{MP} /\!/ \overline{AD}$이므로 $\overline{BP}=\overline{PD}$
즉, $\overline{MP}=\dfrac{1}{2}\overline{AD}=\dfrac{1}{2}\times12=6$ (cm) ⋯⋯ ❸
따라서 $\overline{PQ}=\overline{MQ}-\overline{MP}=13-6=7$ (cm) ⋯⋯ ❹

채점 기준	비율
❶ $\overline{AD} /\!/ \overline{MN} /\!/ \overline{BC}$임을 설명하기	20 %
❷ $\overline{MQ}$의 길이 구하기	30 %
❸ $\overline{MP}$의 길이 구하기	30 %
❹ $\overline{PQ}$의 길이 구하기	20 %

04. 삼각형의 무게중심
| 100~101쪽 |

삼각형의 중선의 성질

1 중선   2 5 cm² ($\mathscr{l}$ △ADC, $\dfrac{1}{2}$)   3 12 cm²
4 26 cm²   5 18 cm²

2 $\overline{AD}$가 △ABC의 중선이므로 $\overline{BD}=\overline{DC}$
따라서 △ABD=△ADC=$\dfrac{1}{2}$△ABC=$\dfrac{1}{2}\times10=5$ (cm²)

3 $\overline{AD}$가 △ABC의 중선이므로 $\overline{BD}=\overline{DC}$
따라서 △ADC=$\dfrac{1}{2}$△ABC=$\dfrac{1}{2}\times24=12$ (cm²)

4 $\overline{AD}$가 △ABC의 중선이므로 $\overline{BD}=\overline{DC}$
따라서 △ABC=2△ABD=2×13=26 (cm²)

5 $\overline{AD}$가 △ABC의 중선이므로 $\overline{BD}=\overline{DC}$
따라서 △ABC=2△ADC=2×9=18 (cm²)

삼각형의 무게중심의 성질

6 무게중심   7 4   8 3   9 6 ($\mathscr{l}$ 3)   10 8

7 점 G가 △ABC의 무게중심이므로 $\overline{AD}$는 △ABC의 중선이다.
따라서 $\overline{BD}=\overline{DC}=\dfrac{1}{2}\overline{BC}$이므로 $x=\dfrac{1}{2}\times8=4$

8 점 G가 △ABC의 무게중심이므로
$\overline{AG}:\overline{GD}=2:1$, $6:x=2:1$, $2x=6$
따라서 $x=3$

9 점 G가 △ABC의 무게중심이므로
$\overline{CD}:\overline{GD}=3:1$, $x:2=3:1$
따라서 $x=6$

10 점 G가 △ABC의 무게중심이므로
$\overline{BD}:\overline{BG}=3:2$, $12:x=3:2$, $3x=24$
따라서 $x=8$

삼각형의 무게중심과 넓이

11 18 cm²   12 9 cm²   13 18 cm² ($\mathscr{l}$ $\dfrac{1}{3}$)   14 36 cm²
15 27 cm²

11 점 G가 △ABC의 무게중심이므로
△AGC=$\dfrac{1}{3}$△ABC=$\dfrac{1}{3}\times54=18$ (cm²)

12 점 G가 △ABC의 무게중심이므로
△DCG=$\dfrac{1}{6}$△ABC=$\dfrac{1}{6}\times54=9$ (cm²)

13 점 G가 △ABC의 무게중심이므로 $\overline{AG}$를 그으면
□AEGD=△AEG+△ADG
$=\dfrac{1}{6}$△ABC$+\dfrac{1}{6}$△ABC
$=\dfrac{1}{3}$△ABC
$=\dfrac{1}{3}\times54=18$ (cm²)

14 점 G가 △ABC의 무게중심이므로 $\overline{BG}$를 그으면 색칠한 부분의 넓이는

$$\triangle ABG + \triangle BCG = \frac{1}{3}\triangle ABC + \frac{1}{3}\triangle ABC$$
$$= \frac{2}{3}\triangle ABC = \frac{2}{3}\times 54 = 36\,(\text{cm}^2)$$

15 점 G가 △ABC의 무게중심이므로 색칠한 부분의 넓이는
$$\triangle EAG + \triangle FBG + \triangle DCG$$
$$= \frac{1}{6}\triangle ABC + \frac{1}{6}\triangle ABC + \frac{1}{6}\triangle ABC$$
$$= \frac{1}{2}\triangle ABC = \frac{1}{2}\times 54 = 27\,(\text{cm}^2)$$

소단원 유형 익히기

유형 16 삼각형의 중선의 성질 | 102쪽 |

1 ②　　　　2 ④　　　　3 10 cm²

1 $\overline{AD}$가 △ABC의 중선이므로
$$\triangle ADC = \frac{1}{2}\triangle ABC = \frac{1}{2}\times 32 = 16\,(\text{cm}^2)$$
$\overline{CE}$가 △ADC의 중선이므로
$$\triangle AEC = \frac{1}{2}\triangle ADC = \frac{1}{2}\times 16 = 8\,(\text{cm}^2)$$

2 △ADE=△AEF=△AFC이므로 △ADC=3△ADE
따라서 △ABC=2△ADC=2×3△ADE
$$= 6\triangle ADE = 6\times 6 = 36\,(\text{cm}^2)$$

3 점 D가 $\overline{BC}$의 중점이므로
△ABD=△ADC, △EBD=△EDC
따라서 색칠한 부분의 넓이는
$$\triangle ABE + \triangle EDC = \triangle ABE + \triangle EBD = \triangle ABD$$
$$= \frac{1}{2}\triangle ABC = \frac{1}{2}\times 20 = 10\,(\text{cm}^2)$$

유형 17 삼각형의 무게중심의 성질 | 102쪽 |

4 ③　　　　5 8　　　　6 ④

4 점 G가 △ABC의 무게중심이므로
$\overline{AD}:\overline{AG}=3:2$, $\overline{AD}:6=3:2$, $2\overline{AD}=18$
따라서 $\overline{AD}=9\,(\text{cm})$

5 오른쪽 그림과 같이 $\overline{AB}$가 x축과 만나는 점을 D라 하면 $\overline{OD}$는 △AOB의 중선이다. △AOB의 무게중심을 G라 하면
$\overline{OD}:\overline{OG}=3:2$이므로 구하는 무게중심의 x좌표는 $\overline{OG}=\frac{2}{3}\overline{OD}=\frac{2}{3}\times 12 = 8$

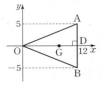

6 점 G가 △ABC의 무게중심이므로
$\overline{BG}:\overline{GE}=2:1$, $x:5=2:1$
즉, $x=10$
$\overline{AG}:\overline{GD}=2:1$, $8:y=2:1$, $2y=8$
즉, $y=4$
따라서 $x+y=10+4=14$

유형 18 삼각형의 무게중심의 응용(1) | 103쪽 |

7 ②　　　　8 ③　　　　9 3 : 1

7 점 G가 △ABC의 무게중심이므로
$\overline{BE}:\overline{BG}=3:2$, $\overline{BE}:4=3:2$, $2\overline{BE}=12$
즉, $\overline{BE}=6\,(\text{cm})$
△BCE에서 $\overline{BD}=\overline{DC}$, $\overline{DF}\,/\!/\,\overline{BE}$이므로 $\overline{EF}=\overline{FC}$
따라서 $\overline{DF}=\frac{1}{2}\overline{BE}=\frac{1}{2}\times 6 = 3\,(\text{cm})$

8 점 G가 △ABC의 무게중심이므로 $\overline{BD}=\overline{DC}$이고 $\overline{DF}\,/\!/\,\overline{CE}$이므로 $\overline{BF}=\overline{FE}$
즉, △BCE에서 $\overline{CE}=2\overline{DF}=2\times 6 = 12\,(\text{cm})$
$\overline{CE}:\overline{CG}=3:2$이므로 $12:\overline{CG}=3:2$, $3\overline{CG}=24$
따라서 $\overline{CG}=8\,(\text{cm})$

9 점 G가 △ABC의 무게중심이므로 $\overline{AE}=\overline{EC}$
△ADC에서 $\overline{AE}=\overline{EC}$, $\overline{EF}\,/\!/\,\overline{AD}$이므로
$\overline{DF}=\overline{FC}$ ...... ❶
이때 $\overline{BD}=\overline{DC}$이므로 $\overline{BD}=2\overline{FC}$ ...... ❷
따라서 $\overline{BF}:\overline{FC}=(\overline{BD}+\overline{DF}):\overline{FC}$
$$= (2\overline{FC}+\overline{FC}):\overline{FC}$$
$$= 3\overline{FC}:\overline{FC}$$
$$= 3:1 \quad ...... ❸$$

채점 기준	비율
❶ $\overline{DF}=\overline{FC}$임을 설명하기	40 %
❷ $\overline{BD}=2\overline{FC}$임을 설명하기	20 %
❸ $\overline{BF}:\overline{FC}$를 가장 간단한 자연수의 비로 나타내기	40 %

유형 19 삼각형의 무게중심의 응용(2) | 103쪽 |

10 $x=4$, $y=6$　　　　11 9 cm　　　　12 ④

10 점 G가 △ABC의 무게중심이므로
$\overline{AD}:\overline{GD}=3:1$, $12:x=3:1$, $3x=12$
즉, $x=4$
$\overline{AD}$가 △ABC의 중선이므로 $\overline{BD}=\overline{DC}=9$ cm
△ABD에서 $\overline{EG}\,/\!/\,\overline{BD}$이므로
$\overline{EG}:\overline{BD}=\overline{AG}:\overline{AD}$, $y:9=2:3$, $3y=18$

즉, $y=6$

11 $\overline{EF} /\!/ \overline{BC}$이고 점 G가 $\triangle ABC$의 무게중심이므로
$\triangle ADC$에서 $\overline{AF}:\overline{FC}=\overline{AG}:\overline{GD}$
$10:\overline{FC}=2:1$, 즉 $\overline{FC}=5$ (cm) ...... ❶
$\triangle ABD$에서 $\overline{EG}:\overline{BD}=\overline{AG}:\overline{AD}$
$\overline{EG}:6=2:3$, 즉 $\overline{EG}=4$ (cm) ...... ❷
따라서 $\overline{FC}+\overline{EG}=5+4=9$ (cm) ...... ❸

채점 기준	비율
❶ $\overline{FC}$의 길이 구하기	40 %
❷ $\overline{EG}$의 길이 구하기	40 %
❸ $\overline{FC}+\overline{EG}$의 길이 구하기	20 %

12 $\overline{EF} /\!/ \overline{BC}$이고 점 G가 $\triangle ABC$의 무게중심이므로
$\triangle ABD$에서 $\overline{EG}:\overline{BD}=\overline{AG}:\overline{AD}$
$8:\overline{BD}=2:3$, $2\overline{BD}=24$
즉, $\overline{BD}=12$ (cm)
$\overline{AD}$가 $\triangle ABC$의 중선이므로
$\overline{BC}=2\overline{BD}=2\times12=24$ (cm)

유형 **20** 삼각형의 무게중심의 응용(3)　| 104쪽 |

13 ③	14 ②	15 18 cm

13 점 G가 $\triangle ABC$의 무게중심이므로
$\overline{AD}:\overline{GD}=3:1$, $36:\overline{GD}=3:1$, $3\overline{GD}=36$
즉, $\overline{GD}=12$ (cm)
점 G′이 $\triangle GBC$의 무게중심이므로
$\overline{GD}:\overline{GG'}=3:2$, $12:\overline{GG'}=3:2$, $3\overline{GG'}=24$
따라서 $\overline{GG'}=8$ (cm)

14 점 G가 $\triangle ABC$의 무게중심이므로
$\overline{AG}:\overline{GD}=2:1$, $12:\overline{GD}=2:1$, $2\overline{GD}=12$
즉, $\overline{GD}=6$ (cm)
점 G′이 $\triangle GBC$의 무게중심이므로
$\overline{GD}:\overline{G'D}=3:1$, $6:\overline{G'D}=3:1$, $3\overline{G'D}=6$
따라서 $\overline{G'D}=2$ (cm)

15 점 G′이 $\triangle GBC$의 무게중심이므로
$\overline{GD}:\overline{GG'}=3:2$, $\overline{GD}:6=3:2$, $2\overline{GD}=18$
즉, $\overline{GD}=9$ (cm) ...... ❶
점 G가 $\triangle ABC$의 무게중심이므로
$\overline{AG}:\overline{GD}=2:1$, $\overline{AG}:9=2:1$
따라서 $\overline{AG}=18$ (cm) ...... ❷

채점 기준	비율
❶ $\overline{GD}$의 길이 구하기	50 %
❷ $\overline{AG}$의 길이 구하기	50 %

유형 **21** 삼각형의 무게중심과 넓이　| 104쪽 |

16 ②	17 16 cm²	18 45 cm²

16 점 G가 $\triangle ABC$의 무게중심이므로 오른
쪽 그림과 같이 $\overline{CG}$를 그으면

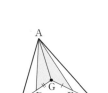

$\square DCEG=\triangle DCG+\triangle CEG$
$=\dfrac{1}{6}\triangle ABC+\dfrac{1}{6}\triangle ABC$
$=\dfrac{1}{3}\triangle ABC$
$=\dfrac{1}{3}\times2\triangle ABD$
$=\dfrac{2}{3}\triangle ABD$
$=\dfrac{2}{3}\times33=22$ (cm²)

17 점 G가 $\triangle ABC$의 무게중심이므로 오른
쪽 그림과 같이 $\overline{AG}$를 그으면 색칠한 부
분의 넓이는
$\triangle ADG+\triangle AGE$
$=\dfrac{1}{2}\triangle ABG+\dfrac{1}{2}\triangle AGC$
$=\dfrac{1}{2}\times\dfrac{1}{3}\triangle ABC+\dfrac{1}{2}\times\dfrac{1}{3}\triangle ABC$
$=\dfrac{1}{3}\triangle ABC$
$=\dfrac{1}{3}\times48=16$ (cm²)

18 점 G′이 $\triangle GBC$의 무게중심이므로
$\triangle GBC=3\triangle G'BC=3\times5=15$ (cm²)
점 G가 $\triangle ABC$의 무게중심이므로
$\triangle ABC=3\triangle GBC=3\times15=45$ (cm²)

중단원 핵심유형 테스트　| 105~107쪽 |

1 ③	2 ⑤	3 ③	4 ③	5 40 cm
6 6 cm	7 ④	8 ④	9 ⑤	10 ⑤
11 30 cm²	12 4 cm	13 3 cm	14 ④	15 ②
16 ②	17 ①	18 12 cm	19 6 cm	20 ③
21 4 cm²				

1 $6:(6+\overline{DB})=8:12$이므로 $6:(6+\overline{DB})=2:3$
$2(6+\overline{DB})=18$, $12+2\overline{DB}=18$, $2\overline{DB}=6$
따라서 $\overline{DB}=3$ (cm)

2 ① $\overline{OE}:\overline{EA}=2:3$, $\overline{OF}:\overline{FB}=3:3=1:1$
이므로 $\overline{AB}$와 $\overline{EF}$는 평행하지 않다.
② $\overline{OA}:\overline{OH}=(2+3):4=5:4$,
$\overline{OB}:\overline{OG}=(3+3):5=6:5$
이므로 $\overline{AB}$와 $\overline{GH}$는 평행하지 않다.
③ $\overline{OA}:\overline{OD}=(2+3):(4+2)=5:6$,
$\overline{OB}:\overline{OC}=(3+3):(5+4)=6:9=2:3$
이므로 $\overline{AB}$와 $\overline{CD}$는 평행하지 않다.
④ $\overline{OE}:\overline{OH}=2:4=1:2$, $\overline{OF}:\overline{OG}=3:5$
이므로 $\overline{EF}$와 $\overline{GH}$는 평행하지 않다.
⑤ $\overline{OE}:\overline{OD}=2:(4+2)=2:6=1:3$,
$\overline{OF}:\overline{OC}=3:(5+4)=3:9=1:3$
이므로 $\overline{EF}$와 $\overline{CD}$는 평행하다.
따라서 서로 평행한 선분인 것은 ⑤이다.

3 $\overline{AB}:\overline{AC}=\overline{BD}:\overline{CD}$이므로
$\overline{BD}:\overline{CD}=9:12=3:4$
즉, $\triangle ABC:\triangle ABD=(3+4):3$이므로
$28:\triangle ABD=7:3$, $7\triangle ABD=84$
따라서 $\triangle ABD=12\,(\text{cm}^2)$

4 $4:x=8:12$이므로 $4:x=2:3$, $2x=12$
즉, $x=6$
$15:y=(8+12):8$이므로 $15:y=5:2$, $5y=30$
즉, $y=6$
따라서 $x+y=6+6=12$

5 등변사다리꼴은 두 대각선의 길이가 같으므로
$\overline{AC}=\overline{BD}=20\ \text{cm}$
$\triangle ABC$와 $\triangle ACD$에서
$\overline{EF}=\overline{HG}=\dfrac{1}{2}\overline{AC}=\dfrac{1}{2}\times 20=10\,(\text{cm})$
$\triangle ABD$와 $\triangle BCD$에서
$\overline{EH}=\overline{FG}=\dfrac{1}{2}\overline{BD}=\dfrac{1}{2}\times 20=10\,(\text{cm})$
따라서 $\square EFGH$의 둘레의 길이는
$\overline{EF}+\overline{FG}+\overline{HG}+\overline{EH}=10+10+10+10=40\,(\text{cm})$

6 $\triangle AED$에서 $\overline{AD}\,/\!/\,\overline{BF}$이므로
$4:(4+6)=\overline{BF}:10$, $4:10=\overline{BF}:10$
즉, $\overline{BF}=4\,(\text{cm})$
$\square ABCD$가 평행사변형이므로 $\overline{BC}=\overline{AD}=10\ \text{cm}$
따라서 $\overline{CF}=\overline{BC}-\overline{BF}=10-4=6\,(\text{cm})$

다른 풀이
$\square ABCD$가 평행사변형이므로 $\overline{AE}\,/\!/\,\overline{DC}$, $\overline{AD}\,/\!/\,\overline{BC}$
$\triangle BEF$와 $\triangle CDF$에서
$\angle BEF=\angle CDF$(엇각), $\angle BFE=\angle CFD$(맞꼭지각)
이므로 $\triangle BEF\backsim\triangle CDF$(AA 닮음)
즉, $\overline{BF}:\overline{CF}=\overline{BE}:\overline{CD}=4:6=2:3$

따라서 $\overline{CF}=\dfrac{3}{5}\times 10=6\,(\text{cm})$

7 $\overline{BC}\,/\!/\,\overline{DE}$이므로 $6:(6+9)=4:x$, $6:15=4:x$
$2:5=4:x$, $2x=20$, 즉 $x=10$
$\overline{AB}\,/\!/\,\overline{FG}$이므로 $(9+6):9=10:y$, $15:9=10:y$
$5:3=10:y$, $5y=30$, 즉 $y=6$
따라서 $x-y=10-6=4$

8 $\triangle ABF$에서
$\overline{AG}:\overline{AF}=\overline{AD}:\overline{AB}=15:(15+10)=3:5$
또 $\triangle AFC$에서 $\overline{AG}:\overline{AF}=\overline{GE}:\overline{FC}$이므로
$3:5=\overline{GE}:10$, $5\overline{GE}=30$
따라서 $\overline{GE}=6\,(\text{cm})$

9 오른쪽 그림과 같이 대각선 AC를 그어 $\overline{EF}$와 만나는 점을 G라 하면 $\triangle ABC$에서 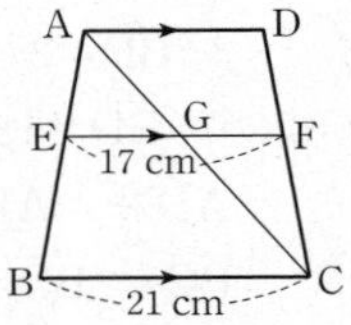
$\overline{EG}:\overline{BC}=\overline{AE}:\overline{AB}=3:(3+4)$이므로
$\overline{EG}:21=3:7$, $7\overline{EG}=63$
즉, $\overline{EG}=9\,(\text{cm})$
그러므로 $\overline{GF}=\overline{EF}-\overline{EG}=17-9=8\,(\text{cm})$
$\triangle CDA$에서
$\overline{GF}:\overline{AD}=\overline{CF}:\overline{CD}=\overline{BE}:\overline{BA}=4:(4+3)=4:7$이므로
$8:\overline{AD}=4:7$, $4\overline{AD}=56$
따라서 $\overline{AD}=14\,(\text{cm})$

10 ① $\triangle ABE$와 $\triangle CDE$에서
$\angle A=\angle DCE$(엇각), $\angle AEB=\angle CED$(맞꼭지각)
이므로 $\triangle ABE\backsim\triangle CDE$(AA 닮음)
② $\triangle CEF$와 $\triangle CAB$에서
$\angle ACB$는 공통, $\angle CEF=\angle A$(동위각)
이므로 $\triangle CEF\backsim\triangle CAB$(AA 닮음)
③ $\overline{AE}:\overline{EC}=\overline{AB}:\overline{CD}=8:12=2:3$
④ $\triangle ABE\backsim\triangle CDE$이므로 $\overline{BE}:\overline{DE}=\overline{AE}:\overline{EC}=2:3$
즉, $\overline{EF}:\overline{DC}=\overline{BE}:\overline{BD}=2:(2+3)=2:5$
⑤ $\overline{EF}:12=2:5$, $5\overline{EF}=24$
즉, $\overline{EF}=\dfrac{24}{5}\,(\text{cm})$
따라서 옳지 않은 것은 ⑤이다.

11 $\overline{AD}=\overline{DB}$, $\overline{AE}=\overline{EC}$이므로 $\overline{DE}\,/\!/\,\overline{BC}$
그러므로 $\triangle ADE\backsim\triangle ABC$(AA 닮음)이고 닮음비는
$\overline{AD}:\overline{AB}=1:2$
이때 넓이의 비는 $1^2:2^2=1:4$
즉, $\triangle ADE:\triangle ABC=1:4$이므로
$10:\triangle ABC=1:4$, $\triangle ABC=40\,(\text{cm}^2)$
따라서 $\square DBCE=\triangle ABC-\triangle ADE$
$\qquad\qquad\quad =40-10=30\,(\text{cm}^2)$

12 △ABC에서 $\overline{\text{AM}}=\overline{\text{MB}}$, $\overline{\text{AN}}=\overline{\text{NC}}$이므로

$\overline{\text{BC}}=2\overline{\text{MN}}=2\times10=20$ (cm)

△DBC에서 $\overline{\text{DP}}=\overline{\text{PB}}$, $\overline{\text{DQ}}=\overline{\text{QC}}$이므로

$\overline{\text{PQ}}=\dfrac{1}{2}\overline{\text{BC}}=\dfrac{1}{2}\times20=10$ (cm)

따라서 $\overline{\text{RQ}}=\overline{\text{PQ}}-\overline{\text{PR}}=10-6=4$ (cm)

13 △AEG에서 $\overline{\text{DF}} /\!/ \overline{\text{EG}}$이고

$\overline{\text{AD}}:\overline{\text{DE}}=4:4=1:1$이므로

$\overline{\text{AF}}:\overline{\text{FG}}=\overline{\text{AD}}:\overline{\text{DE}}=1:1$ ...... ❶

또 △ABC에서 $\overline{\text{EG}} /\!/ \overline{\text{BC}}$이고

$\overline{\text{AE}}:\overline{\text{EB}}=8:4=2:1$이므로

$\overline{\text{AG}}:\overline{\text{GC}}=\overline{\text{AE}}:\overline{\text{EB}}=2:1$ ...... ❷

이때 $\overline{\text{AC}}=9$ cm이므로

$\overline{\text{AG}}=9\times\dfrac{2}{3}=6$ (cm) ...... ❸

따라서 $\overline{\text{AF}}:\overline{\text{FG}}=1:1$에서

$\overline{\text{FG}}=6\times\dfrac{1}{2}=3$ (cm) ...... ❹

채점 기준	비율
❶ $\overline{\text{AF}}:\overline{\text{FG}}$를 가장 간단한 자연수의 비로 나타내기	30 %
❷ $\overline{\text{AG}}:\overline{\text{GC}}$를 가장 간단한 자연수의 비로 나타내기	30 %
❸ $\overline{\text{AG}}$의 길이 구하기	20 %
❹ $\overline{\text{FG}}$의 길이 구하기	20 %

14 $\overline{\text{AD}} /\!/ \overline{\text{BC}}$, $\overline{\text{AM}}=\overline{\text{MB}}$, $\overline{\text{DN}}=\overline{\text{NC}}$이므로 $\overline{\text{AD}} /\!/ \overline{\text{MN}} /\!/ \overline{\text{BC}}$

△BDA에서 $\overline{\text{BM}}=\overline{\text{MA}}$, $\overline{\text{MP}} /\!/ \overline{\text{AD}}$이므로 $\overline{\text{BP}}=\overline{\text{PD}}$

즉, $\overline{\text{MP}}=\dfrac{1}{2}\overline{\text{AD}}=\dfrac{1}{2}\times10=5$ (cm)

이때 $\overline{\text{MQ}}=\overline{\text{MP}}+\overline{\text{PQ}}=5+3=8$ (cm)

△ABC에서 $\overline{\text{AM}}=\overline{\text{MB}}$, $\overline{\text{MQ}} /\!/ \overline{\text{BC}}$이므로 $\overline{\text{AQ}}=\overline{\text{QC}}$

즉, $\overline{\text{BC}}=2\overline{\text{MQ}}=2\times8=16$ (cm)

15 ㄴ. 점 G가 △ABC의 무게중심이므로

$\triangle\text{ABD}=\dfrac{1}{2}\triangle\text{ABC}$이고 $\triangle\text{AGC}=\dfrac{1}{3}\triangle\text{ABC}$

따라서 $\triangle\text{ABD}\neq\triangle\text{AGC}$

ㄷ. $\triangle\text{ABC}=3\triangle\text{AGC}$

ㄹ. $\square\text{AFGE}=\triangle\text{AFG}+\triangle\text{EAG}$

$\qquad=\triangle\text{BDG}+\triangle\text{BDG}$

$\qquad=2\triangle\text{BDG}$

따라서 옳은 것은 ㄱ, ㄹ이다.

16 점 G가 △ABC의 무게중심이므로 $\overline{\text{BE}}=\overline{\text{EA}}$

이때 △BDA에서 $\overline{\text{BE}}=\overline{\text{EA}}$, $\overline{\text{EF}} /\!/ \overline{\text{AD}}$이므로

$\overline{\text{BF}}=\overline{\text{FD}}=7$ cm, 즉 $x=7$

점 G가 △ABC의 무게중심이므로 $\overline{\text{CG}}:\overline{\text{CE}}=2:3$

△CEF에서 $\overline{\text{GD}} /\!/ \overline{\text{EF}}$이므로 $\overline{\text{GD}}:\overline{\text{EF}}=\overline{\text{CG}}:\overline{\text{CE}}$

$10:y=2:3$, $2y=30$, 즉 $y=15$

따라서 $x+y=7+15=22$

17 $\overline{\text{AD}}$가 △ABC의 중선이므로

$\overline{\text{DC}}=\dfrac{1}{2}\overline{\text{BC}}=\dfrac{1}{2}\times10=5$ (cm)

점 G가 △ABC의 무게중심이므로 $\overline{\text{AG}}:\overline{\text{AD}}=2:3$

△ADC에서 $\overline{\text{EF}} /\!/ \overline{\text{BC}}$이므로 $\overline{\text{GF}}:\overline{\text{DC}}=\overline{\text{AG}}:\overline{\text{AD}}$

$\overline{\text{GF}}:5=2:3$, $3\overline{\text{GF}}=10$

따라서 $\overline{\text{GF}}=\dfrac{10}{3}$ (cm)

18 오른쪽 그림과 같이 점 A를 지나고 $\overline{\text{BC}}$에 평행한 직선과 $\overline{\text{DF}}$가 만나는 점을 G라 하자. $\overline{\text{BF}}=x$ cm라 하면 △DBF에서 $\overline{\text{DA}}=\overline{\text{AB}}$, $\overline{\text{AG}} /\!/ \overline{\text{BF}}$이므로 $\overline{\text{DG}}=\overline{\text{GF}}$

즉, $\overline{\text{AG}}=\dfrac{1}{2}\overline{\text{BF}}=\dfrac{1}{2}x$ cm

△AEG와 △CEF에서

$\overline{\text{AE}}=\overline{\text{CE}}$, $\angle\text{GAE}=\angle\text{C}$(엇각), $\angle\text{AEG}=\angle\text{CEF}$(맞꼭지각)

이므로 △AEG≡△CEF(ASA 합동)

즉, $\overline{\text{CF}}=\overline{\text{AG}}=\dfrac{1}{2}x$ cm

이때 $\overline{\text{BC}}=18$ cm이므로 $\overline{\text{BC}}=\overline{\text{BF}}+\overline{\text{CF}}$에서

$18=x+\dfrac{1}{2}x$, $\dfrac{3}{2}x=18$, $x=12$

따라서 $\overline{\text{BF}}$의 길이는 12 cm이다.

19 $\overline{\text{CD}}$가 △ABC의 중선이므로 점 D는 빗변의 중점이고, 직각삼각형의 빗변의 중점은 외심과 일치하므로

$\overline{\text{CD}}=\overline{\text{AD}}=\overline{\text{BD}}=18$ cm

또 점 G가 △ABC의 무게중심이므로

$\overline{\text{GD}}=\dfrac{1}{3}\overline{\text{CD}}=\dfrac{1}{3}\times18=6$ (cm)

20 평행사변형의 두 대각선은 서로 다른 것을 이등분하므로

$\overline{\text{AO}}=\overline{\text{CO}}$, $\overline{\text{BO}}=\overline{\text{DO}}$

$\overline{\text{AN}}$, $\overline{\text{DO}}$는 모두 △ACD의 중선이므로 점 Q는 △ACD의 무게중심이다.

따라서 $\overline{\text{DQ}}=\dfrac{2}{3}\overline{\text{DO}}=\dfrac{2}{3}\times\dfrac{1}{2}\overline{\text{BD}}$

$\qquad=\dfrac{1}{3}\overline{\text{BD}}=\dfrac{1}{3}\times27=9$ (cm)

21 점 G가 △ABC의 무게중심이므로

$\triangle\text{GBC}=\dfrac{1}{3}\triangle\text{ABC}=\dfrac{1}{3}\times36=12$ (cm^2) ...... ❶

점 G'이 △GBC의 무게중심이므로

$\triangle\text{GG'C}=\dfrac{1}{3}\triangle\text{GBC}=\dfrac{1}{3}\times12=4$ (cm^2) ...... ❷

채점 기준	비율
❶ △GBC의 넓이 구하기	50 %
❷ △GG'C의 넓이 구하기	50 %

5. 피타고라스 정리

01. 피타고라스 정리(1) | 110~111쪽 |

피타고라스 정리

1 5	2 12	3 12	4 17	5 16

1 $x^2=4^2+3^2=25$
이때 $x>0$이므로 $x=5$

2 $x^2=13^2-5^2=144$
이때 $x>0$이므로 $x=12$

3 $x^2=15^2-9^2=144$
이때 $x>0$이므로 $x=12$

4 $x^2=15^2+8^2=289$
이때 $x>0$이므로 $x=17$

5 $x^2=20^2-12^2=256$
이때 $x>0$이므로 $x=16$

피타고라스 정리의 설명

6 21 cm²	7 81 cm²	8 8 cm²	9 24 cm²	10 25 cm²

6 $\square ACDE=\square AFGB-\square BHIC$
$\qquad\quad=49-28$
$\qquad\quad=21\ (\mathrm{cm}^2)$

7 $\square AFGB=\square ACDE+\square BHIC$
$\qquad\quad=45+36$
$\qquad\quad=81\ (\mathrm{cm}^2)$

8 $\triangle AFC=\triangle ABE=\triangle ACE$
$\qquad\quad=\dfrac{1}{2}\square ACDE$
$\qquad\quad=\dfrac{1}{2}\times16=8\ (\mathrm{cm}^2)$

9 $\square AFKJ=\square ACDE=24\ \mathrm{cm}^2$

10 $\square JKGB=\square BHIC=25\ \mathrm{cm}^2$

직각삼각형이 되는 조건

11 ≠, 직각삼각형이 아니다	12 =, 직각삼각형이다
13 ≠, 직각삼각형이 아니다	

삼각형의 변의 길이와 각의 크기 사이의 관계

14 둔각삼각형	15 예각삼각형
16 직각삼각형	17 둔각삼각형

14 가장 긴 변의 길이가 6 cm이므로 $6^2>3^2+5^2$
따라서 주어진 삼각형은 둔각삼각형이다.

15 가장 긴 변의 길이가 7 cm이므로 $7^2<4^2+6^2$
따라서 주어진 삼각형은 예각삼각형이다.

16 가장 긴 변의 길이가 10 cm이므로 $10^2=6^2+8^2$
따라서 주어진 삼각형은 직각삼각형이다.

17 가장 긴 변의 길이가 12 cm이므로 $12^2>7^2+8^2$
따라서 주어진 삼각형은 둔각삼각형이다.

소단원 유형 익히기

유형 1 직각삼각형의 변의 길이 구하기 | 112쪽 |

1 ③	2 32	3 ②

1 $\overline{AC}^2=25^2-20^2=225$
이때 $\overline{AC}>0$이므로 $\overline{AC}=15\ (\mathrm{cm})$

2 직각삼각형 ABC에서 $x^2=12^2+9^2=225$
이때 $x>0$이므로 $x=15$
직각삼각형 ACD에서 $y^2=15^2+8^2=289$
이때 $y>0$이므로 $y=17$
따라서 $x+y=15+17=32$

3 $\overline{BC}=4-1=3$, $\overline{AC}=5-1=4$이므로
$\overline{AB}^2=\overline{BC}^2+\overline{AC}^2=3^2+4^2=25$
이때 $\overline{AB}>0$이므로 $\overline{AB}=5$

유형 2 삼각형에서 피타고라스 정리의 이용 | 112쪽 |

4 13 cm	5 2	6 23 cm

4 직각삼각형 ABD에서
$\overline{AD}^2=20^2-16^2=144$
이때 $\overline{AD}>0$이므로 $\overline{AD}=12\ (\mathrm{cm})$
직각삼각형 ADC에서
$\overline{AC}^2=12^2+5^2=169$
이때 $\overline{AC}>0$이므로 $\overline{AC}=13\ (\mathrm{cm})$

5 직각삼각형 ADC에서 $x^2 = 17^2 - 15^2 = 64$
이때 $x > 0$이므로 $x = 8$
직각삼각형 ABD에서 $y^2 = 6^2 + 8^2 = 100$
이때 $y > 0$이므로 $y = 10$
따라서 $y - x = 10 - 8 = 2$

6 직각삼각형 ADC에서 $\overline{CD}^2 = 10^2 - 8^2 = 36$
이때 $\overline{CD} > 0$이므로 $\overline{CD} = 6$ (cm) ······ ❶
$\overline{BC} = \overline{BD} + \overline{CD} = 9 + 6 = 15$ (cm)이므로
직각삼각형 ABC에서 $\overline{AB}^2 = 15^2 + 8^2 = 289$
이때 $\overline{AB} > 0$이므로 $\overline{AB} = 17$ (cm) ······ ❷
따라서 $\overline{AB} + \overline{CD} = 17 + 6 = 23$ (cm) ······ ❸

채점 기준	비율
❶ $\overline{CD}$의 길이 구하기	40 %
❷ $\overline{AB}$의 길이 구하기	40 %
❸ $\overline{AB} + \overline{CD}$의 길이 구하기	20 %

유형 3 **사다리꼴에서 피타고라스 정리의 이용** | 113쪽 |

7 ②   8 20 cm   9 78 cm²

7 오른쪽 그림과 같이 꼭짓점 A에서 $\overline{BC}$
에 내린 수선의 발을 H라 하면
$\overline{HC} = \overline{AD} = 6$ cm이므로
$\overline{BH} = \overline{BC} - \overline{HC} = 14 - 6 = 8$ (cm)
□AHCD는 직사각형이므로
$\overline{AH} = \overline{DC} = 15$ cm
직각삼각형 ABH에서 $\overline{AB}^2 = 8^2 + 15^2 = 289$
이때 $\overline{AB} > 0$이므로 $\overline{AB} = 17$ (cm)

8 오른쪽 그림과 같이 꼭짓점 D에서 $\overline{BC}$에
내린 수선의 발을 H라 하면
$\overline{BH} = \overline{AD} = 7$ cm이므로
$\overline{HC} = \overline{BC} - \overline{BH}$
$\quad = 16 - 7 = 9$ (cm) ······ ❶
직각삼각형 DHC에서 $\overline{DH}^2 = 15^2 - 9^2 = 144$
이때 $\overline{DH} > 0$이므로 $\overline{DH} = 12$ (cm) ······ ❷
□ABHD는 직사각형이므로 $\overline{AB} = \overline{DH} = 12$ cm
직각삼각형 ABC에서 $\overline{AC}^2 = 16^2 + 12^2 = 400$
이때 $\overline{AC} > 0$이므로 $\overline{AC} = 20$ (cm) ······ ❸

채점 기준	비율
❶ $\overline{HC}$의 길이 구하기	30 %
❷ $\overline{DH}$의 길이 구하기	30 %
❸ $\overline{AC}$의 길이 구하기	40 %

9 오른쪽 그림과 같이 꼭짓점 D에서
$\overline{AB}$에 내린 수선의 발을 H라 하면
$\overline{BH} = \overline{CD} = 4$ cm이므로
$\overline{AH} = \overline{AB} - \overline{BH} = 9 - 4 = 5$ (cm)
직각삼각형 AHD에서 $\overline{DH}^2 = 13^2 - 5^2 = 144$
이때 $\overline{DH} > 0$이므로 $\overline{DH} = 12$ (cm)
따라서 □ABCD $= \dfrac{1}{2} \times (4 + 9) \times 12 = 78$ (cm²)

유형 4 **직사각형의 대각선의 길이** | 113쪽 |

10 ②   11 ③   12 ③

10 ∠C $= 90°$이므로 직각삼각형 BCD에서
$\overline{BD}^2 = 8^2 + 6^2 = 100$
이때 $\overline{BD} > 0$이므로 $\overline{BD} = 10$ (cm)

11 즉석사진 필름이 직사각형 모양이므로 세로의 길이를 x cm라
하면
$x^2 = 15^2 - 9^2 = 144$
이때 $x > 0$이므로 $x = 12$
따라서 즉석사진 필름의 세로의 길이는 12 cm이다.

12 ∠D $= 90°$이므로 직각삼각형 ACD에서
$\overline{AD}^2 = 17^2 - 8^2 = 225$
이때 $\overline{AD} > 0$이므로 $\overline{AD} = 15$ (cm)
따라서 직사각형 ABCD의 둘레의 길이는
$2 \times (8 + 15) = 46$ (cm)

유형 5 **직각삼각형의 닮음과 넓이를 이용한 성질** | 114쪽 |

13 $\dfrac{9}{5}$ cm   14 54 cm²   15 50π cm²

13 직각삼각형 ABC에서 $\overline{BC}^2 = 3^2 + 4^2 = 25$
이때 $\overline{BC} > 0$이므로 $\overline{BC} = 5$ (cm)
$\overline{AB}^2 = \overline{BD} \times \overline{BC}$이므로 $3^2 = \overline{BD} \times 5$
따라서 $\overline{BD} = \dfrac{9}{5}$ (cm)

14 직각삼각형 BCD에서 $\overline{CD}^2 = 20^2 - 12^2 = 256$
이때 $\overline{CD} > 0$이므로 $\overline{CD} = 16$ (cm)
$\overline{BD}^2 = \overline{AD} \times \overline{CD}$이므로 $12^2 = \overline{AD} \times 16$
즉, $\overline{AD} = \dfrac{144}{16} = 9$ (cm)
따라서 △ABD $= \dfrac{1}{2} \times \overline{BD} \times \overline{AD} = \dfrac{1}{2} \times 12 \times 9 = 54$ (cm²)

15 $\overline{AB}^2=\overline{BD}\times\overline{BC}$이므로

$15^2=9\times\overline{BC}$

즉, $\overline{BC}=\dfrac{225}{9}=25$ (cm)

직각삼각형 ABC에서 $\overline{AC}^2=25^2-15^2=400$

이때 $\overline{AC}>0$이므로 $\overline{AC}=20$ (cm)

따라서 구하는 넓이는

$\dfrac{1}{2}\times\pi\times\left(\dfrac{20}{2}\right)^2=50\pi$ (cm^2)

유형 **6** 피타고라스 정리의 설명 | 114쪽 |

16 9 cm   **17** ④   **18** 100 cm^2

---

16 $\square$BHIC$=\square$AFGB$-\square$ACDE

$\qquad\qquad=225-144=81$ (cm^2)

즉, $\overline{BC}^2=81$

이때 $\overline{BC}>0$이므로 $\overline{BC}=9$ (cm)

17 $\triangle$ABE$\equiv\triangle$AFC(SAS 합동)이므로

$\triangle$ABE$=\triangle$AFC

$\overline{EA}/\!/\overline{DB}$이므로 $\triangle$ACE$=\triangle$ABE

$\overline{AF}/\!/\overline{CK}$이므로 $\triangle$AFC$=\triangle$AFJ

이때 $\square$AFKJ가 직사각형이므로 $\triangle$AFJ$=\triangle$JFK

즉, $\triangle$ACE$=\triangle$ABE$=\triangle$AFC$=\triangle$AFJ$=\triangle$JFK

따라서 넓이가 나머지 넷과 다른 하나는 ④ $\triangle$CFJ이다.

18 $\overline{AH}=\overline{AD}-\overline{HD}=14-6=8$ (cm)   …… ❶

직각삼각형 AEH에서

$\overline{EH}^2=6^2+8^2=100$ …… ❷

한편 $\square$ABCD는 정사각형이므로 $\overline{AB}=\overline{BC}=\overline{CD}=\overline{DA}$이고

$\overline{AE}=\overline{BF}=\overline{CG}=\overline{DH}$이므로 $\overline{BE}=\overline{CF}=\overline{DG}=\overline{AH}$

즉, $\triangle$AEH$\equiv\triangle$BFE$\equiv\triangle$CGF$\equiv\triangle$DHG(SAS 합동)이므로

$\overline{EH}=\overline{FE}=\overline{GF}=\overline{HG}$,

$\angle$HEF$=\angle$EFG$=\angle$FGH$=\angle$GHE$=90\degree$

그러므로 $\square$EFGH는 정사각형이다.

따라서 $\square$EFGH$=\overline{EH}^2=100$ (cm^2)   …… ❸

채점 기준	비율
❶ $\overline{AH}$의 길이 구하기	30 %
❷ $\overline{EH}^2$의 값 구하기	30 %
❸ $\square$EFGH의 넓이 구하기	40 %

유형 **7** 직각삼각형이 되는 조건 | 115쪽 |

19 ⑤   **20** (1) 15 cm   (2) 90$\degree$ (3) 210 cm^2

21 25, 313

---

19 ① $3^2+5^2\neq5^2$ ② $7^2+8^2\neq9^2$

③ $8^2+12^2\neq15^2$ ④ $9^2+10^2\neq12^2$

⑤ $12^2+16^2=20^2$

따라서 직각삼각형인 것은 ⑤이다.

20 (1) 직각삼각형 ABD에서 $\overline{BD}^2=17^2-8^2=225$

이때 $\overline{BD}>0$이므로 $\overline{BD}=15$ (cm)

(2) $\triangle$BCD에서 $15^2+20^2=25^2$

따라서 $\triangle$BCD는 $\angle$CBD$=90\degree$인 직각삼각형이다.

(3) $\square$ABCD$=\triangle$ABD$+\triangle$BCD

$\qquad\qquad=\dfrac{1}{2}\times15\times8+\dfrac{1}{2}\times15\times20$

$\qquad\qquad=60+150=210$ (cm^2)

21 (i) 가장 긴 변의 길이가 13 cm인 경우

$x^2+12^2=13^2$, $x^2=25$

(ii) 가장 긴 변의 길이가 x cm인 경우

$13^2+12^2=x^2$, $x^2=313$

(i), (ii)에서 가능한 x^2의 값은 25, 313이다.

유형 **8** 삼각형의 변의 길이와 각의 크기 사이의 관계 | 115쪽 |

22 ②   **23** ③   **24** 9

---

22 ① $13^2=5^2+12^2$이므로 주어진 삼각형은 직각삼각형이다.

② $7^2<6^2+6^2$이므로 주어진 삼각형은 예각삼각형이다.

③ $11^2>7^2+8^2$이므로 주어진 삼각형은 둔각삼각형이다.

④ $14^2>9^2+10^2$이므로 주어진 삼각형은 둔각삼각형이다.

⑤ $15^2=9^2+12^2$이므로 주어진 삼각형은 직각삼각형이다.

따라서 예각삼각형인 것은 ②이다.

23 $7^2>4^2+5^2$이므로 $\triangle$ABC는 오른쪽 그림과 같이 길이가 가장 긴 변인 $\overline{AC}$의 대각 $\angle$B$>90\degree$인 둔각삼각형이다.

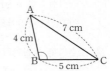

24 가장 긴 변의 길이가 x cm이므로 삼각형이 만들어지려면

$x<5+8$에서 $x<13$

이때 $x>8$이므로 $8<x<13$ …… ㉠   …… ❶

주어진 삼각형이 예각삼각형이 되려면

$x^2<5^2+8^2$에서 $x^2<89$ …… ㉡   …… ❷

따라서 ㉠, ㉡을 모두 만족시키는 자연수 x의 값은 9이다.

   …… ❸

채점 기준	비율
❶ 삼각형이 만들어지기 위한 x의 값의 범위 구하기	30 %
❷ 예각삼각형이 되기 위한 세 변의 길이 사이의 관계 이해하기	40 %
❸ 예각삼각형이 되도록 하는 자연수 x의 값 구하기	30 %

피타고라스 정리를 이용한 직각삼각형의 성질

| **1** 32 | **2** 180 | **3** 274 | **4** 5 | **5** 91 |

1 $\overline{BC}^2 + \overline{DE}^2 = \overline{BE}^2 + \overline{CD}^2$ 이므로 $x^2 + y^2 = 4^2 + 4^2 = 32$

2 $x^2 + y^2 = 12^2 + 6^2 = 180$

3 $x^2 + y^2 = 15^2 + 7^2 = 274$

4 $6^2 + x^2 = 5^2 + 4^2$ 이므로 $x^2 = 5$

5 $x^2 + 3^2 = 8^2 + 6^2$ 이므로 $x^2 = 91$

두 대각선이 직교하는 사각형의 성질

| **6** 34 | **7** 74 | **8** 22 | **9** 35 | **10** 42 |

6 $\overline{AB}^2 + \overline{CD}^2 = \overline{AD}^2 + \overline{BC}^2$ 이므로 $x^2 + y^2 = 5^2 + 3^2 = 34$

7 $x^2 + y^2 = 7^2 + 5^2 = 74$

8 $6^2 + x^2 = 3^2 + 7^2$ 이므로 $x^2 = 22$

9 $4^2 + 10^2 = 9^2 + x^2$ 이므로 $x^2 = 35$

10 $8^2 + x^2 = 5^2 + 9^2$ 이므로 $x^2 = 42$

직각삼각형과 세 반원 사이의 관계

| **11** 40π cm^2 | **12** 22π cm^2 |

11 (색칠한 부분의 넓이) $= 14\pi + 26\pi = 40\pi$ (cm^2)

12 (색칠한 부분의 넓이) $= 54\pi - 32\pi = 22\pi$ (cm^2)

히포크라테스의 원의 넓이

| **13** 30 cm^2 | **14** 18 cm^2 | **15** 60 cm^2 |

13 (색칠한 부분의 넓이) $= \triangle ABC$
$\qquad\qquad\qquad\quad = 20 + 10 = 30$ (cm^2)

14 (색칠한 부분의 넓이) $+ 16 = 34$ 이므로
(색칠한 부분의 넓이) $= 18$ (cm^2)

15 (색칠한 부분의 넓이) $= \triangle ABC$
$\qquad\qquad\qquad\quad = \dfrac{1}{2} \times 8 \times 15 = 60$ (cm^2)

소단원 유형 익히기

유형 9 · 피타고라스 정리를 이용한 직각삼각형의 성질 | 118쪽 |

| **1** ② | **2** ① | **3** 180 |

1 $\overline{BC}^2 + \overline{DE}^2 = \overline{BE}^2 + \overline{CD}^2$ 이므로
$11^2 + \overline{DE}^2 = 7^2 + 9^2$, $\overline{DE}^2 = 9$
이때 $\overline{DE} > 0$ 이므로 $\overline{DE} = 3$ (cm)

2 직각삼각형 ABC에서 $\overline{BC}^2 = 9^2 + 12^2 = 225$
$\overline{BC}^2 + \overline{DE}^2 = \overline{BE}^2 + \overline{CD}^2$ 이므로
$225 + \overline{DE}^2 = \overline{BE}^2 + 13^2$
따라서 $\overline{BE}^2 - \overline{DE}^2 = 56$

3 $\triangle ABC$에서 $\overline{AD} = \overline{DC}$, $\overline{BE} = \overline{EC}$ 이므로
$\overline{DE} = \dfrac{1}{2}\overline{AB} = \dfrac{1}{2} \times 12 = 6$ ······ ❶
$\overline{AB}^2 + \overline{DE}^2 = \overline{AE}^2 + \overline{BD}^2$ 이므로
$\overline{AE}^2 + \overline{BD}^2 = 12^2 + 6^2 = 180$ ······ ❷

채점 기준	비율
❶ $\overline{DE}$의 길이 구하기	50 %
❷ $\overline{AE}^2 + \overline{BD}^2$의 값 구하기	50 %

유형 10 · 두 대각선이 직교하는 사각형의 성질 | 118쪽 |

| **4** 26 | **5** ③ | **6** 10 cm^2 |

4 직각삼각형 BCO에서 $\overline{BC}^2 = 7^2 + 5^2 = 74$
$\overline{AB}^2 + \overline{CD}^2 = \overline{AD}^2 + \overline{BC}^2$ 이므로
$8^2 + 6^2 = \overline{AD}^2 + 74$
따라서 $\overline{AD}^2 = 26$

5 $\overline{AB}^2 + \overline{CD}^2 = \overline{AD}^2 + \overline{BC}^2$ 이므로
$9^2 + \overline{CD}^2 = \overline{AD}^2 + 5^2$
따라서 $\overline{AD}^2 - \overline{CD}^2 = 56$

6 $\overline{AB}$, $\overline{BC}$, $\overline{CD}$를 각각 한 변으로 하는 세 정사각형의 넓이가
25 cm^2, 64 cm^2, 49 cm^2 이므로
$\overline{AB}^2 = 25$, $\overline{BC}^2 = 64$, $\overline{CD}^2 = 49$
이때 $\overline{AB}^2 + \overline{CD}^2 = \overline{AD}^2 + \overline{BC}^2$ 이므로
$25 + 49 = \overline{AD}^2 + 64$
즉, $\overline{AD}^2 = 10$
따라서 $\overline{AD}$를 한 변으로 하는 정사각형의 넓이는 10 cm^{2}이다.

유형 **11** **직각삼각형과 세 반원 사이의 관계** | 119쪽 |

7 ⑤   8 32π cm²   9 48 cm²

7 $R=\dfrac{1}{2}\times\pi\times\left(\dfrac{20}{2}\right)^2=50\pi$ (cm²)

$P+Q=R$이므로

$P+Q+R=R+R$

$=2R$

$=2\times50\pi=100\pi$ (cm²)

8 색칠한 부분의 넓이는 $\overline{BC}$를 지름으로 하는 반원의 넓이와 같으므로

$\dfrac{1}{2}\times\pi\times\left(\dfrac{16}{2}\right)^2=32\pi$ (cm²)

9 $\overline{AB}$를 지름으로 하는 반원의 넓이가 18π cm²이므로

$\dfrac{1}{2}\times\pi\times\left(\dfrac{\overline{AB}}{2}\right)^2=18\pi$, $\overline{AB}^2=144$

이때 $\overline{AB}>0$이므로

$\overline{AB}=12$ (cm)   ······ ❶

$\overline{AC}$를 지름으로 하는 반원의 넓이는

$26\pi-18\pi=8\pi$ (cm²)   ······ ❷

이므로

$\dfrac{1}{2}\times\pi\times\left(\dfrac{\overline{AC}}{2}\right)^2=8\pi$, $\overline{AC}^2=64$

이때 $\overline{AC}>0$이므로 $\overline{AC}=8$ (cm)   ······ ❸

따라서 $\triangle ABC=\dfrac{1}{2}\times\overline{AB}\times\overline{AC}$

$=\dfrac{1}{2}\times12\times8$

$=48$ (cm²)   ······ ❹

채점 기준	비율
❶ $\overline{AB}$의 길이 구하기	30 %
❷ $\overline{AC}$를 지름으로 하는 반원의 넓이 구하기	20 %
❸ $\overline{AC}$의 길이 구하기	30 %
❹ $\triangle ABC$의 넓이 구하기	20 %

유형 **12** **히포크라테스의 원의 넓이** | 119쪽 |

10 54 cm²   11 ④   12 16 cm²

10 직각삼각형 ABC에서

$\overline{AC}^2=15^2-12^2=81$

이때 $\overline{AC}>0$이므로 $\overline{AC}=9$ (cm)

따라서 (색칠한 부분의 넓이)$=\triangle ABC$

$=\dfrac{1}{2}\times12\times9=54$ (cm²)

11 $\triangle ABC=$(색칠한 부분의 넓이)$=30$ cm²이므로

$\dfrac{1}{2}\times5\times\overline{AC}=30$

즉, $\overline{AC}=12$ (cm)

직각삼각형 ABC에서

$\overline{BC}^2=5^2+12^2=169$

이때 $\overline{BC}>0$이므로 $\overline{BC}=13$ (cm)

12 직각이등변삼각형 ABC에서

$\overline{AB}^2+\overline{AC}^2=8^2$

이때 $\overline{AB}=\overline{AC}$이므로 $2\overline{AB}^2=64$

즉, $\overline{AB}^2=32$

따라서 (색칠한 부분의 넓이)$=\triangle ABC$

$=\dfrac{1}{2}\times\overline{AB}\times\overline{AC}$

$=\dfrac{1}{2}\overline{AB}^2$

$=\dfrac{1}{2}\times32$

$=16$ (cm²)

중단원 핵심유형 테스트 | 120~121쪽 |

1 ②	2 ③	3 ④	4 25 cm	5 ②
6 $\dfrac{60}{13}$ cm	7 $\dfrac{36}{5}$ cm	8 24 cm²	9 ⑤	10 ③
11 26	12 ②	13 ③	14 ⑤	

1 직각삼각형 ABC에서

$\overline{BC}^2=10^2-6^2=64$

이때 $\overline{BC}>0$이므로 $\overline{BC}=8$ (cm)

따라서 $\triangle ABC=\dfrac{1}{2}\times8\times6=24$ (cm²)

2 직각삼각형 AEH에서

$\overline{EH}^2=12^2+5^2=169$

이때 $\overline{EH}>0$이므로 $\overline{EH}=13$ (cm)

한편 □ABCD는 정사각형이므로

$\overline{AB}=\overline{BC}=\overline{CD}=\overline{DA}$이고

$\overline{AE}=\overline{BF}=\overline{CG}=\overline{DH}$이므로

$\overline{BE}=\overline{CF}=\overline{DG}=\overline{AH}$

즉, $\triangle AEH\equiv\triangle BFE\equiv\triangle CGF\equiv\triangle DHG$(SAS 합동)이므로

$\overline{EH}=\overline{FE}=\overline{GF}=\overline{HG}$,

$\angle HEF=\angle EFG=\angle FGH=\angle GHE=90°$

그러므로 □EFGH는 정사각형이다.

따라서 □EFGH의 둘레의 길이는

$4\times13=52$ (cm)

3 ㄱ. $3^2+5^2\neq7^2$이므로 직각삼각형이 아니다.

ㄴ. $5^2+12^2=13^2$이므로 직각삼각형이다.

ㄷ. $6^2+10^2\neq13^2$이므로 직각삼각형이 아니다.

ㄹ. $7^2+8^2\neq12^2$이므로 직각삼각형이 아니다.

ㅁ. $8^2+15^2=17^2$이므로 직각삼각형이다.

ㅂ. $9^2+12^2=15^2$이므로 직각삼각형이다.

따라서 직각삼각형인 것은 ㄴ, ㅁ, ㅂ이다.

4 직각삼각형 DCE에서

$\overline{CE}^2=17^2-15^2=64$

이때 $\overline{CE}>0$이므로 $\overline{CE}=8$ (cm)

그러므로 $\overline{BE}=\overline{BC}+\overline{CE}=12+8=20$ (cm)

직각삼각형 DBE에서

$\overline{BD}^2=20^2+15^2=625$

이때 $\overline{BD}>0$이므로 $\overline{BD}=25$ (cm)

5 오른쪽 그림과 같이 꼭짓점 A에서 $\overline{BC}$에 내린 수선의 발을 H라 하면

$\overline{HC}=\overline{AD}=2$ cm이므로

$\overline{BH}=\overline{BC}-\overline{HC}=5-2=3$ (cm)

직각삼각형 ABH에서

$\overline{AH}^2=5^2-3^2=16$

이때 $\overline{AH}>0$이므로 $\overline{AH}=4$ (cm)

따라서 $\square ABCD=\dfrac{1}{2}\times(2+5)\times4=14$ (cm²)

6 $\angle BAD=90°$이므로 직각삼각형 ABD에서

$\overline{BD}^2=5^2+12^2=169$

이때 $\overline{BD}>0$이므로 $\overline{BD}=13$ (cm)

$\triangle ABD$의 넓이를 이용하면

$\overline{AB}\times\overline{AD}=\overline{BD}\times\overline{AH}$, $5\times12=13\times\overline{AH}$

따라서 $\overline{AH}=\dfrac{60}{13}$ (cm)

7 직각삼각형 ABC에서

$\overline{BC}^2=16^2+12^2=400$

이때 $\overline{BC}>0$이므로 $\overline{BC}=20$ (cm)

$\overline{AC}^2=\overline{CD}\times\overline{BC}$이므로

$12^2=\overline{CD}\times20$

따라서 $\overline{CD}=\dfrac{144}{20}=\dfrac{36}{5}$ (cm)

8 $\square BHIC=64$ cm²이므로 $\overline{BC}^2=64$

이때 $\overline{BC}>0$이므로 $\overline{BC}=8$ (cm) ⋯⋯ ❶

$\square ACDE=\square AFGB-\square BHIC=100-64=36$ (cm²)

이므로 $\overline{AC}^2=36$

이때 $\overline{AC}>0$이므로 $\overline{AC}=6$ (cm) ⋯⋯ ❷

따라서 $\triangle ABC=\dfrac{1}{2}\times\overline{BC}\times\overline{AC}$

$=\dfrac{1}{2}\times8\times6=24$ (cm²) ⋯⋯ ❸

채점 기준	비율
❶ $\overline{BC}$의 길이 구하기	30 %
❷ $\overline{AC}$의 길이 구하기	50 %
❸ $\triangle ABC$의 넓이 구하기	20 %

9 가장 긴 변의 길이가 10 cm이므로 삼각형이 만들어지려면

$10<7+x$에서 $x>3$

이때 $x<10$이므로 $3<x<10$ ⋯⋯ ㉠

주어진 삼각형이 둔각삼각형이므로

$10^2>7^2+x^2$에서 $x^2<51$ ⋯⋯ ㉡

보기에서 주어진 x의 값은 모두 ㉠을 만족시키지만 8은 $8^2>51$

이므로 ㉡을 만족시키지 않는다.

따라서 x의 값이 될 수 없는 것은 ⑤이다.

10 직각삼각형 OCD에서 $\overline{CD}^2=x^2+y^2$

$\overline{AB}^2+\overline{CD}^2=\overline{AD}^2+\overline{BC}^2$이므로

$7^2+\overline{CD}^2=6^2+5^2$

즉, $\overline{CD}^2=12$

따라서 $x^2+y^2=\overline{CD}^2=12$

11 $\square ABCD$는 등변사다리꼴이므로 $\overline{AB}=\overline{CD}$

$\overline{AB}^2+\overline{CD}^2=\overline{AD}^2+\overline{BC}^2$이므로

$2\overline{AB}^2=4^2+6^2$, $2\overline{AB}^2=52$

따라서 $\overline{AB}^2=26$

12 ($\overline{AB}$를 지름으로 하는 반원의 넓이)

$=10\pi+$($\overline{BC}$를 지름으로 하는 반원의 넓이)

$=10\pi+\dfrac{1}{2}\times\pi\times\left(\dfrac{4}{2}\right)^2$

$=10\pi+2\pi$

$=12\pi$ (cm²)

13 오른쪽 그림과 같이 $\overline{DE}$를 그으면 직각삼각형 ADE에서

$\overline{DE}^2=2^2+3^2=13$

직각삼각형 ADC에서

$\overline{CD}^2=2^2+(3+4)^2=53$

$\overline{BC}^2+\overline{DE}^2=\overline{BE}^2+\overline{CD}^2$이므로

$\overline{BC}^2+13=\overline{BE}^2+53$

따라서 $\overline{BC}^2-\overline{BE}^2=40$

14 $\triangle ABC=$(색칠한 부분의 넓이)$=54$ cm²이므로

$\dfrac{1}{2}\times18\times\overline{AH}=54$

따라서 $\overline{AH}=6$ (cm)

6. 경우의 수

사건과 경우의 수

1 2	2 4	3 8	4 풀이 참조	5 36
6 6	7 3			

1 8의 배수가 적힌 카드가 나오는 경우는
8, 16
이므로 구하는 경우의 수는 2이다.

2 14의 약수가 적힌 카드가 나오는 경우는
1, 2, 7, 14
이므로 구하는 경우의 수는 4이다.

3 9 이상의 수가 적힌 카드가 나오는 경우는
9, 10, 11, 12, 13, 14, 15, 16
이므로 구하는 경우의 수는 8이다.

4 주어진 표를 완성하면 다음과 같다.

A\B	⚀	⚁	⚂	⚃	⚄	⚅
⚀	(1, 1)	(1, 2)	(1, 3)	(1, 4)	(1, 5)	(1, 6)
⚁	(2, 1)	(2, 2)	(2, 3)	(2, 4)	(2, 5)	(2, 6)
⚂	(3, 1)	(3, 2)	(3, 3)	(3, 4)	(3, 5)	(3, 6)
⚃	(4, 1)	(4, 2)	(4, 3)	(4, 4)	(4, 5)	(4, 6)
⚄	(5, 1)	(5, 2)	(5, 3)	(5, 4)	(5, 5)	(5, 6)
⚅	(6, 1)	(6, 2)	(6, 3)	(6, 4)	(6, 5)	(6, 6)

5 두 개의 주사위 A, B를 동시에 던질 때 일어나는 모든 경우의 수는 $6 \times 6 = 36$

6 두 개의 주사위 A, B를 동시에 던질 때 나오는 두 눈의 수가 같은 경우는
(1, 1), (2, 2), (3, 3), (4, 4), (5, 5), (6, 6)
이므로 구하는 경우의 수는 6이다.

7 두 개의 주사위 A, B를 동시에 던질 때 나오는 두 눈의 수의 합이 4인 경우는
(1, 3), (2, 2), (3, 1)
이므로 구하는 경우의 수는 3이다.

8 5	9 5	10 3	11 6	12 11
13 10	14 9			

8 3의 약수의 눈이 나오는 경우는 1, 3의 2가지
짝수의 눈이 나오는 경우는 2, 4, 6의 3가지
따라서 구하는 경우의 수는 $2+3=5$

9 4 미만의 홀수의 눈이 나오는 경우는 1, 3의 2가지
4 이상의 눈이 나오는 경우는 4, 5, 6의 3가지
따라서 구하는 경우의 수는 $2+3=5$

10 2 이하의 눈이 나오는 경우는 1, 2의 2가지
5 초과의 눈이 나오는 경우는 6의 1가지
따라서 구하는 경우의 수는 $2+1=3$

11 버스를 타고 집에서 학교까지 가는 경우의 수는 4
지하철을 타고 집에서 학교까지 가는 경우의 수는 2
따라서 구하는 경우의 수는 $4+2=6$

12 모자 중에서 한 가지를 고르는 경우의 수는 5
팔찌 중에서 한 가지를 고르는 경우의 수는 6
따라서 구하는 경우의 수는 $5+6=11$

13 서로 다른 두 개의 주사위를 동시에 던질 때 나오는 눈의 수를 순서쌍으로 나타내면 두 눈의 수의 차가 2인 경우는
(1, 3), (2, 4), (3, 1), (3, 5), (4, 2), (4, 6), (5, 3), (6, 4)의 8가지
두 눈의 수의 차가 5인 경우는 (1, 6), (6, 1)의 2가지
따라서 구하는 경우의 수는 $8+2=10$

14 서로 다른 두 개의 주사위를 동시에 던질 때 나오는 눈의 수를 순서쌍으로 나타내면 두 눈의 수의 합이 7인 경우는
(1, 6), (2, 5), (3, 4), (4, 3), (5, 2), (6, 1)의 6가지
두 눈의 수의 합이 10인 경우는 (4, 6), (5, 5), (6, 4)의 3가지
따라서 구하는 경우의 수는 $6+3=9$

15 6	16 12	17 8	18 9	19 15
20 72				

15 노란색 꽃 중에서 한 송이를 고르는 경우의 수는 3
보라색 꽃 중에서 한 송이를 고르는 경우의 수는 2
따라서 구하는 경우의 수는 $3 \times 2 = 6$

16 노란색 꽃 중에서 한 송이를 고르는 경우의 수는 3
빨간색 꽃 중에서 한 송이를 고르는 경우의 수는 4
따라서 구하는 경우의 수는 $3 \times 4 = 12$

17 보라색 꽃 중에서 한 송이를 고르는 경우의 수는 2
빨간색 꽃 중에서 한 송이를 고르는 경우의 수는 4
따라서 구하는 경우의 수는 $2 \times 4 = 8$

18 연주가 낼 수 있는 경우는 가위, 바위, 보이므로 3가지
민상이가 낼 수 있는 경우는 가위, 바위, 보이므로 3가지
따라서 구하는 경우의 수는 $3 \times 3 = 9$

19 A 지점에서 B 지점까지 가는 방법의 수는 5
B 지점에서 C 지점까지 가는 방법의 수는 3
따라서 구하는 방법의 수는 $5 \times 3 = 15$

20 한 개의 동전을 던질 때 일어나는 경우의 수는 2
서로 다른 두 개의 주사위를 동시에 던질 때 일어나는 경우의 수는 $6 \times 6 = 36$
따라서 구하는 경우의 수는 $2 \times 36 = 72$

소단원 유형 익히기

유형 1 수를 뽑는 경우의 수
| 126쪽 |

1 ③	2 3	3 4

1 ① 2의 배수가 적힌 카드가 나오는 경우는 2, 4, 6, 8이므로 구하는 경우의 수는 4이다.
② 9의 약수가 적힌 카드가 나오는 경우는 1, 3, 9이므로 구하는 경우의 수는 3이다.
③ 합성수가 적힌 카드가 나오는 경우는 4, 6, 8, 9이므로 구하는 경우의 수는 4이다.
④ 8 초과의 수가 적힌 카드가 나오는 경우는 9이므로 구하는 경우의 수는 1이다.
⑤ 4 미만의 수가 적힌 카드가 나오는 경우는 1, 2, 3이므로 구하는 경우의 수는 3이다.
따라서 옳지 않은 것은 ③이다.

2 7 이상 10 미만의 수가 적힌 공이 나오는 경우는 7, 8, 9이므로 구하는 경우의 수는 3이다.

3 5로 나눈 나머지가 2인 경우는 2, 7, 12, 17이므로 구하는 경우의 수는 4이다.

유형 2 돈을 지불하는 방법의 수
| 126쪽 |

4 ③	5 ①	6 7가지

4 1500원을 지불하는 방법을 표로 나타내면 다음과 같다.

1000원(장)	1	1	0
500원(개)	1	0	2
100원(개)	0	5	5

따라서 구하는 방법의 수는 3이다.

5 29000원을 지불하는 방법을 표로 나타내면 다음과 같다.

5000원(장)	5	4
1000원(장)	4	9

따라서 구하는 방법의 수는 2이다.

6 1000원짜리 지폐 3장과 500원짜리 동전 3개를 각각 하나 이상 사용하여 지불하는 방법을 표로 나타내면 다음과 같다.

1000원(장) / 500원(개)	1	2	3
1	1500원	2500원	3500원
2	2000원	3000원	4000원
3	2500원	3500원	4500원

...... ❶

이때 지불할 수 있는 금액은 1500원, 2000원, 2500원, 3000원, 3500원, 4000원, 4500원의 7가지이다. ...... ❷

채점 기준	비율
❶ 지불할 수 있는 방법을 표로 나타내기	60 %
❷ 지불할 수 있는 금액의 가짓수 구하기	40 %

유형 3 경우의 수
| 127쪽 |

7 ③	8 5	9 2

7 서로 다른 두 개의 주사위를 동시에 던질 때 나오는 눈의 수를 순서쌍으로 나타내면 두 눈의 수의 차가 3인 경우는
$(1, 4), (2, 5), (3, 6), (4, 1), (5, 2), (6, 3)$
이므로 구하는 경우의 수는 6이다.

8 객석 앞에서 무대에 오르는 방법을 한 걸음에 한 계단 오른 것을 1, 두 계단 오른 것을 2로 하여 순서쌍으로 나타내면
$(1, 1, 1, 1), (1, 1, 2), (1, 2, 1), (2, 1, 1), (2, 2)$
이므로 구하는 경우의 수는 5이다.

9 두 개의 주사위 A, B를 동시에 던져서 나오는 눈의 수를 순서쌍 (a, b)로 나타내면 $a - 3b = 0$, 즉 $a = 3b$를 만족시키는 경우는
$(3, 1), (6, 2)$ ...... ❶
따라서 구하는 경우의 수는 2이다. ...... ❷

채점 기준	비율
❶ $a - 3b = 0$을 만족시키는 경우 구하기	60 %
❷ $a - 3b = 0$을 만족시키는 경우의 수 구하기	40 %

유형 4 경우의 수의 합
－교통수단, 물건을 선택하는 경우 | 127쪽 |

10 5 **11** ④ **12** 7

10 희수네 집에서 패션 상가까지
지하철을 타고 가는 경우의 수는 2
버스를 타고 가는 경우의 수는 3
따라서 구하는 경우의 수는 2+3=5

11 초콜릿 중에서 한 개를 선택하여 먹는 경우의 수는 5
과자 중에서 한 개를 선택하여 먹는 경우의 수는 3
따라서 구하는 경우의 수는 5+3=8

12 댄스 동아리 중에서 한 가지를 선택하는 경우의 수는 3
연주 동아리 중에서 한 가지를 선택하는 경우의 수는 4
따라서 구하는 경우의 수는 3+4=7

유형 5 경우의 수의 합－수를 뽑는 경우 | 128쪽 |

13 ③ **14** ④ **15** 9

13 8의 약수가 적힌 카드가 나오는 경우는 1, 2, 4, 8의 4가지
9 이상의 수가 적힌 카드가 나오는 경우는 9, 10의 2가지
따라서 구하는 경우의 수는 4+2=6

14 한 개의 주사위를 두 번 던질 때 나오는 눈의 수를 순서쌍으로 나
타내면 두 눈의 수의 합이 6인 경우는
(1, 5), (2, 4), (3, 3), (4, 2), (5, 1)의 5가지
두 눈의 수의 합이 9인 경우는
(3, 6), (4, 5), (5, 4), (6, 3)의 4가지
따라서 구하는 경우의 수는 5+4=9

15 3의 배수가 적힌 구슬이 나오는 경우는
3, 6, 9, 12, 15, 18이므로 경우의 수는 6 …… ❶
4의 배수가 적힌 구슬이 나오는 경우는
4, 8, 12, 16이므로 경우의 수는 4 …… ❷
이때 12는 3의 배수이면서 4의 배수이므로 구하는 경우의 수는
6+4−1=9 …… ❸

채점 기준	비율
❶ 3의 배수가 적힌 구슬이 나오는 경우의 수 구하기	30 %
❷ 4의 배수가 적힌 구슬이 나오는 경우의 수 구하기	30 %
❸ 3의 배수 또는 4의 배수가 적힌 구슬이 나오는 경우의 수 구하기	40 %

유형 6 경우의 수의 곱－물건을 선택하는 경우 | 128쪽 |

16 (1) 4 (2) 5 (3) 20 **17** 8 **18** 18

16 (1) 자음이 적힌 카드 중에서 하나를 선택하는 경우는
ㅁ, ㅅ, ㅊ, ㅋ이므로 구하는 경우의 수는 4
(2) 모음이 적힌 카드 중에서 하나를 선택하는 경우는
ㅏ, ㅐ, ㅣ, ㅗ, ㅓ이므로 구하는 경우의 수는 5
(3) 만들 수 있는 글자의 개수는 4×5=20

17 티셔츠 중에서 하나를 선택하는 경우의 수는 4
바지 중에서 하나를 선택하는 경우의 수는 2
따라서 구하는 경우의 수는 4×2=8

18 미술 분야에서 한 가지 강좌를 선택하는 경우의 수는 3
미술 분야를 제외한 나머지 분야, 즉 운동 분야 또는 공예 분야에
서 한 가지 강좌를 선택하는 경우의 수는 2+4=6
따라서 구하는 경우의 수는 3×6=18

유형 7 경우의 수의 곱－길을 선택하는 경우 | 129쪽 |

19 10 **20** ④ **21** 6

19 학교에서 분식집까지 가는 경우의 수는 2
분식집에서 미용실까지 가는 경우의 수는 5
따라서 구하는 경우의 수는 2×5=10

20 입구에서 정상까지 올라가는 방법의 수는 4
정상에서 입구까지 내려오는 방법의 수는 올라간 등산로를 제외
한 3
따라서 구하는 방법의 수는 4×3=12

21 제1전시실에서 제2전시실로 이동하는 방법의 수는 2
제2전시실에서 제3전시실로 이동하는 방법의 수는 3
따라서 구하는 방법의 수는 2×3=6

유형 8 경우의 수의 곱
－동전 또는 주사위를 동시에 던지는 경우 | 129쪽 |

22 ⑤ **23** ④ **24** 8

22 서로 다른 두 개의 동전을 동시에 던질 때 나오는 면을 순서쌍으
로 나타내면 서로 같은 면이 나오는 경우는
(앞면, 앞면), (뒷면, 뒷면)의 2가지
한 개의 주사위에서 짝수의 눈이 나오는 경우는 2, 4, 6의 3가지
따라서 구하는 경우의 수는 2×3=6

23 한 개의 주사위에서 홀수의 눈이 나오는 경우는 1, 3, 5의 3가지
따라서 구하는 경우의 수는 $3 \times 3 = 9$

24 A 주사위에서 4 이하의 눈이 나오는 경우는 1, 2, 3, 4의 4가지
$$\cdots\cdots ❶$$
B 주사위에서 합성수의 눈이 나오는 경우는 4, 6의 2가지
$$\cdots\cdots ❷$$
따라서 구하는 경우의 수는 $4 \times 2 = 8$
$$\cdots\cdots ❸$$

채점 기준	비율
❶ A 주사위에서 4 이하의 눈이 나오는 경우의 수 구하기	40 %
❷ B 주사위에서 합성수의 눈이 나오는 경우의 수 구하기	40 %
❸ A 주사위는 4 이하의 눈이 나오고, B 주사위는 합성수의 눈이 나오는 경우의 수 구하기	20 %

---

02. 여러 가지 경우의 수

| 130~131쪽 |

한 줄로 세우는 경우의 수

1 24	**2** 12	**3** 24	**4** 6

1 $4 \times 3 \times 2 \times 1 = 24$

2 첫 번째에 세울 수 있는 사람은 4명, 두 번째에 세울 수 있는 사람은 3명이므로 구하는 경우의 수는 $4 \times 3 = 12$

3 $4 \times 3 \times 2 = 24$

4 A를 맨 앞에 세우고 나머지 3명을 한 줄로 세우면 되므로 구하는 경우의 수는 $3 \times 2 \times 1 = 6$

이웃하게 한 줄로 세우는 경우의 수

5 12	**6** 12	**7** 12

5 A, D를 한 명으로 생각하여 3명을 한 줄로 세우는 경우의 수는
$3 \times 2 \times 1 = 6$
이때 A, D가 자리를 바꾸는 경우의 수는 $2 \times 1 = 2$
따라서 구하는 경우의 수는 $6 \times 2 = 12$

6 C, D를 한 명으로 생각하여 3명을 한 줄로 세우는 경우의 수는
$3 \times 2 \times 1 = 6$
이때 C, D가 자리를 바꾸는 경우의 수는 $2 \times 1 = 2$
따라서 구하는 경우의 수는 $6 \times 2 = 12$

7 A, B, C 3명을 한 명으로 생각하여 2명을 한 줄로 세우는 경우의 수는 $2 \times 1 = 2$
이때 A, B, C가 서로 자리를 바꾸는 경우의 수는 $3 \times 2 \times 1 = 6$
따라서 구하는 경우의 수는 $2 \times 6 = 12$

자연수를 만드는 경우의 수

8 12	**9** 24	**10** 8	**11** 12	**12** 9
13 18	**14** 6	**15** 8		

8 $4 \times 3 = 12$

9 $4 \times 3 \times 2 = 24$

10 짝수이려면 일의 자리에 올 수 있는 숫자는 6, 8의 2가지, 십의 자리에 올 수 있는 숫자는 일의 자리에 온 숫자를 제외한 4가지이다. 따라서 구하는 짝수의 개수는 $2 \times 4 = 8$

11 70 이상이려면 십의 자리에 올 수 있는 숫자는 7, 8, 9의 3가지, 일의 자리에 올 수 있는 숫자는 십의 자리에 온 숫자를 제외한 4가지이다. 따라서 구하는 자연수의 개수는 $3 \times 4 = 12$

12 십의 자리에 올 수 있는 숫자는 0을 제외한 3가지, 일의 자리에 올 수 있는 숫자는 십의 자리에 온 숫자를 제외한 3가지이다.
따라서 구하는 자연수의 개수는 $3 \times 3 = 9$

13 백의 자리에 올 수 있는 숫자는 0을 제외한 3가지, 십의 자리에 올 수 있는 숫자는 백의 자리에 온 숫자를 제외한 3가지, 일의 자리에 올 수 있는 숫자는 백의 자리와 십의 자리에 온 숫자를 제외한 2가지이다. 따라서 구하는 자연수의 개수는 $3 \times 3 \times 2 = 18$

14 홀수이려면 일의 자리에 올 수 있는 숫자는 1, 3의 2가지, 십의 자리에 올 수 있는 숫자는 0과 일의 자리에 온 숫자를 제외한 3가지이다. 따라서 구하는 홀수의 개수는 $2 \times 3 = 6$

15 30 미만이려면 십의 자리에 올 수 있는 숫자는 1, 2의 2가지, 일의 자리에 올 수 있는 숫자는 십의 자리에 온 숫자를 제외한 4가지이다. 따라서 구하는 자연수의 개수는 $2 \times 4 = 8$

대표를 뽑는 경우의 수

16 20	**17** 60	**18** 6	**19** 4	**20** 56
21 28	**22** 56	**23** 15		

16 $5 \times 4 = 20$

17 $5 \times 4 \times 3 = 60$

18 $\dfrac{4 \times 3}{2} = 6$

19 $\dfrac{4 \times 3 \times 2}{3 \times 2 \times 1} = 4$

20 $8 \times 7 = 56$

21 $\dfrac{8 \times 7}{2} = 28$

22 $\dfrac{8\times7\times6}{3\times2\times1}=56$

23 남학생 5명 중에서 당번 1명을 뽑는 경우의 수는 5
여학생 3명 중에서 당번 1명을 뽑는 경우의 수는 3
따라서 구하는 경우의 수는 $5\times3=15$

소단원 유형 익히기

유형 9 한 줄로 세우는 경우의 수 | 132쪽 |

1 ②　　　2 ③　　　3 ⑤

1 구하는 경우의 수는 5명을 한 줄로 세우는 경우의 수와 같으므로
$5\times4\times3\times2\times1=120$

2 첫 번째에 세울 수 있는 사람은 5명, 두 번째에 세울 수 있는 사람은 4명, 세 번째에 세울 수 있는 사람은 3명이므로 구하는 경우의 수는 $5\times4\times3=60$

3 구하는 방법의 수는 6명 중에서 2명을 뽑아 한 줄로 세우는 경우의 수와 같으므로 $6\times5=30$

유형 10 한 줄로 세우는 경우의 수 – 특정한 사람의 자리를 정하는 경우 | 132쪽 |

4 ③　　　5 12　　　6 ①

4 R가 적힌 카드를 맨 앞에, A가 적힌 카드를 맨 뒤에 나열하고 나머지 3개의 알파벳이 적힌 카드를 한 줄로 나열하면 되므로 구하는 경우의 수는 $3\times2\times1=6$

5 (i) 서현이가 처음 주자가 되는 경우
나머지 3명을 한 줄로 세우는 경우의 수와 같으므로
$3\times2\times1=6$ ⋯⋯ ❶
(ii) 서현이가 마지막 주자가 되는 경우
나머지 3명을 한 줄로 세우는 경우의 수와 같으므로
$3\times2\times1=6$ ⋯⋯ ❷
(i), (ii)에서 구하는 경우의 수는 $6+6=12$ ⋯⋯ ❸

채점 기준	비율
❶ 서현이가 처음 주자가 되는 경우의 수 구하기	40 %
❷ 서현이가 마지막 주자가 되는 경우의 수 구하기	40 %
❸ 서현이가 처음 또는 마지막 주자가 되는 경우의 수 구하기	20 %

6 노란색 우산을 네 번째 자리에 걸고 나머지 우산 4개를 한 줄로 걸면 되므로 구하는 경우의 수는
$4\times3\times2\times1=24$

유형 11 한 줄로 세우는 경우의 수 – 이웃한 경우 | 133쪽 |

7 ④　　　8 ⑤　　　9 36

7 지수와 연우를 한 명으로 생각하여 4명이 한 줄로 나란히 앉는 경우의 수는 $4\times3\times2\times1=24$
이때 지수와 연우가 자리를 바꾸는 경우의 수는 $2\times1=2$
따라서 구하는 경우의 수는 $24\times2=48$

8 2학년 학생 2명을 한 명으로 생각하여 5명을 한 줄로 세우는 경우의 수는 $5\times4\times3\times2\times1=120$
이때 2학년 학생 2명이 자리를 바꾸는 경우의 수는 $2\times1=2$
따라서 구하는 경우의 수는 $120\times2=240$

9 정우, 누나, 동생을 한 명으로 생각하여
엄마, 아빠, 정우, 누나, 동생 3명이 한 줄로 서는 경우의 수는
$3\times2\times1=6$ ⋯⋯ ❶
이때 정우, 누나, 동생이 서로 자리를 바꾸는 경우의 수는
$3\times2\times1=6$ ⋯⋯ ❷
따라서 구하는 경우의 수는 $6\times6=36$ ⋯⋯ ❸

채점 기준	비율
❶ 정우, 누나, 동생을 한 명으로 생각하여 3명이 한 줄로 서는 경우의 수 구하기	50 %
❷ 정우, 누나, 동생이 서로 자리를 바꾸는 경우의 수 구하기	30 %
❸ 정우, 누나, 동생이 이웃하여 서는 경우의 수 구하기	20 %

유형 12 색칠하는 경우의 수 | 133쪽 |

10 2　　　11 6　　　12 36

10 A 부분에 칠할 수 있는 색은 2가지, B 부분에 칠할 수 있는 색은 A 부분에 칠한 색을 제외한 1가지이다.
따라서 구하는 경우의 수는 $2\times1=2$

11 직사각형 모양의 게시판을 세로로 3등분하면 오른쪽 그림과 같다. 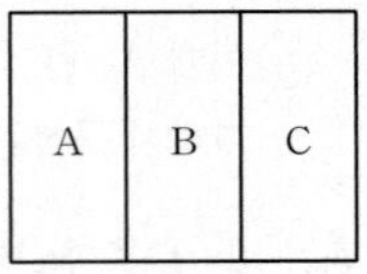
A 부분에 칠할 수 있는 색은 3가지, B 부분에 칠할 수 있는 색은 A 부분에 칠한 색을 제외한 2가지, C 부분에 칠할 수 있는 색은 A 부분과 B 부분에 칠한 색을 제외한 1가지이다.
따라서 구하는 경우의 수는 $3\times2\times1=6$

12 A 부분에 칠할 수 있는 색은 4가지, B 부분에 칠할 수 있는 색은 A 부분에 칠한 색을 제외한 3가지, C 부분에 칠할 수 있는 색은 B 부분에 칠한 색을 제외한 3가지이다.
따라서 구하는 경우의 수는 $4\times3\times3=36$

유형 13 자연수의 개수 – 0을 포함하지 않는 경우 | 134쪽 |

| 13 ④ | 14 ⑤ | 15 21 |

13 홀수이려면 일의 자리에 올 수 있는 숫자는 1, 5, 7의 3가지, 십의 자리에 올 수 있는 숫자는 일의 자리에 온 숫자를 제외한 4가지이다.
따라서 구하는 홀수의 개수는 $3 \times 4 = 12$

14 백의 자리에 올 수 있는 숫자는 6가지, 십의 자리에 올 수 있는 숫자는 백의 자리에 온 숫자를 제외한 5가지, 일의 자리에 올 수 있는 숫자는 백의 자리와 십의 자리에 온 숫자를 제외한 4가지이다.
따라서 구하는 자연수의 개수는 $6 \times 5 \times 4 = 120$

15 작은 수부터 크기순으로 나열하면 십의 자리의 숫자가 1인 경우부터 생각한다. ...... ❶
1□인 경우에 일의 자리에 올 수 있는 숫자는 1을 제외한 6가지이다. ...... ❷
따라서 작은 수부터 크기순으로 7번째의 수는 십의 자리의 숫자가 2인 수 중에서 가장 작은 수인 21이다. ...... ❸

채점 기준	비율
❶ 작은 수부터 크기순으로 나열할 때, 십의 자리에 올 수 있는 숫자 구하기	30 %
❷ ❶에서 구한 십의 자리의 숫자에 대하여 일의 자리에 올 수 있는 숫자의 가짓수 구하기	40 %
❸ 작은 수부터 크기순으로 7번째의 수 구하기	30 %

유형 14 자연수의 개수 – 0을 포함하는 경우 | 134쪽 |

| 16 ② | 17 ③ | 18 55 |

16 40 미만이려면 십의 자리에 올 수 있는 숫자는 1, 2, 3의 3가지이고, 일의 자리에 올 수 있는 숫자는 십의 자리에 온 숫자를 제외한 4가지이다.
따라서 구하는 자연수의 개수는 $3 \times 4 = 12$

17 십의 자리에 올 수 있는 숫자는 0을 제외한 6가지
일의 자리에 올 수 있는 숫자는 7가지
따라서 구하는 자연수의 개수는 $6 \times 7 = 42$

18 5의 배수이려면 일의 자리에 올 수 있는 숫자는 0, 5이다.
(ⅰ) 일의 자리의 숫자가 0인 경우
백의 자리에 올 수 있는 숫자는 0을 제외한 6가지, 십의 자리에 올 수 있는 숫자는 0과 백의 자리에 온 숫자를 제외한 5가지이므로 일의 자리의 숫자가 0인 5의 배수의 개수는
$6 \times 5 = 30$

(ⅱ) 일의 자리의 숫자가 5인 경우
백의 자리에 올 수 있는 숫자는 0과 5를 제외한 5가지, 십의 자리에 올 수 있는 숫자는 5와 백의 자리에 온 숫자를 제외한 5가지이므로 일의 자리의 숫자가 5인 5의 배수의 개수는
$5 \times 5 = 25$
(ⅰ), (ⅱ)에서 구하는 5의 배수의 개수는 $30 + 25 = 55$

유형 15 대표를 뽑는 경우의 수 – 자격이 다른 경우 | 135쪽 |

| 19 ② | 20 ③ | 21 20 |

19 7개의 작품 중에서 대상, 최우수상, 우수상을 받을 작품을 각각 1개씩 뽑는 경우의 수는
$7 \times 6 \times 5 = 210$

20 B를 제외한 4명 중에서 코치 1명, 기록원 1명을 뽑아야 한다.
따라서 구하는 경우의 수는 $4 \times 3 = 12$

21 혜원이가 도로시 역에 뽑혔다고 생각하고 혜원이를 제외한다.
즉, 혜원이를 제외한 5명 중에서 서쪽 마녀 역 1명, 도로시 역 1명을 뽑아야 한다. ...... ❶
따라서 구하는 경우의 수는 $5 \times 4 = 20$ ...... ❷

채점 기준	비율
❶ 혜원이를 제외한 5명 중에서 서쪽 마녀 역 1명, 도로시 역 1명을 뽑아야 함을 알기	50 %
❷ 혜원이가 도로시 역에 뽑히는 경우의 수 구하기	50 %

유형 16 대표를 뽑는 경우의 수 – 자격이 같은 경우 | 135쪽 |

| 22 15 | 23 ① | 24 20 |

22 석우를 제외한 6명 중에서 자격이 같은 2명을 뽑는 경우의 수와 같으므로 구하는 경우의 수는
$\dfrac{6 \times 5}{2} = 15$

23 2개 팀이 한 번 경기를 하므로 구하는 경기 수는 5명 중에서 자격이 같은 2명을 뽑는 경우의 수와 같으므로
$\dfrac{5 \times 4}{2} = 10(번)$

24 6명 중에서 자격이 같은 3명을 뽑는 경우의 수와 같으므로 구하는 경우의 수는
$\dfrac{6 \times 5 \times 4}{3 \times 2 \times 1} = 20$

정답과 풀이

중단원 핵심유형 테스트
|136~137쪽|

1 ④	2 ②	3 5	4 6	5 ⑤
6 ④	7 ②	8 240	9 ④	10 6
11 ④	12 ③	13 ③	14 27	15 108
16 ①				

1 ① 짝수의 눈이 나오는 경우는 2, 4, 6이므로 구하는 경우의 수는 3이다.
② 2 초과의 눈이 나오는 경우는 3, 4, 5, 6이므로 구하는 경우의 수는 4이다.
③ 3 미만의 눈이 나오는 경우는 1, 2이므로 구하는 경우의 수는 2이다.
④ 소수도 합성수도 아닌 눈이 나오는 경우는 1이므로 구하는 경우의 수는 1이다.
⑤ 4의 약수의 눈이 나오는 경우는 1, 2, 4이므로 구하는 경우의 수는 3이다.
따라서 사건이 일어나는 경우의 수가 가장 작은 것은 ④이다.

2 두 사람이 편 손가락의 개수의 합이 6인 경우를 순서쌍 (현우, 선미)로 나타내면
(1, 5), (2, 4), (3, 3), (4, 2), (5, 1)
이므로 구하는 경우의 수는 5이다.

3 $2+3=5$

4 $3 \times 2 = 6$

5 3400원을 지불하는 방법을 표로 나타내면 다음과 같다.

1000원(장)	3	2	2	1	1	0	0
500원(개)	0	2	1	4	3	6	5
100원(개)	4	4	9	4	9	4	9

따라서 구하는 방법의 수는 7이다.

6 3의 배수가 적힌 카드가 나오는 경우는 3, 6, 9, 12, 15의 5가지
7의 배수가 적힌 카드가 나오는 경우는 7, 14의 2가지
따라서 구하는 경우의 수는 $5+2=7$

7 부모님을 양 끝에 세우는 경우의 수는 $2 \times 1 = 2$
언니, 오빠, 채원이를 한 줄로 세우는 경우의 수는
$3 \times 2 \times 1 = 6$
따라서 구하는 경우의 수는 $2 \times 6 = 12$

8 s와 d를 하나로 생각하여 5개를 한 줄로 나열하는 경우의 수는
$5 \times 4 \times 3 \times 2 \times 1 = 120$
이때 s와 d가 자리를 바꾸는 경우의 수는 $2 \times 1 = 2$
따라서 구하는 경우의 수는 $120 \times 2 = 240$

9 800 초과이려면 백의 자리에 올 수 있는 숫자는 8, 9의 2가지
십의 자리에 올 수 있는 숫자는 5가지
일의 자리에 올 수 있는 숫자는 5가지
따라서 구하는 자연수의 개수는 $2 \times 5 \times 5 = 50$

10 (i) 4□ 꼴인 경우
일의 자리에 올 수 있는 숫자는 4를 제외한 4가지이다. … ❶
(ii) 5□ 꼴인 경우
일의 자리에 올 수 있는 숫자는 0, 4의 2가지이다. …… ❷
(i), (ii)에서 구하는 자연수의 개수는 $4+2=6$ …… ❸

채점 기준	비율
❶ 4□ 꼴인 경우 일의 자리에 올 수 있는 숫자의 경우의 수 구하기	40 %
❷ 5□ 꼴인 경우 일의 자리에 올 수 있는 숫자의 경우의 수 구하기	40 %
❸ 56 미만인 자연수의 개수 구하기	20 %

11 $10 \times 9 = 90$

12 7명 중에서 회장 1명을 뽑는 경우의 수는 7
회장 1명을 제외한 6명 중에서 부회장 2명을 뽑는 경우의 수는
$\dfrac{6 \times 5}{2} = 15$
따라서 구하는 경우의 수는 $7 \times 15 = 105$

13 (i) $ax-b=0$의 해가 1인 경우
$a-b=0$, 즉 $a=b$를 만족시키는 경우를 순서쌍 (a, b)로 나타내면 (1, 1), (2, 2), (3, 3), (4, 4), (5, 5), (6, 6)의 6가지
(ii) $ax-b=0$의 해가 2인 경우
$2a-b=0$, 즉 $2a=b$를 만족시키는 경우를 순서쌍 (a, b)로 나타내면 (1, 2), (2, 4), (3, 6)의 3가지
(i), (ii)에서 구하는 경우의 수는 $6+3=9$

14 두 수의 합이 홀수이려면 (홀수)+(짝수) 또는 (짝수)+(홀수)이어야 한다.
A 주머니에서 홀수, B 주머니에서 짝수가 적힌 공이 나오는 경우의 수는 $3 \times 4 = 12$
A 주머니에서 짝수, B 주머니에서 홀수가 적힌 공이 나오는 경우의 수는 $3 \times 5 = 15$
따라서 구하는 경우의 수는 $12+15=27$

15 A 부분에 칠할 수 있는 색은 4가지, C 부분에 칠할 수 있는 색은 A 부분에 칠한 색을 제외한 3가지, B 부분에 칠할 수 있는 색은 C 부분에 칠한 색을 제외한 3가지, D 부분에 칠할 수 있는 색은 C 부분에 칠한 색을 제외한 3가지이다.
따라서 구하는 경우의 수는 $4 \times 3 \times 3 \times 3 = 108$

16 $\overline{AB}$와 $\overline{BA}$는 같은 선분이므로 7명 중에서 자격이 같은 2명을 뽑는 경우의 수와 같다.
따라서 구하는 경우의 수는 $\dfrac{7 \times 6}{2} = 21$

7. 확률

01. 확률의 뜻과 성질 | 140~141쪽 |

확률의 뜻

1 $\frac{1}{3}$	2 $\frac{2}{3}$	3 $\frac{1}{2}$	4 $\frac{3}{20}$	5 $\frac{1}{4}$
6 $\frac{1}{2}$	7 $\frac{2}{5}$	8 $\frac{3}{8}$	9 $\frac{3}{8}$	10 $\frac{1}{8}$

1 일어나는 모든 경우의 수는 6
3의 배수의 눈이 나오는 경우는 3, 6의 2가지
따라서 구하는 확률은 $\frac{2}{6}=\frac{1}{3}$

2 일어나는 모든 경우의 수는 6
5 미만의 눈이 나오는 경우는 1, 2, 3, 4의 4가지
따라서 구하는 확률은 $\frac{4}{6}=\frac{2}{3}$

3 일어나는 모든 경우의 수는 6
소수의 눈이 나오는 경우는 2, 3, 5의 3가지
따라서 구하는 확률은 $\frac{3}{6}=\frac{1}{2}$

4 일어나는 모든 경우의 수는 20
6의 배수가 적힌 카드가 나오는 경우는 6, 12, 18의 3가지
따라서 구하는 확률은 $\frac{3}{20}$

5 일어나는 모든 경우의 수는 20
16의 약수가 적힌 카드가 나오는 경우는 1, 2, 4, 8, 16의 5가지
따라서 구하는 확률은 $\frac{5}{20}=\frac{1}{4}$

6 일어나는 모든 경우의 수는 20
홀수가 적힌 카드가 나오는 경우는
1, 3, 5, 7, 9, 11, 13, 15, 17, 19의 10가지
따라서 구하는 확률은 $\frac{10}{20}=\frac{1}{2}$

7 일어나는 모든 경우의 수는 20
3 이상 10 이하의 수가 적힌 카드가 나오는 경우는
3, 4, 5, 6, 7, 8, 9, 10의 8가지
따라서 구하는 확률은 $\frac{8}{20}=\frac{2}{5}$

8 일어나는 모든 경우의 수는 $2\times2\times2=8$
서로 다른 세 개의 동전을 동시에 던질 때 나오는 면을 순서쌍으로 나타내면 앞면이 한 개 나오는 경우는 (앞면, 뒷면, 뒷면),
(뒷면, 앞면, 뒷면), (뒷면, 뒷면, 앞면)의 3가지
따라서 구하는 확률은 $\frac{3}{8}$

9 일어나는 모든 경우의 수는 $2\times2\times2=8$
서로 다른 세 개의 동전을 동시에 던질 때 나오는 면을 순서쌍으로 나타내면 앞면이 두 개 나오는 경우는 (앞면, 앞면, 뒷면),
(앞면, 뒷면, 앞면), (뒷면, 앞면, 앞면)의 3가지
따라서 구하는 확률은 $\frac{3}{8}$

10 일어나는 모든 경우의 수는 $2\times2\times2=8$
서로 다른 세 개의 동전을 동시에 던질 때 나오는 면을 순서쌍으로 나타내면 모두 앞면이 나오는 경우는 (앞면, 앞면, 앞면)의 1가지
따라서 구하는 확률은 $\frac{1}{8}$

확률의 성질

11 $\frac{3}{5}$	12 1	13 0

11 일어나는 모든 경우의 수는 $3+2=5$
A 주머니에서 주황색 공이 나오는 경우의 수는 3
따라서 구하는 확률은 $\frac{3}{5}$

12 일어나는 모든 경우의 수는 5
B 주머니에서 주황색 공이 나오는 경우의 수는 5
따라서 구하는 확률은 $\frac{5}{5}=1$

13 일어나는 모든 경우의 수는 5
C 주머니에서 주황색 공이 나오는 경우의 수는 0
따라서 구하는 확률은 $\frac{0}{5}=0$

어떤 사건이 일어나지 않을 확률

14 $\frac{9}{10}$	15 $\frac{3}{5}$	16 $\frac{7}{8}$	17 $\frac{17}{18}$	18 $\frac{5}{6}$
19 $\frac{3}{4}$				

14 일어나는 모든 경우의 수는 40
불량품을 선택하는 경우의 수는 4
즉, 불량품이 나올 확률은 $\frac{4}{40}=\frac{1}{10}$
따라서 (불량품이 나오지 않을 확률)
$= 1 - ($불량품이 나올 확률$)$
$= 1 - \frac{1}{10} = \frac{9}{10}$

15 일어나는 모든 경우의 수는 10

10의 약수가 적힌 카드가 나오는 경우는 1, 2, 5, 10의 4가지

즉, 10의 약수가 적힌 카드가 나올 확률은 $\frac{4}{10}=\frac{2}{5}$

따라서 (10의 약수가 아닌 수가 적힌 카드가 나올 확률)

$=1-$ (10의 약수가 적힌 카드가 나올 확률)

$=1-\frac{2}{5}=\frac{3}{5}$

16 일어나는 모든 경우의 수는 $2\times2\times2=8$

서로 다른 세 개의 동전을 동시에 던질 때 나오는 면을 순서쌍으로 나타내면 모두 뒷면이 나오는 경우는 (뒷면, 뒷면, 뒷면)의 1가지, 즉 모두 뒷면이 나올 확률은 $\frac{1}{8}$

따라서 (적어도 한 개는 앞면이 나올 확률)

$=1-$ (모두 뒷면이 나올 확률)

$=1-\frac{1}{8}=\frac{7}{8}$

17 일어나는 모든 경우의 수는 $6\times6=36$

서로 다른 두 개의 주사위를 동시에 던질 때 나오는 눈의 수를 순서쌍으로 나타내면 두 눈의 수의 차가 4 초과인 경우는

$(1, 6)$, $(6, 1)$의 2가지

즉, 두 눈의 수의 차가 4 초과일 확률은 $\frac{2}{36}=\frac{1}{18}$

따라서 (두 눈의 수의 차가 4 이하일 확률)

$=1-$ (두 눈의 수의 차가 4 초과일 확률)

$=1-\frac{1}{18}=\frac{17}{18}$

18 일어나는 모든 경우의 수는 $6\times6=36$

서로 다른 두 개의 주사위를 동시에 던질 때 나오는 눈의 수를 순서쌍으로 나타내면 두 눈의 수가 같은 경우는

$(1, 1)$, $(2, 2)$, $(3, 3)$, $(4, 4)$, $(5, 5)$, $(6, 6)$의 6가지

즉, 두 눈의 수가 서로 같을 확률은 $\frac{6}{36}=\frac{1}{6}$

따라서 (두 눈의 수가 서로 다를 확률)

$=1-$ (두 눈의 수가 서로 같을 확률)

$=1-\frac{1}{6}=\frac{5}{6}$

19 일어나는 모든 경우의 수는 $6\times6=36$

서로 다른 두 개의 주사위를 동시에 던질 때 나오는 눈의 수를 순서쌍으로 나타내면 두 개 모두 홀수의 눈이 나오는 경우는

$(1, 1)$, $(1, 3)$, $(1, 5)$, $(3, 1)$, $(3, 3)$, $(3, 5)$, $(5, 1)$, $(5, 3)$, $(5, 5)$의 9가지

즉, 두 개 모두 홀수의 눈이 나올 확률은 $\frac{9}{36}=\frac{1}{4}$

따라서 (적어도 한 개는 짝수의 눈이 나올 확률)

$=1-$ (두 개 모두 홀수의 눈이 나올 확률)

$=1-\frac{1}{4}=\frac{3}{4}$

소단원 유형 익히기

유형 1 확률의 뜻
| 142쪽 |

1 $\frac{1}{5}$　　2 ①　　3 ④　　4 $\frac{3}{8}$　　5 ③

6 $\frac{9}{25}$　　7 ②

1 일어나는 모든 경우의 수는 $25+10+8+2+5=50$

집에서 기르고 있는 동물이 고양이인 경우의 수는 10

따라서 구하는 경우의 수는 $\frac{10}{50}=\frac{1}{5}$

2 일어나는 모든 경우의 수는 $5\times4\times3\times2\times1=120$

E를 맨 앞에 세우는 경우의 수는 E를 제외한 4명을 한 줄로 세우는 경우의 수와 같으므로

$4\times3\times2\times1=24$

따라서 구하는 확률은 $\frac{24}{120}=\frac{1}{5}$

3 일어나는 모든 경우의 수는 $4\times3\times2\times1=24$

준수와 형을 한 명으로 생각하여 3명이 한 줄로 서는 경우의 수는 $3\times2\times1=6$

이때 준수와 형이 자리를 바꾸는 경우의 수는 $2\times1=2$

즉, 준수와 형이 이웃하여 서는 경우의 수는 $6\times2=12$

따라서 구하는 확률은 $\frac{12}{24}=\frac{1}{2}$

4 일어나는 모든 경우의 수는 $2\times2\times2=8$

받은 점수의 합이 $+4$점이 되는 것은 앞면이 2번, 뒷면이 1번 나오는 경우이므로 한 개의 동전을 세 번 던질 때 나오는 면을 순서쌍으로 나타내면 받은 점수의 합이 $+4$점이 되는 경우는

(앞면, 앞면, 뒷면), (앞면, 뒷면, 앞면), (뒷면, 앞면, 앞면)의 3가지

따라서 구하는 확률은 $\frac{3}{8}$

5 일어나는 모든 경우의 수는 $\frac{5\times4}{2}=10$

신혜가 뽑히는 경우의 수는 신혜를 제외한 4명 중에서 대표 1명을 뽑는 경우의 수와 같으므로 4

따라서 구하는 확률은 $\frac{4}{10}=\frac{2}{5}$

6 일어나는 모든 경우의 수는 $5\times5\times4=100$ ······ ❶

5의 배수이려면 일의 자리에 올 수 있는 숫자는 0, 5이다.

(ⅰ) 일의 자리의 숫자가 0인 경우

백의 자리에 올 수 있는 숫자는 0을 제외한 5가지, 십의 자리에 올 수 있는 숫자는 0과 백의 자리에 온 숫자를 제외한 4가지이므로 일의 자리의 숫자가 0인 5의 배수의 개수는

$5\times4=20$

(ii) 일의 자리의 숫자가 5인 경우

백의 자리에 올 수 있는 숫자는 0과 5를 제외한 4가지, 십의 자리에 올 수 있는 숫자는 5와 백의 자리에 온 숫자를 제외한 4가지이므로 일의 자리의 숫자가 5인 5의 배수의 개수는

$4 \times 4 = 16$

(i), (ii)에서 5의 배수의 개수는 $20 + 16 = 36$ ······ ❷

따라서 구하는 확률은 $\dfrac{36}{100} = \dfrac{9}{25}$ ······ ❸

채점 기준	비율
❶ 일어나는 모든 경우의 수 구하기	20 %
❷ 세 자리 자연수를 만들 때, 5의 배수의 개수 구하기	60 %
❸ 세 자리 자연수를 만들 때, 만든 자연수가 5의 배수일 확률 구하기	20 %

7 일어나는 모든 경우의 수는 12

$30 = 2 \times 3 \times 5$이므로 분수 $\dfrac{x}{30}$를 유한소수로 나타내려면 상자에서 꺼낸 공에 적힌 수는 3의 배수이어야 한다.

즉, 유한소수로 나타낼 수 있는 경우의 x의 값은

3, 6, 9, 12의 4가지

따라서 구하는 확률은 $\dfrac{4}{12} = \dfrac{1}{3}$

유형 **2** **확률의 성질** | 143쪽 |

8 ②	9 1	10 1

8 ② $p = \dfrac{(\text{사건 } A \text{가 일어나는 경우의 수})}{(\text{일어나는 모든 경우의 수})}$

따라서 옳지 않은 것은 ②이다.

9 일어나는 모든 경우의 수는 $6 \times 6 = 36$

한 개의 주사위를 두 번 던져서 나오는 두 눈의 수의 합은 모두 12 이하이므로 $x + y \le 12$인 경우의 수는 36

따라서 구하는 확률은 $\dfrac{36}{36} = 1$

10 일어나는 모든 경우의 수는 5 ······ ❶

홀수가 적힌 카드가 나오는 경우의 수는 5이므로 홀수가 적힌 카드가 나올 확률은 $a = \dfrac{5}{5} = 1$ ······ ❷

또 짝수가 적힌 카드가 나오는 경우의 수는 0이므로 짝수가 적힌 카드가 나올 확률은 $b = \dfrac{0}{5} = 0$ ······ ❸

따라서 $a + b = 1 + 0 = 1$ ······ ❹

채점 기준	비율
❶ 일어나는 모든 경우의 수 구하기	20 %
❷ a의 값 구하기	30 %
❸ b의 값 구하기	30 %
❹ $a + b$의 값 구하기	20 %

유형 **3** **어떤 사건이 일어나지 않을 확률** | 143쪽 |

11 $\dfrac{4}{9}$	12 ④	13 ⑤	14 ③	15 $\dfrac{3}{5}$
16 ⑤	17 $\dfrac{3}{4}$			

11 (A팀이 이길 확률) $= 1 - $ (A팀이 질 확률)

$= 1 - $ (B팀이 이길 확률)

$= 1 - \dfrac{5}{9} = \dfrac{4}{9}$

12 일어나는 모든 경우의 수는 $6 \times 6 = 36$

서로 다른 두 개의 주사위를 동시에 던질 때 나오는 눈의 수를 순서쌍으로 나타내면 두 눈의 수의 차가 1인 경우는

$(1, 2), (2, 1), (2, 3), (3, 2), (3, 4), (4, 3), (4, 5),$
$(5, 4), (5, 6), (6, 5)$의 10가지

즉, 두 눈의 수의 차가 1일 확률은 $\dfrac{10}{36} = \dfrac{5}{18}$

따라서 (두 눈의 수의 차가 1이 아닐 확률)

$= 1 - $ (두 눈의 수의 차가 1일 확률)

$= 1 - \dfrac{5}{18} = \dfrac{13}{18}$

13 일어나는 모든 경우의 수는 $\dfrac{6 \times 5}{2} = 15$

보영이가 뽑히는 경우의 수는 보영이를 제외한 5명의 후보 중에서 대표 1명을 뽑는 경우의 수와 같으므로 5

즉, 보영이가 뽑힐 확률은 $\dfrac{5}{15} = \dfrac{1}{3}$

따라서 (보영이가 뽑히지 않을 확률)

$= 1 - $ (보영이가 뽑힐 확률)

$= 1 - \dfrac{1}{3} = \dfrac{2}{3}$

14 일어나는 모든 경우의 수는 1000

이민규 후보에게 투표한 주민 수는 550이므로 이민규 후보에게 투표한 주민이 선택될 확률은 $\dfrac{550}{1000} = \dfrac{11}{20}$

따라서 (이민규 후보에게 투표하지 않은 주민이 선택될 확률)

$= 1 - $ (이민규 후보에게 투표한 주민이 선택될 확률)

$= 1 - \dfrac{11}{20} = \dfrac{9}{20}$

15 일어나는 모든 경우의 수는 $5 \times 4 \times 3 \times 2 \times 1 = 120$ ······ ❶

초롱이와 승희를 한 사람으로 생각하여 4명이 한 줄로 앉는 경우의 수는 $4 \times 3 \times 2 \times 1 = 24$

이때 초롱이와 승희가 자리를 바꾸는 경우의 수는 $2 \times 1 = 2$

그러므로 초롱이와 승희가 이웃하여 앉는 경우의 수는

$24 \times 2 = 48$ ······ ❷

즉, 초롱이와 승희가 이웃하여 앉을 확률은 $\dfrac{48}{120} = \dfrac{2}{5}$ ······ ❸

따라서 (초롱이와 승희가 이웃하여 앉지 않을 확률)

$=1-$(초롱이와 승희가 이웃하여 앉을 확률)

$=1-\dfrac{2}{5}=\dfrac{3}{5}$ ...... ❹

채점 기준	비율
❶ 일어나는 모든 경우의 수 구하기	20 %
❷ 초롱이와 승희가 이웃하여 앉는 경우의 수 구하기	30 %
❸ 초롱이와 승희가 이웃하여 앉을 확률 구하기	20 %
❹ 초롱이와 승희가 이웃하여 앉지 않을 확률 구하기	30 %

16 일어나는 모든 경우의 수는 $3 \times 3 = 9$

두 사람이 가위, 바위, 보 중에서 내는 것을 순서쌍으로 나타내면
승부가 결정되지 않는 경우는 비기는 경우이므로
(가위, 가위), (바위, 바위), (보, 보)의 3가지

즉, 승부가 결정되지 않을 확률은 $\dfrac{3}{9}=\dfrac{1}{3}$

따라서 (승부가 결정될 확률)

$=1-$(승부가 결정되지 않을 확률)

$=1-\dfrac{1}{3}=\dfrac{2}{3}$

17 일어나는 모든 경우의 수는 $4 \times 3 = 12$

'ㅁ'을 포함하는 경우는 매, 모, 미의 3가지이므로 'ㅁ'을 포함하
는 글자를 만들 확률은 $\dfrac{3}{12}=\dfrac{1}{4}$

따라서 ('ㅁ'을 포함하지 않는 글자를 만들 확률)

$=1-$('ㅁ'을 포함하는 글자를 만들 확률)

$=1-\dfrac{1}{4}=\dfrac{3}{4}$

유형 4 적어도 하나는 ~일 확률 | 144쪽 |

| 18 ⑤ | 19 ④ | 20 $\dfrac{26}{27}$ |

18 일어나는 모든 경우의 수는 $2 \times 2 \times 2 = 8$

세 문제 모두 틀리는 경우의 수는 1

즉, 세 문제 모두 틀릴 확률은 $\dfrac{1}{8}$

따라서 (적어도 한 문제는 맞힐 확률)

$=1-$(세 문제 모두 틀릴 확률)

$=1-\dfrac{1}{8}=\dfrac{7}{8}$

19 일어나는 모든 경우의 수는 $\dfrac{8 \times 7}{2}=28$

모두 2학년을 뽑는 경우의 수는 $\dfrac{5 \times 4}{2}=10$

즉, 모두 2학년을 뽑을 확률은 $\dfrac{10}{28}=\dfrac{5}{14}$

따라서 (적어도 한 명은 3학년을 뽑을 확률)

$=1-$(모두 2학년을 뽑을 확률)

$=1-\dfrac{5}{14}=\dfrac{9}{14}$

20 일어나는 모든 경우의 수는 27

어느 한 면도 색칠되지 않은 쌓기 나무의 개수는 1

즉, 어느 한 면도 색칠되지 않은 쌓기 나무를 고를 확률은 $\dfrac{1}{27}$

따라서
(적어도 한 면이 색칠된 쌓기 나무를 고를 확률)

$=1-$(어느 한 면도 색칠되지 않은 쌓기 나무를 고를 확률)

$=1-\dfrac{1}{27}=\dfrac{26}{27}$

---

02. 확률의 계산 | 145~146쪽 |

사건 A 또는 사건 B가 일어날 확률

| 1 $\dfrac{2}{9}$ | 2 $\dfrac{1}{3}$ | 3 $\dfrac{1}{12}$ | 4 $\dfrac{2}{5}$ | 5 $\dfrac{7}{15}$ |
| 6 $\dfrac{1}{2}$ | 7 $\dfrac{1}{2}$ | | | |

1 일어나는 모든 경우의 수는 $6 \times 6 = 36$

서로 다른 두 개의 주사위를 동시에 던질 때 나오는 눈의 수를 순
서쌍으로 나타내면

(i) 두 눈의 수의 합이 3인 경우는 (1, 2), (2, 1)의 2가지이므
로 두 눈의 수의 합이 3일 확률은

$\dfrac{2}{36}=\dfrac{1}{18}$

(ii) 두 눈의 수의 합이 7인 경우는 (1, 6), (2, 5), (3, 4),
(4, 3), (5, 2), (6, 1)의 6가지이므로 두 눈의 수의 합이 7
일 확률은

$\dfrac{6}{36}=\dfrac{1}{6}$

(i), (ii)에서 구하는 확률은 $\dfrac{1}{18}+\dfrac{1}{6}=\dfrac{4}{18}=\dfrac{2}{9}$

2 일어나는 모든 경우의 수는 $6 \times 6 = 36$

서로 다른 두 개의 주사위를 동시에 던질 때 나오는 눈의 수를 순
서쌍으로 나타내면

(i) 두 눈의 수의 차가 2인 경우는 (1, 3), (2, 4), (3, 1),
(3, 5), (4, 2), (4, 6), (5, 3), (6, 4)의 8가지이므로 두
눈의 수의 차가 2일 확률은

$\dfrac{8}{36}=\dfrac{2}{9}$

(ii) 두 눈의 수의 차가 4인 경우는 $(1, 5)$, $(2, 6)$, $(5, 1)$, $(6, 2)$
의 4가지이므로 두 눈의 수의 차가 4일 확률은
$$\frac{4}{36} = \frac{1}{9}$$
(i), (ii)에서 구하는 확률은 $\frac{2}{9} + \frac{1}{9} = \frac{3}{9} = \frac{1}{3}$

3 일어나는 모든 경우의 수는 $6 \times 6 = 36$
서로 다른 두 개의 주사위를 동시에 던질 때 나오는 눈의 수를 순서쌍으로 나타내면
(i) 두 눈의 수의 곱이 9인 경우는 $(3, 3)$의 1가지이므로 두 눈의 수의 곱이 9일 확률은
$$\frac{1}{36}$$
(ii) 두 눈의 수의 곱이 10인 경우는 $(2, 5)$, $(5, 2)$의 2가지이므로 두 눈의 수의 곱이 10일 확률은
$$\frac{2}{36} = \frac{1}{18}$$
(i), (ii)에서 구하는 확률은 $\frac{1}{36} + \frac{1}{18} = \frac{3}{36} = \frac{1}{12}$

4 일어나는 모든 경우의 수는 15
(i) 3 미만의 수가 적힌 카드가 나오는 경우는 1, 2의 2가지이므로 3 미만의 수가 적힌 카드가 나올 확률은
$$\frac{2}{15}$$
(ii) 12 이상의 수가 적힌 카드가 나오는 경우는 12, 13, 14, 15의 4가지이므로 12 이상의 수가 적힌 카드가 나올 확률은
$$\frac{4}{15}$$
(i), (ii)에서 구하는 확률은 $\frac{2}{15} + \frac{4}{15} = \frac{6}{15} = \frac{2}{5}$

5 일어나는 모든 경우의 수는 15
(i) 5의 배수가 적힌 카드가 나오는 경우는 5, 10, 15의 3가지이므로 5의 배수가 적힌 카드가 나올 확률은
$$\frac{3}{15} = \frac{1}{5}$$
(ii) 14의 약수가 적힌 카드가 나오는 경우는 1, 2, 7, 14의 4가지이므로 14의 약수가 적힌 카드가 나올 확률은
$$\frac{4}{15}$$
(i), (ii)에서 구하는 확률은 $\frac{1}{5} + \frac{4}{15} = \frac{7}{15}$

6 일어나는 모든 경우의 수는 $3 + 5 + 2 = 10$
빨간 고무줄이 나올 확률은 $\frac{3}{10}$
파란 고무줄이 나올 확률은 $\frac{2}{10} = \frac{1}{5}$
따라서 구하는 확률은 $\frac{3}{10} + \frac{1}{5} = \frac{5}{10} = \frac{1}{2}$

7 일어나는 모든 경우의 수는 $4 \times 3 \times 2 \times 1 = 24$
(i) A를 맨 앞에 세우는 경우의 수는 A를 제외한 3명을 한 줄로 세우는 경우의 수와 같으므로 $3 \times 2 \times 1 = 6$
즉, A를 맨 앞에 세울 확률은 $\frac{6}{24} = \frac{1}{4}$
(ii) A를 맨 뒤에 세우는 경우의 수는 A를 제외한 3명을 한 줄로 세우는 경우의 수와 같으므로 $3 \times 2 \times 1 = 6$
즉, A를 맨 뒤에 세울 확률은 $\frac{6}{24} = \frac{1}{4}$
(i), (ii)에서 구하는 확률은 $\frac{1}{4} + \frac{1}{4} = \frac{2}{4} = \frac{1}{2}$

사건 A와 사건 B가 동시에 일어날 확률

8 $\frac{1}{3}$	9 $\frac{1}{2}$	10 $\frac{1}{6}$	11 $\frac{1}{4}$	12 $\frac{5}{9}$
13 $\frac{3}{5}$	14 $\frac{1}{3}$	15 $\frac{1}{6}$	16 $\frac{13}{15}$	

8 A 주사위에서 합성수의 눈이 나오는 경우는 4, 6의 2가지이므로 A 주사위에서 합성수의 눈이 나올 확률은
$$\frac{2}{6} = \frac{1}{3}$$

9 B 주사위에서 4의 약수의 눈이 나오는 경우는 1, 2, 4의 3가지이므로 B 주사위에서 4의 약수의 눈이 나올 확률은
$$\frac{3}{6} = \frac{1}{2}$$

10 (구하는 확률)=(A 주사위에서 합성수의 눈이 나올 확률)
$\times$(B 주사위에서 4의 약수의 눈이 나올 확률)
$$= \frac{1}{3} \times \frac{1}{2} = \frac{1}{6}$$

11 (i) 서로 다른 두 개의 동전을 동시에 던질 때 일어나는 모든 경우의 수는 $2 \times 2 = 4$
서로 다른 두 개의 동전을 동시에 던질 때 나오는 면을 순서쌍으로 나타내면 동전이 서로 같은 면이 나오는 경우는
(앞면, 앞면), (뒷면, 뒷면)의 2가지
즉, 동전이 서로 같은 면이 나올 확률은 $\frac{2}{4} = \frac{1}{2}$
(ii) 한 개의 주사위를 던질 때 일어나는 모든 경우의 수는 6
짝수의 눈이 나오는 경우는 2, 4, 6의 3가지
즉, 주사위에서 짝수의 눈이 나올 확률은 $\frac{3}{6} = \frac{1}{2}$
(i), (ii)에서
(구하는 확률)=(동전이 서로 같은 면이 나올 확률)
$\times$(주사위에서 짝수의 눈이 나올 확률)
$$= \frac{1}{2} \times \frac{1}{2} = \frac{1}{4}$$

정답과 풀이

12 (두 사람 모두 오늘 수영장에 갈 확률)
= (민수가 오늘 수영장에 갈 확률)
$\times$ (연우가 오늘 수영장에 갈 확률)
$= \dfrac{5}{6} \times \dfrac{2}{3} = \dfrac{5}{9}$

13 (두 선수 모두 자유투를 성공할 확률)
= (A 선수가 자유투를 성공할 확률)
$\times$ (B 선수가 자유투를 성공할 확률)
$= \dfrac{3}{4} \times \dfrac{4}{5} = \dfrac{3}{5}$

14 (두 문제 모두 맞히지 못할 확률)
= (A 문제를 맞히지 못할 확률)
$\times$ (B 문제를 맞히지 못할 확률)
$= \left(1 - \dfrac{3}{5}\right) \times \left(1 - \dfrac{1}{6}\right)$
$= \dfrac{2}{5} \times \dfrac{5}{6} = \dfrac{1}{3}$

15 (무혁이만 퍼즐을 완성할 확률)
= (무혁이가 퍼즐을 완성할 확률)
$\times$ (가은이가 퍼즐을 완성하지 못할 확률)
$= \dfrac{5}{9} \times \left(1 - \dfrac{7}{10}\right)$
$= \dfrac{5}{9} \times \dfrac{3}{10} = \dfrac{1}{6}$

16 (적어도 한 명은 퍼즐을 완성할 확률)
= 1 - (두 사람 모두 퍼즐을 완성하지 못할 확률)
$= 1 - \left(1 - \dfrac{5}{9}\right) \times \left(1 - \dfrac{7}{10}\right)$
$= 1 - \dfrac{4}{9} \times \dfrac{3}{10}$
$= 1 - \dfrac{2}{15} = \dfrac{13}{15}$

연속하여 뽑는 경우의 확률

17 $\dfrac{3}{10}$ **18** $\dfrac{3}{10}$ **19** $\dfrac{9}{100}$ **20** $\dfrac{3}{10}$ **21** $\dfrac{2}{9}$

22 $\dfrac{1}{15}$

---

17 첫 번째에 빨간 공이 나올 확률은 $\dfrac{3}{10}$

18 두 번째에 빨간 공이 나올 확률은 $\dfrac{3}{10}$

19 (두 공 모두 빨간 공이 나올 확률)
= (첫 번째에 빨간 공이 나올 확률)
$\times$ (두 번째에 빨간 공이 나올 확률)
$= \dfrac{3}{10} \times \dfrac{3}{10} = \dfrac{9}{100}$

20 첫 번째에 빨간 공이 나올 확률은 $\dfrac{3}{10}$

21 꺼낸 공을 다시 넣지 않으므로 두 번째에 빨간 공이 나올 확률은 $\dfrac{2}{9}$

22 (두 공 모두 빨간 공이 나올 확률) $= \dfrac{3}{10} \times \dfrac{2}{9} = \dfrac{1}{15}$

소단원 유형 익히기

유형 5 사건 A 또는 사건 B가 일어날 확률 | 147쪽 |

1 $\dfrac{1}{2}$ 2 $\dfrac{17}{18}$ 3 $\dfrac{1}{5}$

1 임의로 선택한 학생의 편의점 이용 횟수가 5회 이상 10회 미만일 확률은
$\dfrac{4}{24} = \dfrac{1}{6}$
임의로 선택한 학생의 편의점 이용 횟수가 10회 이상 15회 미만일 확률은
$\dfrac{8}{24} = \dfrac{1}{3}$
따라서 구하는 확률은 $\dfrac{1}{6} + \dfrac{1}{3} = \dfrac{3}{6} = \dfrac{1}{2}$

2 임의로 선택한 학생이 만족이라고 답했을 확률은 $\dfrac{23}{36}$
임의로 선택한 학생이 보통이라고 답했을 확률은 $\dfrac{11}{36}$
따라서 구하는 확률은 $\dfrac{23}{36} + \dfrac{11}{36} = \dfrac{34}{36} = \dfrac{17}{18}$

3 일어나는 모든 경우의 수는 $5 \times 8 = 40$
두 주머니 A, B에서 각각 한 장씩 뽑은 카드에 적힌 두 수의 합이 5의 배수인 경우는 그 합이 5 또는 10인 경우이다.
A 주머니에서 뽑은 카드에 적힌 수와 B 주머니에서 뽑은 카드에 적힌 수를 순서쌍으로 나타내면
(i) 뽑은 카드에 적힌 두 수의 합이 5인 경우는 (1, 4), (2, 3), (3, 2), (4, 1)의 4가지이므로 뽑은 카드에 적힌 두 수의 합이 5일 확률은
$\dfrac{4}{40} = \dfrac{1}{10}$
(ii) 뽑은 카드에 적힌 두 수의 합이 10인 경우는 (2, 8), (3, 7), (4, 6), (5, 5)의 4가지이므로 뽑은 카드에 적힌 두 수의 합이 10일 확률은
$\dfrac{4}{40} = \dfrac{1}{10}$
(i), (ii)에서 구하는 확률은 $\dfrac{1}{10} + \dfrac{1}{10} = \dfrac{2}{10} = \dfrac{1}{5}$

| 147쪽 |

유형 6 사건 A와 사건 B가 동시에 일어날 확률

4 $\dfrac{16}{25}$　　5 ④　　6 $\dfrac{8}{21}$

4 (두 발 모두 접시를 맞힐 확률)

= (첫 번째에 접시를 맞힐 확률)

　　× (두 번째에 접시를 맞힐 확률)

$=\dfrac{4}{5}\times\dfrac{4}{5}$

$=\dfrac{16}{25}$

5 한 개의 주사위를 던질 때 3 이하의 눈이 나오는 경우는 1, 2, 3의 3가지

즉, 3 이하의 눈이 나올 확률은

$\dfrac{3}{6}=\dfrac{1}{2}$

따라서 구하는 확률은 $\dfrac{1}{2}\times\dfrac{1}{2}=\dfrac{1}{4}$

6 A 주머니에서 공을 꺼내는 모든 경우의 수는 $6+3=9$이므로

A 주머니에서 빨간 공이 나올 확률은 $\dfrac{6}{9}=\dfrac{2}{3}$ $\qquad\cdots\cdots$ ❶

B 주머니에서 공을 꺼내는 모든 경우의 수는 $3+4=7$이므로

B 주머니에서 파란 공이 나올 확률은 $\dfrac{4}{7}$ $\qquad\cdots\cdots$ ❷

따라서 구하는 확률은 $\dfrac{2}{3}\times\dfrac{4}{7}=\dfrac{8}{21}$ $\qquad\cdots\cdots$ ❸

채점 기준	비율
❶ A 주머니에서 빨간 공이 나올 확률 구하기	40 %
❷ B 주머니에서 파란 공이 나올 확률 구하기	40 %
❸ A 주머니에서 빨간 공이 나오고 B 주머니에서 파란 공이 나올 확률 구하기	20 %

유형 7 확률의 곱셈을 이용한 어떤 사건이 일어나지 않을 확률

| 148쪽 |

7 $\dfrac{1}{45}$　　8 $\dfrac{2}{7}$　　9 ⑤

7 (A 상자에서만 불량품을 뽑을 확률)

= (A 상자에서 불량품을 뽑을 확률)

　　× (B 상자에서 합격품을 뽑을 확률)

$=\dfrac{1}{10}\times\left(1-\dfrac{7}{9}\right)$

$=\dfrac{1}{10}\times\dfrac{2}{9}$

$=\dfrac{1}{45}$

8 (지우가 토요일에 도서관에 가지 않고 미용실에 갈 확률)

= (지우가 토요일에 도서관에 가지 않을 확률)

　　× (지우가 토요일에 미용실에 갈 확률)

$=\left(1-\dfrac{4}{7}\right)\times\dfrac{2}{3}$

$=\dfrac{3}{7}\times\dfrac{2}{3}$

$=\dfrac{2}{7}$

9 (두 사람 모두 불합격할 확률)

= (송이가 불합격할 확률) × (진호가 불합격할 확률)

$=\left(1-\dfrac{2}{3}\right)\times\left(1-\dfrac{3}{4}\right)$

$=\dfrac{1}{3}\times\dfrac{1}{4}$

$=\dfrac{1}{12}$

유형 8 두 사건 A, B 중에서 적어도 하나가 일어날 확률

| 148쪽 |

10 ⑤　　11 $\dfrac{33}{35}$　　12 $\dfrac{7}{10}$

10 (목표물을 맞히지 못할 확률)

= (지희가 목표물을 맞히지 못할 확률)

　　× (성재가 목표물을 맞히지 못할 확률)

$=\left(1-\dfrac{5}{6}\right)\times\left(1-\dfrac{4}{7}\right)$

$=\dfrac{1}{6}\times\dfrac{3}{7}=\dfrac{1}{14}$

따라서 (목표물을 맞힐 확률)

　　$=1-$ (목표물을 맞히지 못할 확률)

　　$=1-\dfrac{1}{14}=\dfrac{13}{14}$

11 (적어도 한 개는 설탕물이 들어 있는 컵일 확률)

= $1-$ (두 개 모두 소금물이 들어 있는 컵일 확률)

$=1-\dfrac{2}{7}\times\dfrac{1}{5}$

$=1-\dfrac{2}{35}=\dfrac{33}{35}$

12 (목요일과 금요일 중에서 적어도 하루는 눈이 올 확률)

= $1-$ (목요일과 금요일에 모두 눈이 오지 않을 확률)

$=1-\left(1-\dfrac{1}{4}\right)\times\left(1-\dfrac{3}{5}\right)$

$=1-\dfrac{3}{4}\times\dfrac{2}{5}$

$=1-\dfrac{3}{10}=\dfrac{7}{10}$

유형 9 확률의 덧셈과 곱셈 | 149쪽 |

13 $\dfrac{11}{28}$ 14 $\dfrac{1}{4}$ 15 $\dfrac{5}{6}$

13 A 주머니에서 빨간 공, B 주머니에서 파란 공이 나올 확률은
$$\dfrac{2}{7} \times \dfrac{3}{4} = \dfrac{3}{14}$$
A 주머니에서 파란 공, B 주머니에서 빨간 공이 나올 확률은
$$\dfrac{5}{7} \times \dfrac{1}{4} = \dfrac{5}{28}$$
따라서 구하는 확률은 $\dfrac{3}{14} + \dfrac{5}{28} = \dfrac{11}{28}$

14 구슬이 C로 나오는 경우는 다음 그림과 같은 2가지이다.

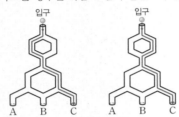

이때 각 갈림길에서 구슬이 어느 한 곳으로 들어갈 확률은 $\dfrac{1}{2}$이
므로 각 경우의 확률은 모두 $\dfrac{1}{2} \times \dfrac{1}{2} \times \dfrac{1}{2} = \dfrac{1}{8}$
따라서 구하는 확률은 $\dfrac{1}{8} + \dfrac{1}{8} = \dfrac{2}{8} = \dfrac{1}{4}$

15 (i) 성운이의 주사위에서 8이 나올 때, 예슬이의 주사위에서 어떤 수가 나와도 성운이가 이기므로 성운이가 이길 확률은
$$\dfrac{3}{6} \times 1 = \dfrac{1}{2} \qquad \cdots\cdots ❶$$
(ii) 성운이의 주사위에서 5가 나올 때, 예슬이의 주사위에서 2가 나와야 성운이가 이기므로 성운이가 이길 확률은
$$\dfrac{3}{6} \times \dfrac{4}{6} = \dfrac{1}{2} \times \dfrac{2}{3} = \dfrac{1}{3} \qquad \cdots\cdots ❷$$
(i), (ii)에서 구하는 확률은
$$\dfrac{1}{2} + \dfrac{1}{3} = \dfrac{5}{6} \qquad \cdots\cdots ❸$$

채점 기준	비율
❶ 성운이의 주사위에서 8이 나올 때, 성운이가 이길 확률 구하기	40 %
❷ 성운이의 주사위에서 5가 나올 때, 성운이가 이길 확률 구하기	40 %
❸ 성운이가 이길 확률 구하기	20 %

유형 10 연속하여 뽑는 경우의 확률 | 149쪽 |

16 ②   17 $\dfrac{1}{5}$ 18 $\dfrac{17}{45}$

16 현수가 당첨 제비를 뽑을 확률은 $\dfrac{4}{10} = \dfrac{2}{5}$
유미가 당첨 제비를 뽑을 확률은 $\dfrac{3}{9} = \dfrac{1}{3}$
따라서 구하는 확률은 $\dfrac{2}{5} \times \dfrac{1}{3} = \dfrac{2}{15}$

17 (두 장 모두 D가 적힌 카드가 나올 확률) $= \dfrac{1}{5} \times \dfrac{1}{5} = \dfrac{1}{25}$
(두 장 모두 R가 적힌 카드가 나올 확률) $= \dfrac{1}{5} \times \dfrac{1}{5} = \dfrac{1}{25}$
(두 장 모두 E가 적힌 카드가 나올 확률) $= \dfrac{1}{5} \times \dfrac{1}{5} = \dfrac{1}{25}$
(두 장 모두 A가 적힌 카드가 나올 확률) $= \dfrac{1}{5} \times \dfrac{1}{5} = \dfrac{1}{25}$
(두 장 모두 M이 적힌 카드가 나올 확률) $= \dfrac{1}{5} \times \dfrac{1}{5} = \dfrac{1}{25}$
따라서 구하는 확률은
$$\dfrac{1}{25} + \dfrac{1}{25} + \dfrac{1}{25} + \dfrac{1}{25} + \dfrac{1}{25} = \dfrac{5}{25} = \dfrac{1}{5}$$

18 첫 번째에 벌레 먹은 밤이 나오지 않을 확률은
$$\dfrac{8}{10} = \dfrac{4}{5} \qquad \cdots\cdots ❶$$
두 번째에 벌레 먹은 밤이 나오지 않을 확률은
$$\dfrac{7}{9} \qquad \cdots\cdots ❷$$
즉, 두 개 모두 벌레 먹은 밤이 나오지 않을 확률은
$$\dfrac{4}{5} \times \dfrac{7}{9} = \dfrac{28}{45} \qquad \cdots\cdots ❸$$
따라서 구하는 확률은 $1 - \dfrac{28}{45} = \dfrac{17}{45}$ $\qquad \cdots\cdots ❹$

채점 기준	비율
❶ 첫 번째에 벌레 먹은 밤이 나오지 않을 확률 구하기	30 %
❷ 두 번째에 벌레 먹은 밤이 나오지 않을 확률 구하기	30 %
❸ 두 개 모두 벌레 먹은 밤이 나오지 않을 확률 구하기	20 %
❹ 적어도 한 개는 벌레 먹은 밤이 나올 확률 구하기	20 %

중단원 핵심유형 테스트 | 150~151쪽 |

1 $\dfrac{1}{6}$	2 0	3 ⑤	4 6	5 ③
6 $\dfrac{2}{3}$	7 ④	8 ④	9 $\dfrac{1}{4}$	10 $\dfrac{3}{16}$
11 $\dfrac{19}{20}$	12 ③	13 $\dfrac{27}{290}$	14 ④	15 $\dfrac{3}{16}$

16 당첨될 확률은 모두 같다.

1 일어나는 모든 경우의 수는 30
일요일인 경우의 수는 5
따라서 구하는 확률은 $\dfrac{5}{30} = \dfrac{1}{6}$

2 두 수의 합이 홀수인 경우는
(짝수)+(홀수) 또는 (홀수)+(짝수)
이다. 그런데 5개의 공에는 홀수만 적혀 있으므로 두 수의 합은 절대로 홀수일 수 없다.
따라서 구하는 확률은 0이다.

3 일어나는 모든 경우의 수는 $8+5+3=16$

① 빨간 공이 나올 확률은 $\dfrac{8}{16}=\dfrac{1}{2}$

② 파란 공이 나올 확률은 $\dfrac{5}{16}$

③ 검은 공은 나올 수 없으므로 구하는 확률은 0

④ 빨간 공 또는 노란 공이 나올 확률은 $\dfrac{1}{2}+\dfrac{3}{16}=\dfrac{11}{16}$

⑤ 파란 공이 나오지 않을 확률은 $1-\dfrac{5}{16}=\dfrac{11}{16}$

따라서 옳지 않은 것은 ⑤이다.

4 일어나는 모든 경우의 수는 $4+2+x=6+x$
망고 주스가 나오는 경우의 수는 2이고 망고 주스가 나올 확률이 $\dfrac{1}{6}$이므로

$\dfrac{2}{6+x}=\dfrac{1}{6}$, $6+x=12$

따라서 $x=6$

5 일어나는 모든 경우의 수는 $4\times3\times2\times1=24$
부모님이 양 끝에 서고 나머지 2명이 한 줄로 서는 경우의 수는 $2\times1=2$
이때 부모님이 자리를 바꾸는 경우의 수는 $2\times1=2$
즉, 부모님이 양 끝에 서는 경우의 수는 $2\times2=4$
따라서 구하는 확률은 $\dfrac{4}{24}=\dfrac{1}{6}$

6 일어나는 모든 경우의 수는 $3\times3=9$
민정이와 희태가 가위, 바위, 보 중에서 내는 것을 순서쌍 (민정, 희태)로 나타내면 희태가 지는 경우는
(바위, 가위), (보, 바위), (가위, 보)의 3가지
즉, 희태가 질 확률은 $\dfrac{3}{9}=\dfrac{1}{3}$
따라서 (희태가 지지 않을 확률)=1-(희태가 질 확률)
$$=1-\dfrac{1}{3}$$
$$=\dfrac{2}{3}$$

7 일어나는 모든 경우의 수는 $\dfrac{8\times7\times6}{3\times2\times1}=56$

모두 남학생을 뽑는 경우의 수는 $\dfrac{5\times4\times3}{3\times2\times1}=10$

즉, 모두 남학생을 뽑을 확률은 $\dfrac{10}{56}=\dfrac{5}{28}$

따라서 (적어도 한 명은 여학생을 뽑을 확률)
$$=1-(모두 남학생을 뽑을 확률)$$
$$=1-\dfrac{5}{28}=\dfrac{23}{28}$$

8 일어나는 모든 경우의 수는 $6\times6=36$
한 개의 주사위를 두 번 던질 때 나오는 눈의 수를 순서쌍으로 나타내면

(i) $x=1$일 때, $a=b$이므로 이를 만족시키는 순서쌍은
(1, 1), (2, 2), (3, 3), (4, 4), (5, 5), (6, 6)의 6가지
즉, 방정식 $ax-b=0$의 해가 1일 확률은
$$\dfrac{6}{36}=\dfrac{1}{6}$$

(ii) $x=4$일 때, $4a=b$이므로 이를 만족시키는 순서쌍은 (1, 4)의 1가지
즉, 방정식 $ax-b=0$의 해가 4일 확률은
$$\dfrac{1}{36}$$

(i), (ii)에서 구하는 확률은
$$\dfrac{1}{6}+\dfrac{1}{36}=\dfrac{7}{36}$$

9 정육면체 한 개를 던질 때 소수가 나오는 경우는 2, 3, 5의 3가지
이므로 정육면체에서 소수가 나올 확률은
$$\dfrac{3}{6}=\dfrac{1}{2}$$
정십이면체 한 개를 던질 때 12의 약수가 나오는 경우는
1, 2, 3, 4, 6, 12의 6가지이므로 정십이면체에서 12의 약수가 나올 확률은
$$\dfrac{6}{12}=\dfrac{1}{2}$$

따라서 구하는 확률은 $\dfrac{1}{2}\times\dfrac{1}{2}=\dfrac{1}{4}$

10 결승전에서 B팀과 C팀이 경기하려면 준결승전에서 B팀이 A팀을 이기고, C팀이 D팀을 이겨야 한다. ······ ❶

(i) 준결승전에서 B팀이 A팀을 이길 확률은
$$1-\dfrac{1}{2}=\dfrac{1}{2}$$ ······ ❷

(ii) 준결승전에서 C팀이 D팀을 이길 확률은
$$1-\dfrac{5}{8}=\dfrac{3}{8}$$ ······ ❸

(i), (ii)에서 구하는 확률은
$$\dfrac{1}{2}\times\dfrac{3}{8}=\dfrac{3}{16}$$ ······ ❹

채점 기준	비율
❶ 결승전에서 B팀과 C팀이 경기하기 위한 조건 알기	20 %
❷ 준결승전에서 B팀이 A팀을 이길 확률 구하기	30 %
❸ 준결승전에서 C팀이 D팀을 이길 확률 구하기	30 %
❹ 결승전에서 B팀과 C팀이 경기할 확률 구하기	20 %

11 (세 명 모두 맞히지 못할 확률)

　＝(지연이가 문제를 맞히지 못할 확률)

　　×(우진이가 문제를 맞히지 못할 확률)

　　×(민하가 문제를 맞히지 못할 확률)

$$=\left(1-\frac{2}{5}\right)\times\left(1-\frac{1}{2}\right)\times\left(1-\frac{5}{6}\right)$$

$$=\frac{3}{5}\times\frac{1}{2}\times\frac{1}{6}=\frac{1}{20}$$

따라서 (세 명 중에서 적어도 한 명이 맞힐 확률)

　　＝1－(세 명 모두 맞히지 못할 확률)

$$=1-\frac{1}{20}=\frac{19}{20}$$

12 (i) 정민이가 첫 번째 경기에서 이기고, 두 번째 경기에서 질 확률은

$$\frac{2}{5}\times\left(1-\frac{2}{5}\right)=\frac{2}{5}\times\frac{3}{5}=\frac{6}{25}$$

(ii) 정민이가 첫 번째 경기에서 지고, 두 번째 경기에서 이길 확률은

$$\left(1-\frac{2}{5}\right)\times\frac{2}{5}=\frac{3}{5}\times\frac{2}{5}=\frac{6}{25}$$

(i), (ii)에서 구하는 확률은 $\frac{6}{25}+\frac{6}{25}=\frac{12}{25}$

13 일어나는 모든 경우의 수는 30

첫 번째에 뽑은 학생이 학습 도우미가 적힌 쪽지를 뽑지 않을 확률은

$$\frac{27}{30}=\frac{9}{10}$$

두 번째에 뽑은 학생이 학습 도우미가 적힌 쪽지를 뽑을 확률은

$$\frac{3}{29}$$

따라서 구하는 확률은 $\frac{9}{10}\times\frac{3}{29}=\frac{27}{290}$

14 일어나는 모든 경우의 수는 $6\times6=36$

네 점을 좌표평면 위에 나타내면 오른쪽 그림과 같으므로 □OPQR의 넓이는

$\overline{OP}\times\overline{OR}=ab$

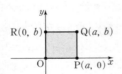

서로 다른 두 개의 주사위를 동시에 던질 때 나오는 눈의 수를 순서쌍 (a,b)로 나타내면

(i) □OPQR의 넓이가 4인 경우, 즉 $ab=4$인 경우는 $(1,4)$, $(2,2)$, $(4,1)$의 3가지이므로 □OPQR의 넓이가 4일 확률은

$$\frac{3}{36}=\frac{1}{12}$$

(ii) □OPQR의 넓이가 12인 경우, 즉 $ab=12$인 경우는 $(2,6)$, $(3,4)$, $(4,3)$, $(6,2)$의 4가지이므로 □OPQR의 넓이가 12일 확률은

$$\frac{4}{36}=\frac{1}{9}$$

(i), (ii)에서 구하는 확률은 $\frac{1}{12}+\frac{1}{9}=\frac{7}{36}$

15 (i) (화요일에 비가 오고 수요일에 비가 올 확률)

　＝(화요일에 비가 올 확률)×(수요일에 비가 올 확률)

$$=\frac{1}{4}\times\frac{1}{4}=\frac{1}{16}$$

(ii) (화요일에 비가 오지 않고 수요일에 비가 올 확률)

　＝(화요일에 비가 오지 않을 확률)

　　×(수요일에 비가 올 확률)

$$=\left(1-\frac{1}{4}\right)\times\frac{1}{6}$$

$$=\frac{3}{4}\times\frac{1}{6}=\frac{1}{8}$$

(i), (ii)에서 구하는 확률은 $\frac{1}{16}+\frac{1}{8}=\frac{3}{16}$

16 당첨된 것을 ○, 당첨되지 않은 것을 ×로 나타낼 때, 선택하는 순서에 따라 당첨될 확률은 다음 표와 같다.

	1	2	3	4	5	확률
(i)	○					$\frac{1}{5}$
(ii)	×	○				$\frac{4}{5}\times\frac{1}{4}=\frac{1}{5}$
(iii)	×	×	○			$\frac{4}{5}\times\frac{3}{4}\times\frac{1}{3}=\frac{1}{5}$
(iv)	×	×	×	○		$\frac{4}{5}\times\frac{3}{4}\times\frac{2}{3}\times\frac{1}{2}=\frac{1}{5}$
(v)	×	×	×	×	○	$\frac{4}{5}\times\frac{3}{4}\times\frac{2}{3}\times\frac{1}{2}\times\frac{1}{1}=\frac{1}{5}$

(i)~(v)에서 선택하는 순서에 상관없이 당첨될 확률은 모두 같다.

수학 마스터

중학 수학의 첫 유형 학습

유형 β
베타

교육부 X EBS

교육부와 함께 더 완벽해진 EBS중학

수준별 맞춤 학습

"수준별 맞춤 학습"이란?

수준별 콘텐츠 제공을 통한 **개인 맞춤형 교육 환경 실현**을 위해
교육부와 EBS가 함께 제작하는 **학습 콘텐츠 및 서비스**를 뜻합니다.

1 수준별 강의

#기초, 기본, 발전, 단계별

개인 학습 수준에 따른 수준별,
단계별 학습 콘텐츠 제작
EBS 중학을 활용한
개별 맞춤 학습 가능

2 대규모 신규 제작

#기존 4배

2021년 약 3,000편의
'수준별 맞춤 학습' 콘텐츠
제작 예정

3 교재 활용 지원

#PDF 뷰어 서비스

'수준별 맞춤 학습'의 모든 교재
콘텐츠를 대상으로
교재 뷰어 서비스 제공

4 자막 제공

#청각장애 학생 학습권 보장

'수준별 맞춤 학습'의
모든 강좌에 자막을 제공

5 화면해설

#시각장애 학생 학습권 보장

기본 개념 강좌에
화면 해설 제공

6 학습 관리 멘토

#학습 관리 서비스 지원

가정 내 학습 지원을 받기
어려운 학생을 대상으로
학습 관리 멘토를 지원